Walter J. Hollenweger

Das Kirchenjahr inszenieren

Alternative Zugänge zur
theologischen Wahrhaftigkeit:
Predigten – Oratorien – Mysterienspiele

Verlag W. Kohlhammer

Hollenweger, Walter J.:
Das Kirchenjahr inszenieren: Alternative Zugänge zur theologischen Wahrhaftigkeit: Predigten - Oratorien - Mysterienspiele /
Walter J. Hollenweger. - Stuttgart ; Kohlhammer, 2002
(Christentum heute ; Bd. 1 / Hrsg.: Matthias von Kriegstein)
ISBN 3-17-016823-1

Umschlag: Gestaltungskonzept Peter Horlacher
Gesamtherstellung:
W. Kohlhammer Druckerei GmbH + Co. Stuttgart
Printed in Germany

Inhalt

Bußtag

Ausländer- oder Flüchtlingstag

Totensonntag

Zum Gebrauch

Ein Predigtband zum Thema „Christentum heute" ist ein Widerspruch in sich selbst. Die *heutige Form* der Predigt entstand in der Zeit der Kreuzzüge und der Reformation, zu einer Zeit, als die Kanzelrede das unbestrittene Massenmedium war – und dies nicht nur für religiöse Themen. Diese Zeit ist doch wohl heute vorbei.

Nun wird aber in den Kirchen behauptet, die Predigt gehe auf einen Auftrag Jesu zurück (Nr. 2, 25–27). Das dürfte ein Missverständnis sein, denn Jesus hat seine Jünger nicht zum Predigtdienst aufgefordert, sondern zum Zeugendienst. Das sieht man schon daran, dass alle Predigten Jesu – so weit wir das historisch feststellen können – im Dialog mit den Zuhörern entstanden sind (z.B. Lk 10,25–37). Oft kleidete er sein Zeugnis in die Form von körperlichen Heilungen (Nr. 9–13, 97–122) oder in Gleichnisse, die nur verstanden werden konnten, wenn Zuhörer und Zuhörerinnen mitdachten.

Auch bei den ersten Christen finden wir die heutige Predigtform nicht. Es wäre ihnen nicht eingefallen, ein schwarzes Buch in die Hand zu nehmen, daraus einige Sätze vorzulesen, vorauszusetzen, dass die Menschen diese sowieso nicht verstehen, und dann ausführlich über die Bedeutung des Gelesenen zu reden. Für die ersten Christen waren die Evangelien *Handlungsanweisungen* (nicht Predigttexte). Sie „wieder"-holten, sie inszenierten diese im Abendmahl, in Taufhandlungen, in der Liturgie und in Heilungen. Sie redeten nicht *über* die Texte, sondern sie setzten sie in Handlung um und dies schon *im* Gottesdienst, nicht erst *nach* dem Gottesdienst. Das Wort Gottes *geschah* bei ihnen. Sie redeten nicht über das Wortgeschehen – ein Begriff, den Gerhard Ebeling in seinen Vorlesungen in Zürich ausführlich *diskutierte*. Nein, sie ließen das Wort geschehen: zwischen allen beteiligten Personen.

Vielleicht wird ein verärgerter Pfarrer einwenden: „All das ändert nichts daran, dass ich am nächsten Sonntag predigen muss." Aber müssen Sie wirklich für jeden Sonntag eine Predigt schreiben? Sie könnten doch zum Beispiel eine der Predigten aus dieser Serie halten, wenn sie Ihnen gefällt, denn Originalität ist bekanntlich keine theologische Kategorie. Dadurch gewinnen Sie Zeit, die Kanzelrede gelegentlich durch eine partizipatorische Verkündigungsform zu ersetzen. Diese macht die *Gemeinde* zu Handelnden und gibt ihr *die Hauptverantwortung für die Verkündigung* zurück, nicht einzelnen Prädikanten, denn diese figurieren nur als „Mini-Pfarrer".

Hauptverantwortung für die Gemeinde ist eine Chance für eine Volkskirche, weil zu dieser Gemeinde relativ unkirchliche Menschen gehören. Diese werden wir gewinnen für die Evangelisation von morgen, nicht die bereits überlasteten Mitglieder der Kerngemeinde. Es fällt doch auf, wie langweilig es dem Großteil unserer Bevölkerung ist. Darum müssen wir die „von den Hecken und Zäunen" für die Mitarbeit gewinnen. Zu diesen gehören nicht nur die sozialen Randgruppen, sondern auch – und vor allem – die „Zöllner", das können Manager, Akademiker und höhere Beamte sein. Langeweile aber wird nicht bekämpft durch ein schnittiges Freizeitprogramm, sondern durch Mitdenken und Mitgestalten. Diese Menschen entdecken im Bibeltext – zusammen mit den Theologen – ein ihnen unbekanntes Evangelium. Sie merken, dass Kirche und Evangelium nicht jenes altväterliche Moralin versprühen, das sie – trotz oder vielleicht wegen ihres Religionsunterrichtes – zu kennen glauben. Die Bibel wird für sie ein spannendes Gegenüber, weil ihnen die Verharmlosungs- und Harmonisierungsmechanismen, die dogmatischen Glättungsversuche mancher kirchlicher Menschen nicht bekannt sind. Das Gegenüber ist dann nicht – wie in der herkömmlichen Predigt – eine Autoritätsperson, sondern der erlebte Bibeltext.

Wie geschieht nun diese entdeckende, handlungsorientierte Verkündigung? Im gemeinsamen Spielen, wenn Kirchliche und Nichtkirchliche in eine Inszenierung „verwickelt" werden. Dabei ist wichtig: Nicht nur das, was ein Stück aussagt, ist Evangelium, sondern auch, wie es entsteht. Menschen mit unterschiedlichen Kompetenzen (für Musik, Tanz, Wort, Gesang, Schauspiel, Regie, Faktenwissen, Organisation ...) sind in die Verantwortung einzubinden. Zusammenarbeit und Konfliktlösung in der Planung, Werbung der Mitwirkenden und erst recht in der Probenarbeit sind bereits eine (an der Bibel orientierte) Einübung in den Umgang mit Menschen, Macht, Zeit und Geld.

Darum enthält dieser Band – neben den traditionellen Predigten – auch Spielvorlagen, überwiegend Oratorien und szenisch-musikalische Exegesen. Diese dürfen nicht mit einem Bibliodrama verwechselt werden. Das Bibliodrama fragt: Was höre *ich*, was spüre *ich* in diesem Text? Im Grunde genommen geht es beim Bibliodrama um die – sicher auch wichtige – Auslegung meiner selbst. In den hier vorgestellten Arbeiten aber wird eine andere Frage gestellt, nämlich: Was will der *biblische Autor* sagen? Wenn die Bibel in irgendeiner Weise für Kirche und Gesellschaft verbindlich ist, dann geht es nicht nur darum, mit Hilfe der biblischen Texte mich selber besser zu verstehen. Es geht auch darum, über die *Fremdheit* der biblischen Botschaft zu staunen. Das ist auch aktuelles Christentum. Und aktuell ist dabei ebenso, dass dieses Staunen innerhalb eines sozialen Verbandes geschieht, das heißt: in einer Gruppe von ganz unterschiedlichen Spielenden. In dieser Gruppe prallen dann die Einzelinteressen so hart aufeinander wie in den biblischen Texten (vgl. dazu z.B. Nr. 6: „Konflikt in Korinth“ 59–78).

Es geht mir in diesem Band weder um „Verlebendigung“, noch um „Aktualisierung“ des Bibeltextes. Wenn ein Bibeltext in seinem historischen Kontext (möglichst gemeinsam) erzählt wird, ist er eo ipso aktuell und lebendig. Texte, die in der heutigen Situation nicht aktuell sind, sollen vorläufig nicht gepredigt werden, Perikopenordnung hin oder her. Allerdings kann man da auch Überraschungen erleben. Ich habe mich oft mit schwierigen Bibeltexten herumgeplagt – weil sie zum Beispiel vom Kirchentag vorgeschrieben waren (siehe z.B. die Nr. 14: „Für das Leben lügen ...“ 124–135, oder die Nr. 17: „Haben, als hätten wir nicht“ 160–162) – und dabei entdeckt, dass sie von selbst aktuell werden, wenn das Umfeld, in dem sie entstanden sind, berücksichtigt wird. Das ist das bleibende Verdient der historisch-kritischen Exegese trotz der – zum Teil sicher gerechtfertigten – Kritik an ihrer manchmal besserwisserischen Tendenz.

Es kann die Situation entstehen, dass ein Text quer zur heutigen Gesellschaft liegt, z.B. in Nr. 4: „Wir haben den Himmel abgeschafft ...“ 45–52 oder in Nr. 8: „Kamele und Kapitalisten“ 86–95. Das ist aber gerade seine Aktualität. Nur sollte man ihn dann weder spiritualisieren noch psychologisieren oder allegorisieren, bis er sich in Luft auflöst. Entweder ich stehe dazu: So, wie der Text aufgeschrieben ist, widerspricht er allem, was ich weiß und erfahren habe. Oder ich kann auch sagen: Ich bin anderer Meinung als der biblische Autor, und zwar weil er zum Beispiel nach heutiger Erkenntnis der Kernbotschaft Jesu widerspricht. Geschieht dies in einem Predigtmonolog, so ist der Prediger in einer schwierigen Position, weil dann leicht der Eindruck entstehen könnte, der Prediger stelle sich über den Text. Vielleicht haben ja seine Zuhörer und Zuhörerinnen ganz andere Erfahrungen mit dem Text gemacht. Innerhalb einer szenischen Auslegung aber ist das *nur eine mögliche* Meinung, die von anderen Mitspielern (den Figuren im Stück) relativiert wird. Es wird eine Palette möglicher Auslegungen angeboten, was dem Pluralismus der Bibel entspricht und die adäquate Weise des Umgangs mit erwachsenen Menschen ist (siehe z.B. die Aussage der Chloe in Nr. 6: „Konflikt in Korinth“ 76–77).

Die meisten Kirchenkritiker behaupten: Wenn besser gepredigt würde, kämen mehr Menschen in die Kirche. Das stimmt nicht. Es ist nämlich nicht wahr, dass landauf landab schlecht gepredigt wird. Ich habe wenige inhaltlich „schlechte“ Predigten gehört. Ich darf mir dazu nach 40 Jahren regel-

mäßigen Predigthörens in Zürich, Genf, Birmingham und Krattigen wohl ein Urteil bilden. Der „Misserfolg der Predigt“ beruht nicht auf ihrer mangelnden Qualität, sondern darauf, dass die Vermittlung des Evangeliums fast ausschließlich an den Predigtmonolog gebunden ist.
Anders steht die Sache allerdings, wenn ich das „Halten der Predigt“ mit ins Urteil einbeziehe. Eine für das homiletische Seminar geschriebene Predigt ist noch keine Predigt. Auch die in diesem Band gedruckten Predigten sind dies noch nicht. Predigt entsteht immer im Ernstfall, in der konkreten Situation des Predigens in einer Gemeinde. Die Predigt ist – wie das Schauspiel – „nicht ablösbar vom jeweiligen Produktionsprozess und seinen menschlichen Subjekten“ (P. Simhandl, Zur Theorie des Theaters, 2). Die Gemeinde „stört“ den Prediger. Störungen haben beim Predigtvollzug Vorrang. Ich sehe hier eine Parallele zur akademischen Vorlesung. An der Universität Birmingham haben die Studenten das Recht, den Professor bei der Vorlesung zu unterbrechen. Sie stehen auf. Das bedeutet, sie möchten etwas sagen. Der Professor kann diese Unterbrechung akzeptieren oder ablehnen. Ein guter Lehrer wird diese Störung dankbar annehmen. Meist waren die Studenten für ihre Interventionen gut vorbereitet und haben sich ihre Einwände genau überlegt und gut formuliert. Hier zeigt sich eben die völlig andere Redekultur, die an den englischen Colleges und Highschools eingeübt wird. Dabei habe ich festgestellt, dass eine „gestörte Vorlesung“ immer ein Höhepunkt für die Studierenden war. Ich habe selten auf die Einwände reagiert, vielmehr die Studierenden zum Mitdenken und Mitformulieren eingeladen. Natürlich musste ich dabei mein vorbereitetes Manuskript auf die Seite legen. Ich konnte meinen Stoff nicht „durchbringen“. Da aber meines Erachtens die Hauptaufgabe der Vorlesung nicht Stoffvermittlung ist – das kann man durch Bücher ebenso gut –, sondern Motivation zum Nachdenken und Forschen, erfüllt eine solche Lehrveranstaltung ihr akademisches Ziel besser als eine „ungestörte“. Übrigens merken die Mitstudenten sehr schnell, wenn „Stroh gedroschen“ wird, und stellen unqualifizierte Interventionen ab.
Wie eine solche „Unterbrechung“ im normalen Gottesdienst möglich wäre – darüber müsste man ausführlich verhandeln. Ich habe dies gelegentlich mit gutem Echo ausprobiert. Aber das ist ein Handwerk, das man lange einüben muss. Mehr Chance hat die Inszenierung einer Exegese, die den Teilnehmern im Rahmen einer gegebenen Struktur viel Freiheit zum Mitdenken und Mitagieren lässt. Die Theologen lernen dabei, dass nicht nur verbal artikulierte Beiträge Aussagekraft haben (das wäre wieder die Bevorzugung einer bestimmten sozialen Schicht), sondern auch Beiträge auf der Ebene von Musik, Darstellung und Tanz.

Die Leser und Leserinnen werden bemerken, dass dieser Band nicht nur eine Sammlung von mehr oder weniger lebendigen Predigten, Liturgien, Oratorien und Mysterienspielen enthält. In den Texten verbirgt sich eine Ekklesiologie, die nicht von dogmatischen Sätzen ausgeht, sondern von einer Beobachtung dessen, was heute in der überwältigenden Mehrheit der Kirchen der Welt geschieht. Die systematische Erfassung dieser Ekklesiologie überlasse ich Berufeneren (Ansätze bei C. Möller). Sie ist auch nicht Aufgabe der Predigt.

Wer sich auf die hier skizzierte Herausforderung einlässt, wird feststellen, dass dadurch paradoxerweise die Predigt aufgewertet wird. Denn wer an Bibelspielen mitgewirkt hat, wird nachher die Predigten in der Kirche kritischer, dankbarer oder beides zusammen aufnehmen. Die Pfarrer können bei ihrer Predigt auf eine gemeinsame Erfahrung zurückgreifen. Wie das im Einzelnen gestaltet wird, welche Voraussetzungen erfüllt und welche Fachpersonen beigezogen werden müssen, das kann man im Klapperstorch nachlesen. In diesem Buch findet man auch wichtige praktische Anleitungen zur Umsetzung der in diesem Band abgedruckten Spielvorlagen. Keinesfalls genügen diese als Vorlagen für *Aufführungen*. Mit Ausnahme der Nr. 7 („Streitgespräch mit Matthäus" 80–86) braucht man dazu die großformatigen Partiturhefte mit Musik, Vorschlägen für Choreographie und Regie sowie ausführlichen exegetischen und theologischen Quellenhinweisen. Die Hefte werden zum Selbstkostenpreis abgegeben (siehe Liste 239–240).

Um das hässliche „Pfarrer/In", „Student/In" zu vermeiden, gleichzeitig aber der Forderung nach einer nicht-sexistischen Sprache Genüge zu tun, wechsle ich im Folgenden zwischen der männlichen und der weiblichen Form ab.

Das von Herausgeber und Verlag gewünschte enzyklopädische Stichwort zum Thema „Inszenieren" bereitete mir große Schwierigkeiten. Ich bin kein Theaterfachmann. Was ich weiß, habe ich professionellen Theaterleuten „abgeguckt". Außer den Arbeiten von Simon Jenny, Paul Oesterreicher, David Plüss, Paul Steinmann, M. Röhr und dem Essay von Henry Mottu über das theologische Gewicht der gottesdienstlichen Geste kenne ich keine Literatur, die das Thema der gottesdienstlichen Inszenierung praxisbezogen behandelt. Natürlich gibt es die Theatertheorien von Bertolt Brecht, Stanislawski, Peter Brook und anderen; aber diese beziehen sich auf das Berufstheater.

Mit der Germanistin und Theaterpädagogin Estella Korthaus habe ich viele theaterpraktische Probleme diskutiert. Sie hat mich auf die Parallelen zwischen Gottesdienst und Theateraufführung aufmerksam gemacht. Sie hat auch die Gegenlektüre übernommen. Darüber hinaus hat sie einige Stücke überarbeitet und innerhalb und außerhalb von Gottesdiensten mit Laien und Profis inszeniert.

Predigten – Oratorien – Mysterienspiele

Weihnachten

Streit an Weihnachten

Jeder Prediger weiß, wie schwierig das Predigen an Weihnachten ist, weil die exegetischen Vorgaben kein bloßes Nacherzählen der Weihnachtsgeschichte erlauben. Das haben auch die Evangelikalen gemerkt, zum Beispiel James Dunn in seinem bedeutenden Werk „Unity and Diversity in the New Testament“: „Der christliche Historiker kann die Möglichkeit nicht ausschließen, dass die Bethlehems-Geburtsgeschichte aus der Überzeugung entwickelt wurde, dass Jesus, der Messias, die in Micha 5,2 enthaltene Prophezeiung erfüllen müsse“ (99). Wer aber nun am Weihnachtsabend seiner Gemeinde verkündet, die lukanische Weihnachtsgeschichte sei eine Legende, wird vermutlich nicht weiter predigen müssen. Dazu kommt, dass die politischen Verhältnisse und die familiären Lebensbedingungen der Zuhörer und Zuhörerinnen meist alles andere als „Friede auf Erden“ widerspiegeln. Es ist ja allgemein bekannt, dass es an Weihnachten in vielen Familien Streit gibt, weil der Erwartungsdruck, der mit diesem Familienfest verbunden ist, in Konflikt gerät mit der Wirklichkeit.
Was also tun? Im Folgenden stelle ich ein neues Weihnachtsoratorium vor. Dieses Weihnachtsoratorium ist kein Krippenspiel für Kinder – obwohl auch Kinder mitmachen können –, sondern eine Auslegung der unterschiedlichen Weihnachtstexte des Neuen Testaments. Es ist für Laien geschrieben, die die Bibel verstehen lernen wollen, indem sie das Wort in Bilder, Klänge und Bewegung übersetzen. Das gibt in der Vorbereitung viel Diskussionsstoff. Hier ist der Pfarrer als Theologe gefordert. Aber er muss auch andere Fachleute organisieren und gewinnen, zum Beispiel für die Musik, für die Pantomime, für die Technik. Das Partiturheft enthält nicht nur Regiebemerkungen zum Tanz, sondern auch Musiknoten, zum Beispiel Teile aus Bachs Weihnachtsoratorium, die mit dem Text verschränkt werden.
Es ist keine „schöne“, sondern eine Konflikt-Geschichte, wenn eine sechzehnjährige unverheiratete Frau behauptet, das zu erwartende Kind sei nicht von einem Mann, sondern von dem Heiligen Geist. Drei Evangelisten erzählen Weihnachten sehr verschieden, und der vierte (Markus) lässt die

Weihnachtsgeschichte überhaupt fallen. Erstaunlich ist, dass die Christen bei so verschiedenen Grundauffassungen zusammen blieben. Aber diese Verschiedenheit ist auch der Grund für den spannungsvollen Frieden in der Ökumene. Sie macht auch die Mitarbeit von Christen (und Nichtchristen) verschiedener Überzeugungen möglich. Ginge es nach unseren heutigen Grundsätzen, so hätten die Anhänger von Matthäus, Markus, Lukas und Johannes ihre je eigene Kirche gegründet, die sie dann als die *wahre* Kirche bezeichnet hätten – eine Einsicht, die Rösi Reichen im „Berner Oberländer" (16.12.1999, 9) herausarbeitete.
In einer ersten Fassung wurde das Weihnachtsoratorium mit Hans-Jürgen Hufeisen und seinem „Stuttgarter Theater der Bilder" aufgeführt. Die Presse war begeistert: „So wird man ohne Abstriche feststellen können: Mit diesem Werk ‚Im Schatten Seines Friedens', dem Weihnachtsoratorium neuer Art, ist den Autoren ein großer Wurf gelungen, künstlerisch wie theologisch. Und das ist in heutiger Zeit nicht allzu häufig." Das Wort „hatte nicht mehr die Form altehrwürdigen hergebrachten Stils, wie wir ihn seit jungen Jahren im Ohr haben, sondern erklang in Sätzen des Heute, ohne allerdings in die Mode zu verfallen, Sprachverwahrlosungen nachzuahmen ..." (P. Kessler). Die Künstler „stellten mit einfachsten Mitteln ein pantomimisches Pendant zum gesprochenen Wort her" („Weihnachtsgeschichte – ganz zeitgemäß. Oratorium mündete in allgemeinen Freudentanz. Viel Raum für Musik", eine Zeitung aus Emden, Dez. 1998).
Bald übernahmen auch Gymnasien und Gemeinden den Entwurf und entwickelten ihn selbstständig weiter. Ich musste daher das Weihnachtsoratorium in die jetzige Form umschreiben, damit es für Amateure spielbar wurde.
Im Berner Oberland organisierte die Volkshochschule einen Kurs zu den Weihnachtsgeschichten. Einige der Kursteilnehmer und -teilnehmerinnen beteiligten sich an der Aufführung – auch solche, die man sonst kaum je in der Kirche sah. Die Pfarrer predigten schon im Sommer gelegentlich über Weihnachtstexte. Bibelstunden wurden ersetzt durch das Studium des Weihnachtsoratoriums. Die Presse berichtete ausführlich *vor* der Aufführung. In den einzelnen Dörfern übernahmen verschiedene Chöre (kirchliche und andere) die Gemeindelieder, vor allem die weniger bekannten, so dass dann bei der Aufführung auch die weniger sangeskundigen Zuhörer einstimmen konnten. Unter den Darstellern, den Tänzerinnen, den Licht- und Tontechnikern gab es während der Vorbereitungen heftige Diskussionen und Anfragen an die Pfarrer. Die Aufführungen in den verschiedenen Dörfern, die die ordentlichen Gottesdienste ersetzten, wurden zu einem unvergesslichen Fest der Bevölkerung.

Übrigens: Die Predigt zu Mt 2,1–12 enthält ein heikles Beispiel von einer Pfarrfrau. Es ist heikel, weil viele Pfarrfrauen sich nicht in dieser Rolle sehen. Aber ich bin immer wieder verwundert, wie unreflektiert viele Pfarrer und ihre Frauen die nichtchristlichen Religionen, insbesondere aber deren Heilpraktiken, dem Okkultismus zuweisen. Okkultismus ist ein unbrauchbares Schimpfwort und kein definierbarer Begriff. Siehe dazu ITh 3, insbesondere das Kapitel „Geist und Geister“ (69–120), ChPCh, 256–275 („Zeichen und Wunder“) und 155–164 („Plädoyer für einen theologisch verantworteten Synkretismus“). Zum wilden Aufschrei deutscher Theologen gegen eine positive Beurteilung nichteuropäischer Heilpraktiken siehe Klapperstorch 7 und passim.
Die Predigt wurde in verschiedenen Varianten mehrmals gehalten, zum Beispiel beim Hermannsburger Missionsfest (1998) und bei einer Konferenz deutscher Baptistenpastoren (1999). Außer einigen verärgerten Einzelstimmen reagierte diese eher konservative Zuhörerschaft positiv. Gelegentlich wurde sogar gesagt: „Jetzt kann ich endlich etwas anfangen mit dem Missionsbefehl“ – was eben zeigt, dass die fundamentalistische Bibelauslegung nicht auf die Freikirchen eingeschränkt werden darf. Die Hauptfrage, die mir immer wieder gestellt wurde, war: „Wie kommen wir mit den Nichtchristen ins Gespräch?“ Das ist das Hauptthema dieses Bandes.
Eventuell eignet sich auch die „Hommage an Maria von Wedemeyer“ (Nr. 15, vgl. besonders 137–152) als „Weihnachtsoratorium“.

1. Im Schatten seines Friedens: Weihnachtsoratorium

Einleitung, Sprecher
Dies ist die Nacht, da mir erschienen
des großen Gottes Freundlichkeit.
Das Kind, dem alle Engel dienen,
bringt Licht in meine Dunkelheit.
Und dieses Welt- und Himmelslicht,
weicht hunderttausend Sonnen nicht. (EG 40,1)

1. Die Beteiligten

Joseph
Ich bin Joseph, Zimmermeister aus Nazareth. Mir ist etwas Schreckliches passiert. Meine Freundin berichtete mir, sie bekomme ein Kind. Ich war so traurig, dass ich nichts sagen konnte, denn von mir war das Kind nicht. Wie konnte sie mir das antun? Sie wollte mich trösten und fügte bei: Das Kind ist nicht von einem anderen Mann, sondern von dem Heiligen Geist. Diese faule Ausrede machte mich noch trauriger. Ich dachte: Genügt es denn nicht, dass sie mich mit einem anderen Mann betrügt? Muss sie mich noch ins Gesicht anlügen?

Gemeinde
Wo bleibst du, Trost der ganzen Welt,
darauf sie all ihr Hoffnung stellt?
O komm, ach komm vom höchsten Saal,
komm tröst uns hier im Jammertal. (EG 7,4)

Maria
Ich bin Maria, Josephs Freundin. Joseph glaubte mir nicht, als ich ihm sagte, dass der Heilige Geist der Erzeuger meines Kindes sei. Mein eigener Vater glaubte mir auch nicht. Er sagte nur: Schlimm genug, dass ihr so früh ein Kind bekommt. Aber die Märchen kannst du für dich behalten.

Sprecher
Nach allen Gesetzen dieser Welt hatten die beiden Männer recht. Und doch hatten sie unrecht.

Gemeinde
Wie soll ich dich empfangen,
und wie begegn ich dir,
o aller Welt Verlangen,
o meiner Seele Zier?
O Jesu, Jesu, zünde
mir selbst die Fackel an,
auf dass mein Herz ergründe,
was dich erfreuen kann. (EG 11,1)

Engel
Ich bin der Engel. Ich wurde abdelegiert, dem Joseph die Wahrheit zu sa-

gen. Wenn's brenzlig wird, bekommen wir Engel immer solch heikle Aufgaben. Wie sollte ich den Joseph überzeugen? Aber dieser Joseph war ein besonderer Mensch. Er verstand im Traum mehr als bei wachem Verstand. So glaubte er mir und nahm Maria zu sich, ohne viele Worte zu machen.

Gemeinde
Engel auf den Feldern singen,
stimmen an ein himmlisch Lied,
und im Widerhall erklingen
auch die Berge jauchzend mit.
Gloria in excelsis deo.

Gott gibt allen Menschen Frieden,
die des guten Willens sind.
Freude wurde uns beschieden,
durch ein neugebornes Kind.
Gloria in Exselsis deo.
(Nach dem französischen Volkslied „Les anges dans nos campagnes", 18. Jhd.)

Hoteldirektor
Ich bin der Hoteldirektor des „Holiday Inn" in Bethlehem. Eigentlich aber bin ich nur ein helvetischer Sklave, denn mein Großvater Asterix war von römischen Legionären aus der Schweiz abtransportiert worden. Der Käufer war ein vernünftiger Mensch und entdeckte, dass man uns Helvetier noch zu anderem als zum Steineklopfen verwenden kann. Mich schickte er auf die Hotelfachschule in Alexandria. Und so bin ich eben hier. Irgendjemand aus der Geschäftsleitung unserer Hotelkette muss Insider-Kenntnisse gehabt haben über die kommende Volkszählung. Denn nur so kann ich mir erklären, dass wir diesen Hotelkasten genau zum richtigen Zeitpunkt erstellten. Weil so viele Juden glaubten, sie stammten von David ab, kommen sie alle nach Bethlehem zur Volkszählung. In dem kleinen Dorf aber hat es viel zu wenig Betten, und wir können praktisch verlangen, was wir wollen.
Gestern kam ein junges Pärchen vorbei und suchte ein Doppelzimmer. Sie war hochschwanger. Als sie die Pässe vorlegten, kam raus, dass die beiden gar nicht verheiratet waren. Also bitte: eine uneheliche Geburt in meinem Hotel! Außerdem sind wir völlig überbelegt.
Hauptsache, wir haben in diesem Jahr ein Bombengeschäft gemacht!

Gemeinde
O Heiland, reiß die Himmel auf,
herab, herab vom Himmel lauf!
Reiß ab vom Himmel Tor und Tür,
reiß ab, wo Schloss und Riegel für.

O klare Sonn, du schöner Stern,
dich wollten wir anschauen gern.
O Sonn, geh auf, ohn deinen Schein,
in Finsternis wir alle sein. (EG 7,1.5)

Soldatenfrau
Ich bin eine Soldatenfrau. Das mit der Soldatenweihnacht ist so eine Sache. Wir wollten gerade mit unseren Kindern ein friedliches Weihnachtsfest feiern, da gab es Alarm, und mein Mann musste weg. Es sei ein unrechtmäßiger König geboren worden, hieß es, und er müsse beseitigt werden. Da aber die Voruntersuchung der Polizei wieder einmal liederlich gearbeitet hatte, wusste niemand recht, wo dieser Prinz zu finden sei. Also wurden alle kleinen Kinder bis zu zwei Jahren niedergemacht.
Also bitte, Kinder töten, das ist doch keine Arbeit für einen anständigen römischen Soldaten. Und all das am Weihnachtsabend und dazu noch ohne Überstundengeld.

Gemeinde
Die heiligste der Nächte
bricht nun auf stiller Bahn
dem menschlichen Geschlechte
zum frohen Jubel an.
Er kam aus Himmelsfernen
zur Erde wunderbar,
der über allen Sternen
im Schoß des Vaters war.

Er kommt, damit die Erde
vom Fluch der Sünde frei,
ein Haus des Segens werde,
ein Ort des Friedens sei.
Die Herrschsucht muss verschwinden,
verbannt wird Hass und Streit;
die Liebe wird verbinden,

was lange sich entzweit.
(RG [1964] 127, 1.4)

Hirtin

Ich bin eine Hirtin. Ein Engel kam zu uns und sagte, der Friede sei ausgebrochen. Aber davon ist vorläufig nichts zu sehen, denn die Soldaten streifen durch die Gegend und scheuchen die Tiere auf. Der Engel hat uns die Ankunft des Friedensfürsten versprochen. Wir gingen hin, um die Sache zu besehen. Wir fanden aber nur einen kleinen Schreihals und eine Frau und einen Mann. Trotzdem, es könnte ja wahr sein … Ich hätte ihm gern ein Schäflein gebracht. Aber die Herde gehört nicht mir, sondern meinem Arbeitgeber. So kann ich nur mich selber bringen.

Gemeinde

Ich steh an deiner Krippe hier,
o Jesu Christ, mein Leben;
ich komme, bring und schenke dir,
was du mir hast gegeben.
Nimm hin, es ist mein Geist und Sinn,
Herz, Seel und Mut, nimm alles hin
und lass dir's wohlgefallen. (EG 37,1)

2. Die Geburt

Das Kind

Ich bin das Kind (*das Bild wird ausschließlich choreographisch gestaltet*)

Gemeinde

Die Nacht liegt dick wie Decken
auf Häusern und im Feld.
Im Dunkel wachen Hirten.
Kalt ist die Welt.

Ein Stern steht hell am Himmel,
die Erde dreht im Kreis:
ein Kind wird ihr geboren,
sein Stimm ist leis'.

Sein Stimm kommt zu den Hirten,
singt Frieden übers Feld.

Die Hirten gehen zum Kinde,
es wärmt die Welt.
(Text: Lothar Petzold; Melodie: Evelyn Stern)

3. Die Interpreten

Matthäus
Ich bin Matthäus. Als einziger Evangelist habe ich die Geschichte von den heidnischen Königen verstanden. Ich begreife die anderen Evangelisten, dass sie nicht den Mut hatten, diese östlichen Astrologen in ihr Evangelium aufzunehmen. Es ist ein starkes Stück, zu behaupten, diese ausländischen Nichtchristen hätten die Ankunft des Heilandes besser begriffen als die in solchen Dingen geschulten einheimischen Theologen.

Gemeinde
Brich an du schönes Morgenlicht.
Das ist der alte Morgen nicht,
der täglich wiederkehret.
Es ist ein Leuchten aus der Fern,
es ist ein Schimmer, ist ein Stern,
von dem ich längst gehöret.

Nun wird ein König aller Welt
von Ewigkeit zum Heil bestellt,
ein zartes Kind geboren.
Der Teufel hat sein altes Recht
am ganzen menschlichen Geschlecht
verspielt und schon verloren.
(RG [1998] 410, 1.2)

Lukas
Ich bin Lukas. Ich habe von allen Evangelisten am besten den Zusammenhang verstanden zwischen der Geschichte Gottes mit dem Volk Israel und der Geschichte Gottes mit seinem neuen Volk, den Christen. Darum habe ich die Geschichte von Bethlehem in mein Evangelium aufgenommen (eine Geschichte, die die anderen Evangelisten ausließen). Man hat mir später viel am Zeug herumgeflickt: Die Sache mit der Volkszählung sei chronologisch falsch eingeordnet und überhaupt, Jesus sei gar kein Nachkomme Davids.

Ich will darüber nicht streiten. Wichtig ist mir nur die Einsicht: Der Gott Abrahams, Isaaks und Jakobs, der Gott Saras und Hagars, Rebekkas und Leas ist auch der Vater unseres Herrn Jesus Christus. Der Gott, der die Menschen aus Erde machte, der Gott des Volkes Israel und der Vater unseres Erlösers – das ist alles ein und derselbe Gott. Der Gott der Weltgeschichte ist auch der Gott des Alltags. Der Gott der Cherubim und Seraphim ist auch der Gott der kleinen Leute.
Fürchtet euch nicht!

Gemeinde
Es ist ein Ros' entsprungen,
aus einer Wurzel zart,
wie uns die Alten sungen,
von Jesse kam die Art
und hat ein Blümlein bracht
mitten im kalten Winter
wohl zu der halben Nacht. (EG 31,1)

Markus
Ich bin Markus. Ich habe die Geschichte von Bethlehem, der Jungfrauengeburt, den Königen aus dem Osten ausgelassen. Nach meiner Meinung lenken diese Geschichten von der Hauptsache ab. Sie sind unnötig. Das Evangelium Jesu Christi fängt nicht mit Weihnachten an, sondern mit der Verkündigung des Reiches Gottes, damit, dass Kranke geheilt und vom Teufel Geplagte befreit werden. Alles andere ist überflüssig.

Gemeinde
Brich an du schönes Morgenlicht
das ist der alte Morgen nicht,
der täglich wiederkehret.
Halleluja, Halleluja, Halleluja.

Es ist ein Leuchten aus der Fern,
es ist ein Schimmer, ist ein Stern,
von dem ich längst gehöret.
Halleluja, Halleluja, Halleluja

Der Himmel ist jetzt nimmer weit;
es naht die sel'ge Gotteszeit
der Freiheit und der Liebe.
Hallelujah, Hallelujah, Hallelujah

Wohlauf, du frohe Christenheit,
dass jeder sich nach langem Streit
in Friedenswerken übe.
Hallelujah, Hallelujah, Hallelujah.
(RG [1998] 410, 1.3; für die musikalische Verarbeitung siehe die Gesamtpartitur)

Johannes

Ich bin Johannes. Als einziger Evangelist habe ich verstanden, dass Jesus schon vor Anbeginn der Welt existierte. Am Anfang war das Wort, und das Wort war bei Gott. Und dieses Wort ist Fleisch geworden und wohnte unter uns und wir sahen seine Herrlichkeit. In ihm war Leben und das Leben war das Licht für die Menschen, und das Licht scheint in der Finsternis, und die Finsternis hat es nicht begriffen.

Gemeinde

Die Nacht ist vorgedrungen,
der Tag ist nicht mehr fern.
So sei nun Lob gesungen
dem hellen Morgenstern!
Auch wer zur Nacht geweinet,
der stimme froh mit ein.
Der Morgenstern bescheinet
auch deine Angst und Pein.

Die Nacht ist schon im Schwinden,
macht euch zum Stalle auf.
Ihr sollt das Heil dort finden,
das aller Zeiten Lauf
von Anfang an verkündet
seit eure Schuld geschah.
Nun hat sich euch verbündet,
den Gott selbst ausersah. (EG 16,1.3)

Christa

Ich bin Christa, eine heutige Evangelistin. Ich habe verstanden, dass die Weihnachtsgeschichte von allem Anfang an verschieden erzählt wurde. Wie aber kann ein Christentum, das schon in seinen Anfängen in vier Variationen vorhanden ist, Grundlage des Friedens werden? Eben gerade das ist die Grundlage des Friedens.

Was für ein Evangelium wäre wohl entstanden, wenn auch eine Frau eines geschrieben hätte? Jesus ist zwar von einer Frau geboren worden, aber die Männer haben ihn in Beschlag genommen. Die vier Evangelisten kommen mir vor wie vier Kinder. Sie stammen von den gleichen Eltern ab, aber sie sind sich oft nicht einig.
In meinem Evangelium gibt es verschiedene Nachfolger Jesu, die katholischen, die evangelischen, die methodistischen, die afrikanischen, die Männer, die Frauen – und auch die Kinder. Sie werden fragen: x-beliebige? Ich antworte: Nein, nur solche, die neben sich die anderen leben lassen und gern haben. Im Schatten Seines Friedens leben wir, wenn wir Freude haben an denen, die anders sind als wir.
Im Schatten Seines Friedens leben wir, wenn wir Freude haben an denen, die anders sind als wir. Oder wie verstehen Sie das? Oder Sie? Oder Sie?.

Gemeinde
In diesem Lichte kannst du sehen
das Licht der klaren Seligkeit;
wenn Sonne, Mond und Stern vergehen,
vielleicht noch in gar kurzer Zeit,
wird dieses Licht mit seinem Schein
der Schatten Seines Friedens sein. (EG 40,3)

2. Die Magier (Predigt zu Mt 2,1–12)

Predigt: Matthäus ist der Missionstheologe des Neuen Testaments. Er endet sein Evangelium mit dem Missionsbefehl: „Geht hin und machet alle Völker zu Jüngern, indem ihr sie tauft auf den Namen des Vaters, des Sohnes und des Heiligen Geistes, indem ihr sie alles halten lehrt, was ich euch befohlen habe“ (Mt 28,19–20 L/Z). Aufgrund dieses Textes gingen Tausende von Europäern und Amerikanern in die Dritte Welt, um die Heiden von ihrem Irrtum zu überzeugen und ihnen europäisches oder amerikanisches Christentum beizubringen. Die Geschichte der Mission ist nicht nur eine Geschichte der Gewalt und des europäischen/amerikanischen Überlegenheitsdünkels, sondern auch eine Geschichte des Erbarmen Gottes. Gott hat unsere stümperhaften Versuche gesegnet, so dass daraus große Kirchen entstanden sind.
Heute allerdings sind die unabhängigen Kirchen der Dritten Welt, die ohne westliches Personal und ohne westliche Finanzen auskommen, die eigentli-

chen Missionsträger der Dritten Welt. Auch die aus der Arbeit der Missionare entstandenen Missionskirchen lernen von ihnen, wenn sie nicht ad infinitum von den Subventionen (die heute zum Glück zurückgehen) abhängig sein wollen. Zu diesen Kirchen gehören auch die schwarzen Arbeiterkirchen in Birmingham. Von ihnen lernte ich eine dialogische Weise des Universitätsunterrichtes.

Wenn wir aber die Missionstheologie des Matthäus verstehen wollen, müssen wir bei ihm nachschauen, was er unter „lehren" versteht, zum Beispiel in der verlesenen Geschichte von den heidnischen Astrologen. Wir können nicht einfach *unser* Lehren und Predigen für normativ halten. Es ist bezeichnend, dass Matthäus seine Missionstheologie mit den Magiern aus dem Osten beginnt. Das ist vermutlich eine Legende, aber in dem Sinne historisch, als sie uns Auskunft gibt über die matthäische Gemeinde und ihre Missionspraxis. Sie spiegelt ihre Erfahrungen mit den Nichtchristen wider, die in Antiochia, dem vermutlichen Entstehungsort des Matthäusevangeliums, die Mehrheit der Bevölkerung bildeten. Auch die Nichtchristen wissen etwas von Gott. Sie sind nicht einfach religiöse Analphabeten. Die Magier – nicht Könige – finden den Weg zur Krippe aufgrund ihrer heidnischen Astrologie, während die bibellesenden Schriftgelehrten in Jerusalem in ein Komplott verwickelt waren, das zur Ermordung des Jesuskindleins führen sollte.

Stellen Sie sich vor, die Maria wäre eine deutsche Pfarrfrau gewesen! Da sitzt sie und wiegt ihr Kindlein. Nun geht die Türe auf und die östlichen Astrologen treten ein in ihren langen Gewändern mit den darauf gestickten Sternzeichen. Vielleicht hätte die Pfarrfrau erschreckt ausgerufen: „Ihr östlichen Astrologen und Okkultisten, kommt nicht zu meinem Kind. Ihr legt mit eurem heidnischen Zeug einen Bann auf mein Kindlein!" Aber eben – Maria war eine jüdische Mutter. Und darum sagte sie: „Ihr Herren, tretet näher." Und so kamen sie, knieten nieder und brachten dem Kinde Weihrauch, Myrrhe und Gold.

Die Kommentare tun sich schwer mit dieser Geschichte. Sie sagen zum Beispiel: Hier wird berichtet, wie das Kommen Christi die Magie auflöst. Hier wird das Ende der heidnischen Religion gezeigt. Davon steht aber nichts im Text. Im Gegenteil, die Magier werden nicht negativ gesehen. Es sind fromme Heiden, die von Anfang an das Richtige wollen, nämlich das Jesuskind anbeten. Das ist im übrigen das Kriterium für jede christliche Religionstheologie: Sie legen die Zeichen, die Insignien ihrer Kultur und Religion dem Jesuskind zu Füßen. Da haben wir noch viel zu lernen.

So allerdings hat man diesen Text in der Kirchengeschichte nicht gelesen. Da wird etwa gesagt, die Gaben seien Weisheit, Gebet und Abtötung des

Fleisches. Martin Luther sieht in den Gaben – wie könnte es anders sein – das Bekenntnis, respektive Glaube, Liebe, Hoffnung. Johann Albrecht Bengel sagt, die Gaben seien ein gläubiges Herz, andächtiges Gebet und Erlösung des Fleisches. Anstatt diesen dialogischen Missionstext in aller Härte zu sehen, wird allerhand Rankenwerk darum herum gedichtet. Jetzt weiß man plötzlich auch ihre Namen: Kaspar, Melchior und Balthasar (ausführlich in U. Luz, Matthäus I/1, 111–124).

Wenn das ein Einzeltext wäre bei Matthäus, dann könnte man ihn vielleicht beiseite schieben. Aber Matthäus versteht Mission grundsätzlich als dialogischen (Mt 15,21–28) und körperlichen (Mt 10,7–8) Vorgang. Er erwartet von den heidnischen Religionsvertretern, den Nichtchristen, einen positiven Beitrag zum Evangelium. Das ist es, was wir heute in Mission und Evangelisation lernen dürfen – hier in Deutschland und in der Dritten Welt. Wir sagen den Nichtchristen nicht, was das Evangelium ist. Wir lernen *mit ihnen zusammen,* was Evangelium ist. Dann werden wir Entdeckungen machen. Ich habe viele Bibelarbeiten mit Nichtchristen und Kirchenfernen getanzt, gespielt und gesungen. Diese waren oft die interessanteren Teilnehmer. Sie hatten Ideen, und sie blieben hart am Text, während die Kirchenchristen oft schon im Voraus wussten, was der Text zu sagen hatte. Wenn unsere Mission und unsere Kirche eine Zukunft haben sollen, dann müssen wir mit den „Sterndeutern" unserer Zeit, mit den Nichtchristen, die mit uns auf dem Wege zur Krippe Jesu sind, neu lernen, was es heißt, an der Krippe niederzuknien und unsere Gaben in den Dienst dieses Jesus zu stellen. Mit diesen zusammen werden wir wieder beten lernen. Da viele Christen – jedenfalls hierzulande – das Beten verlernt haben, können wir vielleicht mit den Nichtchristen zusammen das Beten wieder lernen. Auch das ist Mission.

Jahreswende

Wenn die Zuhörer sich selber predigen …

Das folgende Oratorium schrieb ich zusammen mit Estella Korthaus. Vor der Probenarbeit bekommen alle Teilnehmer und Teilnehmerinnen das Partiturheft, das eine ausführliche Einführung zur Auslegung und Auslegungsgeschichte der Johannesoffenbarung enthält, da sie meist große Mühe haben mit dem Gedanken, dass dieser biblische Text *aus seiner Zeit* heraus zu interpretieren ist. Der Verfasser der Apokalypse bleibt ein echter Visionär, auch wenn er aus der damaligen hellenistischen Endzeitliteratur zitiert – allerdings in der ihm eigenen verdichtenden Form. Um der ursprünglichen Textgestalt der Offenbarung möglichst nahe zu kommen, wurde die Übersetzung von Ernst Lohmeyer verwendet.
Das Oratorium wurde mehrere Male aufgeführt, zum Beispiel in Meißen, Radebeul, Frankfurt a.M., Huttwil (Schweiz) und Melsungen. Es ist musikalisch nicht sehr anspruchsvoll, braucht aber vier bis acht gute Bläser, ein Piano, einen kleinen Chor, ein bis zwei Solostimmen und eine kleine Tanztruppe. Die Aufführung steht und fällt mit der Ausstrahlung von Johannes' Frau Sara (einer erfundenen Figur). Es empfiehlt sich, bei einer Aufführung mit Laienspielern eine erfahrene Regisseurin beizuziehen. Selbstverständlich kann das Stück nicht nur zur Jahreswende aufgeführt werden. Wichtig aber ist – wie bei allen hier abgedruckten Stücken –, dass die Theologin Zeit zum Gespräch mit Sängern, Tänzerinnen, Musikern und Darstellern hat. *In diesen Gesprächen* (für die die Anmerkungen im Partiturheft viel Material bereitstellen) passiert wesentliche Exegese, so dass die Teilnehmer und Teilnehmerinnen „sich selber predigen".
Die darauf folgende Palmsonntagspredigt (Nr. 4: „Wir haben den Himmel abgeschafft …") wurde in einer kleinen Berggemeinde des Berner Oberlandes gehalten. Das erklärt die lokalen Bezüge.

3. Neuer Himmel – neue Erde. Die Visionen der Offenbarung (Oratorium)

Nr. 1 *Introitus des Chores: Hewenu Schalom alechem*

Nr. 2 *Sara*

(*tritt auf*) Hewenu Schalom alechem! Friede sei mit euch. Das ist der alte Gruß der Juden. Es ist auch der Gruß, mit dem der auferstandene Jesus seine Jünger und Jüngerinnen begrüßte. Wir Christen haben uns in Ephesus ebenso begrüßt.

Nr. 3 *Chor, Bläser und Gemeinde: Hewenu Schalom alechem*

Nr. 4 *Sara*

Und nun möchten Sie gerne von mir wissen, was mein Mann, der Seher Johannes, für ein Mensch ist. Na ja, das ist gar nicht so einfach. Mein Mann ist ein merkwürdiger Mensch. Manches Mal musste ich über seine kuriosen Ideen lachen. Darum hat er mir den Namen Sara gegeben, nach der Frau des Abraham, die den Gesprächen ihres Mannes mit den Boten Gottes zugehört hatte und darüber lachen musste. Obschon ich dreißig Jahre lang mit ihm verheiratet bin, habe ich selten verstanden, was ihn bewegte. Das sollte sich schlagartig ändern. Und das kam so. In einer mondleeren Novembernacht des Jahres 92 polterte die Polizei des Kaisers Domitian an unsere Haustüre, befahl meinem Mann, sich anzuziehen – mich schienen sie nicht zu beachten –, schleppten ihn vor die Haustüre, wo bereits Pferde und Rossknechte warteten, banden ihn an den Schwanz eines Pferdes, sprengten davon, indem sie meinen Mann hinter sich herschleiften. Noch heute höre ich das Aufschlagen auf dem Kopfsteinpflaster.

Ich erfuhr, dass sie ihn in ein Verließ in Ephesus steckten und dass er auf die Gefangeneninsel Patmos verbannt werden sollte. Nun musste ich handeln, denn seine Freunde und Freundinnen aus der Christengemeinde verhielten sich ruhig, um ja nicht aufzufallen. Ich zog das rote, weit ausgeschnittene Kleid an. Auf der Seite hatte es einen langen Schlitz (*sie zeigt ein Bein*). In die Haare steckte ich eine weiße Orchidee. Ich bestellte eine Sänfte und ließ mich zum Präfekten Kleinasiens tragen. Er ließ mich gleich vor – es ist ja klar, dass ich erreichte, was ich wollte. Ich wurde mit demselben Transport wie mein Mann Johannes nach Patmos verschifft.

Patmos ist eine kleine Insel, 14 Schiffsstunden von Ephesus entfernt. Ringsum nichts als Wasser. Alle drei Monate kommt ein Schiff von Ephesus, wechselt die Soldaten aus, bringt manchmal einen neuen Gefangenen – meist politisch Verdächtige – und holt

selten einen ab, der seine Verbannungszeit verbüßt hat. Die Wachsoldaten führen sich anständig auf, sind sie doch wie wir Gefangene eines brutalen Staates.
Wie schrecklich, wenn Johannes wochenlang in ein depressives Schweigen verfällt. In der Nacht wacht er auf und schreit unverständliches Zeug von „großen gefräßigen Heuschrecken mit Frauenhaaren“ und „Skorpionenschwänzen“, von „Zornesschalen“ und „Gerichtsposaunen“, von „Schwefel und Feuer“. Einmal hat er geschrieen: „Wie lange noch?“ „Maranatha! Komm bald, Herr Jesus!“

Nr. 5 *Chor, Instrumente und Soli: Maranatha*

Nr. 6 *Sara*

Ich habe ihn gefragt, was die Polizei ihm vorgeworfen hat. Er sagte stockend und langsam, sie habe von ihm einen Treue-Eid auf den römischen Kaiser verlangt, der sich als ‚Dominus ac Deus Noster‘, als ‚Herr und unser Gott‘ feiern lässt. Sie warfen ihm seine staatskritischen Bemerkungen vor. Auch sollte er die Namen von anderen Christen angeben, die die Polizei für Staatsfeinde hält. Beides verweigerte er. Was sie alles angestellt haben, um ihn gefügig zu machen, hat er bis heute nicht verraten.
Jetzt warte ich – wie üblich –, dass er mit mir über seine Arbeit spricht.

Johannes kommt auf die Bühne, etwas langsam, aber immer noch elastisch. Die beiden begrüßen sich wie ‚ältere Eheleute‘, nicht stürmisch, aber herzlich.

Johannes

Da bin ich ja schon. Ich wünsche dir einen schönen Tag.

Sara

(*lachend*) Ich dir auch, mein Johannes – für unsere gemeinsame Arbeit. Weißt du noch, wie du mir nach einer durchwachten Nacht auf den Sonntag zum ersten Mal aus deinem Manuskript vorgelesen hast?

Johannes

Ja, wie wenn es gestern gewesen wäre.

Sara
Ich möchte den Anfang nochmals hören.
Weißt du, viel von dir und von uns steckt da drin.
(*zeigt auf das Manuskript und gibt es Johannes*)

Johannes
(*nimmt das Manuskript, öffnet es, legt es auf ein Lesepult und liest*)
Ich, Johannes, war auf der Insel, die da Patmos heißt,
um Gottes Wortes willen und des Zeugnis Jesu;
ich ward des Geistes voll am Herrentag
und hörte große Stimme hinter mir,
als wenn Drommete ruft:

„Was du erschaust,
das schreibe in ein Buch
und sende es den siebn Gemeinden."

Ich wandte mich, die Stimme zu erschaun, die mit mir sprach;
Und da ich so mich wandte,
sah ich sieben goldne Leuchter
und in der Leuchter Mitten gleich dem Menschensohn,
gehüllt in wallendes Gewand
und um die Brust mit goldnem Gurt gegürtet.

Sein Haupt und seine Haare weiß,
wie schneeig weiße Wolle,
und seine Augen wie ein Feuerbrand
und seine Füße gleich goldschimmernd Erz,
als wär im Ofen es geläutert,
und seine Stimme wie die Stimme vieler Wasser.

Und hält in seiner Rechten sieben Sterne,
und bricht aus seinem Mund ein Schwert,
zweischneidig scharf,
und ist sein Antlitz, wie die Sonne strahlt in ihrer Macht.

Und da ich ihn so sah, fiel ich zu seinen Füßen wie ein Toter;
und er legte auf mich seine Rechte, also sprechend:
„Erschrecke nicht, ich bin der Erste und der Letzte und der Lebendige,

und ich starb,
und siehe, lebend bin ich
in aller Zeiten Zeiten,
Und trag' des Todes und der Hölle Schlüssel!

Darum schreibe, was du sahst ..."

Nr. 7 *Chor, Soli und Instrumente: Adoramus*

Nr. 8 *Sara*

Und so hast du fast jeden Morgen geschrieben wie ein Verrückter. Bisweilen warst du so erschöpft, dass du starr geworden bist.

Johannes

Ich habe furchtbare Dinge gesehen: Heuschrecken mit Frauenhaaren und Skorpionenschwänzen ... ein fahles Pferd und hinter ihm der Tod ... Manchmal haben sich in meine Visionen und Träume Fetzen aus der christlichen Liturgie oder den hebräischen Schriften gemischt.

Sara

Oder auch aus anderen religiösen Büchern, nicht nur aus christlichen.

Johannes

Stimmt.

Sara

Einmal wusstest du den genauen Text nicht, den zu zitieren wolltest, und fragtest mich, wie es genau heißt.

Johannes

Unsere Gemeindebibliothek ist ja in Ephesus. Hier auf Patmos haben wir kein einziges Buch. Schade!

Sara

Ich musste dir darum einen ganzen Abschnitt ins Gedächtnis zurückrufen. Ich hatte ihn schon früher auswendig gelernt.

Johannes
Ja, stimmt. Am Ende wussten wir nicht mehr, welche Sätze von mir und welche von dir waren.

(beide lachen)

Sara
Spielt ja auch keine Rolle. Erinnerst du dich an die Stelle von dem großen Buch, die du damals vergessen hattest?

Johannes
Hier habe ich die Stelle.
(*liest*)
Und ich sahe auf der Rechten des, der auf dem Throne sitzt,
ein Buch beschrieben in und außen
und gesiegelt mit siebn Siegeln.

Und ich sahe einen starken Engel,
der kündete mit lauter Stimme:
„Wer denn ist würdig,
das Buch zu öffnen und zu brechen seine Siegel?"
Und es vermochte niemand in dem Himmel,
noch auf der Erde noch unter der Erde,
das Buch zu öffnen und darein zu sehen.

Und ich weinte sehr,
dass niemand würdig ward erfunden,
das Buch zu öffnen und darein zu sehen.

Und ich sah ein Lamm gleich wie geschlachtet:
Und es nahm das Buch,
hin sanken alle Engel vor dem Lamme
und sprachen: „Würdig bist du, das Buch zu nehmen und zu öffnen seine Siegel."

Nr. 9 *Chor, Soli Instrumente: Adoramus*

Nr. 10 *Johannes*
Darnach sahe ich und siehe, eine große Schar –
sie zählen konnte niemand –

aus allem Volk und Stämmen, Nationen, Sprachen,
stehend vor dem Thron und vor dem Lamm,
gehüllt in weiße Kleider und in ihren Händen Palmen.
Und schrien mit lauter Stimme also:

Nr. 11 *Kanon: Sanctus (Tanz ad lib.)*

Nr. 12 *Sara*
Weiße Kleider? Weiße Kleider?
Wer sind diese Leute mit den weißen Kleidern?

Johannes
Diese sind's, die kamen aus dem großen Leiden
und wuschen ihre Kleider,
und wuschen weiß sie in dem Blut des Lammes.
Sie werden nicht mehr hungern
und werden nicht mehr dürsten,
und trocknen wird Gott jede Träne ihrer Augen.

Nr. 13 *Chor: In deinen Toren (Tanz)*
In deinen Toren werd' ich stehen, du schöne Stadt Jerusalem.
In deinen Toren kann ich atmen, erwacht mein Lied.

Nr. 14 *Johannes*
Und die sieben Engel mit den sieben Drommeten rüsteten sich zu drommeten.

Nr. 15 *Sieben Posaunen*
Sieben Musiker (Posaunen und Trompeten, auch Musikerinnen können dabei sein) treten einer nach dem anderen auf die Bühne, in schwarz gekleidet. Das Bild ist hier so wichtig wie der Ton. Die Auftritte und die Choreographie dieser Musiker und Musikerinnen sind sorgfältig zu planen und zu üben.

Nr. 16 *Johannes*
Und es drommete der siebte Engel;
und huben starke Stimmen in dem Himmel also an:
„Geworden ist das Königtum der Welt unseres Herrn und seines Gesalbten, und sein Königtum wird sein in aller Zeiten Zeiten."

Sara
Und was ist mit den Kaufleuten, die glauben, die Herren der Erde zu sein?

Nr. 17 *Chor, Solo-Posaune, Piano, Bläser: Die Kaufleute der Erde*
Die Kaufleute der Erde weinen und trauern, und trauern um Babylon,
denn ihren Vorrat kauft niemand mehr.
Den überquellenden Vorrat an Gold und Silber und Edelgestein
und Linnen und Purpur und Scharlach und Seide,
an wohlriechendem Holz und Gerät aus Elfenbein und Erz und Eisen
und kostbarem Marmor und Zimt und Haarbalsam und Räucherwerk und Salbe
und Wein und Öl und Semmelmehl und Weizen,
an Lasttieren und Schafen und Pferden und Wagen und Sklaven,
ja sogar Menschenleben. Ja Menschenarbeit und Menschenleben.
Die Kaufleute der Erde, die mit diesen Dingen reich geworden sind,
weinen und sagen: wehe, wehe, wehe, du große Stadt,
die du angetan mit Gold und Purpur und Perlen.
Denn in einer Stunde ist dieser große Reichtum verwüstet.

Nr. 18 *Johannes*
Die Kaufleute der Erde weinen und klagen,
denn ihren Vorrat kauft niemand mehr.
Die Kaufleute der Erde weinen und sagen:
„Wehe, wehe, du große Stadt,
denn in *einer* Stunde ist dieser große Reichtum
verwüstet."

Sara
Ach, mein Johannes, bist du verrückt geworden? Aber ich weiß ja, dass deine Bilder und Visionen schon in unseren hebräischen Schriften stehen, z.B. die zehn Plagen, die über die Ägypter gekommen waren. Oder auch in dem neuen Büchlein, das dem alten Henoch zugeschrieben wird und das viele deiner Bilder enthält.
Aber – das wollte ich dich schon lange fragen – hast du keine Angst, dass die Zensur dein Buch liest und dich bestraft, weil du gegen den übermütigen Staat und gegen die ebenso übermütigen

Kaufleute wetterst? Wenn du zum Beispiel sagst, der dritte Teil des Wassers sei vergiftet durch Wermut, dann weiß doch jedes Kind, wer dieses Gift in die Bäche und das Meer geleitet hat.

Johannes
‚Mare nostrum', ‚unser eigenes Meer' nennen die Römer das Mittelmeer, als ob es ihnen gehörte.

Sara
Sie benehmen sich auch entsprechend.
Sie haben es bald leergefischt.

Johannes
Nicht nur das. Wir wissen, wer ganz Nordafrika und den Apennin abgeholzt hat, nur um immer noch mehr Kriegsschiffe bauen zu können, als hätten wir nicht schon genug davon. Die armen Bauern in Nordafrika! Sie müssen dafür bezahlen.

Sara
Und wer ist schuld daran? Die Wirtschaftsbosse, die Globalisierer, die Deregulierer und Rationalisierer, die du ‚Zauberer' oder ‚Pharmazeutiker' nennst, weil sie die Pflanzen, das Wasser, die Tiere und die Menschen ‚verhexen'. Meinst du denn nicht, du müsstest eines Tages für diese respektlose Sprache büßen?

Johannes
Die Zensur ist zu dumm, um meine Bilder zu verstehen.

Sara
Meinst du? Es gibt genug kluge Leute unter den Beamten der Polizei, in den Führungsetagen der Banken und Konzerne. Die könnten dich verstehen.

Johannes
Wenn sie klug sind, so wissen sie, dass das stimmt, was ich schreibe. Dann wissen sie, dass der Mensch, der seine Zukunft selbstherrlich in die Hand nimmt, der sich nicht um die Auswirkungen und Folgen seines Handelns kümmert, dass dieser Mensch seine Zukunft verliert.

Sara
Eben gerade das ist gefährlich. Weil das, was du geschrieben hast, wahr ist, darum ist es gefährlich. Wenn es irgendein Hirngespinst wäre, würdest du nicht viel riskieren. Dann würde man dich vielleicht sogar als großen Mystiker und Künstler feiern.

Johannes
Jemand muss doch das aussprechen, was die Klugen wissen, aber vor den gewöhnlichen Menschen verheimlichen. Sie reden von wirtschaftlichen Gesetzen und von Realpolitik und meinen doch nur ihren Geldsack und ihre eigene Macht.
Aber das Ende ist nahe. Sie werden nicht mehr lange lachen!

Sara
Wunderschön, mein Johannes, wunderschön. Aber bist du sicher, dass es so kommt? Vorläufig herrschen noch die römischen Machthaber. Siehst du nicht die Wachsoldaten in ihren glänzenden Rüstungen?

Ein Männerchor von Soldaten tritt auf die Bühne

Nr. 19 *Hewenu Schalom alechem (Chor)*, dagegen der Männerchor: „Niemals"
Der Männerchor (als Soldaten verkleidet) tritt auf, stampft den Takt zu „Niemals"

Nr. 20 *Sara*
Siehst du, vorläufig sind wir noch auf der alten Erde. Vorläufig scheint alles im alten Trott weiterzugehen.

Johannes
Nicht mehr lange.

Sara
Alles ferne Zukunftsmusik!

Johannes
Nein, weil wir wissen, dass die alten Mächte schon besiegt sind, weil wir wissen, dass die Kaufleute der Erde ihren Handel selber zerstören, weil wir wissen, dass die religiösen und politischen

Machthaber keine Macht über Gott haben, weil wir wissen, dass sie Bluffer sind – darum leben wir schon heute in einer neuen Welt – nach neuen Regeln.
Wir müssen uns nicht ständig profilieren.

Sara
O hätte ich doch deine Zuversicht!

Johannes
Du wirst sie bekommen. Höre!

Nr. 21 *Der Himmel, der ist, ist nicht der Himmel, der kommt*
Choreographie langsam aufbauen bis Höhepunkt Nr. 23: Ubi caritas

Chor und Instrumente:
Der Himmel, der ist, ist nicht der Himmel, der kommt,
wenn einst Himmel und Erde vergehen.

Der Himmel, der kommt, das ist der kommende Herr,
wenn die Herren der Erde gegangen.

Der Himmel, der kommt, das ist die Welt ohne Leid,
wo Gewalttat und Elend besiegt sind.

Der Himmel, der kommt, das ist die fröhliche Stadt,
und der Gott mit dem Antlitz des Menschen.

Der Himmel, der kommt, grüßt schon die Erde, die ist,
wenn die Liebe das Leben verändert. (EG 153, 1–5)

Nr. 22 *Sara*
Der Himmel, der kommt, grüßt schon die Erde, die ist –
(große Pause,. absolute Stille, kein Tanz. Sara schaut ins Publikum)
wenn die Liebe das Leben verändert.

Nr. 23 *Chor und Instrumente:* Ubi caritas
(Sofort mit Refrain „Ubi caritas" und Tanz einsetzen, direkt an Sara anschließen. Tanz jeweils zum Refrain. Dirigent entscheidet, wie viele Soloverse.)

Nr. 24 *Johannes*

Und ein Engel entführte mich im Geist auf einen großen hohen Berg
und zeigte mir die heil'ge Stadt, Jerusalem,
vom Himmel niedersteigend her von Gott;
um sie ist Gottes Herrlichkeit, ihr Glanz ist gleich dem Edelstein,
gleich Jaspisstein, kristallen leuchtend.

Sara

Ach Johannes, Du weißt ja, woher das Bild vom himmlischen Jerusalem und von den Edelsteinen kommt.

Johannes

Ja, gewiss, aus der esoterischen Bibliothek deines Vaters.

Sara

Ja, weißt du noch, mein Johannes (*geht zu Johannes und zieht ihre Halskette aus*), weißt du noch, wann ich diese Halskette bekam?

Johannes

Ja, das weiß ich. Zur Hochzeit, von deinem Vater, der der führende Juwelier auf dem Platz Ephesus war.

Sara

Nicht nur der führende Bijoutier, auch der beste Gastgeber für jüdische und nichtjüdische Gnostiker und Esoteriker. Darum bedeutete für ihn jeder einzelne Edelstein etwas.
Bei meinem Vater habe ich die apokalyptische Literatur und die Bedeutung der Edelsteine kennen gelernt. Bei uns gingen Politiker und Geschäftsleute von Ephesus ein und aus.

Johannes

Ja, er hätte es wohl lieber gehabt, du hättest eine ‚gute Partie' gemacht mit einem seiner Gäste.

Sara

Das ist möglich. Aber ich wollte nicht.

Johannes

Warum nicht?

Sara
Frag nicht so dumm. Du weißt selber, dass ich das religiöse Psychogeschwätz ohne irgendwelche Konsequenzen für Politik und Wirtschaft nicht leiden mag. Da bist du doch aus ganz anderem Holz. Hartnäckig und kompromisslos. Manchmal etwas zu schroff, wenn du die Religion des ‚inneren Wohlbehagens' kritisiert.

Johannes
Ja, dein Vater war kein Christ. Aber sehr großzügig. Ich möchte auch so großzügig sein. Sag mal, wie hast du es fertig gebracht, dass du mich hierher begleiten konntest? Das ist doch eigentlich gar nicht möglich.

Sara
Willst du es wissen? Ich war nur geschickt, nicht so kompromisslos wie du. Ich habe den Präfekten Kleinasiens so stürmisch umarmt – du weißt ja, ich kenne ihn aus dem esoterischen Zirkel meines Vaters –, ich habe ihn so leidenschaftlich umarmt, dass ihm Hören und Sehen verging und er geschworen hat, mir jeden Wunsch zu erfüllen. Er wurde ganz rot, als ich ihn anflehte, mit dir gemeinsam in die Verbannung gehen zu dürfen.

Johannes
Das hast du getan?

Sara
Dir zuliebe. Sieh her, Johannes, hier ist meine Kette. Ich gebe sie dir. Sie soll deine Visionen von der Stadt der Perlen und Edelsteine begleiten.

Johannes
Danke, liebe Sara *(umarmt sie und zieht die Kette Sara wieder über)*. An dir ist sie viel schöner. Wenn ich dich sehe mit diesen funkelnden Edelsteinen, dann freue ich mich.

Nr. 25 *Johannes*
Und die zwölf Tore sind zwölf Perlen,
jedwedes von den Toren war aus einer einzigen Perle.
Und die Straße in der Stadt lauteres Gold,

durchsichtigem Glase gleich.
Und ich sahen neuen Himmel, neue Erde,
denn der erste Himmel und die erste Erde sind vergangen …
Und ich hörte große Stimme von dem Throne sprechen:
„Siehe, Gottes Zelt ist bei den Menschen,
und zelten wird er unter ihnen;
und sie werden seine Völker sein, und er, er wird ihr Gott sein.
Und der Tod wird nicht mehr sein, und Leid und Gram und Mühe wird nicht mehr sein."
Und er sprach zu mir, der sitzet auf dem Thron:
„Siehe, ich mache alles neu."
Und einen Tempel sah ich nicht in der Stadt,
denn Gott, der Herr, der Alleeherrscher,
ihr Tempel ist er und das Lamm.

Sara
Und die Kirche? Wo ist die Kirche im neuen Himmel und in der neuen Stadt?

Johannes
Die Kirche, die Bischöfe? Davon habe ich nichts gesehen. Überhaupt, wo war denn die Kirche, als ich verhaftet wurde? Wo?

Sara
Meinst du etwa, die Kirche werde überflüssig, wenn Gott selber erscheint? Und überhaupt, wer ist in diese Stadt eingeladen?

Johannes
Eingeladen sind alle.

Sara
Auch unsere Verfolger? Auch der Präfekt von Kleinasien, der dich nach Patmos verbannte? Die hochnäsigen Römer, die meinen, die ganze Welt müsse ihnen dienen? Die Kaufleute der Erde, die die Erde wie ihre eigene Firma behandeln? Müssen sie sich nicht zuerst ändern?

Johannes
Müssen sie, aber nicht, um in das neue Jerusalem einzuziehen, sondern weil sie sich sonst selber zu Grunde richten.

Sara
Aber gibt es da nicht gewisse Bedingungen, um in diese Stadt zu kommen?

Johannes
Keine Bedingungen. Unsere Peiniger? Das ist nicht mehr unsere Sache. Gott sei Dank.

Sara
Es ist alles Gottes Sache? Dann sind wir der Barmherzigkeit Gottes völlig ausgeliefert.

Johannes
Der Freundschaft Gottes, ja – das genügt.

Nr. 26 *Schlusschor: In deinen Toren*

Palmsonntag

4. „Wir haben den Himmel abgeschafft …“ (Liturgie und Predigt)

Kanzelgruß: Es spricht der Prophet des Alten Testaments: Ich weiß, was für Gedanken ich über Dich hege, spricht Gott, Gedanken zum Heil, Dir eine Zukunft und Hoffnung zu gewähren. (Jer 29,11)

Gemeindelied: Jesu, meine Freude (EG 396, 1–3, 6)

Wir beten mit dem Märtyrer Dietrich Bonhoeffer. Er hatte von seiner Braut, Maria von Wedemeyer, einen Brief ins Gefängnis Tegel bekommen. Darin ermunterte sie ihn, den Mut nicht aufzugeben, denn – so schrieb sie – die Engel Gottes sind bei dir im Gefängnis. Bonhoeffer antwortete mit dem unterdessen weltberühmt gewordenen Gebet.

Gebet (Gemeinde abwechselnd sprechend): Von guten Mächten (EG 65, in Auswahl)

Kanon: Alles ist eitel (EG 543)

Lectio: Joh 12,12–19

Gemeindelied: Jesus ist der Siegesheld (RG [1998] 856)

Predigt
Wir feiern heute Palmsonntag. Wir erinnern uns an den Einzug Jesu auf einem jungen Esel in Jerusalem. Damit nahm er Verheißungen des Alten Testaments auf, die in diesem Bilde den Anbruch des Königreiches Gottes sahen.
Es kam dann bekanntlich anders. Jesus wurde gekreuzigt. Nach Ostern verbreiten seine Jünger das Evangelium im gesamten Römischen Reiche.
Paulus nimmt die Reich-Gottes-Hoffnung wieder auf – ungefähr im Jahre 55 n.Chr. Er schreibt: „Wir werden nicht alle entschlafen, wir werden aber alle verwandelt werden und dasselbe plötzlich, in *einem* Augenblick, zur Zeit der Letzten Posaune“ (1Kor 15,51). Paulus meint also, er und seine

Freunde werden nicht sterben, sondern sozusagen telekinetisch in den Himmel transportiert werden zum großen Bankett der Erlösten.
Es kam dann bekanntlich anders. Paulus und seine Freunde starben. Eine Generation später schrieben die Evangelisten Matthäus, Markus und Lukas ihre Evangelien. Sie gaben die Hoffnung auf das Reich Gottes nicht auf, schoben aber den Anbruch hinaus. Und wieder eine Generation später geht der *Evangelist Johannes* ganz anders mit dem Problem um; denn die Hoffnung von Matthäus, Markus und Lukas hat sich offensichtlich auch nicht erfüllt. Johannes sagt: Das Reich Gottes ist nicht zukünftig. Es ist schon da. Wer glaubt, hat schon jetzt das ewige Leben. Wer nicht glaubt, ruiniert sich selbst.
Als aber der Kaiser Domitian um das Jahr 90 herum eine brutale Christenverfolgung anzettelte, wachte die Hoffnung auf ein *zukünftiges* Reich wieder auf. Den Niederschlag finden wir in der *Offenbarung des Johannes,* dem letzten Buch der Bibel. Dieser Johannes ist nicht identisch mit dem Evangelisten Johannes. Johannesse gab es damals Tausende.
Der Johannes der Offenbarung kritisierte den römischen Staat, die römische Staatsreligion und die ausbeuterische Wirtschaftspolitik der Römer hart. Dieser Johannes stand in der Tradition der alttestamentlichen Propheten. Kein Wunder, dass er verhaftet wurde. In einer sternenleeren Nacht polterte die Polizei des Kaisers Domitian an seine Türe, holte ihn aus dem Bett, band ihn an den Schweif eines Pferdes und schleppte ihn in die Präfektur. Dort wurde er verurteilt und auf die Verbrecherinsel Patmos in die Verbannung geschickt. In der Verbannung schrieb er sein Buch „Die Offenbarung". Ich lese Ihnen einen Schlüsseltext aus diesem Buch vor, Kapitel 18:
„Die Kaufleute der Erde weinen und trauern um Babylon,
denn ihren Vorrat kauft niemand mehr!
Den überquellenden Vorrat an Gold und Silber und Edelgestein,
an Linnen und Purpur und Scharlach und Seide,
an wohlriechendem Holz und Gerät aus Elfenbein,
an Erz und Eisen und kostbarem Zimt und Haarbalsam
und Räucherwerk und Salbe und Wein und Öl und
Semmelmehl und Weizen,
an Lasttieren und Schafen und Pferden und Wagen und Sklaven.
Ja, sogar mit Menschenleben, mit Menschenarbeit und Menschen treiben sie Handel.
Die Kaufleute der Erde, die mit diesen Dingen reich geworden sind, weinen und sagen:
Wehe, wehe, du große Stadt, die du angetan mit Gold und Purpur und Perlen.

Denn in *einer* Stunde ist dieser große Reichtum vernichtet." (Lied Nr. 17 aus dem Oratorium Nr. 3, 36)
Die Christen haben sich zu allen Zeiten schwer getan mit der Offenbarung. Sie wurde immer wieder als Horoskopbuch missbraucht, in dem man die Zukunft lesen könne. Die Berner Staatskirche brauchte sie, um ihre Feinde (die Katholiken, die Täufer) zu verurteilen. Von der Reformationszeit bis zum Ende des 19. Jahrhunderts waren sich Katholiken und Protestanten in allem uneins, nur in einem nicht, nämlich, dass Täufer und Juden zu verfolgen, zu verbrennen und zu ersäufen seien. Und dazu musste die Offenbarung herhalten. Aber auch die Verfolgten (die Täufer und die Pietisten) sahen in diesem Buch ihre Gegner, die Staatskirchenanhänger, im ewigen Feuer braten. Heute gibt es Leute, die in der Offenbarung die EU oder den Ökumenischen Rat der Kirchen vorhergesagt finden. Diesen Unsinn kann nur behaupten, wer meint, die Offenbarung sei *für uns* geschrieben worden. Das ist eindeutig nicht der Fall. Am Anfang des Buches werden die Adressaten angegeben. Es sind sieben Gemeinden in Kleinasien, in der heutigen Türkei. Johannes hat *seine* Zeit gemeint, nicht die unsrige. Die Verfolgten *seiner* Zeit wollte er trösten.
Ja, werden Sie sagen, wenn die Offenbarung nicht für uns geschrieben wurde, warum predigen wir dann über einen Text, der fast 2000 Jahre alt ist? *Eben deswegen.* Es muss gepredigt werden, weil wir wissen wollen, was die *damaligen* Christen glaubten und dachten, und wie sie sich in ihrer brutalen Welt zurecht fanden. Vielleicht hilft uns das, uns in unserer brutalen Welt zurechtzufinden.
Wir fragen also: Was sagt Johannes den sieben Gemeinden in der Türkei? Er sagt: Mit dem Ausbeutungsmechanismus der Römer kann es nicht weitergehen. Das wird ein böses Ende nehmen. Sie vergiften die Bäche und die Seen. Bald kann man das Wasser nicht mehr trinken. Das bedeuten nämlich die furchtbaren Bilder von Bächen, die in Blut verwandelt werden, von Zornesschalen und Gerichtsposaunen, von den Sternen, die vom Himmel fallen.
Johannes weist vor allem auf die kriegerische Aufrüstung hin. Die Wälder des Apennin und Nordafrikas wurden ratzekahl abgeholzt, nur um immer noch mehr Kriegsschiffe zu bauen. „Für die Sicherheit", sagten die Experten. Das Resultat war aber nicht mehr Sicherheit, sondern das Elend der Bauern Italiens und Nordafrikas, die nichts mehr zu essen hatten, weil die Böden durch die Abholzung unfruchtbar geworden waren. Nicht etwa, weil Gott sie strafte. Hunger und Naturkatastrophen kommen nicht von Gott. Wir ruinieren uns selber.
Johannes weist auch auf das überbordende Handelssystem hin, das sich

verselbständigte. Und jetzt – kann man plötzlich nichts mehr verkaufen. Mit den Kaufleuten meint er nicht die kleinen Handwerker und Gewerbetreibende in Ephesus, sondern die Großen. Die kleinen Gewerbetreibenden sind auch Opfer des Systems. Was er im Kapitel 18 beschreibt, ist ein Kollaps des gesamten Welthandelsystems. Es ist ein System, das ganze Völker versklavte und sie zu einem Hungerlohn für den Luxus der Römer schuften ließ. Unter diesen Sklaven waren auch unsere Vorfahren, die die Römer in ihr System einbanden. Das Resultat aber war nicht – wie die Kaufleute behaupten – eine blühende Wirtschaft, sondern der Untergang des Römischen Reiches.

Das alles hat der Seher Johannes mit wachem Verstand gesehen. Natürlich war er inspiriert, aber seine Inspiration bezog sich auf das reale Leben. Zur Veranschaulichung hat er bekannte Bilder seiner Zeit verwendet. Nur eben, die Machthaber lieben es nicht, wenn man ihnen die Wahrheit sagt. Die Wahrheit zu sagen, ist gefährlich. Solche Leute werden abgeschoben – damals wie heute.

Und damit bin ich bei uns. Johannes beschreibt hier einen Kollaps des Welthandelssystems. Es gibt unter den Fachleuten nicht wenige, die dieses Szenarium auch in heutiger Zeit für möglich halten. Zu diesen Fachleuten gehören die Experten der Welthandelsorganisation, die Eliten in den Führungsetagen unserer Banken und Wirtschaftsunternehmen, vor allem aber die Direktoren der großen Versicherungsgesellschaften. Diese müssen nämlich die Sturm- und Umweltschäden bezahlen, die ihre Kollegen aus der Industrie verursacht haben.

Gemeint ist nicht einfach ein Börsencrash, sondern ein totaler Zusammenbruch der Wirtschaft. Das konnte man schon vor Jahren in der „Financial Times“ und im Handelsteil der „Neuen Zürcher Zeitung“ lesen. Dort stand zum Beispiel: Wenn wir die Dritte Welt weiter als unsere Sklaven ausbeuten und nur dem Profit nachrennen, schaufeln wir uns unser eigenes Grab. Wir produzieren zu viele Flüchtlinge. Diese kann die Polizei nicht mehr von unseren Grenzen fernhalten. Wir ruinieren die Wirtschaft, den Handel und die Natur, auf die wir angewiesen sind. Das sage nicht ich, das sagen die Fachleute, allerdings nur im Handelsteil der Zeitung. Im politischen Teil wird weiter drauflos gelogen, weil unsere Politiker glauben, sie würden nicht wieder gewählt, wenn sie die Wahrheit sagten.

Am Ende seines Buches beschreibt Johannes den neuen Himmel und die neue Erde. Da wird Gott bei seinem Volke zelten. Er wird alle Tränen abwischen. Es wird kein Leid, kein Geschrei, keinen Tod mehr geben. Auch die Kirche wird überflüssig werden. Alles soll dann neu werden.

Solche Hoffnung gab dem Johannes und seinen Gemeinden Mut, gegen den Strom zu schwimmen und die protzigen Lügen des römischen Establishments zu durchschauen. Kurt Marti, der Berner Pfarrer, fasst dies folgendermaßen zusammen:

Der Himmel, der ist, ist nicht der Himmel, der kommt,
wenn einst Himmel und Erde vergehen.
Der Himmel, der kommt, das ist der kommende Herr,
wenn die Herren der Erde gegangen.
Der Himmel, der kommt, das ist die Welt ohne Leid,
wo Gewalttat und Elend besiegt sind.
Der Himmel, der kommt, grüßt schon die Erde, die ist,
wenn die Liebe das Leben verändert. (EG 153)

Na ja, werden Sie denken, alles sehr schön und poetisch. Aber was heißt das praktisch? Ich will Ihnen sagen, was das praktisch heißt, und zwar in den Worten von Professor Peter Gross von der Universität St. Gallen. Gross ist kein Theologe, sondern ein Soziologe, und er stellt eine interessante Frage. Er stellt fest: Wir haben eine Menge zeitsparender Maschinen erfunden, das Auto, das Flugzeug, das Internet. Und trotzdem haben wir immer weniger Zeit. Warum? Das muss doch Gründe haben. Und seine Antwort ist so schlicht wie einleuchtend: Weil wir den Himmel abgeschafft haben. Gäbe es einen Himmel, so hätten wir Zeit für die ganze Ewigkeit. Da wir den Himmel abgeschafft haben, rennen wir mit hängender Zunge hinter dem Glück, dem Profit, der Selbstverwirklichung her – und haben immer weniger Zeit.
Menschen, die auf die neue Erde und den neuen Himmel hoffen, haben Zeit. Sie durchschauen die Lügen, die uns allenthalben aufgetischt werden. Ein Beispiel:
Seit Jahrzehnten hat unsere Wirtschaft über eine Million ausländischer Arbeitnehmer ins Land geholt, so dass wir heute gut 20 Prozent Ausländer in der Schweiz haben. Die Unternehmer haben durch ihre Rekrutierungsbüros das ehemalige Jugoslawien, Griechenland, die Türkei, Sizilien und Nordafrika durchkämmt nach Arbeitskräften. Vielleicht war das wenigstens teilweise nötig. Wer würde sonst unsere Altersversicherung zahlen und die Stellen im Gastgewerbe und in der Kranken- und Altenpflege ausfüllen? Aber die Politiker und die Wirtschaftsleute haben das verantwortungslos, kopflos und ohne Überlegung gemacht. Unsere *bürgerlichen* Politiker notabene, nicht etwa die Kommunisten oder irgendwelche Linksextremisten. Sie sagten damals, das sei nötig und gut für das Land. Gewiss, es war gut, vor allem für ihren Geldsack.

Weil sie keine Perspektive, keine Zukunftsvision für eine neue Erde hatten, wurde drauflos gewurstelt. Das Volk begann zu murren, weil seine Kinder in Schulklassen unterrichtet wurden, in denen die Ausländer die Mehrheit waren, weil in den großen Städten Ausländerghettos entstanden. Die, die das angestellt hatten, suchten einen Sündenbock und fanden ihn prompt in den paar Asylbewerbern. 1½ Prozent aller Ausländer in der Schweiz sind das. Ausgerechnet die Wirtschaftsbarone, die in ihren Fabriken Hunderte und Tausende von Ausländern beschäftigen, zeigen jetzt mit dem Finger auf die 1½ Prozent Flüchtlinge und sagen: Die sind schuld. Die, die für das Debakel verantwortlich sind, schieben die Schuld auf die 1½ Prozent Flüchtlinge. Wer ein solches Märchen glaubt, hat wohl nicht alle Tassen im Schrank. Klüger wäre es zuzugeben: Wir haben Mist gebaut. Es fehlte uns an gesundem Menschenverstand und an Perspektive. Sie werden bemerken, ich plädiere in dieser Predigt nicht für Nächstenliebe. Nächstenliebe hat in der Welt von Wirtschaft und Politik keinen Stellenwert. Ich plädiere nur für nüchternen Sachverstand.

Wer an den neuen Himmel und die neue Erde glaubt, wird sich von solcher Augenwischerei nicht beeindrucken lassen. Er wird diese Schwadroniererei in die Schranken weisen. Menschen, die wissen, dass Gott für diese Welt eine Zukunft hat, sind vor allem nüchtern, klar und wahrhaftig. Menschen aber, die nur an ihre Gegenwart glauben, müssen diese Gegenwart durch Design und Drogen erträglich machen. Darum, meine liebe Mitchristen, ist es lebensgefährlich, den Himmel abzuschaffen.

Wer weiß, dass Gott alle Tränen abwischen wird, kann schon jetzt die Weinenden trösten. Wer weiß, dass Gott regiert und den Lügnern das Maul verbindet, kann sich schon jetzt für die Wahrheit engagieren. Wer weiß, dass Tod, Krankheit und Unrecht nicht das letzte Wort haben, kann sich schon jetzt auf den Himmel freuen.

Und trotzdem haben wir Angst vor dem Sterben, weil wir nicht sicher sind, was nachher kommt und weil der Tod endgültig ist. Aber Christen sind im Sterben nicht allein:

Wenn mir am allerbängsten wird um das Herze sein,
so reiß mich aus den Ängsten kraft deiner Angst und Pein.

Gott wird seine heiligen Engel senden, dass sie uns aufnehmen in das Reich der Liebe und der Wahrheit.

Gemeindelied: Von guten Mächten (EG 65,1)

Gebet
Lieber Gott,
manchmal komme ich mir vor wie ein Regenwurm.
Ich fresse Staub von morgens bis abends
und Dreck von abends bis morgens.
Manchmal kommt einer vorbei und sagt:
„Ha, das ist ja nur ein Regenwurm"
und tritt auf mich mit dem Schuh und das tut weh.
Und manchmal kommt ein Huhn daher und gackert
und scharrt mit dem Fuß,
und ich muss fliehen.
Und dann stolziert eine Elster vorbei,
schön schwarz und weiß in ihrer akademischen Pracht,
und pickt mich in den Schwanz.
Und ich muss mich wieder verkriechen.
Warum bin ich ein Regenwurm?
Warum bin ich nicht ein Flamingo, oder ein mächtiger Löwe
oder wenigstens ein schöner Schmetterling.
Ich habe mich nicht gemacht.
Weder Du noch meine Eltern haben mich gefragt,
ob ich ein Regenwurm sein wolle.
Niemand hat mich konsultiert, ob ich sein wolle.
Und so bin ich eben, was ich bin: ein Regenwurm.
Und heute flüsterst Du mir ins Ohr:
Regenwurm, hör zu!
Du bist wichtig.
Ohne dich gäbe es kein Leben, keine Pflanzen und kein Gemüse,
keine Tiere und Menschen,
keine Wissenschaft und Kunst,
keine Kirche und keine Universität.
Du bist unerhört wichtig.
Ja, was soll ich darauf antworten?
Ich sage: Ja, ich bin wichtig!
Aber könntest Du das nicht auch den Elstern
in all ihrer Pracht mitteilen?
Das wäre schön. (Gebete 57f)

Gemeindelied (berndeutsch)
O Heiland, chumm doch gly,
so mängs sött anders sy

bi üs uf Ärde.
Schaff du ne nöji Welt
u chumm vom Himmelszält
zu üs uf d'Ärde. (RG [1998] 863)

Vater Unser
Segen
Der Segen des Gottes von Sara und Abraham,
Der Segen des Sohnes, von Maria geboren,
Der Segen des Heiligen Geistes, der über uns wacht wie eine Mutter über ihre Kinder,
Sei mit euch allen. (RG [1998] 330)

Schlusslied: Verleih uns Frieden (EG 421)

Passion

Für eine Passionspredigt verweise ich auf das Kapitel „Enzyklopädisches Stichwort: Inszenieren“ 206–211, das eine Passionspredigt im Rahmen einer Aufführung der Johannespassion von Johann Sebastian Bach enthält. Auch im Monodrama „Mirjam, Mutter Jesu“ findet sich eine Passionsszene, die gelegentlich von Pfarrerinnen im Rahmen eines Gottesdienstes gespielt wird. Ebenfalls für die Passionszeit eignet sich das Oratorium Nr. 18 („Jörg Ratgeb“ 164–170). Es stellt den bedeutenden schwäbischen Maler dar. Seine Passionsgemälde werden während des Oratoriums auf eine große Leinwand projiziert.

Ostern

Die folgende Predigt wurde Ostern 1994 in einem Gottesdienst der französischsprachigen reformierten Gemeinde von Thun gehalten und von Radio de la Suisse Romande übertragen. Die deutsche Übersetzung stammt vom Verfasser. Der Pfarrer dieser Gemeinde war ein Franzose und gestaltete die Liturgie mit dem Schwung, der Präzision und dem Charme, wie das nur die französischsprachigen Protestanten können. Chöre und Instrumentalmusiker jubilierten miteinander um die Wette. Dabei spielte das Lied „A toi la gloire“ eine zentrale Rolle. Weitere „Osterpredigten“ in „Ostertanz der Frauen“ und in „Mirjam, Mutter Jesu“.

5. „Er geht uns voran …“ (Predigt zu Mk 16,1–8)

Markus schließt sein Evangelium ab mit dem Satz: „Und sie sagten niemandem etwas, denn sie fürchteten sich.“ Den Abschreibern gefiel dieser Evangeliumsschluss nicht. Darum fügten einige von ihnen einen ausführlicheren und positiveren Schluss an (wie sie meinten). Man nennt ihn den „unechten Markusschluss“. Er zeigt die Jünger in einem günstigeren Licht. Aber er ist nur in relativ jungen Handschriften und nicht in den ältesten enthalten.

Für Markus scheint klar zu sein, dass die Jünger sich fürchteten, als sie erfuhren, Jesus sei auferstanden. Sie hatten ihn ja verraten, weil er ihre Erwartungen nicht erfüllt hatte. Jesus hatte zum Beispiel die Erwartungen des Matthäus, eines Kollaborateurs der römischen Kolonialmacht, enttäuscht, weil er sich nicht – wie das Matthäus vorausgesetzt hatte – für die „innere Sicherheit“ der Gesellschaft und für eine stabile, gut funktionierende und gewinnbringende Wirtschaftsordnung entschieden hatte.

Auf der anderen Seite aber erfüllte Jesus auch die Erwartungen der Zeloten nicht. Zu ihnen gehörten zum Beispiel Simon, vielleicht auch Judas und Petrus. Diese wollten sich der Besatzungsmacht mit Gewalt entledigen und die ausbeuterische Kolonialmacht aus dem Lande jagen. Als Petrus Jesus mit dem Schwert verteidigte, heilte Jesus das von Petrus verwundete Ohr des Soldaten. Das ist das Paradox Jesu. Er ist weder auf der Seite der Revolutionäre noch auf der Seite der konservativen Anpasser.

Die Jünger waren enttäuscht von Jesus, weil er sich nicht nach *ihrem* Bilde verhielt. Tief enttäuscht und verstört wandten sie sich in der Stunde der

Krise von ihm ab. Und nun vernehmen sie von den Frauen, dass der Christus lebe. Die Einzelheiten der Auferstehung werden nicht berichtet. Aber dass dieser Jesus nicht tot ist, das ist der Grund für die Angst der Jünger.

Kennen Sie diese Situation? Dieser Jesus, der mich enttäuscht hat, den ich im Stiche gelassen habe, meldet sich zurück vom Tod.

Zum Glück gibt es nicht nur die Jünger in unserer Geschichte, sondern auch die Frauen, die Freundinnen Jesu. Diese Frauen gingen zum Grab ihres geliebten Freundes, um ihm den letzten Dienst zu tun, selbst wenn das in den Augen der Behörden als Hochverrat gelten konnte. In den Schriften jener Zeit wird uns erzählt, dass diejenigen, die am Grabe eines zum Tode Verurteilten weinten, schwer bestraft wurden (Antigone). Die Zeiten haben sich seither nicht sehr geändert. Auch heute noch lieben es die Machthaber dieser Welt nicht, dass man an den Gräbern der von ihnen Geschändeten und Ermordeten trauert.

Was nun die Jünger betrifft, so verstecken sie sich. Die Haltung der Frauen hat sie verunsichert. Sie fürchten sich. Die Frauen berichten: „Jesus lebt." Sie sollen das den Jüngern und dem Petrus melden. Petrus wird persönlich erwähnt, nicht weil er der erste Papst werden sollte, sondern weil er es nötig hatte. Die Frauen berichten: Derjenige, der euch enttäuscht hat, derjenige, der weder mit den Revolutionären noch mit den Opportunisten gemeinsame Sache gemacht hat, dieser zwiespältige Jesus, dieser Mensch, der *zwischen* den menschlichen Parteien steht, um für alle Menschen Partei zu ergreifen, dieser lebt. Er hat den Tod und die Feinde des Lebens überwunden.

Historisch gesehen ist der Oster*glaube* der Frauen etwas vom sichersten in der Geschichte. So etwas erfindet man nicht. Hätten die Evangelisten diese Geschichte erfunden, sie hätten sicher die Jünger, das heißt die Männer, zu Trägern der Osterbotschaft gemacht.

Heute morgen aber interessieren uns weniger die historischen Fragen. Für uns ist die zentrale Frage: Haben die Frauen Recht? Bezeugen sie die Wahrheit oder eine religiöse Phantasie? Ist der Christus wahrhaftig auferstanden? Geht er uns nach Galiläa voran, das heißt in den Alltag hinein?

Ich lade Sie heute morgen ein, seinen Spuren im Alltag zu folgen. Ich lade Sie ein, „diese Frauen" in Ihrer Umgebung zu entdecken, die sagen: „Wir wissen es. Er hat uns getröstet. Er hat uns ein neues Leben, einen neuen Mut gegeben. Er hat die Kräfte überwunden, die uns lähmen." Kennen Sie solche Frauen – oder auch solche Männer? Vielleicht sind sie heute unter uns in dieser Kirche. Sie möchten uns von dem berichten, was sie erlebt haben. Vielleicht kommen sie nicht regelmäßig in die Kirche. Vielleicht

warten sie „in Galiläa“, im täglichen Leben, auf uns. Vielleicht sagen sie uns: „Wenn Sie Ihre Herzen öffneten, könnten auch Sie *ihn* erkennen.“
Auch in diesem Gottesdienst begegnen wir dem Christus: im Abendmahl, im Wort Gottes, in der Taufe, im Gebet. Alle Kirchen – die katholischen, die protestantischen und die freikirchlichen – bezeugen, dass dieser Christus *realiter* unter uns ist. Er ist mit dem ersten Orgelton durch jene Türe dort hinten eingetreten und durch unsere Reihen gegangen. Er legt seine Hand auf Sie. Er zeigt Ihnen, dass er auf Ihrer Seite steht, dass er Sie versteht und sie ermächtigt, den Kampf gegen die Mächte des Todes weiterzuführen. Er ist auch in der Wohnung derer, die uns am Radio zuhören: „Jesus erscheint. Freue Dich, wo immer Du bist. Sage es ohne Unterlass: Jesus ist Sieger“ (Zitat aus dem jedem französischsprachigen Protestanten bekannten Lied: „A toi la gloire, o réssuscité, à toi la victoire pour l'éternité. Vois-le paraître. C'est lui, c'est Jésus. Sois dans l'allégresse et redis sans cesse: Le Christ est vainqueur.“)
Er tritt bei denen ein, die alles haben, was sie brauchen, aber auch bei denen, die enttäuscht sind von Christus und seiner Kirche, oder von ihrem Lebenspartner, oder denen das Leben überhaupt verleidet ist. Er kommt zu ihnen und sagt: „Peter, Paul, Madeleine, Maria, ich gehe über deine Erwartungen hinaus. Ob du es glaubst oder nicht, ich bin viel großzügiger, als Du denkst. Ich bin nicht der, den du glaubst zu kennen. Ich gehe dir voran in den Alltag.“

Gebet
Lieber Bruder Jesus,
manchmal komme ich mir vor wie ein Frosch.
Wenn ich im Wasser bin, dann geht mir die Luft aus,
und ich muss wieder an die Luft.
Und wenn ich auf einem Seerosenblatt sitze und die Sonne auf meine Haut scheint,
dann wird es mir zu heiß, und ich muss wieder ins Wasser zurück.
Warum muss ich ein solches Zwischengeschöpf sein, weder Fisch noch Vogel,
weder im Wasser noch auf dem Trockenen wirklich zu Hause?
Wenn ich bei den Christen bin, so sagen sie, ich sei kein Christ,
weil ich viele Fragen habe und mir manchmal die Luft ausgeht.
Und wenn ich bei Nichtchristen bin, so sagen sie,
ich sei ein Christ, weil ich an Jesus Christus glaube.
Wenn ich bei den Katholiken bin, so sagen sie, ich sei ein Protestant,
weil ich Mühe habe mit ihrem Papst.

Wenn ich bei den Protestanten bin, so sagen sie, ich sei ein Katholik,
weil mir die katholische Liturgie gefällt.
Wenn ich bei den politisch Engagierten bin, so sagen sie,
ich sei ein Frommer, weil ich glaube, dass das Gebet wichtig ist für die Politik.
Und wenn ich bei den Frommen bin, so sagen sie, ich sei zu wenig fromm,
weil ich glaube, dass wir etwas tun müssen für unsere arme Welt.
Wenn ich bei den Feministinnen bin, so sagen sie, ich sei ein Macho,
weil ich nicht auf das „Unser Vater" verzichten will.
Und wenn ich bei den Männern bin, so sagen sie, ich sei ein Feminist,
weil ich die weiblichen Seiten in mir nicht unterdrücken will.
Warum muss ich immer dazwischen sein? Warum nur muss ich ein Frosch sein?
Ich habe mich nicht selber gemacht. Niemand hat mich gefragt, ob ich
ein Frosch sein wolle, noch ob ich überhaupt sein wolle.
Warum kann ich nicht ein Flamingo oder ein Löwe oder ein Adler sein?
Nur so ein gewöhnlicher Frosch, über den alle lachen.
Heute antwortest du mir und sagst:
Schau mich an, deinen Herrn.
Ich wurde getötet, weil ich immer dazwischen war,
weder Revolutionär noch Kollaborateur.
Und doch hat mein Vater „Ja" gesagt zu meinem Leben,
indem er mich vom Tode auferweckte.
Er hat mein Leben zwischen den Fronten
als dasjenige seines Sohnes anerkannt.
(Gebete 34f)

Pfingsten

Wenn Sklaven Sklaven spielen …

Nach mehreren narrativen Vorformen und vielen ad hoc-Aufführungen von „Konflikt in Korinth“ schrieb ich, zusammen mit Estella Korthaus, die folgende vierteilige Eucharistie-Liturgie für den Internationale Altkatholiken-Kongress (Seggau bei Graz, 1998). Später führte das holländische Fernsehen die Liturgie auf (1999). In einigen Gemeinden in Deutschland wurde sie ebenfalls gefeiert. Dabei fiel mir folgendes auf:

- Wenn die Sklaven von einer Gruppe gespielt wurden, die sich das Sklavendasein *nicht bloß vorstellte,* sondern die auf irgendeine Weise zu den „Ausgegrenzten“ *gehörte,* hatte sie keine Mühe, ihren Protest glaubhaft darzustellen. Das war zum Beispiel der Fall bei den Schwarzen in Birmingham oder bei den Tschechen und Polen in Seggau. Wenn der tschechische Bischof auf Tschechisch sagt – in einer Konferenz, in der er sozusagen wegen seiner ungenügenden Deutschkenntnisse zum Schweigen verurteilt ist –: „Meine Füße denken auch, wenn ich ‚Maranatha‘ tanze“ (69) und wenn er dann einen hinreißenden Solotanz hinlegt, so ist das glaubhaft. Ebenso wirkten die italienischen, französischen, holländischen, polnischen etc. Lied- und Liturgiebeiträge auch ohne Übersetzung überzeugend.
- Wenn aber die holländischen und deutschen „Sklaven“ (die meist von Pfarrern oder Sozialarbeitern gespielt wurden) das Gleiche versuchten, wirkte dies zahm und aufgesetzt. Dazu kam noch, dass in Holland und Deutschland gute Barock-Musiker engagiert wurden, die „sehr schön“ spielten, aber keine Ahnung von der Funktion der Musik innerhalb dieser Liturgie und auch den Text nicht verinnerlicht hatten, so dass das nicht überzeugte. Es fehlten der Drive und der Beat, die die Sklavenmusik so faszinierend machen. Auch hier zeigt sich, dass Musiker, Sänger und Tänzer (und nicht nur die Darsteller) sich mit dem im Partiturheft angegebenen Kontext intensiv auseinandersetzen müssen.

Auch wurden strittige Passagen geglättet (zum Beispiel die Bemerkung der Chloe, dass die betreffende Stelle im 1. Korintherbrief nicht von Paulus sei, 76). Die Taufe im ersten Teil wurde ins Off verbannt. Man „hörte“ die Taufe nur und sah sie nicht. Es wurde „über etwas“ geredet und nicht gehandelt. Ganz anders war das bei den Altkatholiken in Seggau. Die Taufgruppe taufte einen Mann und eine Frau in den Unterkleidern. Sie schütte-

ten einen großen Kübel Wasser über die Täuflinge und salbten sie mit Öl. Dazu sangen die Gemeindeglieder (der Chor): „Christus resurrexit“. Die Frau, die „getauft“ worden war, erklärte nachher: „Das war die Bestätigung meiner eigenen Taufe.“ Trotz der äußerst kargen Wortliturgie werde ich die gesammelte Stille in jener Szene nie vergessen.
Die beiden Beispiele zeigen, dass unsere protestantischen Kirchen den sozialen und kulturellen Kontakt zum Volk weitgehend verloren haben und nur stellvertretend *für und über* das Volk reden, aber nicht *mit ihm* feiern können. Das wird sich ändern müssen.
Eine Pfingstliturgie ganz anderer Art wurde für Eurovision (6.8.1987) unter dem Titel „Veni Creator Spiritus“ geschrieben. Weil sie für ein mehrsprachiges Fernsehpublikum bestimmt war, musste der Anteil an Sprache auf ein Minimum reduziert und die Aussage in Bildern dargestellt werden. Darum eignet sie sich nicht zum Abdruck in diesem Band.

6. Konflikt in Korinth. Eine vierteilige eucharistische Liturgie

Erster Teil: Taufe im Morgengrauen
Ort: Korinth, vor Aquilas Behausung
Zeit: Sommer 52 n.Chr., früh am Morgen

Aquila (allein mit einer Lampe)
Ich bin Schreibsklave in der großen Korinthischen Handels- und Gewerbebank. Ich kann noch einige Brocken germanisch, da mein Großvater von den römischen Legionären in Germanien gefangen genommen und als Sklave nach Korinth verkauft wurde. Immerhin, wenn ich Glück habe, wird mich die Direktion unserer Bank als Leiter der ersten transalpinen Filiale in den Norden schicken. Das ist nämlich ein wachsender Markt.
(läuft hin und her)
Warum kommt nur mein Freund Tertius nicht? Er hat mir doch am letzten Kursabend in der Abendschule versprochen, dass er mich abholen werde. Dort büffeln wir Griechisch (die Handelssprache) und Latein (die Sprache der Besatzungsmacht). Diese Sprachen brauche ich für meine Bankgeschäfte und mein Freund Tertius, weil er die Kinder des Stadtbaumeisters Erastus und die Kinder von Gaius, einem Leiter der Sekte der Christen, unterrichtet.
Tertius wollte mich zu einer Kulthandlung der Christen nehmen. Wenn ich gewusst hätte, dass er sich wieder einmal verspätet, wäre ich nicht schon so früh morgens aufgestanden. Aber was sage ich, da kommt er ja schon.

Tertius tritt auf (ebenfalls mit einer Lampe)

Aquila
Guten Morgen, Tertius, hast du dich verschlafen?

Tertius
Tut mir leid, dass ich mich verspätet habe.
(Tertius und Aquila gehen weiter)

Tertius
Es wird Tag. Wir können unsere Lampen ausblasen. Die Sterne verblassen bereits *(setzen sich)*

Aquila
Sag mal, Tertius, das, was ihr Christen Taufe nennt, das gibt es doch auch bei den Juden. Einige Korinther, die Juden geworden sind, haben mir von einem Wassererlebnis erzählt, das sie Taufe nennen.

Tertius
Stimmt, nur ist die Taufe bei den Christen anders als bei den Juden.

Aquila
Ist das denn so etwas wie eine Mysterienhandlung der esoterischen Religionen? Soviel ich gehört habe, lassen sich die Christen sogar stellvertretend für ihre verstorbenen Vorfahren taufen.

Tertius (weicht aus)
Ja gewiss, einige Christen lassen sich auch für die Verstorbenen taufen. Aber du wirst sehen, die Taufe ist nicht eine x-beliebige Kulthandlung.

Aquila
Stimmt es denn, dass Männer und Frauen völlig nackt getauft werden?

Tertius
Ja, das stimmt. Mehr noch, vor und nach der Taufe werden sie mit Öl gesalbt.

Aquila
Genau wie unsere Athleten vor dem Ringkampf …

Tertius
Ja, denn die Taufe bereitet sie für den Lebenskampf vor. Sie lässt sie spüren, dass sie nicht allein das Leben bewältigen müssen. Sie werden solida-

risch mit ihren Geschwistern. Sie werden Glieder eines gemeinsamen Leibes, des Leibes Christi.

Aquila
Von diesem Christus habe ich doch gehört, dass er für die Christen gestorben sei.

Tertius
Nicht nur für Christen, sondern für alle Menschen. Er hat uns das Tor zu einem Leben in Solidarität und Gewaltfreiheit geöffnet. Er ist nicht nur der Herr der Christen, sondern der ganzen Welt.

Aquila
Jetzt hört aber alles auf. Du bist doch sonst ein vernünftiger Mensch, du Hauslehrer und Provinzbeamter. Alle Welt weiß doch, dass der Kaiser in Rom der Herr der Welt ist.

Tertius
Nicht mehr lange!

Aquila
Was sagst du da? Weißt du, dass du für diesen Satz mit dem Leben büßen könntest?

Tertius
Weiß ich. Du wirst mich nicht verraten. – Jetzt gehen wir zur Tauffeier. Du kannst ruhig zuschauen.
(Gehen zur Tauffeier. Sklavenchor singt „Christus resurrexit" in verschiedenen Sprachen)

Aquila (erzählt)
Es ist still geworden. Man hört nur das leise Rauschen des Wassers und einen Vogel, der zwitschert. Jetzt schickt die Sonne ihre ersten Strahlen.
(Sklavenchor) (Quarta wird im hautfarbenen Trikot getauft)

Diakon 1
Quarta, ich taufe dich auf den Namen Jesu
(Sklavenchor)

Diakonin 2 (tauft Jason)
Jason, ich taufe dich auf den Namen Jesu
(Sklavenchor)
(Fortunata hat Quarta einen Mantel übergeworfen und reibt sie trocken. Dann nimmt sie eine Ölschale und macht ein Kreuz auf Stirne und Handflächen von Quarta, während zwei Christen ihre Hände auf die Schulterblätter des Täuflings legen)

Fortunata
Ich salbe und segne dich im Namen des Vaters, der dich erschaffen hat, und im Namen des Sohnes, der dich liebt, und im Namen des Heiligen Geistes, der dich erleuchtet *(Sie legt die Hände der Quarta zusammen und spricht:)* Du, der du auf Christus getauft worden bist, hast Christus angezogen.
(Sklavenchor)

Tertius
Komm, Aquila, jetzt gehen wir zum Gasthaus der Chloe. Die Leute nennen es „Koinonia Christanon", was soviel heißt wie „Stammtisch der Christen für den Sozialismus". Wir sind zum Frühstück eingeladen.

Aquila
Ich kann leider nicht mitkommen. Ich muss zur Arbeit in die Bank. Es ist schon spät.

Tertius
Dann komm wenigstens heute Abend in die Villa des Gaius zu unserem Gottesdienst. Es wird dir gefallen.

Zweiter Teil: Gottesdienst bei Gaius
(Um den festlich geschmückten Abendmahlstisch sitzen und stehen Gaius, Laetitia, Crispus, Judith, Erastus und Tertius)

Aquila (außerhalb des Bühnenbildes)
Und so kam es denn, dass ich an diesem Tage schon zum zweiten Mal bei den Christen war *(Auftritt des Aquila in der Villa des Gaius)*

Gaius
Guten Abend, Aquila, schön, Sie hier anzutreffen. Seien Sie willkommen.

Laetitia (die Frau des Gaius, eine Römerin, grüßt Aquila mit)
Salve Aquila! *(und bietet ihm Nüsse und Fruchte an)*

Aquila
Guten Abend, Frau Laetitia. Schön haben Sie es hier.

Laetitia
Ja, der Herr hat uns gesegnet.
(Es kommen immer mehr Leute. Sie legen Früchte, Blumen, Nüsse, Brot, Wein, Käse auf den Abendmahlstisch. Lockeres Geplauder wie bei einer Einladung.)
(Auftritt der Hafenarbeiter [Sklaven] unter Führung der Chloe. Sie kommen in Arbeitskleidung, denn sie hatten keine Zeit, sich umzuziehen, weil sie so lange arbeiten mussten. Sie stellen sich im Kreis auf, singen entweder ein französisches, ein polnisches, ein deutsches Heimwehlied [je nachdem, welche Gruppe von Sklaven man hat]. Die übrigen hören halb interessiert zu. Dieser Auftritt muss die soziale und kulturelle Differenz scharf sichtbar machen.)

Laetitia (zu Aquila)
Ja, wissen Sie, das sind Sklaven aus Germanien *(oder Gallien, oder Polen, je nachdem, welche Gruppe das Heimwehlied singt)*. Ich glaube, sie haben schrecklich Heimweh nach ihrer Heimat. Unsere Soldaten haben sie nach Korinth verkauft. Ich kann gar nicht begreifen, wie sie Heimweh haben können *(Pause)*.
In ihren barbarischen Ländern soll es sogar Wölfe und Bären geben.

Crispus
Und auch Polygamie …

Erastus
Hier gibt es doch viel mehr Kultur als in ihren kleinen Germanenkolonien *(oder Keltenstädtchen oder in der polnischen Ebene)*.

Aquila
Aber vielleicht nicht für die Sklaven, die Dockarbeiter …

Laetitia
Sie interessieren sich aber auch nicht für unsere Kultur. Griechisch können sie kaum, von Latein erst gar nicht zu reden. Unter sich sprechen sie kel-

tisch *(oder germanisch oder polnisch ...)*. Sie singen ganz merkwürdige Lieder, die kein gebildeter Mensch versteht. Das haben Sie ja gerade gehört.

(Erastus und Crispus gehen zu den Sängern [den Dockarbeitern] und bieten ihnen etwas zu trinken an. Sklavenchor singt die Seligpreisungen.)

Aquila
Was singen die Sklaven und die Chloe? Keine Gewalt, Reichtum für die Armen. Alle gleich? Wie ernst ist das gemeint?

Tertius
Ja, das weiß ich auch nicht ...

Laetitia
Müssen wir uns wirklich Sonntag für Sonntag von diesen doch etwas primitiven Menschen anpöbeln lassen?

Tertius (zu Laetitia)
Ach Laetitia, sie haben den Glauben noch nicht recht verstanden.

Laetitia
Sie erwarten zwar nicht gerade, dass die Christen sie zu freien Menschen in der Stadt Korinth machen. Im Gottesdienst jedoch – das sieht man ja – wollen sie tatsächlich als Gleichberechtigte auftreten.

Chloe
Mit Verlaub, Frau Laetitia, ich habe dem Paulus geschrieben, weil ihr immer das Abendmahl anfangt, bevor die Sklaven von der Arbeit kommen können.

Laetitia
Ihr kommt ja immer zu spät.

Crispus (mischt sich ein, zu Chloe)
Aber das hast du doch nicht dem Apostel geschrieben?

Chloe
Aber sicher habe ich das. Den Paulus kenne ich gut. Ich wollte ihm erklären, warum die Sklaven so spät kommen. Sie können nicht früher von der Arbeit weg. Auch die christlichen Sklavenherren geben ihnen nicht frei, so

dass sie rechtzeitig im Gottesdienst sein können. Darauf hat Paulus geschrieben: Wartet aufeinander! Es geht nicht an, dass die einen sich voll fressen und saufen, während die anderen hungern und dürsten. Das kleine sakramentale Schwänzlein, das für die Sklaven übrig bleibt, ist ein unwürdiges Abendmahl.
(Sklaven klatschen und rufen zustimmend.)
(Erastus bringt eine Schriftrolle.)

Aquila (zu Erastus)
Herr Erastus, um was geht es denn hier eigentlich?

Erastus
Ja, sehen Sie, bei den Christen ist es grundsätzlich anders als bei den übrigen Religionsvereinen. Bei den Christen versammeln sich nicht die Freien, die besseren Bürger von Korinth, zu einem Gottesdienst – und die Sklaven, die Ungebildeten, zu einem anderen Gottesdienst. Bei den übrigen religiösen Gemeinschaften wissen dann die Schreibsklaven im höheren Dienst nie, wohin sie gehören sollen. –
Zu den Sklaven? Diesen sind sie ja durch ihre Bildung haushoch überlegen. Oder zu den Freien? Zu diesem Stand gehören sie eben – leider (!) – auch nicht. Also bleibt ihnen dann nur noch, einen *eigenen* religiösen Verein zu gründen.

Aquila
Ein anspruchsvolles Programm. Gibt es da nicht allerhand psychologische, finanzielle und kulturelle Schwierigkeiten? Wegen der Standesunterschiede und wegen der unterschiedlichen Werte und Sitten?

Laetitia
Aber gewiss. Sie sehen es ja heute.

Erastus
Schauen sie mich an. Meine Lage ist wahrhaftig nicht einfach. Sie wissen ja, dass ich als Vorsteher des Bauamtes an Empfängen der Stadt Korinth teilnehmen muss, an denen auch Fleisch aus den korinthischen Tempeln verspeist wird. „Götzenopferfleisch" nennen das die Christen. Ich könnte mein Amt als Stadtbaumeister gleich zur Verfügung stellen, wenn ich nicht an diesen Einladungen teilnähme. Ich bin jedoch der Meinung, dass einem Christen alles erlaubt ist, auch die Teilnahme an Arbeitsessen, an denen inoffiziell und unter der Hand wichtige Abschlüsse getätigt werden. – Das ist ja auch im Interesse unserer Stadt und der Christengemeinde.

Chloe (mischt sich ein)
Es ist nicht nur wegen des Götzenopferfleisches, dass wir protestieren. Ich weiß genau, bei diesen Empfängen sind auch Geschäftshetären eingeladen, um die Umsätze zu steigern.

Aquila
Geschäftsfördernde Kurtisanen *(vielsagende Blicke zwischen Chloe und Aquila)*. Ich kenne diese Praxis von unserer Bank.

Chloe
Ja genau, mein Herr … wie darf ich Sie nennen?

Aquila
Aquila – Aquila von der Korinthischen Handels- und Gewerbebank.

Chloe
Chloe – Chloe von der „Koinonia Christianon".

Aquila
Sehr erfreut.

Chloe
Ganz meinerseits.

Erastus (unterbricht)
Außer dass man mit diesen Kurtisanen anstößt beim Schlusstoast, hat man keine weiteren Verpflichtungen … Wissen Sie (*zieht Aquila auf die Seite*), was diese Chloe von sich gibt, muss man nicht auf die Goldwaage legen. Das exaltierte Frauenzimmer hat schließlich keine Familie, nur ihre germanischen und helvetischen Anhänger. So hat sie wenigstens eine Aufgabe.

Aquila (schaut zu Chloe)
Das hat sie nicht nötig.
(Erastus schreitet mit seiner Schreibrolle zum Lesepult. Gaius stellt sich neben ihn.)

Gaius
So wie Paulus seinerzeit in meinem Hause den Brief an die Römer schrieb – ihr erinnert euch, wie er Tag und Nacht dem Tertius diktierte – so hat er uns nun von Ephesus einen langen Antwortbrief auf unsere Fragen ge-

schrieben. Wir haben bereits mehrere Male aus seinem Brief gelesen. Heute kommen wir zu einer seiner wichtigsten Aussagen. Bitte lies, Erastus!

Erastus (liest)
Denn wie der Leib einer ist und viele Glieder hat, alle Glieder des Leibes aber, obgleich es viele sind, *einen* Leib bilden, so auch Christus. Denn auch wir sind in einem Geist alle zu *einem* Leib getauft worden,
ob Juden oder Griechen *(schaut zu Crispus und Gaius)*,
ob Sklaven oder Freie *(schaut zu den Sklaven und zu Laetitia).*

Sklavenchor:
Alleluia. Ob Sklave oder Freie, wir sind alle mit *einem* Geist getränkt worden.

Chloe
Und die Frauen, die Frauen, hat er sie vergessen?

Erastus (schaut wieder in sein Manuskript)
Ich finde keine Erwähnung der Frauen.

Laetitia
Es ist nicht nötig, die Frauen zu erwähnen. Wir sind hier. Wir nehmen aktiv an der Liturgie teil. Wir sind in einem Geist getränkt. Daran kann ja doch wohl nicht gerüttelt werden. *(Einige Männer seufzen und wenden sich ab.)*

Erastus (liest weiter)
Denn auch der Leib ist nicht *ein* Glied, sondern *viele.* Wenn der Fuß sagt: Weil ich nicht Hand bin, gehöre ich nicht zum Leibe, so ändert das nichts daran, dass er zum Leibe gehört. Und wenn das Ohr sagt: Weil ich nicht Auge bin, gehöre ich nicht zum Leibe, so ändert das nichts daran, dass es doch zum Leibe gehört. Wenn der ganze Leib Auge wäre, wo bliebe das Gehör? Wenn er ganz Gehör wäre, wo bliebe der Geruch? Nun aber hat Gott jedem Glied eine klare Bestimmung gegeben, einem jeden von ihnen am Leibe, so wie er es gewollt hat. Wenn alle nur *eine* Funktion hätten, wie könnte da der Leib als Ganzes funktionieren? Nun aber gibt es viele Glieder, doch nur *einen* Leib.
(Einige Sklaven, denen es langweilig wird, laufen umher und essen Trauben.)

Quarta (spuckt eine Traube in weitem Bogen aus)
Ja, so ist es. Mein Fuß denkt auch. Was meint ihr, meine Füße denken nicht, wenn ich auf dem Buckel die schweren Säcke für die Reichen schleppen muss? Ihr, Erastus, Gaius, Crispus, Tertius, Laetitia, Judith, ihr denkt mit einer Feder in der Hand. Wir Sklaven denken mit dem Buckel, mit den Füßen, mit dem ganzen Leib.

Laetitia
Ich verstehe, was du sagen willst. Wir denken in klaren Begriffen, ihr denkt bloß in Bildern und Visionen.

Jason
Ja, meine Füße denken aber auch, wenn ich „Maranatha" tanze.
(Jason tanzt zuerst allein, dann mit Chloe zusammen. Die anderen Sklaven klatschen den Takt und tanzen ausgelassen mit. Sklavenchor singt „Maranatha".)
(Erastus stoppt die Tanzenden mit einem lauten „Amen" und liest weiter.)

Erastus
Das Auge kann aber nicht zur Hand sagen: Ich bedarf deiner nicht, oder wiederum der Kopf zu den Füßen: Ich bedarf euer nicht; sondern vielmehr die Glieder des Leibes, die die Schwächeren zu sein scheinen, die umgeben wir mit desto größerer Ehre, und die *Unanständigen* an uns behandeln wir mit umso größerem Respekt. Die Respektablen haben es nicht nötig.

Quarta
Amen *(alle Sklaven rufen laut durcheinander* „Amen, Amen, Halleluja"*).*

Quarta
Wenn das stimmt, dann hätte Erastus das Geld, das er für die Pflasterung der Hauptstraße in Korinth verschenkt hat, besser uns, den Sklaven geschenkt, denn das, was ihr für unanständig haltet, die Sklaven, hätten es wirklich nötig.

Jason
Aber damit hätte er kaum Wahlen gewinnen können! *(Sklaven lachen. Erastus wird verlegen.)*

Erastus
Bitte, Gaius, übernimm du den Vorsitz des Gottesdienstes!

Quarta
Nein, nicht Gaius! Warum soll es nicht einmal eine von uns sein?

Gaius
Also gut, wer von euch Sklaven kann lesen! *(Niemand meldet sich.)*

Sklaven (im Sprechchor)
Chloe, Chloe, Chloe soll lesen!

Gaius
Also gut, Chloe, komm hierher!

Chloe (lässt sich die Stelle zeigen, wo sie weiterlesen soll.)
Aber Gott hat den Leib so zusammengefügt, dass er den Letzten …

Quarta
Die Letzten – das sind wir. Wir sind immer und überall die Letzten. Auch in der Kirche, weil wir so lange arbeiten müssen.

Chloe
Aber Gott hat den Leib so zusammengefügt, dass er den Letzten desto größere Ehre gab, damit keine Spaltung im Leibe wäre, sondern die Glieder füreinander Sorge tragen. (*Chloe rollt die Schriftrolle zusammen.*)
Wir schließen mit dem Segen
Segenskanon

Dritter Teil: In der Schenke der Chloe
(Aquila, Tertius, Crispus, Judith, Gaius, Laetitia, Erastus, Quarta, Chloe, Jason, Fortunata)

Aquila (erzählt außerhalb des Bildes)
Diese Chloe hat mir gefallen. Deswegen ließ ich mich von Tertius zu einem Gastmahl in ihrer Schenke einladen. Als ich ankam, war das Gastmahl zu Ehren der Täuflinge Jason und Quarta in vollem Gang.
(Essen und Trinken. Begrüßung, Gespräche, informell. Quarta und Jason in der Mitte. Chor singt zu Ehren der Täuflinge „Ubi caritas".)

Crispus (zum Chor)
„Wo die Liebe ist, da ist Gott." Das ist wahr. Wir werden jetzt einen weite-

ren Abschnitt des Briefes an unsere Gemeinde lesen, eben zu diesem Thema der Liebe.

Chloe
Nicht so, wir sind hier in meinem Hause. Was sollen wir immer die Schriften des Paulus hören?! Ja, wenn er selber hierher käme, das wäre etwas anderes. Da gäbe es Krankenheilungen und Visionen. Aber seine Briefe sind einseitig, und unsere Leute verstehen sie kaum. Woher nimmt Paulus das Recht, uns aus der Ferne zu dirigieren? Wir haben auch den Heiligen Geist erhalten, der uns in alle Wahrheit führt. – Ein unverbesserlicher Rechthaber. – Was brauchen wir die schriftlichen Anleitungen des Rabbi Paulus?

Tertius
Liebe Schwester Chloe, ob uns Paulus etwas zu sagen hat oder nicht, das können wir erst beurteilen, wenn wir ihn gelesen haben. Erinnere dich, Chloe, dass du es dem Paulus zu verdanken hast, dass du deinen Weg gefunden hast. Wir alle verdanken es Paulus.

Judith
Nein, Paulus selber würde sagen: Wir verdanken es Christus!

Sklaven (alle durcheinander)
Amen, Amen, Hallelujah.

Judith
Wir verdanken es Christus, dass wir aus der Nacht zum Licht durchgedrungen sind. Aber dieser Christus verweist uns an die Brüder und Schwestern, auch an den Bruder Paulus. Und darum liest jetzt Laetitia den nächsten Abschnitt aus seinem Schreiben.

Laetitia
Wenn ich in den Zungen der Menschen und der Engel rede, habe aber die Liebe nicht, so bin ich –
(Ein Sklave schlägt den Gong. Die „Gebildeten" schauen zu Chloe.)
ein Zirkusgong oder eine Handtrommel. Und wenn ich die Urteilsgabe der jüdischen Propheten, das Wissen der griechischen Gelehrten habe und mir alle geistliche Erkenntnis gegeben ist, und wenn ich Glauben habe, so dass ich Berge versetzen kann, habe aber keine Liebe, so bin ich nichts.
(Die Sklaven lachen, schauen zu den „Gebildeten": Erastus, Crispus, Gaius, Laetitia etc.)

Judith
Es kommt uns Christen weder auf die religiöse Begeisterung noch auf die theologische Erkenntnis an.

Chloe
Es gibt nichts Gutes – außer, man tut es!

Laetitia
Meinst du? Wart's ab!
Und wenn ich all meine Habe zur Speisung der Hafenarbeiter, der armen Sklaven und ausländischen Arbeiter austeile, und selbst wenn ich meinen Leib im Protest gegen die ungerechte Gesellschaftsordnung zur Selbstverbrennung hingebe, habe aber die Liebe nicht, so nützt es mir nichts.
Die Liebe hat einen langen Atem.
Sie ist gütig.
Sie eifert nicht.
Die Liebe ist kein Prahlhans.
Sie bläst sich nicht auf.
Sie tut nicht vornehm.
Sie sucht nicht das Ihre.
Sie lässt sich nicht erbittern.
Sie rechnet das Böse nicht an.
Sie freut sich nicht über die Ungerechtigkeit.
Sie freut sich aber mit der Wahrheit.
Sie erträgt alles, glaubt alles, hofft alles, erduldet alles.
(Chor: „Ubi caritas")

Laetitia (zu Aquila)
Gefällt Ihnen dieser Hymnus?

Aquila
Ja schon, nur: Was hier unter Liebe verstanden wird, ist auch sonst in Griechenland bekannt, als Gleichmut der Seele und des Geistes. Ist es Ihnen nicht aufgefallen, dass der ganze Abschnitt ohne eine einzige Nennung Ihres Christus auskommt? Es ist ein allgemein philosophischer Text. Ein gebildeter Mensch lässt sich weder von der Freude noch von der Trauer hinreißen. Erfolg und Misserfolg erschüttern ihn nicht. Mit Verlaub gesagt, diese Versammlung entspricht – zum Glück – nicht diesem Idealbild. Sie sind Menschen, die ihren Ärger, ihre Antipathie und Sympathie keineswegs unterdrücken – auch die Chloe nicht. So unsympathisch ist das

gar nicht, denn das griechische Ideal ist sowieso nur den Reichen zugänglich.

Chloe

Nein, nein, nein, Paulus wollte immer etwas anderes als die Weisheit und den Gleichmut der Griechen. Er war ein Mensch von überschäumendem Temperament. Wäre er ein griechischer Philosoph, so gäbe es die Bürgergemeinde Gottes in Korinth nicht.

Judith

Vielleicht liegt die Erklärung in der Fortsetzung des Textes.

Laetitia

Hier ist sie *(liest weiter)*. Jetzt sehen wir nur wie durch einen Spiegel rätselhafte Umrisse. Dann aber, wenn unser Herr Christus wiederkommen wird ...
(Sklavenchor singt „Maranatha".)

Laetitia

Dann aber – wenn unser Herr Christus wiederkommen wird ...
(Die Sklaven beginnen, gleich nochmals Maranatha zu singen, aber Laetitia erhebt die Hand zum Zeichen, dass sie weiterlesen will.)

Laetitia

Dann werden wir sehen von Angesicht zu Angesicht. Jetzt ist mein Erkennen Stückwerk, relativ, auch das biblische und christliche Erkennen. Dann aber werde ich völlig erkennen, wie ich auch völlig erkannt worden bin.

Fortunata

„Stückwerk", „relativ"? Was soll das? Soll das etwa heißen, dass es keine festen Maßstäbe gibt für unser Verhalten und unseren Glauben?

Erastus

Genau das soll es heißen. Der Maßstab ist der Bruder, die Schwester.

Chloe (steht auf und spricht mit geschlossenen Augen. Sklaven bilden einen Halbkreis um sie und singen leise „Maranatha")

Siehe, ich sehe eine große Posaune,
sie reicht über das Ägäische Meer,
und ihr Schalltrichter öffnet sich über der Stadt Korinth.

Und ein Ton geht aus von ihr.
Es ist die letzte Posaune.
Und es ist der erste der letzten Töne.
Und der Ton fegt alle Schiffe vom Meer.
Und die Kaufleute und die Bankiers,
die Gastwirte und Tempeldiener,
die Juden und die Griechen
werfen ihre Werkzeuge und Schreibgeräte von sich
und fallen auf ihr Angesicht nieder,
denn gekommen ist das Vollkommene,
vergangen ist das Stückwerk.
Er kommt auf den Wolken des Himmels.
(Instrumentales Zwischenspiel. Dabei gehen alle Spieler [außer Aquila, Tertius und Jason] an den Spielort des vierten Teiles.)

Vierter Teil: Gottesdienst und Eucharistie bei Gaius
(Aquila und Tertius am nächsten Sonntag unterwegs zur Villa des Gaius)
Aquila
Glaubst du das wirklich, die Vision der Chloe vom Ende der Welt, das von der letzten Posaune?

Tertius
Natürlich glaube ich das. Du siehst ja selbst, dass sich die Gewitterwolken von allen Seiten zusammenballen. Lange kann es nicht mehr gehen.

Aquila
Ein merkwürdiger Mensch bist du. Gehört auch zu dieser „Weltuntergangsstimmung", dass die Lastenträger im Hafen sich zusammengerottet haben? Die ausländischen Sklaven murrten, weil sie nicht die gewohnte Zwiebel-, Pepperoni- und Knoblauch-Sauce bekamen, die sie brauchten, um bei Kräften zu bleiben. Die griechischen Gewürze, sagten sie, seien zu schwach.

Tertius
Ja, einer der Rädelsführer ist eingesperrt und ausgepeitscht worden, worauf die Hafenarbeiter einen Aufseher verprügelten und gedroht haben, eines der Schiffe in Brand zu stecken.

Aquila
Ach so. deswegen nahmen die Versicherungstransaktionen für Schiffe sprunghaft zu in unserer Bank.

Tertius
So ist es. Darauf aber griff die Hafenbehörde durch und stellte einige der lautesten Revoluzzer unter Anklage wegen Störung des öffentlichen Verkehrs.

Aquila
Das kann schwierig werden, denn die Sache könnte mit dem Tode der Angeklagten enden. Weißt du, Tertius, dass auch die zwei am letzten Sonntag getauften Christen, Quarta und Jason, in die Sache verwickelt sind? Wie werden wohl die Christen mit diesem Fall umgehen? Das interessiert mich. Ich will jedenfalls heute wieder in die christliche Versammlung der Bürgergemeinde Gottes gehen.

Tertius
Also gehen wir.
(Chor der Christen: Kyrie eleison)

Erastus
Wie abgemacht, wollen wir weiterlesen in den Briefen des Paulus.

Chloe
Was fällt dir eigentlich ein, Erastus? Wie kannst du so mir nichts, dir nichts, zur Tagesordnung übergehen, als wäre nichts geschehen? Wie kannst du die gottesdienstlichen Verordnungen des Paulus lesen, nach all dem, was sich in unserer Stadt diese Woche zugetragen hat? Wisst ihr den nicht, dass Jason, den wir letzten Sonntag auf den Namen des Herrn Jesu getauft haben, im Gefängnis sitzt? Eben dieser Jason, der mit uns zu einem Leibe getauft worden ist. Sagt denn Paulus nicht: Leidet *ein* Glied, so leiden *alle* Glieder? Und Jason leidet! Leiden wir mit ihm? Und wisst ihr nicht, dass er schuldlos wegen Aufruhrs angeklagt wurde? Es dürfte den hier anwesenden Brüdern und Herren von der Stadtverwaltung *(vorwurfsvolle Blicke zu Crispus, Erastus, Gaius)* – es dürfte ihnen klar sein, dass dieses „Verbrechen“ mit dem Tod bestraft wird – mit dem Tod durch Kreuzigung.

Quarta
Beweise finden die Richter ja immer. *(Sklaven stimmen zu.)* Was habe ich für ein Glück gehabt, dass ich in letzter Sekunde fliehen konnte!

Chloe
Vor einer Woche hat Laetitia gelesen: Aber Gott hat den Leib so zusammengefügt, dass er dem im Nachteil befindlichen Glied desto größere Ehre gab, damit keine Spaltung im Leibe wäre, sondern die Glieder die gleiche Sorge füreinander tragen sollen.

Quarta
Jason ist im Nachteil … Wo ist unsere Sorge für ihn?
(Sklaven stehen auf und murren laut. Gaius erhebt besänftigend die Hand.)

Crispus (der ehemalige Synagogenvorsteher) (lächelnd zu Chloe)
Schwester Chloe, Paulus will nicht, dass die Frauen im Gottesdienst das Wort führen.

Chloe
Das hast du erfunden, Bruder Crispus. Das würde dir so passen. Du meinst, wir seien so etwas wie eine christliche Synagoge, in der die Frauen nichts zu sagen hätten.

Erastus (mischt sich ein und zeigt auf die Briefstelle)
Nein, Paulus schreibt: Die Frauen sollen schweigen in der Bürgerversammlung der Christen. Es wird ihnen nicht gestattet zu reden, sondern sie sollen sich unterordnen, wie auch das Gesetz sagt. Wollen sie aber etwas lernen, so sollen sie zu Hause ihre eigenen Männer fragen. Denn es gehört sich nicht für eine Frau, in einer Gemeindeversammlung zu reden.

Chloe
Ja, das würde euch so passen. Nicht wahr? Ihr wollt die alte jüdische Ordnung wieder einführen. Das gilt aber in Christus nicht. – Und welchen Mann sollte ich zu Hause fragen? *(Die Männer lachen, außer Aquila.)*

Chloe
Überhaupt, kann ich die Stelle mal sehen *(Chloe lässt sich die Stelle von Erastus zeigen)*. Das ist aber eine andere Handschrift. Zudem stehen diese Sätze auf einem besonderen Stück Pergament, das hier eingeklebt wurde. Ich kann nicht glauben, dass diese Sätze von Paulus sind. Sie stehen ja im

Widerspruch zu allem, was er sonst schreibt. Sind wir Frauen denn nicht mit dem Heiligen Geist erfüllt, wie ihr Männer?

Chor: Veni Sancte Spiritus

Chloe
Hat Paulus nicht gesagt, wenn Frauen prophezeien, sollen sie ihr Haar mit einem Schleier bedecken? Darum habe ich mir ja extra diesen roten Schleier gekauft. Aber ich würde ja gerne schweigen, wenn einer von euch sich der verurteilten Sklaven annehmen würde. Habt ihr denn vergessen, was voriges Jahr passierte? Unter dem Gekreuzigten, die am Hafendamm aufgehängt wurden, befand sich ein Christ, weil die Rädelsführer des Aufruhrs alle Schuld von sich wiesen und im Zuge der allgemeinen Christenverachtung die Verantwortung auf ihn abschaufeln konnten *(Quarta und Fortunata schrecken zusammen)*.

Gaius
Chloe hat Recht. Wir müssen eine Delegation zum römischen Prokonsul schicken, und es scheint mir, dass du, Erastus, sie anführen solltest. Wir müssen ihm mitteilen, dass wir die Verurteilung von Christen wegen Aufruhrs für politisch unklug und für ungerecht halten und dass wir gegebenenfalls die betreffenden Herren bei den höheren Instanzen in Rom wegen Amtsmissbrauchs verklagen werden. Zwar duldet die Liebe alles, erträgt alles, glaubt alles, hofft alles. Das heißt aber noch lange nicht, dass wir zu allen Schurkereien Ja und Amen sagen. Die Liebe freut sich nicht über die Ungerechtigkeit. Sie freut sich mit der Wahrheit.

Erastus (nach einer Pause)
Ja, morgen bin ich zu einem Arbeitsessen beim Prokonsul eingeladen *(schaut Chloe lange an)*.

Aquila *(zu Chloe)*
Frau Chloe, werden Sie mitgehen? *(Chloe schweigt.)*

Sklavenchor: Kyrie eleison. Für Chloe bitten wir.

Aquila
Darf ich noch eine Frage stellen? Aber wenn die Christen zu Recht verurteilt werden, was dann? Wenn sie tatsächlich die bestehende Rechts- und Gesellschaftsordnung durch ihre Gottesdienste in Frage stellen – eine Got-

tesdienstpraxis, die allem römischen und griechischen Recht widerspricht? Wenn Ausländer, Sklaven und Frauen bei euch – gegen alles, was sich gehört – gleichberechtigt oder doch fast gleichberechtigt sind, dann ist das so etwas wie eine Revolution. Mit eurem Glauben an das Ende der Welt, wenn die letzte Posaune ertönen wird, stellt ihr doch das Heilige Römische Reich in Frage. Vielleicht wird Jason nach Römischem Recht rechtmäßig verurteilt.

Erastus
Ja, darauf weiß ich auch keine Antwort. Vielleicht geht es uns dann wie unserem Herrn.

Sklavenchor: Kyrie eleison. Für Jason bitten wir.
Übergang zu Konsekration und Austeilung des Abendmahles. Wenn möglich, sollte der Zelebrant einer der Hauptdarsteller sein, um den Zusammenhang zwischen dem „Theater" und der „Liturgie" auszudrücken. Auch die Nebenfiguren sollten, wenn möglich, als Abendmahlshelfer eingesetzt werden. Zum Zusammenhang zwischen Theater und Theologie siehe „Enzyklopädisches Stichwort: Inszenieren", 201–233.

Tag der Arbeit

Für einen langfristigen Egoismus

Das folgende (unveröffentlichte) Streitgespräch, das ich zusammen mit dem Musiker Siegfried Macht für den Kirchentag in Leipzig (1997) gestaltete, ist als Anstoß zum Nachdenken gedacht, denn eine differenzierte Analyse und Aufarbeitung der angerissenen Probleme übersteigen die Möglichkeiten einer Bibelarbeit oder eines Vortrages. Vor allem müssten die Probleme mit vernünftigen Vertretern der Wirtschaft (die gibt es nämlich auch), mit Fachleuten von der Welthandelsorganisation und den internationalen Konzernen diskutiert werden. Unter ihnen sind zum Beispiel besonders die Vertreter der großen Versicherungen an einer Reduktion der Umweltschäden interessiert, weil diese gelegentlich ihren Haushalt aus dem Gleichgewicht bringen werden. Auch ist diesen Fachleuten bekannt, dass sich das Flüchtlingsproblem nicht mit Repressionen lösen lässt. Ebenso wird unter den Wirtschaftsexperten das *Dogma des reinen Leistungslohnes* heftig kritisiert – und dies nicht aus Gründen der Nächstenliebe, sondern weil es wirtschaftlich keinen Sinn macht. Mittel- bis hochqualifizierte Mitarbeiter werden, angestachelt durch den Leistungslohn, zwar die Quantität der Leistung erhöhen, nicht aber die Qualität, vor allem dann, wenn der Leistungsanteil (Prämien, Boni etc.) mehr als ein Drittel des Lohnes beträgt, was bei hochqualifizierten Managern die Regel ist. Alles, was nicht in Zahlen gefasst werden kann (Kooperation, Hilfsbereitschaft, Mitdenken), wird in einem solchen System zurückgestellt. Das aber schadet auf Dauer dem Gesamtergebnis der Firma. Zudem stehen die den Managern ausbezahlten Leistungsboni häufig in keinem Verhältnis zur wirtschaftlichen Prosperität der Firma. Die Wirtschaftsexperten der Sendung Trend (Radio DRS 2, 21.10.2000) stellen aber fest, dass das Dogma in der real existierenden Wirtschaft stärker ist als die Fakten. Übrigens dürften diese Einsichten auch für die Universitäten von Bedeutung sein, wie ich in Birmingham selber feststellte.
Literatur zu diesem Thema findet man in der szenisch-musikalischen Auslegung „Nympha und Onesimus zwischen Glück, Geld und Geist". Man vergleiche auch oben die Nr. 4 („Wir haben den Himmel abgeschafft ..." 45–52), wo es im Gespräch mit Wirtschaft und Politik nicht um Nächstenliebe geht (das ist der Irrtum vieler Pfarrer), sondern um einen „langfristigen Egoismus", um eine nüchterne und sachgerechte Situationsanalyse.

Für ein Gespräch mit den Experten der Wirtschaft eignet sich die Auslegung der Zachäus-Geschichte (Nr. 8: „Kamele und Kapitalisten“ 86–95). Das Spiel wurde mehrmals in Gemeinden aufgeführt, was jeweils zu heftigen und lustvollen Diskussionen führte. Zu den Anachronismen (Marcion), zur Situation der Gemeinde des Lukas vgl. man das Partiturheft und das Spiel „Wagnis des Glaubens“ (zum Missionsverständnis des Lukas) und die dort angegebene Fachliteratur.

7. Der Kommissar auf biblischer Spurensuche. Ein Streitgespräch mit Matthäus. Zu Mt 20,1–16

Mt 20,1–16, Übersetzung von Christoph Kähler, in: Exegetische Skizzen. Einführung in die Texte der Bibelarbeiten und Gottesdienste, hg. v. 27. Deutschen Evangelischen Kirchentag Leipzig 1997

1 *Mit der Gottesherrschaft verhält es sich so*
wie mit einem Gutsbesitzer,
der gleich am Morgen ausging,
um Tagelöhner für seinen Weinberg anzuwerben.
2 *Handelseinig mit ihnen über einen Denar pro Tag,*
schickte er sie in seinen Weinberg.
3 *Als er gegen neun Uhr ausging,*
sah er andere auf dem Markt ohne Arbeit stehen.
4 *Da sagte er zu ihnen: „Geht auch ihr in den Weinberg!*
Dann gebe ich euch, was gerecht ist.“
5 *Sie aber gingen (dorthin).*
Wiederum aber ging er gegen zwölf und fünfzehn Uhr hinaus
und handelte ebenso.
6 *Als er aber gegen siebzehn Uhr hinausging,*
fand er andere dort stehen und fragte sie:
„Was steht ihr hier den ganzen Tag, ohne zu arbeiten?“
7 *Da antworteten sie ihm: „Niemand hat uns angeworben.“*
Da sagte er zu ihnen: „Geht auch ihr in den Weinberg!“
8 *Als es aber Abend geworden war,*
sprach der Herr des Weinbergs zu
seinem Verwalter: „Rufe die Tagelöhner und zahle ihnen –
angefangen bei den Letzten bis hin zu den Ersten – den Lohn aus.“

9 *Da kamen die um siebzehn Uhr (angeworben worden waren)*
und erhielten je einen Denar.
10 *Als die ersten kamen, glaubten sie, dass sie mehr erhalten würden.*
Aber auch sie erhielten je einen Denar.
11 *Während sie (ihn) erhielten, murrten sie gegen den Hausherrn:*
12 *„Diese letzten haben eine Stunde gearbeitet;*
du aber hast uns ihnen gleich gemacht,
die wir die Last des Tages und die Hitze ausgehalten haben."
13 *Er jedoch antwortete einem von ihnen:*
„Mein Lieber, ich tue dir kein Unrecht;
haben wir nicht einen Denar vereinbart?
14 *Nimm das Deine und geh!*
Ich will diesem letzten genauso geben wie dir auch;
oder ist es mir nicht erlaubt, mit dem Meinigen umzugehen wie ich will?
15 *Oder blickst du böse, weil ich gütig bin?"*
16 *So werden die Letzten Erste sein und die Ersten Letzte.*

K = Kommissar
M = Matthäus

Es ertönt das Jingle des Kommissars. Der Kommissar kommt herein mit Mütze, Pfeife und Regenmantel.

K: Sie kennen mich ja schon. Ich habe schon gestern Herrn Paulus befragt. Bei dem heutigen Hearing steht uns ein weiterer biblischer Autor, nämlich der Evangelist Matthäus, Rede und Antwort. Herr Matthäus hat auch Musiker mitgebracht. Er scheint seiner Sache nicht sehr sicher zu sein. Nun, wir werden ja sehen.
Herr Matthäus, Sie schreiben doch tatsächlich – und berufen sich dabei noch auf Jesus –, dass am Ende alle gleich viel oder gleich wenig Lohn bekommen sollen, unabhängig von ihrer Leistung. Haben Sie sich eigentlich mit den Gewerkschaften abgesprochen? Und was soll denn das, wenn nicht mehr der Leistungslohn gilt, wenn der Marktwert des Arbeitnehmers platt gewalzt wird? Reiner Kommunismus.

M: Herr Kommissar, ich kann in meinem Evangelium nicht schreiben, was ich will.

K: Sie haben aber als einziger Evangelist dieses Gleichnis Jesu erzählt. Also haben Sie es ausgewählt. Den anderen Evangelisten war das Gleichnis zu heiß. Sie haben es abgelehnt.

M: Warum die anderen Evangelisten das Gleichnis ausgelassen haben, weiß ich nicht. Für mich war es wichtig. Für meine Gemeinde, für die ich das Evangelium schrieb, war es wichtig. Da wurde eben diskutiert – und heftig diskutiert –, ob der Mensch in erster Linie nach seinem Marktwert zu beurteilen sei.

K: Und so etwas soll der Jesus gelehrt haben!

M: Aber sicher. Es gab nämlich zur Zeit Jesu schon eine Version dieses Gleichnisses. Jesus hat es nicht erfunden. Nur, die andere Version erzählt, dass die, die zuletzt gekommen sind, gleich viel Lohn bekommen, weil sie *in einer Stunde* so viel (oder mehr) gearbeitet haben, als die übrigen den ganzen Tag.

K: Diese Effizienzkontrolle macht für mich Sinn.

M: Ja, aber nicht den Sinn Jesu. Alle bekommen gleich viel, unabhängig von ihrer Leistung.

K: Aber, das betrifft doch nicht die Wirtschaftsordnung. Es ist ein Text über das Himmelreich. Das sagt ja Jesus ausdrücklich. Es betrifft nur unser Verhältnis zu Gott. Und dieses ist eine rein private Angelegenheit zwischen mir und Gott. Das geht niemanden etwas an.

M: Das würde Ihnen so passen, Herr Kommissar, Religion als reine Privatsache. Dies ist übrigens ein kommunistisches Schlagwort. Religion als Privatsache war ihnen so gleichgültig wie den heutigen Kapitalisten. Aber das Himmelreich, die Beziehung zwischen mir und Gott, die Religion ist nicht Privatsache, jedenfalls bei Jesus nicht. Das Himmelreich, unser Glaube, hat Auswirkungen für die Wirtschaft und den Staat. Menschen, die von Gott barmherzig behandelt werden, werden auch ihre Mitmenschen barmherzig behandeln.

K: So, und das bedeutet, dass alle gleich viel bekommen sollen, unabhängig von ihren Leistungen?

M: Ob es das bedeutet, ist eine andere Frage. Jedenfalls ist Ihr heutiges Handels- und Wirtschaftssystem in einer Sackgasse.

K: *(unterbricht)* Es gibt keine Alternative. Der Kommunismus hat versagt.

M: Meinetwegen. Der Kommunismus hat versagt. Das wissen wir. Aber heißt das dann, dass Sie unabhängig von Verlusten weiterwursteln können mit der Religion des Kapitalismus, dem Götzendienst des Mammons (Leistung nennen Sie das)? Sie haben ein System erfunden, das nur funktioniert mit riesigen Arbeitslosenzahlen, mit Menschen, die wie Gerümpel auf den Abfallhaufen geworfen werden, mit Rüstungsaufträgen, von denen Sie sagen, sie seien zur Arbeitsplatzsicherung notwendig, mit Millionen von hungernden Kindern, mit einer unbarmherzigen Ausplünderung der Umwelt. Wollen Sie sagen, Herr

Kommissar, dass das das einzige oder mindestens das beste Wirtschaftssystem ist, das Sie erfinden können? Gibt es denn niemanden, der diesem Unsinn Einhalt gebietet?

K: Gerissen haben Sie das gemacht, Herr Matthäus. Nur – gestatten Sie –, das gegenwärtige Wirtschaftssystem haben nicht wir erfunden. Die freie Marktwirtschaft …

M: *(unterbricht)* „Freie Marktwirtschaft" ist gut. Manchmal nennen Sie es „soziale Marktwirtschaft", ohne zu erröten. Hören Sie mal gut zu, Herr Kommissar. „Frei" ist sie nicht, weil die Spieße ungleich lang sind. Selbst Ihr Schlüsselwort „Leistungslohn" stimmt nicht. Die Mutter in Sao Paolo, die sich abrackert für ihre Kinder, bekommt keinen Leistungslohn, sondern nur Brosamen, die vom Tische der Reichen fallen. Die Arbeiter der Müllabfuhr bekommen keinen Leistungslohn. Und die Jongleure der großen Chemiekonzern, die einerseits über Nacht Tausende von Arbeitern und Angestellten arbeitslos machen und andererseits riesige, steuerfreie Börsengewinne einkassieren – ist das etwa eine Leistung?
Im Übrigen gebe ich zu, dass Ihr System keine Köpfe rollen lässt. Es macht sie überflüssig. „Markt" ist das nicht. Es wird lediglich *behauptet,* die Marktkräfte regulierten den Preis. Unsinn. Die Konzerne und die Mafia regulieren die Preise.

K: Unterbrechen Sie mich nicht immer. Die freie Marktwirtschaft ist keine Erfindung von uns, sondern eine naturgesetzliche Gegebenheit. Keine Theologie und keine Moral können etwas dagegen unternehmen, dass die Elbe von Dresden nach Hamburg fließe und nicht umgekehrt. Wasser fließt eben abwärts. So ist es mit der Marktwirtschaft. Sie ist gegeben. Preise und Löhne richten sich nach den Gesetzen des Marktes. Daran ändern alle Sprüche der Theologen nichts, auch nicht die Gleichnisse Jesu.

M: Eben das ist nicht wahr. Die sogenannte freie Marktwirtschaft wurde von *Ihnen* erfunden. *Sie* stellen die Regeln auf. *Sie* stecken das Spielfeld ab. *Sie* bestimmen, wer mitspielen darf und wer nicht. Immer zu Ihren Gunsten, selbstverständlich. Und wenn's einmal nicht klappt, dann werden die sogenannten marktwirtschaftlichen Naturgesetze flugs über Nacht abgeändert, und der Staat muss zum Beispiel die Verluste von Firmenpleiten auffangen.

K: So eine Frechheit … Ich beginne zu begreifen, warum die römischen Behörden Jesus als Verbrecher hinrichteten.

M: Wenigstens das begreifen Sie. Er ist nicht hingerichtet worden, weil er irgendwelche irrelevanten religiösen Sprüche von sich gab, sondern weil er die Privilegien der religiösen und politischen Machthaber antastete.

K: Na gut, wenigstens ist die Kirche heute vernünftig geworden und hat sich mit dem Kapitalismus arrangiert. Sie operiert nach den Gesetzen des Marktes. Gelegentlich pflegt sie diejenigen, die Pech hatten und unter die Räder gerieten.

M: Da täuschen Sie sich, Herr Kommissar. In Stuttgart hat ein Pfarrer mit seinen Mitarbeiterinnen im Zentrum des EUCOM, des amerikanischen Hauptquartiers für die Atomstreitkräfte in Europa und im Mittleren Osten, den Drahtverhau durchschnitten und mitten im strategischen Zentrum mit seinen Mitarbeiterinnen Blumen gepflanzt. Damit bewies er u.a. die Verwundbarkeit dieses Hauptquartiers.

K: Dafür ist er aber vor Gericht gekommen. Die Württembergische Kirche hat ihm ein Disziplinarverfahren angehängt. Recht so. Ordnung muss sein im Lande.

M: Das ist nicht die ganze Geschichte. Das EUCOM ist nämlich dazu da, die Märkte Europas und des Mittleren Ostens militärisch abzusichern und zu kontrollieren. Ganz im Sinne der amerikanischen Konzerne. Das nennen Sie „freie Marktwirtschaft".

K: Also bitte schön, die Streitkräfte sind dazu da, das freie Spiel des Marktes zu garantieren.

M: Selbstverständlich, aber immer zugunsten der Starken und Mächtigen. Wer garantiert das freie Spiel des Marktes für die Schwachen und Unbedeutenden? Niemand.

K: Für die Schwachen ist die Sozialhilfe da – und die Kirche, mit Verlaub gesagt. Auf alle Fälle nicht der Markt.

M: Eben ja, die Gewinne werden privatisiert, die Verluste vergesellschaftet. Die Steuerzahler und die Kirche können für den Unsinn der Profiteure zahlen. Und – ironischerweise – wählen wir immer wieder diejenigen Politiker, die diesen Unsinn unterstützen, getreu dem Motto: „Nur die allergrößten Kälber wählen ihre Metzger selber."

K: Jetzt reicht's aber. Wenn Sie so weiterfahren, werde ich Sie verhaften lassen wegen Aufwiegelung des Volkes.

M: Es wäre nicht das erste Mal. Nur, Herr Kommissar, da könnten Sie sich die Finger verbrennen. Der erwähnte Pfarrer in Stuttgart wurde nämlich freigesprochen. Der Richter sagte: Seiner Meinung nach legitimieren die Völkerrechtsbrüche des amerikanischen Militärs und die Bereitstellung und Androhung von Atomwaffen von deutschem Boden aus nicht nur Aktionen zivilen Widerstandes. Mehr noch, sie seien sogar Bürgerpflicht, weil der Staat seinen Schutzpflichten nicht mehr nachkäme.

K: Dummes Zeug.

M: Der Pfarrer, so sagte der Richter, habe aus einem Notstand heraus gehandelt. Wenn der Staat seine Pflicht nicht mehr wahrnimmt, ist das Gewaltmonopol des Staates in Frage gestellt. Selbsthilferecht ist angesagt. So der deutsche Richter in Stuttgart. Und jetzt, Herr Kommissar, wie halten Sie es jetzt mit dem von Ihnen immer wieder gepriesenen Rechtsstaat?

K: Ekelhaft, wenn selbst die Richter nicht mehr wissen, was sich gehört.

M: Der Richter richtet nicht nach dem, was sich gehört, sondern nach dem Gesetz. Und das machte diese Rechtsprechung möglich.

K: Kehren wir zum Thema Ihres Textes zurück. Selbst die Kirche bezahlt nicht allen gleich viel. Oder verdienen etwa die Gemeindeschwestern gleich viel wie die Oberkirchenräte?

M: Das nicht, aber ist nicht gerade der Kirchentag hier in Leipzig ein Beispiel, dass der Mensch nicht nach seinem Marktwert beurteilt wird?

K: Wieso der Kirchentag?

M: Wissen Sie überhaupt, Herr Kommissar, dass fast alle Bibelarbeiter und Bibelarbeiterinnen, alle Sänger und Sängerinnen, alle Musiker und Musikerinnen, alle Pfadfinder und Helferinnen, auch alle Theologen und Theologinnen, das gesamte vieltausendköpfige Personal, das diesen Kirchentag möglich macht, *gratis* arbeiten. Manchmal bezahlen sie sogar die Spesen selber.

K: Ja, das funktioniert doch nicht.

M: Doch, es funktioniert. Und erst noch gut. Menschen arbeiten nicht nur für Geld. Sie arbeiten auch aus Freude oder für Anerkennung. Das können wir auch sonst in der Kirche und in der Gesellschaft auf die Probe stellen.

K: Ich arbeite nicht aus Freude, sondern aus Pflicht.

M: Das eine schließt das andere nicht aus. Vielleicht müssten Sie Ihre Arbeitsmethoden ändern.

K: Gib es überhaupt Betriebe heute, wo Leute nicht in erster Linie wegen des Lohnes arbeiten, sondern – wie Sie sagen – aus Freude?

M: O ja, das gibt es nicht nur beim Kirchentag, nicht nur in der Kunst, sondern selbst in Industriebetrieben. Nur muss man dann die Arbeitnehmer an der Betriebsführung und an der Formulierung der Betriebsziele beteiligen, wie uns das die Quäker vorgemacht haben.
Das haben auch die Schweizer erfahren.

K: Ausgerechnet die Schweizer. Jetzt hört aber alles auf. Die Schweizer, die das von der Reichsbank gestohlene Gold als Zahlung für Waffenlieferungen für die Nazis annahmen und dabei fette Gewinne machten.

M: Ja, mein Herr Kommissar, ausgerechnet die Schweizer. Der ganze

Handel kam nämlich auf den Tisch – übrigens durch die Amerikaner, die in dieser Sache auch keine reine Weste haben. Und dann mussten sich die Schweizer schämen.

K: Geschieht ihnen recht.

M: Ja, aber sie erkannten auch: Was nützt es da, die Schuldigen einzusperren? Wenn man sie überhaupt erwischt und sie noch leben. Oder wenn sie nicht unterdessen im CIA untergekommen sind. Es nützt nichts.

K: Strafe muss sein.

M: Aber es nützt nichts. Es nützt aber etwas, das begangene Unrecht – so weit man kann – wieder gut zu machen. Den Opfern von damals unter die Arme zu greifen. Das hilft mehr als harte Strafen für die Übeltäter. Es soll ihnen vergeben werden. Aber da das ganze Volk von den Geschäften ihrer Banken und Behörden profitierte, wird auch das ganze Volk zur Kasse gebeten. Sieben Milliarden Schweizerfranken.

K: Wenig genug.

M: Wenig genug. Immerhin auf die deutsche Bevölkerungszahl umgerechnet, wären das hundert Milliarden Mark, die Sie zur Linderung von Not im In- und Ausland zusätzlich zu den Steuern zur Verfügung stellen würden.

K: Das ist ja absurd.

M: Vielleicht absurd. Aber es hilft. So dürfen die Profiteure einer ungerechten Politik teilhaben an der Wiedergutmachung der Übeltaten ihrer Institutionen. Tätige Reue heißt das, ein Wort, das ich in Ihr Stammbuch schreiben möchte. Alles andere ruft immer nur nach neuen Vergeltungsmaßnahmen, und der Kreis der Eskalation hört nie auf.

8. Kamele und Kapitalisten (szenisch-musikalische Exegese)

1. Teil: Lukas

Kanon: Gott, weil er groß ist, gibt am liebsten große Gaben,
ach, dass wir Armen nur so kleine Herzen haben. (EG 411)

Lukas

Ich bin Lukas, Evangelist von Sinope, einer Hafenstadt am Schwarzen Meer. Unsere Gemeinde hat sich vermehrt. Das freut uns, aber eine Erweckung bringt auch ungeahnte Probleme.

Unter den neuen Gemeindegliedern befinden sich verschiedene reiche Familien und römische Beamte. Am reichsten ist Marcion, Besitzer der Navi-

gatio Pontica, der Schwarzmeer-Schifffahrts-AG. Er besitzt eine großartige Sammlung paulinischer Schriften, die er in einer eisenbeschlagenen Eichentruhe aufbewahrt. Ich konsultiere sie fleißig, da ich von unserer Gemeinde den Auftrag erhalten habe, ein Evangelium zu schreiben. Die umlaufenden Einzelgeschichten und das Markusevangelium beantworten viele Fragen nicht, die sich unserer Gemeinde stellen.
Auch eine Fortsetzung des Evangelienbuches habe ich in Arbeit, Band II meiner gesammelten Werke. Dieses Buch gibt Auskunft über die Ausbreitung des Christentums von Jerusalem bis Afrika und Rom. Ich habe es dem Theophilus gewidmet, der mir einige Zuschüsse gewährt hat zu den hohen Spesen, die durch meine Forschungsreisen nach Antiochia, Jerusalem und Cäsaräa entstanden sind.
Aber nicht nur reiche Römer sind in unsere Gemeinde aufgenommen worden. Auch schwarze Matrosen besuchen unseren Gottesdienst und wollen getauft werden. Sie sind von der Navigatio Pontica angeheuert worden. Während mehrerer Wochen müssen sie in Sinope bleiben, da ihre Schiffe während der langen Winterstürme nicht ausfahren können. Die meisten dieser Matrosen können weder lesen noch schreiben. Auch die griechische Sprache sprechen sie nur mangelhaft, ganz zu schweigen vom Latein. Sie bleiben nie lange genug, um an unserem Taufunterricht teilzunehmen. Doch bei Spielen und Tänzen, mit denen wir unseren Glauben ausdrücken, machen sie begeistert mit. Die Lieder singen sie laut, manchmal überlaut. Einige nehmen sogar ihre afrikanischen Trommeln in den Gottesdienst mit und begleiten damit die Lieder, die dadurch einen ganz besonderen „Beat" bekommen.

Lied: Uns ist ein Licht aufgegangen. Leuchtet hell! Leuchtet klar! Uns ist die Hoffnung begegnet.
(Die schwarzen Matrosen kommen während des Liedes herein und geben ihm einen anderen Rhythmus.)

Lukas
Unter denen, die da mittanzen, sind auch Arme aus der Gegend von Sinope, viele Sklaven und verarmte Freie. Die Sklaven kommen aus weit entlegenen Gebieten, zum Beispiel aus Helvetien, Germanien oder Britannien. Sie sind von der römischen Armee in den vielen Grenzkämpfen gefangen und auf dem Sklavenmarkt in Rom an reiche Unternehmer aus Sinope, hauptsächlich Transportunternehmen und Hafenverwaltungen, verkauft worden. Sie sprechen total unverständliche Sprachen, wie zum Beispiel gotisch oder keltisch. Man kann sich ja vorstellen, wie schwierig für sie die

Verständigung ist. Unsere griechischen Gottesdienste sind ihnen fast vollständig unzugänglich. Ich muss oft an das Wort Jesu denken, wenn ich sie sehe: „Glücklich sind die Armen, denn das Reich Gottes ist ihrer."

Lied: Fürchtet euch nicht. Siehe, Gott kündigt dem Tod. Sein Frieden kommt zu allen!

Lukas

Die Tänze und Lieder geben viel zu reden. Wir kennen die Verhältnisse der Armen und der schwarzen Matrosen kaum. Wir wissen nicht, wie viel – oder wie wenig – sie vom Christentum verstanden haben. Viele von ihnen leben in „wilden Ehen". Das ist normal für die Sklaven. Einige der Matrosen leben im Konkubinat. Sie haben eine Familie in Alexandria und eine zweite in Sinope. Was sollen wir da als Christen tun?

Die älteren Gemeindeglieder nehmen diesen Zustrom von neuen und fremden Gottesdienstbesuchern mit gemischten Gefühlen auf. Immer wieder fragen sie mich, wie denn die ersten Christen mit diesem Problem umgegangen seien. Der Evangelist Markus gibt darüber keine Auskunft, denn in *seiner* Gemeinde gab es nicht Arme und Reiche. Sie waren alle arm.

Bei uns aber gibt es Arme und Reiche. Besonders schwierig ist für uns, dass auch einige der reichen Römer, darunter Soldaten, Offiziere und höhere Verwaltungs- und Steuerbeamte, sich für das Christentum interessieren. Sie wollen getauft werden.

Stellen Sie sich das vor: Die ehemaligen Verfolger wollen getauft werden. Die, die unsere Väter und Brüder der Polizei gemeldet hatten, wollen getauft werden. Wir erinnern uns noch gut: Am frühen Morgen wurden unsere Verwandten aus ihren Betten geholt und in feuchte Verliese gesteckt. Einige unserer Gemeindeglieder kamen vor Schwäche um, andere starben an den Misshandlungen, und einige wurden verbrannt. Aber gerade die Standhaftigkeit der Christen hat ihre Verfolger beeindruckt.

(Die obigen beiden Lieder werden gleichzeitig gesungen.)

Lukas

Die Verfolgung war geschehen unter dem Deckmantel des römischen Rechtsstaates. Natürlich gab es immer Römer, die diese Verfolgung der Christen nicht billigten. Wenn wir aber zukünftige Verfolgungen verhindern wollen, müssen wir gute Beziehungen zu diesen Römern herstellen. Vor allem müssen wir sie davon überzeugen, dass die Christen nicht – wie böse Mäuler behaupten – Gottesleugner und Staatsfeinde sind.

Wie gesagt, einige dieser Beamten, die in ihren fetten Pfründen reich geworden waren, wollten getauft werden. Das brachte uns in Verlegenheit. Wir wussten nicht so recht, was tun. Einerseits freuten wir uns, dass sie Christen werden wollten. Andererseits brannten die Wunden der Verfolgung noch. Ich erinnere mich gut an die Gemeindeversammlung, an der es hoch herging. Man fragte mich, wie denn Jesus mit den Steuerbeamten der Römer umgegangen sei.

2. Teil: Gemeindeversammlung

Lied: Großer Gott, wir loben dich.
Herr, wir preisen deine Stärke.
Vor dir beugt der Erdkreis sich
und bewundert deine Werke.
Wie du warst vor aller Zeit,
so bleibst du in Ewigkeit.

Herr, erbarm, erbarme dich
deiner blutbefleckten Erde;
unsre Seele sehnet sich,
dass du sprichst ein neues „Werde!“
Send uns Kraft und Zuversicht,
die der Waffen Joch zerbricht.

Zünd in uns dein Feuer an,
dass die Herzen gläubig brennen
und, befreit von Angst und Wahn,
wir als Brüder uns erkennen,
die sich über Meer und Land
reichen fest die Bruderhand. (RG [1998] 518, 1.4.5)

Justus (Gemeindevorstand)

Liebe Mitchristen. Leider ist es bei uns noch nicht so, wie wir soeben gesungen haben. Es gibt Streit unter uns. Einige von uns sind reich geworden. Sie haben kleine Landgüter, Hotels, Pensionen oder Läden in unserer aufstrebenden Hafenstadt gekauft.

Marcion

Die römische Verwaltung hat Verdienst und Geld nach Sinope gebracht. Meine Schwarzmeer-Schifffahrts-AG gibt vielen direkt und indirekt Verdienst und Aufstiegsmöglichkeiten. Dies alles erlaubt es mir, meine Kapitäne, Schiffsoffiziere, Schiffskaufleute, Matrosen und selbst die ungelernten und unfreien Lastenträger im Hafen großzügig zu entlohnen.

Johanna
Das nennst du großzügig, diesen Hungerlohn …

Helvetier
Großzügig ist gut.

Justus
Gehört denn dieser fremde Helvetier überhaupt zu unserer Gemeinde?

Johanna
Lasst ihn, wir haben schließlich keine Geheimnisse zu verbergen.

Justus
Nun gut, Johanna, du willst dich zum ersten Traktandum unserer Versammlung melden.

Johanna
Gewiss nicht, weil ich *will,* sondern weil ich *muss.* Jesus hat gesagt: Glücklich sind die Armen, denn ihrer ist das Reich Gottes. Er hat aber auch gesagt: Wehe euch, ihr Reichen, ihr habt euren Lohn dahin!

Maria
Jetzt fängt sie schon wieder an …

Lied: Die Kaufleute der Erde … (siehe Nr. 3, 36)

Johanna
Wehe euch, ihr Reichen, sagt Jesus, ihr Reichtum wird verwüstet. Jesus sagt: Es ist leichter, dass ein Kamel durch ein Nadelöhr geht, als dass ein Reicher ins Reich Gottes kommt.

Aquila
Weißt du nicht, Johanna, dass das eine andere Zeit war, total andere Verhältnisse?

Johanna
Eine andere Zeit! Ändert sich denn das Evangelium je nach dem Zeitgeist? Jesus hat auch das Gleichnis vom reichen Mann und vom armen Lazarus erzählt, wie unser Evangelist Lukas bestätigen wird. Der reiche Mann muss in ewiger Pein schmachten, weil er den armen Lazarus vor seiner Tür verderben ließ.

Es ist zwar wahr, wir werden alle aus lauter Gnade, aufgrund von Gottes Freundschaft, gerettet. Aber wenn die Bücher aufgetan werden, müssen wir trotzdem Rechenschaft ablegen darüber, wie wir mit unseren irdischen Gütern umgegangen sind, ob wir sie für uns selber brauchten oder mit den Brüdern – und Schwestern – teilten.

Helvetier
Zum Glück bin ich nur ein armer Schreibsklave auf der Bank. Mein Großvater Asterix hat immer gesagt: Wer nichts hat, dem kann nichts genommen werden. Da lohnt es sich, Christ zu werden, dann muss ja der Herr Reedereibesitzer Marcion sein Vermögen mit mir teilen (*lacht vor sich hin*). Nur – wenn ich später selber reich werde, dann muss ich ja auch teilen. Aber soweit kommt es bestimmt nicht bei den unsicheren Arbeitsplätzen.

Marcion
Liebe Schwester Johanna, wenn ich meine Schiffe verkaufte und den Erlös den armen Christen gäbe, so würde das niemandem nützen. Die Schwarzmeer-Schifffahrts-AG würde aufgelöst werden, viele, auch viele Christen, verlören ihren Verdienst. Was hat das für einen Sinn? Als die Jerusalemer Gemeinde ihre Güter verkaufte und aufteilte, war das Resultat eine allgemeine Verarmung. Das hat uns doch Lukas erzählt. Hätte Paulus nicht überall Geld für die ernüchterten Enthusiasten von Jerusalem zusammengebettelt, wären die Jerusalemer vermutlich verhungert.
(Allgemeine Zustimmung: Ja natürlich, leuchtet mir ein, richtig, Marcion.)

Marcion
Überdies, dass ich mehr als irgendeiner in der Gemeinde zur Armenkasse beisteuere, ist ja stadtbekannt.

Johanna
Kunststück, du hast auch mehr als alle anderen.

Aquila (unterbricht Johanna)
Mir leuchtet Marcions Argument ein.

Johanna
Immer diese Kompromisse. Das kommt davon, wenn man eine Stelle als Dolmetscher im römischen Staatsdienst annimmt. Wes Brot ich ess, des Lied ich sing! Was machst du denn mit den gewichtigen und wohlver-

bürgten Aussagen unseres Meisters, die klipp und klar bezeugen, dass die Reichen kaum ins Reich Gottes eingehen?

Maria
Gibt es denn im Evangelium keine Antwort auf unsere Frage?

Johanna
Die Antwort ist klar, aber sie gefällt euch nicht.

Maria
Trotzdem: Wie ist denn Jesus mit den Reichen seiner Zeit umgegangen?

Johanna
Er hat sie verurteilt.

Lukas
Nicht alle. Da ist zum Beispiel die Geschichte des steinreichen Finanziers Zachäus. Ich lese euch die Geschichte vor, wie ich sie von meinen Gewährsleuten in Cäsaräa vernommen habe.
Jesus kam nach Jericho und zog hindurch. Dort lebte ein Mann mit Namen Zachäus, ein reicher Ober-Steuerbeamter. Der wollte gern Jesus sehen und erfahren, wer er wohl sei; aber wegen des Menschengedränges konnte er es nicht, denn er war klein von Gestalt. Darum lief er voraus und kletterte auf einen Feigenbaum, um ihn zu sehen. Als er an diese Stelle kam, schaute Jesus hinauf und sagte: Zachäus, steige schnell herunter, denn ich muss heute in deinem Hause einkehren. Da stieg er schnell hinunter und nahm ihn mit Freuden auf. Alle, die ihn sahen, murrten: Bei einem Sünder kehrt er ein, um zu rasten.
(Lukas schaut lange zu Johanna.)
Zachäus aber stellte sich vor den Herrn hin und sagte: Die Hälfte meines Besitzes, Herr, gebe ich den Armen, und wo ich jemand erpresst habe, gebe ich es vierfach zurück. Jesus sagte zu ihm: Heute ist diesem Hause Heil widerfahren, weil auch er Abrahams Sohn ist. Der Menschensohn ist gekommen, das Verlorene zu suchen und zu retten.

Maria
Heute ist diesem Hause Heil widerfahren.

Lied: Bewahre uns Gott, behüte uns Gott … (EG 171, 1–4)

Justus
Die Geschichte zeigt uns mit aller Deutlichkeit, dass auch steinreiche Finanziers Heil erfahren können, selbst solche, die ihren Reichtum im Dienste der römischen Kolonialverwaltung erworben haben. Einige nennen das Ausbeutung der Armen. Zu einem solchen Ausbeuter geht Jesus spontan zu Besuch. Er kritisiert ihn nicht wegen seines Reichtums. Er macht ihm keine Vorwürfe, weil er ein Kolonialist und Kapitalist ist. Er besucht ihn. Wenn Jesus einen solchen Menschen besucht, dann merken auch die Finanziers, dass sie nicht alles für sich behalten können. Die Hälfte seines Besitzes verschenkte er …

Helvetier (grinst)
Dann muss er aber ganz schön reich gewesen sein.

Justus (schaut ihn strafend an)
Also bitte, mich wundert nur, wer diesem ausländischen Helvetier erlaubt hat, in unsrer Gemeindeversammlung immer dazwischenzureden.

Maria (etwas verlegen)
Der Helvetier fragte mich, wie wir Christen es mit dem Geld hielten, da er ja der Leiter der ersten transalpinen Filiale unserer Handels- und Gewerbebank werden soll. Ich antwortete ihm, dass er unseren Umgang mit dem Geld am besten verstehen könne, wenn er sähe, wie die Christen solche Probleme konkret lösen.

Justus
Na ja, das war aber nicht gerade klug. Immerhin … (*zum Helvetier*). Immerhin, die Begegnung Jesu mit dem steinreichen Zachäus zeigte ihm, dass er seinen Reichtum teilen müsse und dass er unrechtmäßig erworbenes Geld vierfach zurückgeben müsse. Überlegen Sie sich das einmal, Herr Helvetier.
(Einige lachen laut.)

Johanna (aufgebracht)
Was heißt da „unrechtmäßig erworbenes Geld“? Fast alles – in Wahrheit überhaupt alles –, was die Römer und ihre Helfershelfer besitzen, ist *gestohlen!* Und das ist die Wahrheit.
(Verschiedene pscht, pscht.)

Justus
Nicht so hart, Schwester Johanna. Darüber sind sich die Rechtsgelehrten nicht – noch nicht – einig. Und unser Herr und Heiland sagt darüber auch nichts. Zudem ist anzunehmen, dass Zachäus im Dienste der römischen Kolonialverwaltung blieb. So völlig verkehrt kann es also nicht sein, den Römern zu dienen.

Johanna
Ach Justus, du willst dich auch bei den Römern anbiedern, du elender Kompromissler.

Marcion
Jedenfalls zeigt die Geschichte des Lukas ohne jeden Zweifel, dass Kapitalisten, selbst steinreiche Kollaborateure der römischen Besatzungsmacht, selig werden können, wenn sie einen Teil ihres Besitzes verschenken. Und das werde ich tun. So wie ich es immer getan habe.

Johanna (schüttelt den Kopf)
Das Evangelium unseres Evangelisten Lukas in allen Ehren. Trotzdem gilt: Besitz und die damit ausgeübte Macht sind im besten Falle eine schwere Versuchung für uns Christen, im schlimmsten Falle Grund zu Kompromissen mit den Mächten dieser Welt. Reichtum und Besitz sind unvereinbar mit der Nachfolge Jesu.

Lied: Großer Gott, wir loben dich,
Herr, wir preisen deine Stärke.
Vor dir beugt der Erdkreis sich
und bewundert deine Werke.
Wie du warst vor aller Zeit,
so bleibst du in Ewigkeit.

Zünd in uns dein Feuer an,
dass die Herzen gläubig brennen
und, befreit von Angst und Wahn,
wir als Brüder uns erkennen,
die sich über Meer und Land
reichen fest die Bruderhand.

Mach vom Hass die Geister frei,
frei von Sündenlust und -ketten;

brich des Mammons Reich entzwei;
du nur kannst die Menschheit retten.
Rette uns aus Schmach und Not,
Heil'ger Geist, barmherz'ger Gott.
(RG [1998] 518, 1.5.6)

3. Teil: Lukas

Lukas

Mit diesem Kontrapunkt wurde die Gemeindeversammlung aufgehoben. Mir war klar, dass alle Kontrahenten aus einem gesellschaftlichen Interesse sprachen. Sowohl Marcion wie auch Johanna hatten etwas zu verteidigen. Johanna war verletzt, weil die Römer ihren Mann getötet hatten. Marcion verteidigte seinen Besitz. Immerhin, ich erfuhr später, dass Marcion sein gesamtes Vermögen verschenkte. Trotzdem – oder vielleicht gerade deswegen – wurde er als Häretiker verurteilt und verfolgt.

Was die Problematik der Reichen in der Gemeinde betrifft, so wurde das Vorbild Jesu nie ernstgenommen. Kaum einer gab das unrechtmäßig erworbene Gut vierfach zurück, und keiner verschenkte die Hälfte seines Vermögens. Aber alle diskutierten heftig für oder gegen den reichen Oberzöllner Zachäus. Und so wird es wohl bleiben in der Gemeinde Jesu, außer es würde einmal – wer weiß wann – das Reich des Mammons zerstört werden.

Salbungsgottesdienst

Wer nicht berührt wird, ist nicht berührt

Der Salbungsritus ist ein alter kirchlicher Ritus, der in den meisten Kirchen der Welt – außerhalb des deutschen Sprachgebietes – noch lebendig ist. In der alten Kirche wurden nicht nur Kranke, sondern auch Täuflinge gesalbt (siehe die Nr. 6: „Konflikt in Korinth“ 61–63). Es war ein allgemein geübter Segensritus, den selbst Luther („Die Guttat zu ölen“) und die anderen Reformatoren noch gekannt haben. Wie es zur Preisgabe dieses Ritus kam, beschreibt Manuela Liechti ausführlich („Die Guttat zu ölen“. Siehe auch Klapperstorch 101–115, ITh 3, 21–59, ChPCh, 256–275 und „Enzyklopädisches Stichwort: Inszenieren“: „Auch das Heilen muss inszeniert werden“, 219–228).
Eine Predigt in einem Salbungsgottesdienst muss sehr kurz sein. Langes Reden ist nicht therapeutisch. Das Hauptgewicht liegt auf der Handlung, auf der Berührung. Die Sprache weiß noch, was wir vergessen haben, nämlich: Wer nicht berührt wird, ist nicht berührt. Da aber unter den Pfarrern ein großer Widerstand gegen die Berührung festzustellen ist (weniger bei den Pfarrerinnen und den Gemeindemitgliedern), muss der Ritus sorgfältig geübt werden. Die für die Öffentlichkeit nötigen Informationen werden vorher – in einem Vorbereitungsgottesdienst, in einem öffentlichen Vortrag, in der Zubereitung der Salber und Salberinnen, in einer Aufführung des Hiobspieles (Nr. 13, 111–122) gegeben.
Die unter Nr. 10 veröffentlichte Predigt „Gott ist ungerecht“ (100–104) wurde in mehreren evangelischen und einmal in einem katholischen Mess- und Salbungsgottesdienst gehalten. Im letzteren Fall ließen sich der katholische Priester und ich selber von den *Gemeindegliedern* salben, denn der Ritus ist – auch nach katholischer Auffassung – nicht ans Priesteramt gebunden (in diesem Fall muss man die Bezeichnung „Sakrament“ vermeiden; es ist eher eine „Sakramentalie“). Jedenfalls empfiehlt sich der Ritus für ökumenische Gottesdienste (in diesem Falle ohne Eucharistie); denn es gibt keine Erklärung des Papstes, die einen ökumenischen Salbungsgottesdienst verbieten würde.
Der Traugottesdienst (Nr. 11, 104–108) bindet den Salbungsritus in den Trausegen ein, wie überhaupt die Salbung nicht lediglich als Krankensalbung verstanden werden muss. Lektion und Trauspruch wurden vom Traupaar ausgewählt.
Eine Vorform des unter Nr. 13 veröffentlichten Mysterienspieles zu Hiob

(„Hiob oder die Wette Gottes“) wurde in der Gemeinde von Frau Pfarrerin Marianne Heuberger in Schöftland aufgeführt, wo ich mit vielen der frühen Spiele experimentieren konnte. Später schrieb ich – zusammen mit Hans-Jürgen Hufeisen, der auch die Musik komponierte – die vorliegende Fassung. Der Schluss ist – im Gegensatz zum Partiturheft – in dieser Ausgabe stark gekürzt worden.
Das Mysterienspiel erfuhr ein breites Echo in der Presse. Unter den Spielern und Spielerinnen gab es heftige Diskussionen zur Figur des Satans. Viele konnten sich den Satan nicht als Mitarbeiter Gottes, sondern lediglich als seinen Gegenspieler vorstellen.
Auch das „auf den Boden werfen“ der religiösen Symbole (119) erregte Protest, besonders weil das Kreuz nicht von dieser Religionskritik ausgeschlossen wurde. Aber das ist gerade der springende Punkt der Hiobsgeschichte. Keine der Religionen, die Gott erklären wollen, halten der Hiobgeschichte stand. Viele „dieser Erklärungen“ sind überdies verantwortlich für Depressionen und Krankheiten.
Das Mysterienspiel eignet sich nicht als Verkündigungsteil in einem Salbungsgottesdienst. Aber es kann wichtig werden im Vorfeld eines solchen Gottesdienstes, um die Vorstellung zu korrigieren, dass es den Frommen per definitionem gut gehe. Es eignet sich besser als ein Vortrag oder eine Predigt, weil mindestens zwanzig Personen sich handelnd mit der Thematik beschäftigen.
Als Verkündigung in einem Salbungsgottesdienst eignet sich eher das kurze Spiel „Scherben“ (Nr. 12, 108–111). Es zeigt auch, dass Segen und Salbung nicht nur den Kranken gut tun, sondern auch all denen, „deren Leben Risse bekommen hat“, die nicht in erster Linie belehrt, sondern berührt werden müssen.

9. Er salbet mein Haupt mit Öl (Predigt zu Ps 23 L)

1 Der Herr ist mein Hirte, mir wird nichts mangeln. 2 Er weidet mich auf einer grünen Aue und führet mich zum frischen Wasser. 3 Er erquicket meine Seele; er führet mich auf rechter Straße um seines Namens willen. 4 Und ob ich schon wanderte im finstern Tal, fürchte ich kein Unglück; denn du bist bei mir, dein Stecken und Stab trösten mich. 5 Du bereitest vor mir einen Tisch im Angesicht meiner Feinde. Du salbest mein Haupt mit Öl und schenkest mir voll ein. 6 Gutes und Barmherzigkeit werden mir folgen mein Leben lang, und ich werde bleiben im Hause das Herrn immerdar.

Kurzpredigt: Nimmt mich wunder, was Hiob zu diesem Psalm sagen würde. Sie kennen doch diese großartige Gleichnisgeschichte des Alten Testaments. Hiob war fromm. Gott bestritt nicht, dass er gerecht war. Und trotzdem erlaubte er dem Satan, Hiob zu quälen bis an den Rand des Wahnsinns.

„Der Herr ist mein Hirte, mir wird nichts mangeln." Das musste in den Ohren Hiobs wie ein Hohn tönen, umso mehr als seine Freunde ihn ständig überzeugen wollten, dass er sein Unglück verdient habe, dass er Gott gegenüber nicht demütig genug und seinen Schuldnern gegenüber nicht großzügig genug sei.

Was lernen wir aus dieser Gegenüberstellung? Wir lernen, dass auch die Bibel *nicht eine einzige Lehre* von Gott vertritt, die in allen Lebenslagen aufgeht. Je nach der jeweiligen Lebenssituation haben die biblischen Autoren *andere* Theologien entwickelt. Der Verfasser unseres Psalms hat die Erfahrung gemacht, dass Gott auf seiner Seite steht, dass ihm nichts mangelt. In dieser Situation preist er Gott.

Da wir heute einen Salbungsgottesdienst feiern, möchte ich noch besonders auf den Vers eingehen „Er salbet mein Haupt mit Öl". Im Morgenland werden die Schafe – wie auch bei uns – von den Insekten gequält. Diese legen ihre Eier in die Schleimhäute der Ohren, der Nase und der Lippen der Schafe. Dann fressen die Larven sich in die Tiere hinein und ernähren sich von ihren Säften. Das juckt und beißt und schmerzt. Es gibt Schafe, die den Kopf an den Felsen blutig schlagen, weil sie vor Schmerz zur Verzweiflung getrieben werden. Ein guter Hirte aber sorgt vor. Er bestreicht die Köpfe seiner Tiere mit einer Mischung aus Harz und Öl. Das bewirkt, dass die Larven absterben und die Insekten sich nicht einnisten können in den Köpfen der Tiere.

Das Salben ist also eine Schutzhandlung gegen die Insekten. Dieses Bild gebraucht der Autor unseres Psalms auch für das Salben der Menschen. Im Alten Bund wurden Könige, Priester, Propheten und freigelassene Sklaven gesalbt. Sie wurden durch diesen Ritus unter einen besonderen Schutz gestellt – gegen Krankheit, gegen Depressionen, gegen allerlei „Insekten", aber auch als Stärkung für ihren Dienst. Im Neuen Bund sind alle Christen Könige, Priester und Propheten. Darum wurden in der frühen Kirche die Täuflinge vor und nach der Taufe ganzkörperlich gesalbt, nicht nur das Haupt (Nr. 6: „Konflikt in Korinth", 1. Teil, 61–63). Dieser Ritus existiert noch als Rudiment in der katholischen Kirche. Die deutschsprachigen Protestanten haben ihn – gegen Luther und die Reformatoren – ausgeräumt mit dem Resultat, dass die Christen spirituelle Riten in anderen Religionsgemeinschaften suchen oder auch bei den Esoterikern. Wir dürfen diesen alt-

kirchlichen Ritus wieder entdecken und einander den Schutz, die Hilfe und die Stärkung des Heiligen Geistes zusprechen.
Einige unserer Gemeindeglieder haben sich vorbereitet. An den von einer großen Kerze erleuchteten Salbungsstationen warten sie auf Sie. Es sind keine besonders frommen Menschen. Aber es sind Menschen, die sich vorbereitet haben. Damit leistet diese Gemeinde einen Beitrag gegen die Angst. Es ist ein Anti-Angst-Ritus, wahrscheinlich der wichtigste politische Beitrag, den die Kirche leisten kann. In der liebevollen Zuwendung, in der zärtlichen Berührung erleben wir die Kirche als Ort der Zuwendung. Zur Salbung dürfen die Glaubenden kommen und diejenigen, die glauben, nicht zu glauben, die Guten und die Bösen, die Kranken und die Gesunden, die Katholiken und die Protestanten (das hat ja der Papst noch nicht verboten), die Geschiedenen, die glücklich Verheirateten, die Ledigen, die Verwitweten, und diejenigen, die in ungewöhnlichen Verbindungen leben (für die wir heute noch nicht einmal einen Namen haben), die Kinder und die Alten. Bedingungen sind keine zu erfüllen. Nur kommen müssen Sie.
Ja, was soll das, werden Sie fragen. Was passiert, wenn ich mich auf dieses Zeichen einlasse? Das kann ich Ihnen leider nicht sagen. Das müssen Sie schon selber ausprobieren. Aber eines kann ich Ihnen mit Sicherheit sagen: Es passiert immer etwas, nur selten das, was wir erwarten.

10. „Gott ist ungerecht“ (Predigt zu Gen 4,1–5, 8–16 Z) (ohne den spätjüdischen Zusatz 6–7)

1 Der Mensch aber wohnte seinem Weibe Eva bei, und sie war schwanger und gebar den Kain. Da sprach sie: Ich habe einen Sohn bekommen mit des Herrn Hilfe. 2 Und weiter gebar sie den Abel, seinen Bruder. Abel war ein Schäfer, Kein aber ward ein Ackerbauer. 3 Es begab sich aber nach geraumer Zeit, dass Kain von den Früchten des Ackers dem Herrn ein Opfer brachte. 4 Und auch Abel brachte von den Erstlingen seiner Schafe dar und von ihrem Fette. Und der Herr sah wohlgefällig auf Abel und sein Opfer … 8 Darauf sprach Kain zu seinem Bruder Abel: Lass uns aufs Feld gehen! Und als sie auf dem Felde waren, erhob sich Kain wider seinen Bruder Abel und schlug ihn tot. 9 Da sprach der Herr zu Kain: Wo ist dein Bruder Abel? Er sprach: Ich weiß nicht. Bin ich denn meines Bruders Hüter? 10 Er aber sprach: Was hast du getan. Horch, das Blut deines Bruders schreit zu mir empor vom Ackerland. 11 Und nun – verflucht bist du, verbannt vom Acker-

land, das seinen Mund aufgetan hat, aus deiner Hand das Blut deines Bruders zu empfangen. 12 Wenn du den Acker bebauen wirst, soll er dir hinfort seinen Ertrag nicht mehr geben; unstet und flüchtig sollst du sein auf Erden. 13 Da sprach Kain zu dem Herrn: Meine Strafe ist größer, als dass ich sie tragen könnte. 14 Siehe, du vertreibst mich heute vom Ackerland, und ich muss mich vor deinem Angesicht verbergen; unstet und flüchtig muss ich sein auf Erden. So wird mich denn totschlagen, wer mich trifft. 15 Der Herr aber sprach zu ihm: Nicht also! Wer immer Kain totschlägt, an dem wird es siebenfältig gerächt. Und der Herr versah Kain mit einem Zeichen, dass keiner ihn erschlüge, der ihn anträfe. 16 Also ging Kain hinweg vom Angesichte des Herrn und wohnte im Lande Nod, östlich von Eden.

Predigt: Ich hatte eine Schwester. Sie war vierzehn Jahre jünger als ich. Sie hatte blonde Locken, war hübsch und fröhlich – der Sonnenschein der ganzen Familie. Wenn meine Mutter einem Hausierer nichts abkaufte, schlich sie ihm heimlich nach und schenkte ihm aus ihrem kargen Taschengeld zwei Groschen.

Sie konnte tanzen und singen. Wenn sie ein Musikinstrument in die Hände nahm, konnte sie es spielen. Sie war eine typische Abelsfigur. Alles gelang ihr. Das heißt nämlich der Satz: Gott schaute das Opfer Abels an. Nicht, weil Abel besser ist als Kain, sondern weil Gott beschlossen hat: Abel ist ein Sonntagskind. Darum gelingt ihm alles.

Aber meine Schwester hatte auch eine Mutter. Tanzen und Singen, befand sie, sei nutzlos. Man könne es nicht essen (in den bedrängten Verhältnissen jener Zeit vielleicht verständlich). Man muss etwas Nützliches tun, sagte die Mutter. Darum beschloss meine Schwester, Krankenschwester zu werden. Wenn sie schon die Menschen nicht mit Singen, Tanzen und Musizieren erfreuen konnte, dann vielleicht durch Freundlichkeit und liebevolles Berühren, dadurch, dass sie sich zu den Kranken setzte, ihre Hand nahm und ihnen über die Stirne strich.

Ich warnte sie. In den großen Spitälern von heute sind die Schwestern nicht hilfreiche Frauen, die die Kranken trösten. Sie sind hochspezialisierte Technikerinnen. Sie müssen die Instrumente bedienen. Das wollte sie mir nicht glauben. Aber sie sah es später ein, als sie in den Clinch kam zwischen ihrem Wunsch, den Kranken Zeit zu schenken und der Pflicht gegenüber der technischen Routine des Spitals. Da sie den Abel nicht leben konnte, schlug sie ihn tot und warf sich unter den Schnellzug von Zürich nach Bern.

Meine Mutter war verzweifelt. Ich konnte ihr die Zusammenhänge nicht erklären, die meine Schwester in den Tod getrieben hatten. Das hätte alles nur noch schlimmer gemacht.
Solche oder ähnliche Erfahrungen haben den Autor unseres Textes zu seiner Geschichte inspiriert. Es ist kein historischer Bericht, sondern ein theologisches Gleichnis – ähnlich den Gleichnissen Jesu. Darum ist es läppisch zu fragen: Woher hatte der Kain seine Frau? Woher kamen die Menschen, die Kain nach dem Leben trachteten? Die biblischen Geschichten des ersten Buches Mose bis hin zu den Josephgeschichten sind keine historischen Berichte.
Der Autor unserer Gleichnisgeschichte – man nennt ihn den Jahwisten – lebte vermutlich zur Zeit Davids und Salomos, in einer Zeit der Hochkonjunktur. Israel ist eine mittlere Großmacht geworden. Religion, Wirtschaft und Militär wurden in der neuen Hauptstadt Jerusalem zentralisiert. Die Milizarmee wurde in eine Berufsarmee mit ausländischen Söldnern verwandelt. Die Juden waren wieder jemand. Sie sagten darum: Niemand ist so fromm, so fleißig und so tüchtig wie wir. Deswegen geht es uns auch gut.
Der Jahwist ist sehr kritisch dieser Meinung gegenüber. Darum erzählt er zum Beispiel, wie Abraham, „der Vater des Glaubens“, seine Frau im Stich ließ. Sara war nämlich eine sehr schöne Frau und erregte das Interesse des ägyptischen Pharao. Abraham aber verleugnete seine Frau und sagte, sie sei seine Schwester. Er fürchtete um sein Leben. Und so kam Sara in den Harem des Pharao. Gott musste extra einen Engel abdelegieren, der den Pharao warnte: „Lass gefälligst die Sara in Ruhe. Sie ist nicht Abrahams Schwester, sondern seine Frau.“ Der Jahwist will also sagen: „Wenn Gott nicht wäre, so wäre das ganze Volk Israel samt David, Salomo, ihren Frauen, Prinzen und Offizieren in einem ägyptischen Harem verschwunden.“
„Halt“, rufen da die Juden, die dem Jahwisten zuhören: „Wenn wir Glück haben, wenn es uns gut geht, dann ist das wegen Gott. Und wenn es uns schlecht geht, wenn wir mit zwei linken Beinen auf die Welt kommen und in jeden Kuhdreck reintappen, dann sind wir selber schuld. So wie der Kain selber schuld ist, dass es ihm schlecht geht und Gott sein Opfer nicht ansieht.“ (Diese Meinung zeigt sich auch in den Zusätzen der Verse 6–7 eines spätjüdischen Abschreibers.)
Aber der ursprüngliche Text sagt dazu ein klares und deutliches *Nein.* Kain ist kein böser Mensch. Er ist ein Pechvogel. Er kann nichts dafür, dass er kein Glück hat. Heute würden wir sagen: Er ist nicht verantwortlich für seine Genstruktur. Wir wissen, sagt der Jahwist, dass Gott die einen glücklich,

begabt, fröhlich gemacht hat. Und den Kain eben nicht. Wir haben nicht alle die gleichen Chancen. Die Chancengleichheit ist ein politisches Propaganda-Schlagwort, das einer Überprüfung nicht standhält. Ob wir dafür Gott oder die Natur verantwortlich machen, kommt in diesem Fall aufs Gleiche heraus. Kein Spital, keine Schule, keine Kirche, keine Politik kann an dieser Vererbungsstruktur viel ändern. Wir können die Folgen höchstens ein wenig mildern. Wenn Sie mir nicht glauben, fragen Sie die Lehrer und Lehrerinnen.

„Das ist ungerecht“, sagt Kain. Und er hat Recht. Das Leben ist ungerecht. Und wenn Gott das alles eingerichtet hat, so ist er ungerecht. Also will Kain das ändern. Darum erschlägt er den Abel. Bei den einen richtet sich die Aggression gegen den Bruder, bei den anderen gegen sich selber. *Das Resultat* ist dasselbe.

Den Abel erschlagen ändert nichts an der Ungerechtigkeit. Alle Gewalt will immer Gerechtigkeit schaffen – und schafft doch nur mehr Ungerechtigkeit. Eine Ungerechtigkeit kann nicht durch eine zweite Ungerechtigkeit aufgehoben werden. Gewalt besiegt die Ungerechtigkeit nicht.

Hätte Kain heute gelebt, so wäre er vielleicht in ein Trainingscamp für deutsche Führungskräfte gegangen. Dort hätte er gelernt: „Ich bin gut, ich habe Mut. Ich setze mich durch gegen die Konkurrenz.“ Auch dies beseitigt die Ungerechtigkeit nicht, sondern schafft nur mehr Ungerechtigkeit, denn der Konkurrenzdruck bleibt bestehen.

An dieser Stelle – leider erst da – greift Gott ein und berührt den Kain. Er gibt ihm ein Schutz- und Segenszeichen. Dieses Segenszeichen ist nicht von der Güte Kains abhängig. Es soll die Spirale der Gewalt unterbrechen.

Bei göttlichen Zeichen denken wir Christen an das Abendmahl, die Taufe, die Salbung und Segnung. Und insofern diese Berührung durch Gott die Eskalation der Gewalt unterbricht, ist diese liturgische Handlung nicht nur von persönlicher, sondern auch von politischer Bedeutung. Wenn die Kirche wieder lernt zu beten und mit Gott zu rechnen, leistet sie den größten politischen Beitrag, den sie leisten kann. Darum lassen sich Christen auf das Zeichen ein. Es ist ein Zeichen für die Guten und die Bösen,
für die Begabten und weniger Begabten,
für die Kranken und die Gesunden,
für die Geschiedenen, die glücklich Verheirateten,
für die Ledigen und die, die in ungewöhnlichen Beziehungen leben,
für die, die glauben und für die, die nicht glauben,
für den Kain und den Abel unter uns. Und manchmal sind wir beides zugleich.

Was soll das?, werden Sie fragen. Was passiert, wenn ich mich auf einen der Stühle setze und mich salben lassen, wenn ich mich auf das Zeichen

Gottes einlasse? – Das müssen Sie schon selber ausprobieren; was dann passiert, weiß ich nicht. Ich weiß ebenso wenig, wann etwas passiert: während der Salbung oder einige Zeit später. Aber ich weiß, dass immer etwas passiert, nur selten das, was wir erwarten.

11. Traugottesdienst mit Salbung

Lied: Nun danket alle Gott (EG 321, 1–3)
Begrüßung: Die Berge mögen weichen und die Hügel wanken, aber meine Gnade soll nicht von dir weichen und mein Friedensbund nicht wanken, spricht der Herr, dein Erbarmer (Jes 54,10 Z). Mit diesem Taufspruch der Braut begrüße ich Sie zu unserem heutigen Hochzeitsfest. Allen Sängern und Sängerinnen, den Mitwirkenden an diesem Fest danke ich im Namen der Brautleute. Insbesondere bedanke ich mich bei der hohen Kirchenleitung in München dafür, dass Sie einem Ausländer, einem Nichtlutheraner, einem häresieverdächtigen Reformierten aus der Schweiz gestattet haben, diese Trauung durchzuführen.
Gebet: Christus, wir suchen Dich in der Stille dieser Kirche,
in den glänzenden Augen der Frauen und Männer,
in den Tränen der Kinder,
im Brechen des Brotes und im frohen Klang der Becher.
Wir suchen Dich im Sonnenschein, im Wind und im Wetter,
in den Blumen,
im Gesumm der Bienen und im Gewoge der Schmetterlinge;
wir suchen Dich in der Musik und in den Liedern,
in der Klarheit Deines Wortes, in der Stimme der Liebenden,
im Gebet.
Wir sind darauf angewiesen, dass wir uns verstehen.
Wir brauchen Vertrauen, um miteinander zu leben.
Darum fragen wir nach Dir, der uns zur Wahrheit hilft.
Wir suchen Worte, die nicht täuschen,
Hoffnung, die sich bewährt, Liebe, die glaubhaft ist.
Sololied: O Happy Day …
Lesung: Ps 36,6–10
Sololied: What a Wonderful World …
Lesung: Joh 2,1–11
Lied: Du meine Seele singe (EG 302, 1–4)

Predigt: Das Johannesevangelium passt schlecht in unsere kirchliche Landschaft. Sein Thema ist

- nicht die Schuld des Menschen, sondern Schönheit (doxa),
- nicht Zerknirschung über unsere Defizite, sondern Zärtlichkeit,
- nicht unser Versagen, sondern Freundschaft mit Gott und Menschen,
- nicht Lehren über Gott und die Welt, sondern Lebensqualität, Leben im Überfluss, Leben in der Liebe,
- nicht Anklagen über unser Zukurzkommen, sondern Hoffnung auf einen neuen Anfang.

Dafür ist das Weinwunder in Kana ein klassisches Beispiel. Überlegen Sie sich einmal, was in diesem Kapitel für eine „ordentliche" Evangeliumsverkündigung alles fehlt. An jeder theologischen Fakultät, die ich kenne, wäre Johannes mit diesem Evangelientext mit Pauken und Trompeten durchgefallen, denn weder Sünde noch Sündenvergebung, weder Rechtfertigung noch Heiligung, weder das Sühnewirken Christi noch der zornige Gott kommen darin vor.

Den Brautleuten ging der Wein aus. Ob Jesus wirklich Wein aus Wasser machte oder ob es sich – wie so oft in der Bibel – um eine theologische Gleichnisgeschichte handelt, das mögen die Neutestamentler entscheiden. Zuzutrauen wäre es ihm. Aber mehr noch: Jeder Pfarrer, den ich kenne (eingeschlossen ich selber) würde in dieser Situation den Brautleuten sagen: „Schade, dass der Wein ausgegangen ist. Vielleicht können wir im Kaufhaus noch ein paar Flaschen holen." Oder aber, wenn das nicht geht, würde er sagen: „Wisst ihr, der Wein ist nicht die Hauptsache. Die Hauptsache ist die Liebe. Und lieben kann man sich auch mit Wasser."

Ist ja wahr, nur eben, Jesus war kein Pfarrer wie wir. Er war Jesus. Er hatte Sinn für Überfluss und Luxus. Ja sicher, die Liebe ist das Wichtigste. Aber sie ist nicht einfach eine Idee oder ein Gefühl.

Bei Jesus war die Liebe sichtbar und spürbar. Die Aussätzigen und die Kranken berührte er mit der Hand, obschon dies streng verboten war. Den enttäuschten Brautleuten machte er Wein. Dem Gelähmten, der durch das Dach gelassen wurde, vergab er seine Sünden, bevor er darum bitten konnte.

Das ist allerdings nicht das Verständnis von Religion, das die meisten haben. Religion soll sagen, wo es lang geht. Religion soll die Bösen strafen und die Guten belohnen. Von diesem Religionsverständnis finden wir wenig bei Jesus. Sicher, er sagt den Heuchlern das Gericht an, denen, die die Religion missbrauchen, um die Armen und Schwachen zu unterdrücken und die Mächtigen zu schützen.

Er hat die Vorstellungen der Religionshüter seiner Zeit radikal umgestülpt.

Und das ließen sie sich nicht gefallen; dafür kreuzigten sie ihn. Es ärgerte sie, dass er die Menschen nicht ständig auf ihr Versagen reduzierte, dass er ihnen mehr zutraute, als sie sich selber. Es ärgerte sie, dass er den Zutritt zum Abendmahl nicht von der Erfüllung religiöser und moralischer Vorschriften abhängig machte. Es ärgerte sie, dass er Gottes Liebe und Gnade bedingungslos ansagte für Böse und Gute, für moralisch Begabte und für solche, die moralisch mit zwei linken Beinen auf die Welt gekommen sind. Diese bedingungslose Liebe hat Gott den Menschen schon im Alten Testament zugesagt. Jesus war Jude. Er hat sein Gottesbild auch aus dem Alten Testament übernommen. Die Brautleute haben sich einen Text aus dem Alten Testament, aus dem Hohen Lied, als Trauspruch ausgewählt: „Lege mich wie ein Siegel an dein Herz, wie einen Ring an deinen Arm. Denn stark wie der Tod ist die Liebe, Leidenschaft hart wie die Unterwelt." (Hhld 8,6 Z)

Der Siegelring wurde von den Männern an einem Halsband getragen. So lag er auf dem Herzen. Manchmal war er auch an einem Armband befestigt. Damit wurden Kaufverträge, öffentliche Beurkundungen versiegelt. Das heißt: Liebe zielt auf Beständigkeit. „Stark wie der Tod ist die Liebe, die Leidenschaft hart wie die Unterwelt. Ihre Gluten sind Feuersgluten, ihre Flammen Jahweflammen. Große Wasser können die Liebe nicht löschen, Ströme sie nicht wegschwemmen. Gäbe jemand den ganzen Besitz seines Hauses um Liebe, man würde ihn verachten." (Hhld 8,6–7; nach Z und W. Rudolph). Liebe ist eben – trotz unserer Konsumgesellschaft – nicht käuflich.

Das Hohelied ist durch ein *Missverständnis* in die Bibel gekommen. Es ist eine Sammlung erotischer Liebesgedichte. Ich empfehle Ihnen zu Hause, das Hohelied selber zu lesen. Bei gewissen Stellen werden Sie sich wundern, dass das in der Bibel steht. Vor allem tritt uns hier eine emanzipierte Frau entgegen, die sich ihrer Initiative und Leidenschaft nicht schämt. Kein schüchternes Mauerblümchen. Zudem ist die Frau im Hohelied schwarz, also eine Afrikanerin, oder – wie es heißt – eine Schulamitin:

> „O wärest du mein Bruder, an meiner Mutter Brust genährt,
> da könnt' ich dich küssen, träf ich dich auf der Straße
> und niemand dürft' mir's verargen." (Hhld nach W. Rudolph)

Ein Missverständnis, sagte ich, denn das Frauenbild im Hohelied entspricht weder den Vorstellungen der Juden noch der Christen. Gewisse jüdische Rabbiner haben jeden Tag dafür gedankt, dass sie nicht als Frau zur Welt gekommen sind. Der berühmte Kirchenvater Augustin liebte eine schwarze Frau und hatte von ihr sogar ein Kind. Seine Mutter Monika ruhte nicht, bis er diese Frau fortgejagt hatte, samt dem Kind. Das Liebesverhältnis hielt die Mutter Monika für eine Sünde. Dieses Über-Ich der Mutter zeigte sich später in den theologischen Schriften Augustins, wo alles Leibliche und Erotische als Sünde betrachtet wird – mit Auswirkungen bis auf den heutigen Tag in den christlichen Kirchen. *Nicht bekämpfen* müssen wir den Eros, sondern ihn in die Biographie einbauen – nicht als Konsumgut missverstehen, sondern als wichtige Lebenskraft in Kunst, Religion und im Alltag leben.

Ein Missverständnis, sagte ich. Das Hohelied wurde in die Bibel aufgenommen, weil man darin ein Gleichnis für das Liebesverhältnis zwischen Gott und seinem Volk oder zwischen Christus und der Kirche sah. Von dem steht natürlich kein Sterbenswörtchen in dem Text. Was soll denn der Christus in folgendem Text:

> „Deine Brüste sind wie Trauben und wie köstlicher Wein.
> Komm, mein Liebster, wir wollen aufs Feld gehen,
> bei Hennasträuchern weilen.
> Dort schenke ich dir meine Liebe."
> (Hhld 7,9,10,12,13, gekürzt nach Z und W. Rudolph)

Dabei waren die beiden ja nicht einmal verheiratet. Wir verdanken es der Aufklärung und der viel beschimpften historisch-kritischen Exegese, dass wir den Text wieder lesen können, wie er gemeint war, als Liebespoesie mit eindrücklichen erotischen Bildern.

Liebe hat mit Achtsamkeit, Hinschauen und Hinhören, mit Berühren und Zärtlichkeit und vor allem mit Verlässlichkeit zu tun. So gewiss ist sie wie der Tod. Schön und gut. Aber was, wenn die Routine die Zuneigung auffrisst? Was dann? Auch Pfarrerleute müssen dann wieder lernen zu beten: Vergib uns unsere Schuld, wie auch wir vergeben unseren Schuldnern.

Für das Brautpaar werde ich später beten. Jetzt wollen wir für die Paare in unserer Kirche beten, die schon lange beisammen sind:

> Manchmal komme ich mir vor wie ein Vogel Strauß,
> ein Vogel, der Flügel hat und doch nicht fliegen kann,
> ein Vogel mit der Erinnerung ans Fliegen.
> Ja, warum bin ich ein Strauß?
> Warum nicht ein Flamingo oder ein Adler oder ein mächtiger Löwe,
> nur so ein Strauß?
> Ich habe mich nicht selber gemacht.
> Du, Gott, hast mich nicht gefragt, ob ich ein Strauß sein wolle,
> noch ob ich überhaupt sein wolle.
> Meine Eltern haben mich auch nicht gefragt.
> Und so bin ich eben, was ich bin: ein Strauß.
> Ich sehe die Vögel um mich.

Sie breiten ihre Flügel aus und fliegen gegen den Wind.
Dann kommt ein großes Sehnen über mich und ich werde wütend.
Ich renne wie verrückt über den Wüstensand,
oder ich stecke den Kopf in den Sand, in die Arbeit, in die Erinnerung,
aber fliegen kann ich nicht.
Ach, mein Gott, könntest Du mir nicht Flügel wachsen lassen?
Oder vielleicht mich lehren:
Auch zu zweit zu laufen ist schön! (nach Gebete 49–50)

Wort der Schrift
Eine glückliche Ehe ist eine größere Wundertat Gottes als die Teilung des Schilfmeeres. (EG, bayerische Ausgabe, 1417)
Nehmet einander an, wie Christus euch angenommen hat, zu Gottes Lob. (Röm 15,7)

Hochzeitsversprechen – Ringwechsel
Sololied: Bridges Over Troubled Waters
Hochzeitssegen und -salbung
Sololied: Put Your Hand in the Hand
Fürbitten
Vater Unser
Segen
Der Segen des Gottes von Sara und Abraham,
der Segen des Sohnes, von Maria geboren,
Der Segen des Heiligen Geistes, der über uns wacht wie eine Mutter über ihre Kinder,
sei mit euch allen. (Ökumenische Versammlung von Vancouver 1983)
Lied: Großer Gott (EG 331, 1–3).

12. Scherben. Liturgisches Spiel zu Lk 7,36–50

Lukas
Ich bin Lukas. Ihr kennt mich ja schon, denn ich habe euch allerhand aus meiner Gemeinde in Sinope am Schwarzen Meer erzählt (Nr. 8, 86–95). Wie nach einer Verfolgung viele der ehemaligen Verfolger, römische Beamte, Offiziere und Polizeikommandanten, aber auch allerhand schwarze Matrosen, sich zu unserer Gemeinde gesellten und getauft werden wollten.

Das hat eine große Aufregung gegeben, denn wir wussten nicht, ob Menschen, die lange Jahre Feinde des Evangeliums gewesen waren, so mir nichts, dir nichts getauft werden sollten.
Insbesondere gab es in der Hafenstadt Sinope auch eine Anzahl von begüterten und bekannten Frauen. Sie waren alleinstehend, gebildet und unabhängig. Man nannte sie „Hetären". Ob all die pikanten Geschichten, die man sich von ihnen erzählte, wirklich wahr sind oder ob sie der Phantasie der Erzähler entsprangen, wer kann das so genau wissen? Auf alle Fälle meldeten sich auch diese Frauen zur Taufe an. Sie waren bereit, mit Wort und Tat, mit ihren Sprachkenntnissen, mit ihrem Kunstsinn und mit ihren finanziellen Mitteln die Gemeinde zu unterstützen. Sie hatten gehört, dass bei den Christen Frauen geachtet waren, und dass sie sogar Gemeindeämter ausüben konnten. Das war zweifellos etwas, das ihnen die Gemeinde sympathisch machte. Auch hatten sie gehört, dass Jesus mit den Frauen unkonventionell umging. Er ehrte sie, er nahm sie ernst, und er beschützte sie. War es da ein Wunder, dass sie zur Gemeinde dieses Jesus von Nazareth gehören wollten?
Aber wir hatten auch eine Anzahl bewährter älterer Gemeindemitglieder, die während der Verfolgungszeit tapfer ausgehalten hatten. Sie waren nicht einverstanden, dass man diese Frauen ohne gründliche Prüfung ihrer Lebensverhältnisse in die Gemeinde aufnahm.

1. Bild
Störenfriede (auffallend angezogen) kommen durch die Kirchentür und drängen sich in die Bänke zwischen die Gottesdienstbesucher. Ihren Anspruch, im Gottesdienst mitfeiern zu wollen, artikulieren sie dabei lautstark. Die Provokation kann verstärkt werden durch protestierende „bewährte Gemeindemitglieder".

Lukas
Ich wurde daher wieder beauftragt herauszufinden, wie denn Jesus und die erste Gemeinde sich in einem solchen Falle verhielten. In einem galiläischen Städtchen fand ich eine alte Frau, die mir eine merkwürdige Geschichte erzählte – ich habe sie später in mein Evangelium aufgenommen. Hier ist sie:

2. Bild
Eine Frau geht von hinten durch die Kirche mit einem großen Gefäß auf dem Kopf. Vorne in der Kirche dreht sie sich langsam um, nimmt das Gefäß von Kopf und zerbricht es. Dazu instrumental EG 400.

Frauenstimme
Ich bin diese Frau. Ich war eine Sünderin und hatte vernommen, dass Jesus im Hause eines Pharisäers zu Tische saß. Als es dunkel wurde, machte ich mich auf den Weg mit einer Alabasterflasche voll wohlriechender Salbe auf dem Kopf, trat von hinten an Jesus heran und zerbrach den Krug. Ich weinte und fing an, seine Füße mit meinen Tränen zu benetzen, und trocknete sie mit den Haaren meines Hauptes, küsste seine Füße und salbte sie mit der Salbe.

3. Bild
Die Frau wäscht einem Mann die Füße. Dann wird die Szene umgekehrt: Der Mann wäscht der Frau die Füße. Musik wie 2. Bild. (Die folgende Szene kann – statt erzählt zu werden – auch als Binnenszene gespielt werden.)

Frauenstimme
Als das der Pharisäer, der Jesus eingeladen hatte, sah, dachte er bei sich: Wenn dieser ein Prophet wäre, so wüsste er, wer und was für eine Frau das ist, die ihn anrührt, denn sie ist eine Sünderin. Da wandte sich Jesus zu ihm und sagte: „Simon, ich habe dir etwas zu sagen."
Er antwortete: „Meister, sprich!"
Und Jesus erzählte: „Ein Gläubiger hatte zwei Schuldner. Einer war 500 Silbergroschen schuldig, der andere 60. Da sie es nicht bezahlen konnten, schenkte er's beiden. Wer von beiden wird ihn nun am meisten lieben?"
Simon antwortete: „Ich denke der, dem er am meisten geschenkt hat."
Er aber sagte zu ihm: „Du hast richtig entschieden." Und er wandte sich zu mir und sagte zu Simon: „Siehst du diese Frau? Ich bin in dein Haus gekommen; du hast mir kein Wasser für meine Füße gegeben, diese aber hat meine Füße mit Tränen benetzt und mit ihren Haaren getrocknet. Du hast mir keinen Kuss gegeben; diese aber hat, seitdem ich hergekommen bin, nicht aufgehört, meine Füße zu küssen. Du hast mein Haupt nicht mit Öl gesalbt; sie aber hat meine Füße mit Salböl gesalbt. Deswegen sage ich dir: Ihre vielen Sünden sind vergeben; denn sie hat viel Liebe erwiesen. Wem aber wenig vergeben wird, der liebt wenig." Und er sprach zu mir: „Dir sind deine Sünden vergeben."
Da dachten alle, die mit bei Tische saßen, bei sich: Wer ist dieser, der sogar die Sünden vergibt? Er aber sagte zu mir: „Dein Glaube hat dir geholfen. Geh hin mit Frieden."

4. Bild

Die Frau geht wieder zur Kirchentür. Dazu Gemeindelied EG 400,1.2.6.

Lukas

Das ist die Geschichte, die ich gefunden habe. Es ist nicht nur die Geschichte einer Frau aus Galiläa, es ist auch unsere Geschichte. Wer ist nicht unter uns, dessen Krug, dessen Leben einen Riss bekommen hat, oder gar zerbrochen ist? Wer ist nicht unter uns, dessen Herz manchmal zum Brechen voll ist? Gerade die, deren Leben Risse hat, gerade die, deren Herz am Zerbrechen ist, kann Gott brauchen.

5. Bild

Mit einem Tanz werden die Scherben vom Boden aufgehoben und auf den Abendmahlstisch gelegt. Dazu Chor, Gemeinde und Instrumente, EG 398.

Lukas

Die Zeichen, die Gott uns dafür gegeben hat, sind (*zeigen*)

- Predigt und Gebet
- das Abendmahl
- die Taufe
- die Handauflegung bei der Segnung
- die Salbung mit Öl

Chor, Instrumente, Sopransolo: EG 398, 1–2; Sopransolo EG 400.
Direkt anschließend Abendmahls- und Salbungsliturgie.
Abschluss des Gottesdienstes: fünfstimmiger Segenskanon.

13. Hiob im Kreuzfeuer der Religionen (Mysterienspiel)

Troubadour

Ich bin ein Geschichtenerzähler aus Arabien. Ich erzähle euch die Geschichte von Hiob.
Hiob war ein frommer, gottesfürchtiger Mann, der war allem Bösen Feind. Er wohnte im Lande Uz in Arabien. Er hatte sieben Söhne und drei Töchter. Seine Habe stieg auf siebentausend Schafe und dreitausend Kamele, fünfhundert Rinder und fünfhundert Eselinnen, dazu ein sehr großes Gesinde. Er war der mächtigste Mann Arabiens.
Heute erzähle ich die Geschichte zum 1002. Mal, und sie wird jedes Mal anders. Ich habe auch Musikanten und Tänzer mitgebracht, denn ich kann

gar nicht alles in Worten allein erzählen. Sie werden mir dabei helfen, wenn Sie die Lieder mitsingen, die auf Ihrem Liedblatt stehen. Es ist eine uralte Geschichte, die von vielen Generationen von Arabern und Heiden, Christen und Juden erzählt wurde. Dass von Hiob gesagt wird, er habe im Lande Uz in Arabien gewohnt, zeigt uns, dass es sich um eine Geschichte handelt, die im ganzen Mittleren Osten erzählt wird.
Hiob hatte Freunde – und was für Freunde. Sie behaupteten, dem Hiob gehe es schlecht, weil er sich versündigt habe, weil er eine falsche Moral, eine falsche Politik oder eine falsche Lehre vertrete. Alle Religionen wollen Gott verteidigen oder ihn wenigstens erklären.
Der Gott Hiobs aber ist nicht erklärbar. Ein Gott, den wir erklären könnten, wäre nicht der Gott Hiobs. Seine Güte und Liebe, aber auch seine Plagen und Prüfungen sind nicht erklärbar. Darum beginnen wir das Spiel mit dem Satan, der eine Wette mit Gott eingegangen ist.

Bewegungsbild 1: Der Einzug Satans
Der Satan trägt eine Glaskugel, gefüllt mit großen Spielwürfeln. Er gibt die Kugel in die hinterste Reihe der Zuschauer, so dass die Zuschauerinnen damit spielen können. In der ersten Reihe angekommen, übernimmt Satan die Kugel wieder (festliche Musik) und bringt sie auf die Bühne.

Satan
Ich bin Gottlieb Theophil Satan, Unterstabssekretär Gottes. Ich habe mit Gott gewürfelt, gespielt, gewettet. Wie geht wohl das Spiel aus? Na ja, und Sie haben auch mitgespielt. Und niemand weiß, wie das Spiel ausgeht.

Hiobs Frau
Ich bin Hiobs Frau. Unsere Söhne hielten von Zeit zu Zeit ein Festmahl im Hause eines jeden, und sie luden auch ihre drei Schwestern ein, mit ihnen zu essen und zu trinken. Wenn dann die Tage des Mahles um waren, weihte mein Mann unsere Kinder in der Fürbitte. Früh am Morgen opferte er Brandopfer nach der Zahl unserer Kinder. Denn er dachte: Vielleicht haben unsere Söhne und unsere Töchter sich versündigt und Gott geflucht in ihrem Herzen. So tat er allezeit. Eines Tages, als unsere Söhne und Töchter aßen und tranken im Hause des erstgeborenen Bruders, da kommen drei Boten zu Hiob.

1. Bote (Paukenschlag oder Trompetenstoß)
Die Rinder waren am Pflügen, und die Eselinnen weideten daneben, da ist ein Gewitter über sie hereingebrochen. Der Blitz hat eingeschlagen und

Schafe und Rinder, Knechte und Mägde, Häuser und allen Besitz verbrannt. Und ich bin ganz allein entflohen, es dir zu melden.

Lied: Kyrie eleison

2. Bote (Paukenschlag oder Trompetenstoß)
Da lies, Hiob, lies den Finanzbericht! Die Inflation hat deine Sparguthaben aufgezehrt, deine Pensionskasse ist zusammengekracht. Dollar und Mark sind in den Keller gefallen. All dein Vermögen ist dahin. Du bist zum Bettler geworden. Ich bin der einzige, der es wagt, dir die Wahrheit zu sagen.

Lied: Kyrie eleison

3. Bote (Paukenschlag oder Trompetenstoß)
Deine Söhne und Töchter waren am Essen und Trinken im Hause ihres erstgeborenen Bruders. Siehe, da kommt die Drogenmafia und verführt sie zum Drogenkonsum. Sie finanzieren die Drogen durch Raub und Diebstahl. Sie dämmern dahin und verrecken elendiglich. Ihre Augen sind starr und ihre Glieder welk. Und ich bin allein übriggeblieben, es dir zu melden.

Lied: Kyrie eleison

Troubadour
Hören Sie nun, was Hiob dazu sagte. Ich singe Ihnen die Worte, wie ich sie im Gedächtnis habe
(Solo):
Nackt bin ich aus dem Bauch meiner Mutter gekommen,
nackt werde ich wieder dahinein gelegt.
Nackt bin ich.
Der Herr hat's gegeben, der Herr hat's genommen.
Der Name des Herrn sei gelobt.

Hiobs Frau
Da schlug der Satan Hiob mit bösem Geschwür von der Fußsohle bis zum Scheitel. Und Hiob nahm sich eine Scherbe, sich damit zu kratzen, während er mitten in der Asche saß. Ich sagte zu ihm: Hiob, was hältst du noch immer fest an Gottes Treue? Gib auf und stirb.

Hiob
Wie eine Törin sprichst du.
(Solo)
Das Gute empfangen wir von Gott.
Und sollten wir das Böse nicht auch annehmen?

Troubadour
Es besuchten ihn aber auch seine Freunde. Sie kamen, um Hiob zu trösten. Als sie nun ihre Augen von ferne erhoben, erkannten sie ihn nicht wieder. Und sie hoben laut zu weinen an und zerrissen ein jeder sein Gewand und streuten Staub gen Himmel auf ihre Häupter. Und sie setzten sich zu ihm auf die Erde sieben Tage und sieben Nächte lang, ohne dass einer ein Wort redete. Denn sie sahen, dass der Schmerz Hiobs sehr groß war.

Bewegungsbild 2: Tanz der Stille

Hiob (Solo)
Vernichtet sei der Tag und die Nacht,
da ich geboren ward. Nun werde Nacht.
Seufzen ist mein täglich Brot.
Es strömen gleich Wasser meine Klagen.
Vernichtet sei der Tag, da ich geboren ward
und die Nacht, die sprach: Empfangen ist ein Knabe.
Jener Tag – er werde Finsternis,
und nicht erglänze über ihm ein Lichtstrahl.
Warum starb ich nicht bei meiner Geburt,
Verschied nicht, als ich aus dem Mutterschoße kam?
Warum nahmen mich Knie entgegen,
und wozu Brüste, dass ich sog?
So läge ich nun und wäre stille
und schliefe, da hätte ich Ruhe.
Warum gibt Gott dem Elenden Licht
und Leben den Seelenbetrübten –
die des Todes harren,
und er kommt nicht,
und die nach ihm mehr als nach Schätzen graben?
Seufzen ist mein täglich Brot,
es strömen gleich Wasser meine Klagen.

Troubadour
Da kam der erste Freund, ein Muslim, und wollte ihn trösten.

1. Freund (mit Halbmond, den er aufhängt)
Du hast ja sonst viele gemahnt, und schlaffe Hände hast du gestärkt. Den Strauchelnden richteten deine Worte auf, und brechenden Knien gabst du Kraft. Nun, da es an dich kommt, bist du verzagt, weil es dich betrifft, bist du bestürzt. Ist wohl ein Mensch gerecht vor Gott, vor seinem Schöpfer rein ein Mann?

Hiob
Du bist ein trügerischer Bach und ein unzuverlässiges Rinnsal. Habe ich dich denn je gebeten: Gib mir dein Vermögen? Nacht bohrt sich in mein Gebein. Gott hat mich in den Kot geworfen. Wie Staub und Asche bin ich geworden. Ich habe zu Gott geschrieen, doch er hört nicht, bleibt stumm.

Bewegungsbild 3: Gott bleibt stumm

Lied
Wenn ein Gott ist, höre, Gott!
Höre mich, ich will dir klagen.
Siehst du nicht, wie wir verzagen
vor dem Elend, vor dem Tod?
Höre, Gott, die Zeit verrinnt,
meine Jahr, mein Tag vergehen,
meine Kraft, mein Mut vergehen
wie ein dünner Rauch im Wald. (Jörg Zink)

1. Freund
Weißt du, Hiob, was dir fehlt? Ich würde an Allah mich wenden und meine Sache vor Allah bringen, der große Dinge tut, unergründlich, wunderbar und ohne Zahl. Er tut weh und er verbindet. Er schlägt Wunden, doch seine Hand heilt.
Aber den Gottlosen straft er. Es gibt keinen Gott außer Allah. Ungläubig sind die, die sprechen: Siehe, Allah ist ein dritter von dreien. Du hast wohl deine Brüder grundlos gepfändet und die Entblößten ihrer Kleidung beraubt. Darum bist du von Schlingen umgeben und ängstigt dich plötzlicher Schrecken.
Wenn du nicht-koscheres Fleisch meidest und dem Alkohol nicht frönst, wenn du Almosen gibst und nach Mekka wallfahrtest, wenn du keine Zinsen verlangst für deine Kredite, wenn du auf die Sharia achtest und das Unrecht fernhältst von deinem Hause, ja, dann wirst du dich an Allah erfreuen. Du wirst ihn bitten, und er wird dich erhören.

Troubadour
Da kam der zweite Freund, ein Christ, und wollte ihn trösten.

2. Freund (mit Kreuz, montiert das Kreuz)
Hiob, wie lange willst du solches reden?

Hiob
Ich kann nicht glauben, dass Gott mich hört, der im Sturmwind nach mir hascht und mir ohne Grund viele Wunden schlägt, der mich nicht Atem schöpfen lässt, sondern mich sättigt mit bitterem Leide.
Schuldlose wie Schuldige vernichtet er! Er lacht der Verzweiflung der Unschuldigen.
Wenn ich mich wüsche mit Schnee und mit Lauge reinigte meine Hände, so würde Gott mich in Unrat tauchen, dass meine Kleider vor mir einen Abscheu hätten.
Meiner Seele ekelt ob meines Lebens. Ein Bruder der Schakale bin ich geworden. Meine Haut fällt schwarz von mir, und mein Gebein ist verdorrt vor Hitze. Zum Trauerlied ward mir die Laute, zu lautem Weinen die Schalmei.

Bewegungsbild 4: „Ich schreie Gewalt“

Hiob
Ich bekomme keine Antwort. Ich rufe um Hilfe und finde kein Recht. Meiner Ehre hat mich Gott entkleidet und die Krone mir vom Haupt genommen. Meine Brüder haben sich von mir getan, und fremd sind mir geworden meine Bekannten. Meine Verwandten kennen mich nicht mehr, vergessen haben mich meine Geschäftsfreunde. Meine Sekretärinnen halten mich für einen Fremdling. Mein Atem ward zuwider meiner eigenen Frau und mein Geruch den Kindern meines Leibes. Mich verabscheuen alle meine Vertrauten, und die ich lieb hatte, kehren sich wider mich.

Solo

Refrain: Zum Trauerlied ward mir die Laute,
zu lautem Weinen die Schalmei.
So klagte ich mein Leid und schaute
auf die zerrissene Welt und Zeit.

Strophen: Mein Herz schlägt die Trommel der Trauer.
Die Trauer umhüllt unsre Welt.
Wer hört sie? Wer hört sie? Wer hört?

Meine Seele singt Lieder der Ohnmacht.
Die Ohnmacht sucht Würde und Kraft.
Wer heilt sie? Wer heilt sie? Wer heilt?

Die Jahre, sie formen Gesichter,
Gesichter im Bilde von Gott.
Wer schützt sie? Wer schützt sie? Wer schützt?
(Text und Musik H.J. Hufeisen)

Hiob
Gott, deine Hände haben mich kunstvoll gemacht und gebildet. Danach aber hast du dich abgewandt und mich vernichtet. Ich rufe: Erkennet doch, dass Gott mein Recht gebeugt und mich mit seinem Netz umfangen hat! Ich schreie: Gewalt!

Lied
Fremd ist der mir, der ich bin.
Niemand kann ein Ziel mir zeigen.
Nichts dringt her aus deinem Schweigen.
Unbeweglich bleibt der Sinn.
Warum so viel Not und Leid?
Wozu so viel Streit und Hassen?
Warum hast du uns verlassen
hier in Angst und Dunkelheit? (Jörg Zink)

2. Freund
Ja, Hiob, wie lange willst du solches reden? Du sollst Gott suchen und zu dem Allmächtigen flehen. Wenn du rein bist und fromm, so wacht er über dir und stellt neu her die Wohnstatt deiner Gerechtigkeit. Gott verwirft den Frommen nicht und beschützt nicht die Missetäter. Wenn du Buße tust und deine Sünden bekennst, wenn du dich auf Gottes Gnade verlässest, wenn du erkennst, dass Jesus sein Sohn ist, ja, dann wird dir vergeben werden. Denn Gott demütigt den Übermütigen, doch wer die Augen niederschlägt, dem hilft er. Dich verdammt dein eigner Mund, nicht ich. Mach ein Ende dem Geschwätz.

Troubadour
Da kam der 3. Freund, ein Finanz- und Lebensberater, und wollte Hiob trösten.

3. Freund (im Straßenanzug mit Dollarzeichen, das er aufhängt)
Ach Hiob, wie kann man nur so reden? Mit Gott hat dein Elend nichts zu tun. Gegen Gewitter und Blitzschlag schützen wir uns mit einer Unwetterversicherung (hier habe ich einen Vertrag, den ich dir sehr empfehle); gegen Inflation mit einer guten Geldpolitik der Bundesbank (ich empfehle dir unsere Anti-Inflationspartei); gegen marode Pensionskassen, indem man sich von einem tüchtigen Finanzexperten beraten lässt (ich wüsste dir einen); und gegen die Drogenmafia mit einer griffigen Drogenpolitik (auch darin ist unsere Partei vorbildlich).
Ich verstehe Dich sehr wohl, Hiob. Gebete braucht der Mensch zu seiner Selbstverwirklichung, zu seinem inneren Gleichgewicht. Aber – sie verändern nichts. Nicht Gespräche mit Gott brauchen wir, sondern eine vernünftige Versicherungs-, Finanz- und Antidrogenpolitik, eine umfassende, dynamische, super-heavy-mega Öko- und Sozialpolitik. Voilà.
Was sagst du darauf?

Antwort Hiobs
(nur instrumental mit dem Motiv „Ich weiß, dass mein Erlöser lebet" aus dem Messias von Händel)

Hiob
Versicherungen? Finanzpolitik? Drogenpolitik? Politik? Politik? Ich weiß, mein Anwalt lebt, und ein Fürsprech ersteht mir über dem Staube. Selbst wenn die Haut an mir zerschlagen ist, werde ich Gott schauen, ja, ich werde ihn schauen.

3. Freund
Hiob hört es, aber Hiob lernt nichts. Er vertraut seinem Gott weiter.

Hiob
Solange noch mein Odem in mir ist und Gottes Hauch in meiner Nase, wird kein Unrecht von meinen Lippen kommen. Und meine Zunge wird nicht Trug reden. An meiner Gerechtigkeit halte ich fest und lasse sie nicht.

Lied: Wenn ein Gott ist, höre, Gott! *(wie oben, 115)*

Troubadour
Da kam der vierte Freund, ein Hindu, und wollte Hiob trösten.

4. Freund (mit Lotus, montiert den Lotus)
Soll man dem Worthelden antworten, und soll der Schwätzer Recht behal-

ten? Kannst du die Tiefen Gottes ergründen? Auch ein Hohlkopf kann noch Verstand annehmen und ein junger Wildesel noch zum Menschen werden. Wenn du dein Karma reinigst und den Weg der Tugend gehst, dann geht dir das Leben heller auf als der Mittag. Die Finsternis wird wie ein Morgen sein.
Aber den Gottlosen befällt die Not in der Fülle seines Überflusses. Die ganze Wucht des Elends kommt über ihn. Es enthüllt sich seine Schuld aus früheren Geburten. Die karmischen Kräfte machen sich breit und müssen gereinigt werden von früherer Ruchlosigkeit.

Hiob
Ihr seid mir leidige Tröster und windige Buben, die meinen, alle Weisheit mit Löffeln gefressen zu haben. Pfuschärzte seid ihr. Wenn ihr schwieget, so würde euch das für Weisheit angerechnet. Mit Gott allein will ich reden, nicht mit euch. Hier meine Unterschrift, der Allmächtige gebe mir Antwort.

Bewegungsbild 5: „Ich frage nicht euch"
Hiob wirft die Symbole der Religionen auf den Boden

Troubadour
Da antwortete der Herr dem Hiob aus dem Wetter und sprach: Wer ist's, der da verdunkelt den Ratschluss mit Reden ohne Einsicht? Und Hiob antwortete:

Solo:
Mein Gott, ich klage dir meinen Zustand.
Ich rede von dir und fühle mich dennoch verlassen.
Ich möchte dir vertrauen und ängste mich dennoch.
Ich rede zu dir und weiß doch nicht, ob du mich hörst.
Ich möchte deinen Willen erfüllen und weiß doch nicht, was ich tun soll.
Ich weiß, dass du mich führst, und sehe dennoch keinen Weg.
Ich weiß, dass mein Geschick von dir kommt, und kann es nicht annehmen.
Ich weiß, dass du mir Licht zugedacht hast,
und versinke dennoch in meinen dunklen Gedanken.
Ich weiß, dass du mir Freiheit bestimmt hast,
und fühle mich dennoch wie gefangen.
Ich weiß, dass dein Zeitplan anders ist als der meine,
und habe dennoch keine Geduld.
Es ist leer in mir.

Ich wiederhole die Worte, die ich früher einmal verstanden habe.
Ich weiß, dass du mich nicht verlassen wirst.
Nein, mein Gott, ich weiß es nicht, ich glaube es. (Jörg Zink)

Troubadour
Und Gott antwortete den Freunden Hiobs: Mein Zorn ist entbrannt wider euch, denn ihr habt nicht recht von mir geredet, wie mein Knecht Hiob. Und nun bittet meinen Knecht Hiob, dass er für euch Fürbitte tue, nur *seine* Fürbitte werde ich annehmen, dass ich euch nicht etwas Schlimmes antue, weil ihr nicht recht von mir geredet habt, wie mein Knecht Hiob. Und Hiob betete für seine Freunde:

Bewegungsbild 6: Das Gebet

Hiobs Frau (zur Gemeinde)
Helft uns, wir wollen glauben. Helft uns beten.

Gemeinde und Hiobs Frau: Unser Vater (ohne Schlussdoxologie)

Troubadour
Und der Herr nahm die Fürbitte Hiobs an. Auch wandte der Herr Hiobs Geschick, als er für seine Freunde bat, und gab Hiob doppelt so viel, als er gehabt hatte (*kommentiert Fest bei Hiob*). Da kamen zu ihm alle seine Brüder und Schwestern und alle seine alten Geschäftsfreunde, und sie aßen mit ihm in seinem Hause und zeigten ihm ihr Beileid und trösteten ihn wegen all des Unglücks, das der Herr über ihn hatte kommen lassen. Und sie brachten ihm ein jeder ein Geschenk.

Hiobs Frau
Und ich gebar ihm sieben Söhne und drei Töchter. Die erste hieß er Jemina (das heißt Täubchen), die zweite Kezia (das heißt Parfum oder Wohlgeruch) und die dritte Kerenhappuch (das heißt Schminkbüchschen). Und man fand im ganzen Lande keine Frauen so schön wie Hiobs Töchter, und Hiob gab ihnen ein Erbteil unter ihren Brüdern.

Bewegungsbild 7: Tanz der drei Töchter Hiobs

Hiobs Frau
Als Hiob hundert Jahre alt war, sagte er zu mir:

Hiob
Es tut mir leid, dass ich dich eine Törin nannte, als ich in der Asche saß und mich mit einer Scherbe kratzte. Es war zu viel. Es war nicht richtig, dass ich zornig wurde und dich eine „Törin" schalt. Aber es war richtig, dass ich sagte:

Solo:
Das Gute empfangen wir von Gott.
Und sollten wir das Böse nicht auch annehmen?
Es ist richtig, bei Gott zu bleiben in *seinen* Leiden.

Bewegungsbild 8: Die Verwandlung
(Alle singen zur Walzermusik „Wach auf, mein Herz, und singe." Hiob tanzt) (EG 446, 1.2.4.)
(Musik und Tanz werden abrupt unterbrochen durch gewaltiges Orgelspiel. Alles bleibt still. Hinten steht der Satan. Er kommt provozierend frech lachend auf die Bühne.)

Satan (genießt den Überraschungseffekt)
Na ja, bin immer noch da. Wenn Sie meinen, man könne den Satan mit ein paar Tänzlein, Gebetlein und Liedlein abservieren, dann täuschen Sie sich. Bis jetzt haben Sie die Geschichte Hiobs erlebt, wie sie sich „von unten" darstellt. Aber diese Geschichte hat noch eine andere Seite, sozusagen eine jenseitige. Ich öffne nun den Vorhang vor dieser anderen Dimension. Bin schließlich Spezialist für Metaphysica.
(Von hinten marschieren Erzengel, Engel und kleine Engel zu „Großer Gott, wir loben dich" ein. Der Satan versucht – etwas linkisch –, auch mitzumachen bei diesem Einzug. Sie versammeln sich mit Fackeln um den Thron Gottes.)

Gott
Herr Gottlieb Satan, wo kommst du her?

Satan
Gestatten, Mr. Gott, ich bin auf der Erde umhergeschweift, hin und her und her und hin.

Gott
Hast du achtgehabt auf meinen Knecht Hiob, dass seinesgleichen keiner ist auf Erden, ein Mann so fromm, so gottesfürchtig und dem Bösen Feind?

Noch hält er fest an seiner Treue zu mir. Du hast mich gereizt, eine Wette gegen ihn abzuschließen – und hast verloren.

Satan (lächelt)
Kunststück. Kunststück, mein Herr Gott. Gestatten, dass ich darauf hinweise, dass dieser Hiob nicht umsonst gottesfürchtig ist. Du selbst hast ihn gesegnet, sein Vermögen vermehrt, seine Familie glücklich gemacht. Aber wetten, wenn du ihn einmal so richtig schön krank machst, dass er dir ins Gesicht flucht?

Gott
Ich nehme die Wette an. Nur seines Lebens musst du schonen.
(Satan tritt aus dem Bild heraus)

Satan
Sie kennen das Resultat. Hiob wurde mit bösem Geschwür von der Fußsohle bis zum Scheitel geschlagen. Und er nahm sich eine Scherbe, sich damit zu kratzen, während er mitten in der Asche saß. Doch das muss ich ja nicht weiter erzählen. Sie wissen, dass ich gewettet und – leider – verloren habe. Doch warum Mr. Gott sich auf die Wette mit mir eingelassen hat, warum er mich zu seinem Kanzleramtsminister machte und mir Zutritt zu seinem Thron gab, das wissen weder die Freunde Hiobs, noch Hiob selber, noch die Cherubime und Seraphime. Ich weiß es eigentlich auch nicht. Man muss wissen, was man nicht wissen kann.
(Satan leert die Kugel mit den Würfeln aus)
Mit dieser Kugel wird nicht mehr gewürfelt werden (*zorniger Abgang*).

Troubadour
Vielleicht werden Sie sich auf dem Heimweg die 1003. Version unserer Geschichte erzählen.

Missionstag

Mission als Export UNSERES Christentums ist vorbei

Das folgende Spiel wurde beim Kirchentag in Stuttgart (1999) uraufgeführt. Dort redete die Jochebed, die Mutter des Moses, schwäbisch (es könnte auch ein anderer Dialekt sein). Damit wurde die soziale Stellung dieser Frau in der damaligen Gesellschaft signalisiert, umso mehr, als dieselbe Darstellerin, die Mitautorin Estella Korthaus, auch die Prinzessin Batyah spielte. Nicht nur durch die unterschiedlichen Spielorte (Kirchenschiff contra Kanzel) und die Kleidung, sondern auch durch die Sprache werden diese Frauen in ihrer Unterschiedlichkeit erkennbar.
Was hat dieses Spiel der Rettung des Moses durch eine heidnische Prinzessin mit dem Missionstag zu tun? Als Mission verstehen wir immer noch den Transfer westlichen Christentums in die Dritte Welt, wenn auch den Drittweltkirchen ihre eigene Kleidung und ihre eigene Musik zugestanden werden – nicht aber ihre eigene Theologie und ihre eigenen Glaubensbekenntnisse. Wenn *sie* Vorstellungen, Riten, Ahnen und Zeremonien ihrer vorchristlichen Religionen für das Evangelium durchlässig machen, so nennen wir das Synkretismus. Wenn wir aber genau das Gleiche mit *unseren* europäischen vor- und nichtchristlichen Elementen tun, so heißt das Theologie. Wir gehen davon aus, dass Synkretismus das ist, was die schamanistischen Kirchen Koreas, die zionistischen Kirchen Südafrikas (immerhin die Mehrheit der schwarzen Christen in Südafrika) und andere Drittweltkirchen tun. *Wir* aber betreiben selbstverständlich Theologie, weswegen wir *unseren* Synkretismus den Drittweltkirchen beizubringen haben. Dazu kommt, dass diese autonomen Kirchen in einer Generation fast die Hälfte aller Christen ausmachen werden (siehe Nr. 16: „Welche Kirche wollen wir?" 155–159).
Mit anderen Worten: Die Zeit der Mission als Export *unseres* Christentums ist vorbei. Wenn wir aber zu Recht Mission als Kampf gegen die soziale Ungerechtigkeit verstehen, dann sind die Missionsfelder nicht Tansania oder Nigeria, sondern Basel, Frankfurt, London und New York. Wenn schließlich Mission als „Unterricht in Theologie" verstanden wird, müssen wir zuerst unsere Hausaufgaben machen, unseren eigenen Synkretismus erkennen und an der Unterscheidung zwischen einem theologisch verantwortlichen und einem theologisch unverantwortlichen Synkretismus arbeiten. Dazu geben uns unsere westlichen Glaubensbekenntnisse nur bedingt

Anleitung, wohl aber ein vertieftes Studium der biblischen Texte (ausführlich in Hollenweger, „Mut zur Mission“).

14. Für das Leben lügen. Die Sage von der Errettung des Moses (szenisch-musikalische Exegese zu Ex 1–2)

Personen

Der Priester	etwa 500 v.Chr. im babylonischen Exil, Verfasser von Ex 1–2 und der Schöpfungsgeschichte. Sein Name ist unbekannt.
Jochebed	Mutter des Moses. Ob Jochebed ihr wirklicher Name ist, können wir nicht wissen.
Batayah	eine ägyptische Prinzessin und Erzieherin des Moses. Im biblischen Bericht hat diese Prinzessin keinen Namen.

Instrumentalisten, Solisten und Chor. Die mitsingende Gemeinde bekommt ein Liedblatt.

Nr. 1: Chor
An den Wassern Babylons sitzen wir und weinen, wenn wir an Zion denken. An die Weiden hängen wir unsere Harfen.

Eine Stimme aus dem Chor:
Unsere Peiniger haben uns befohlen:

Eine Stimme (nicht aus dem Chor, aber z.B. aus dem Orchester):
He, singt uns eines eurer Zionslieder!

Zweite Stimme: O ja, singt uns ein Liedlein von Zion!

Nr. 2: Chor
Wie sollen wir singen, wenn wir fremdes Brot essen? Wie sollen wir auf fremder Erde fröhlich sein?

Priester
So tönte es am Bache Kebar in Babylonien, wo wir als Gefangene weilten. Zwar hatten wir einige Fetzen unserer Bücher nach Babylon gerettet. Aber der Tempel in Jerusalem war schon lange zerstört, die Oberschicht nach Babylon weggeführt. Viele Juden nahmen die babylonische Religion und Kultur an, denn diese hatte sich als überlegen erwiesen. Nur einige wenige

hielten stur an ihrer Religion und Kultur fest und machten sich dabei lächerlich bei der Jugend, weil es ihnen nicht gelang, die israelitische Religion überzeugend darzustellen.
Ich selber stamme aus einer Priesterfamilie. Ich versuche, das Hebräische vor dem Untergang zu retten und die Religion Jahwes – auch ohne Tempel – weiter zu erzählen. Aber mit wenig Erfolg. Schon fast 70 Jahre bin ich nun hier. Als kleiner Junge kam ich nach Babylon. In all der Zeit habe ich die Hoffnung nicht aufgegeben, dass unser Gott uns aus der babylonischen Gefangenschaft befreien und wieder nach Jerusalem zurückführen wird. Aber selbst meine eigenen Kinder lächeln nur milde über die Illusionen ihres alten Vaters.
In meiner Hoffnung hat mich die Geschichte von der Befreiung der Juden aus der ägyptischen Gefangenschaft bestärkt. Zwar wissen wir wenig Konkretes über diese Befreiung. Es ist ja schon über 700 Jahre her. Zudem wird die Sage auf verschiedene Weise erzählt. Ich habe mehrere Varianten gesammelt und versucht, ihnen einen logischen Ablauf zu geben. Hier mein Text:
„… Die Nachkommen Israels in Ägypten waren fruchtbar, so wimmelte es von ihnen. Zahlreich wurden sie und stark – mehr und mehr … Da erhob sich ein neuer König über Ägypten … Er sprach zu seinem Volk: ‚Seht, das Volk Israel ist uns zu zahlreich und zu stark. Auf, wir wollen klug dagegen vorgehen, sonst wird es noch zahlreicher. Wenn wir von außen angegriffen würden, so könnten sich die Fremden in unserem Lande mit den Feinden von außen verbinden und Krieg gegen uns führen.‘ Die Ägypter setzten Fronaufseher über das Volk Israel, um es mit ihren Lasten niederzudrücken, und es baute für Pharao die Vorratsstädte Pitem und Ramses. Doch wie sie es niederdrückten, so mehrte es sich, so durchbrach's die Dämme, und es graute den Ägyptern vor den Nachkommen Israels …
Da sprach der König von Ägypten zu den Hebammen der Hebräerinnen, der Name der einen war Schifra, der Name der anderen Pua, er sprach: ‚Wenn ihr den Hebräerinnen gebären helft, dann seht, ist es ein Sohn, tötet ihn, ist es eine Tochter, mag sie leben.‘ Doch die Hebammen fürchteten die Gottheit und taten nicht, wie der König von Ägypten zu ihnen geredet hatte. Sie ließen die Neugeborenen leben. Da befahl der König von Ägypten die Hebammen zu sich und sprach zu ihnen: ‚Warum habt ihr das getan und lasst die Neugeborenen leben?‘ Die Hebammen aber antworteten Pharao: ‚Ja – nicht wie die ägyptischen Frauen sind die Hebräerinnen, die sind ja so lebendig, ehe die Hebamme kommt, haben sie schon geboren.‘ Da ließ Gott es den Hebammen gut gehen, und das Volk vermehrte sich, und es wurde stark … Doch Pharao gebot dem ganzen Volk: ‚Jeder Sohn, der geboren wird, den werft in den Nil, jede Tochter aber lasst leben.‘

Ein Mann aus dem Stamme Levi ging und nahm sich eine Tochter aus demselben Stamme zur Frau. Die Frau wurde schwanger und gebar einen Sohn. Und sie sah ihn, ja er war gut. Sie versteckte ihn drei Monate lang. Und als sie ihn nicht länger verstecken konnte, nahm sie für ihn einen Kasten aus Papyrus, verlehmte ihn mit Lehm und Pech, legte das Neugeborene hinein und legte ihn ins Schilf am Ufer des Nils. Seine Schwester Mirjam aber stellte sich in einer Entfernung hin, um zu erfahren, was mit ihm geschehen werde. Und es kam die Tochter Pharaos herunter, um am Nil zu baden, während die Dienerinnen am Ufer des Nils hin und her gingen. Da sah sie den Kasten mitten im Schilf, streckte ihren Arm aus und nahm ihn. Dann öffnete sie ihn und sah es, das Neugeborene – ein weinender Junge. Sie empfand Mitleid mit ihm und sprach: ‚Eines von den Neugeborenen der Hebräer!‘ Da sprach seine Schwester zur Tochter Pharaos: ‚Soll ich gehen und für dich eine stillende Frau von den Hebräerinnen rufen, damit sie für dich das Neugeborene stille?‘ Die Tochter Pharaos sprach zu ihr: ‚Geh!‘ Und das Mädchen ging und rief die Mutter des Neugeborenen. Die Tochter Pharaos sprach zu ihr: ‚Nimm dieses Neugeborene und stille es für mich, ich selbst will dir einen Lohn geben.‘ Und die Frau nahm das Neugeborene und stillte es. Und das Neugeborene wurde groß. Sie brachten den Jungen zur Tochter Pharaos, und er wurde ihr zum Sohn. Sie nannte seinen Namen Moses …“ (gekürzt aus der Übersetzung von Ulrike Bail, in: Exegetische Skizzen. Einführung in die Texte der Bibelarbeiten und Gottesdienste, hg. v. 28. Deutschen Evangelischen Kirchentag Stuttgart 1999, 29–30).
So weit die Geschichte, die ich aufgeschrieben habe. Wie würde wohl Jochebed, die Mutter des Moses, diese Geschichte erzählen?

Nr. 4: Go Down Moses (instrumental)
(*Auftritt der Jochebed*)
Ob i hier verschtande werd? I glaub scho (*geht auf einen männlichen Zuschauer zu*). Gell, Levi, des hettemer net denkt, wo mir zwoi uns zammedo han, dass mer so e großes Leid erfahret. Net bloß, dass mer schaffe müsse bis zum Omfalle, au unsere Bube sen in äußerschter Gefahr (*schaut auf ihren Korb*).
I woiss net, was ich mache soll. Aus lauter Verzweiflung han i mei Papyruskörble gnomme, han d'Woll und des andere Glomp nausgschmisse und han Lehm drum gmacht ond Pech. I müss doch mei Bub rette, mei Kendle, mei zwoits Kendle. Des erschte isch jo e Mädle, Gott sei Dank. Aber wenn die Wache vom Pharao mei Bub entdecket, dann isch älles aus. Die werde'n genauso heemache wie älle andere neugeborene Bube aus onserm

Volk au. Auf diese Weise will er uns ausrotte, dieser Pharao, dieses Monschter, dieser bittere Mensch.
Bis etzt han i mei Büble versteckt, drei Monat lang. Grad passt er no nei ins Käschtle. Aber bald nemme. Wenn i'n raushol und er fängt an zu schreie, müsst i'n hergebe. Noi, des bring i net fertig. (*Pause, schreit:*) Lieber setz i'n auf de Nil naus und vertrau des Käschtle meim Gott a …
Ha, das isch vielleicht der rettende Gedanke. Aber mer sollt halt a bissle nachhelfe könne, dass es net sogleich dem Ontergang geweiht isch (*schaut sich um*).
Mirjam, Mirjam, Töchterle, wo bisch denn? Du magsch doch dei Brüderle, das herzige Bobbele.
Ha, da hintenom sitzt se und schwätzt nix. Freili, bisch au traurig. Soll i des Käschtle no emal aufmache? Noi, das bring i net fertig. Ond dir bricht des Herz (*spricht ein Mädchen an im Publikum*).
Ja, wi i di do sitze seh, do kommt mer's vollends. Am beschte wär's, tu dätsch e bissle gucke, wo's notreibt, des Käschtle, wenn mer's uf de Nil setze (*aufgeregt*). Jetzt han i's. Do hente isch doch der Palascht, zumindescht die Gartetempl davor. Und der weibliche Hofschtaat tut sich in dere Hitz doch älleweil erfrische und nimmt e Bad. Nackig schteige die in de Nil. Darf ja koiner glotze, 's goht mi au nix a. Aber 's isch gegen onsere Sitte. Hano, die hen'd Herrschaft. Se könnet mache, was se welle. Also, woisch was? Grad wo die in den Nil neitappe, do davor schtelle mir das Körble nei und lasset's auf die Hofgesellschaft zuschwimme. Wenn dann die Prinzessin Batyah des Körble entdecke tut, macht's auf, ond do guckt mei Bub naus und fängt's Schreie a, ja, da müsset die doch Ausschau halte nach ebber, der's könnt versorge, der's könnt mit Milch versorge.
Gell, Mirjam, dann fängscht du a zu verzähle. I kann des ja net selber mache, die Hochsprach vo dene Ägypter, die kann i net, aber du kanscht se. Ond dann sagscht du, du kenntescht Ammen, die des Kind versorge könntet, ond dann erwähnscht du mi, die Jochebed, aber verrat ja net, dass des die Mutter isch ond au die vom Bub. Ond no komsch zu mer zrück. I wart auf di do hinte am Dornbusch, noi, net an sellem, am große, auf d'r andere Seit. Ond dann gange mir zwoi zsamme zu dere Hofgesellschaft. Ond dann muss i mi verschtelle. Aber des wird mer scho gelinge. I muss doch mei Bub rette.
Ond jetzt nimmsch des Körble und bisch ganz schön vernünftig. Derfsch dir schpäter au ebbes aussuche, wenn's klappt het.
I hoff ja, dass des d'richtig Eingebung gwä isch, wie mer'n rette könnet, onseren Bub. No net emol e Name han mer ihm gebe. Aus lauter Angscht, wie lang mer'n bhalte derfe (*übergibt Mirjam das Körbchen*). So, ond jetzt gang, gang mit Gottes Hilfe. I bleib do ond bet solang.

Nr. 6: Gebet der Jochebed
Mein Gott, rette du mein Kind. Monster, Monster, Pharao, der bittere Mensch. Mein Gott, rette du mein Kind.

Nr. 7: Priester
Ja, es ist doch etwas anderes, ob ich's erzähle oder die betroffene Mutter. Aber, Jochebed, ich habe noch eine heikle Frage, wenn du gestattest.
Du hast doch gesagt, du hättest geheiratet und einen Sohn bekommen. Und jetzt taucht da plötzlich aus dem Nichts eine ältere Schwester Mirjam auf. Wo kommt denn die her? Die Schriftgelehrten würden hier von zwei unabhängigen Geschichten reden, die an dieser Stelle nicht zusammenpassen. Wo kommt denn diese Schwester plötzlich her?

Jochebed
Ja, wo kommt die her? Wisset Se, e Frau braucht net älles verrate, scho gar net de Männer.

Priester
Warst du denn schon vorher verheiratet? Oder hast du die Mirjam von einem Mann bekommen, den du nicht heiraten konntest, zum Beispiel von einem Ägypter?

Jochebed
Von 're frühere Heirat, do woiss i nix. Ond dass Se's grad wisset, Herr Prieschter, auf so Wonderfitz-Frage von einem Schriftgelehrte brauch i gar net antworte.

Priester
Na ja, das ist auch eine Antwort. Nur eben, wenn diese Geschichte Anspruch erhebt, die Wahrheit zu erzählen, können solche Unstimmigkeiten nicht unwidersprochen hingenommen werden.

Jochebed
Vielleicht isch di Geschicht in enem ganz andere Sinn wahr, als wie Se moinet. In dere Gschicht schpielet d'Hebamme, d'Mütter, d'Schweschter vom Moses und selle ägyptische Prinzessin d'Hauptroll. Ohne die gäb's koi Moses net. D'Männer sen hier offensichtlich gar net wichtig. Vielleicht isch des d'eigentliche Wahrheit vo dere Gschicht.

Priester
Also, ich fasse zusammen: Frauen als Befreierinnen, unter anderem durch List und Lüge.

Jochebed
Was Sie Lüge nennet, het's Lebe grettet. Ond des isch älleweil besser als e Wahrheit, wo Lebe zerschtört.

Priester
Eine verrückte Geschichte erzählst du da. Hat es dich nicht bedrückt, dass dein eigenes Kind von einer heidnischen Prinzessin erzogen wurde?

Jochebed
Ha, freili, 's het mir schir's Herz abdruckt. Aber i han's gwisst, dass der Herr mit meim Bub ebbes Bsonders vorhet (*Jochebed ab*).

Nr. 8: Chor und Gemeinde
Das könnte den Herren der Welt ja so passen,
wenn erst nach dem Tode Gerechtigkeit käme,
erst dann die Herrschaft der Herren,
erst dann die Knechtschaft der Knechte
vergessen wäre für immer.

Das könnte den Herren der Welt ja so passen,
wenn hier auf der Erde stets alles so bliebe,
wenn hier die Herrschaft der Herren,
wenn hier die Knechtschaft der Knechte
so weiterginge wie immer.

Doch ist der Befreier vom Tod auferstanden,
ist schon auferstanden und ruft uns jetzt alle
zur Auferstehung auf Erden,
zum Aufstand gegen die Herren,
die mit dem Tod uns regieren.
(EG 550, Ausgabe für die Evangelische Kirche in Hessen und Nassau)

Nr. 9: Priester
Die Männer sind scheint's in dieser Sage nicht so wichtig. Wichtig sind die Frauen. So wichtig, dass mir die ägyptische Prinzessin im Traum erschienen ist, die – sage und schreibe – vor 700 Jahren den Moses am

Nil gefunden hat. Was ich von diesem Traum behalten habe, wird jetzt erzählt.
(Vorspiel auf Tonband zu „Isis und Osiris" aus der Zauberflöte. Batyah erscheint auf der Kanzel.)

Priester
Wie rede ich Sie an? Königliche Hoheit, Prinzessin Batyah?

Batyah
Beides ist angebracht. Und wie rede ich *Sie* an?

Priester
Ich bin ein Priester und Chronist der kleinen israelitischen Exulantengemeinde in Babylon, die hart bedrängt wird von den babylonischen Herren. Die Anrede spielt keine Rolle. Hingegen interessiert es mich brennend, wie eine ägyptische Prinzessin dazu kommt, einen Sohn der eingewanderten Knechte, der ausländischen Zwangsarbeiter, zu adoptieren. Denn das haben Sie doch gemacht, nicht wahr?

Batyah
Ja, das habe ich gemacht. Und ich habe ihm den ägyptischen Namen „Moses" gegeben. Moses – wie Thut-Muses, Ra-Moses (= Ramses). Das sind die Namen meiner Vorfahren.

Priester
Nicht nur den Namen, königliche Hoheit, haben Sie ihm gegeben.

Batyah
Nicht nur den Namen. Ich habe ihn in ägyptischer Religion, Kultur, Staatskunst und Sprache ausbilden lassen. Damit er sowohl die Unterschiede wie auch die Übereinstimmungen zwischen den beiden Völkern verstehen sollte.

Priester
Warum haben Sie das gemacht? Sie wussten doch, dass Ihr Vater befohlen hat, die Hebräer auszurotten. Ägypten sollte ethnisch gesäubert werden.

Batyah
Ja, wissen sie, Herr Priester, es gibt auch unter denen, die Sie Heiden nennen, vernünftige und gottesfürchtige Menschen. Warum ich das gemacht

habe, weiß ich selber nicht genau. Der Knabe hat mir vom ersten Augenblick an gefallen. Ich spürte, dass Gott – Ihr Gott Jahwe und die Götter meines Vaters Pharao – mit dem Knaben etwas Besonderes vorhatten.

Priester
Das ist also eigentlich die Geschichte der Verschwörung der Frauen.

Batyah
Ja, das ist sie. Eine Verschwörung der Frauen – nicht gegen die Männer. Das finde ich töricht – sondern eine Verschwörung gegen die Todesherrschaft, gegen den Tod, für das Leben.

Priester
Gegen den Tod und für das Leben. Das könnte das Glaubensbekenntnis der hebräischen Hebammen sein.

Batyah
Es ist auch mein Glaubensbekenntnis – oder besser, mein Lebensbekenntnis. Sie schreiben ja, wie ich gehört habe, eine Geschichte über die Entstehung des Lebens, Schöpfungsgeschichte nennen Sie das. Mir ist bekannt, dass Sie sich auch von anderen Kulturen und Religionen inspirieren lassen. Darf ich Ihnen dazu ein paar Vorschläge aus dem alten Ägypten mache?

Priester
Sie machen mich neugierig.

Batyah
Zum Beispiel: „Der Mensch ist Lehm und Stroh. Gott ist sein Baumeister“, Spruch des Amenemope.

Priester
Das ist nichts Neues. Das steht schon in unseren alten Dokumenten, die der Jerusalemer Jahwist geschrieben hat.

Batyah
Oder auch dies: Die Göttin Neith schafft die Welt durch ihr Wort. Der Mensch ist das Ebenbild Gottes.

Priester
Spannend. Das werde ich in mein erstes Kapitel aufnehmen. Warten Sie (*schreibt auf*). Die Welt entsteht durch Gottes Wort. Und der Mensch ist

Gottes Ebenbild. Übersetzt in meine Muttersprache: Vajomär elohim und Vajibrah elohim ät-ha-adam bezalmu.

Batyah
Wollen Sie noch weiteres aufnehmen? (*Priester nickt.*) Zum Beispiel: Es gibt mehrere Zugänge zur Wahrheit, die Ratio und den Mythos, Buchstaben und Bilder, Drama, Musik. Es gibt nicht nur *eine* Wahrheit. Das „Entweder – Oder" der Griechen ist uns ein Gräuel. Es führt zu Krieg und Hass, zum Beispiel wenn wir sagen: Entweder haben die ägyptischen Priester recht oder die hebräischen! Warum sollen nicht beide einen Zipfel der Wahrheit in der Hand halten?

Priester
Das möchte ich gerne glauben. Aber es steht im Widerspruch zum Eifer *unserer* Propheten. (*Pause*) Doch halt, was sag ich da, hier in Babylon haben wir auch einen Propheten: Jesaja, den Jüngeren. Er ist oft morgens durch unser Flüchtlingslager gelaufen und hat gerufen: „Nachamu, nachamu!" Was soviel heißt wie „Atmet auf! Schnauft auf! Eure Gefangenschaft ist vorbei. Eure Schuld bezahlt." Ein heidnischer König, namens Kyros, der König von Persien, wird euch von hier herausholen.

Technik: Einige instrumentale Takte aus der Arie „Tröstet" aus dem Messias

Batyah
Sehen Sie, Toleranz anderen Religionen gegenüber gibt es auch bei Ihnen.

Priester
Mehr noch, der Prophet hat den heidnischen König einen „Gesalbten" genannt. Das heißt auf hebräisch „Messias" und auf griechisch „Christus".

Batyah
Was sagen Sie da? „Christus" heißt der heidnische Perserkönig?

Priester
Ja sicher, denn das ist die griechische Übersetzung von „Gesalbter". Von diesem Gesalbten erwarten wir unsere Befreiung. Dass das ein heidnischer König sein soll, hat viel Stirnrunzeln verursacht. Genau so, wie die Bezeichnung des „Mose" mit einem ägyptischen Namen einige ärgerte, weshalb sie ihn hebräisch deuten wollten.

Batyah
Ja, das versuchten die Israeliten. Sie glaubten, er heiße „Moses", weil er aus dem Wasser gezogen worden sei. Das aber stimmt nicht. Ich habe ihm ja schließlich den ägyptischen Namen „Moses" gegeben.

Priester
Ja, das ist merkwürdig. Der Begründer der jüdischen Religion hat einen heidnischen Namen.

Batyah
Nennt man diese Vermischung religiöser Traditionen bei Ihnen nicht Synkretismus?

Priester
Meine Gegner nennen diese Vermischung religiöser Traditionen Synkretismus, vor allem dann, wenn *ich* etwas lerne von einer ägyptischen Prinzessin. Wenn *sie* sich aber Anregungen und Vorlagen aus anderen Religionen holen, dann nennen sie das „Inspiration". Es ist ja klar, Gott hat verschiedene Diener, auch solche unter den Heiden – und *Dienerinnen,* vor allem, wenn sie so klug und charmant sind wie Ihre königliche Hoheit.

Batyah
Ist das etwas Neues für Sie?

Priester
Eigentlich schon. *Sie* verwirren mich. Die ägyptische Prinzessin beeindruckt mich durch ihre Toleranz. Ihr Vater, der Pharao, aber wirft die jüdischen Knaben in den Nil. Und beide berufen sich auf dieselbe Religion. Da stimmt doch etwas nicht.

Batyah
Die Tochter des Pharao und der Pharao sind wohl nicht dasselbe. Und im Übrigen hat die Ermordung der jüdischen Knäblein mit unserer Religion wenig zu tun. Wohl aber mit der Angst. Mein Vater hat Angst – riesengroße Angst vor dem, was er Überfremdung nannte. Aber wissen Sie, ein Politiker, der sich von der Angst leiten lässt, ist eine Staatsgefahr.

Priester
Nicht nur Politiker, auch wir Gewöhnlichen werden vergiftet durch die Angst. Wie aber überwinden wir die Angst?

Batyah
Ich habe die Angst überwunden, indem ich etwas getan habe – gegen den Befehl meines Vaters. Und hinterher habe ich entdeckt, dass das auch im Sinne meiner Religion ist. Es ist wichtig, dass wir unsere Religion lieben und kennen. Nur wer seine Religion kennt und liebt, kann für die Wahrheit lügen, wenn's drauf ankommt.
Ihr Buch wird wichtig sein, weil Sie die Widerstandsgeschichte der Frauen aufschreiben – und weil Sie betonen, dass die Befreiungsgeschichte der Juden nicht automatisch zu meiner Verurteilung führt, zur Verurteilung einer nichtjüdischen Prinzessin.
Ja mehr noch, ich spiele die entscheidende Rolle in der Befreiungsgeschichte Ihres Volkes. Werden Sie das so aufschreiben?

Priester
Ja, das möchte ich. Ob es mir gelingt? Jedenfalls bedanke ich mich bei Ihnen, königliche Hoheit, dass Sie den Befreier unseres Volkes, den Moses, adoptiert und aufgezogen haben – über die Grenzen der Sprachen, Völker und Religionen hinweg *(Batyah kommt von der Kanzel herab und stellt sich zu den Sängern)*.

Nr. 10: Sister, carry on (Chor und Gemeinde)
(Batyah ab)

Priester
Ich widerspreche dem berechtigten Pessimismus in mir und hoffe auf *unsere* Erlösung. Wenn der Herr die Gefangenen Zions erlösen wird, da werden wir sein wie die Träumenden.

Nr. 12: Chor und Gemeinde
Wenn der Herr die Gefangenen Zions erlösen wird, da werden wir sein wie die Träumenden.

Nr. 13: Priester (führt das Schlusslied ein)
Die ägyptische Prinzessin Batyah hat uns darauf aufmerksam gemacht, dass es immer verschiedene Zugänge zur Wirklichkeit gibt. So haben wir heute das Thema „Befreiung und Erlösung" aus verschiedener Sichtweise erlebt:
– aus der Sicht der *Jochebed,* der Mutter des Moses („Das könnte den Herren der Welt ja so passen" und das Gebet „Rette du mein Kind");
– aus der Sicht der *Juden in der Babylonischen Gefangenschaft* („Wenn der Herr die Gefangenen Zions erlösen wird …");

– aus der Sicht der ägyptischen Prinzessin („Sister, carry on“).

Und wo kommen *wir* vor? Vielleicht im Lied „We Shall Overcome“ oder im vierstimmigen Satz, der dem ganzen unterlegt wird. Das sind alles verschiedene Melodien und Texte aus verschiedenen Zeiten, in verschiedenen Tonarten. Passen sie wohl zusammen?

Natürlich können wir nicht alle erdenklichen Melodien zusammenwerfen. Das wäre ein schlechter Synkretismus. Es braucht dazu eine ordnende Hand. Aber Sie werden staunen, was da alles zusammenpasst, von einer Melodie aus dem 12. Jahrhundert bis zu heutigen Melodien und Harmonien.

Nr. 14: Schlusschor (mit Gemeinde und allen Beteiligten)
(Dieser Schlusschor ist ein Quodlibet, das alle Melodien und Texte aufnimmt und gleichzeitig *ertönen lässt.)*

Tag der Frauen

Mit meinem Gott kann ich über Mauern springen

Das theologische und geschichtliche Gewicht der Braut Dietrich Bonhoeffers, Maria von Wedemeyer, wurde lange unterschätzt. In der großartigen Bonhoeffer-Biographie von Eberhard Bethge spielt sie eine untergeordnete Rolle. Sie ist aber wichtig für das Verständnis der Diesseitigkeit und des „nicht-religiösen Charakters“ der Theologie Bonhoeffers. Ein Kritiker sagte zu meiner Frau kürzlich: „Maria von Wedemeyer ist nur bekannt geworden, weil sie die Braut Bonhoeffers war.“ Darauf erwiderte sie kurz: „Aber sie war es eben.“ Sie ist – gesellschaftlich, politisch und theologisch – über Mauern gesprungen.
Der folgende Text wurde zusammen mit Estella Korthaus geschrieben, die auch in zwei Aufführungen Regie geführt hat. Die Familie von Wedemeyer hat uns mit Kritik und unveröffentlichten Dokumenten unterstützt. Nachweis der Quellen und Diskussion der historischen Situation findet man im Partiturheft und im Klapperstorch (165–171). Die Zahlen (in Klammern) verweisen auf das Quellenwerk von Ruth-Alice von Bismarck und Ulrich Kabitz (Hg.), Brautbriefe Zelle 92.
An Musikern benötigt man ein Doppelstreichquartett, zwei Trompeten, zwei Posaunen, ein Waldhorn, eine Blockflöte und einen kleinen Chor. Die Bläserstimmen sind nicht schwierig. Jedoch müssen die Bläser rhythmisch und intonatorisch sicher sein. Bei der Choreographie gilt der Grundsatz: Weniger ist mehr.
Weitere Frauenstücke: „Ruth – die Ausländerin“ (Nr. 19, 171–183); „Michal – die Frauen meines Mannes“; „Gomer: das Gesicht des Unsichtbaren“; „Mirjam, Mutter Jesu“.

15. Hommage an Maria von Wedemeyer, Bonhoeffers Braut

1. Bild: Berlin 1943 (Maria geht durch das zerstörte Berlin)
Chor (Rudolf Mauersberger)
Wie liegt die Stadt so wüst, die voll Volks war. Alle ihre Tore stehen öde. Wie liegen die Steine des Heiligtums vorn auf allen Gassen zerstreut. Er hat ein Feuer aus der Höhe in meine Gebeine gesandt und es lassen walten.

Ist das die Stadt, von der man sagt, sie sei die allerschönste, der sich das ganze Land erfreuet? Sie hätte nicht gedacht, dass es ihr zuletzt so gehen würde; sie ist ja zu gräulich heruntergestoßen und hat dazu niemand, der sie tröstet. Darum ist unser Herz betrübt und unsre Augen sind finster geworden. Warum willst du unser so gar vergessen und uns lebenslang so gar verlassen! Bringe uns, Herr, wieder zu dir, dass wir wieder heimkommen. Erneuere unsere Tage wie vor alters. Herr, siehe an unser Elend.

Prolog

Maria von Wedemeyer – eine unerhörte Frau. Unerhört, wie die kaum zwanzigjährige Frau trotz Fliegeralarm durch das zerstörte Berlin ins Gefängnis fährt zu ihrem Verlobten, Dietrich Bonhoeffer – wie sie in einer Mischung von Unschuld und Umsicht wichtige Nachrichten ins Gefängnis und wieder hinausschmuggelte.

Unerhört – die Begegnung des jungen unerfahrenen Mädchens mit einem reifen (glasklar denkenden und taktisch handelnden) Theologen, der das Lügengewebe des Nationalsozialismus zerriss.

Unerhört – die Spannung zwischen ihrem Vater, einem Wehrmachtsoffizier, und ihrem Freund, der für die Niederlage der deutschen Waffen betete.

Unerhört – die Spannung zwischen der traditionellen Mutter, die die Verlobung ihrer Tochter mit einem fast doppelt so alten Mann mit Sorge verfolgte, und der Großmutter, Frau von Kleist, die ihr Haus für die verschwörerischen Zusammenkünfte Bonhoeffers zur Verfügung stellte.

Unerhört – der Kampf in ihrem Herzen, der Kampf zwischen Hoffnung und Verzweiflung.

Unerhört – wie die Tochter aus neumärkischem Landadel einem führenden Diplomaten und Doppelagenten im deutschen Widerstand ihre Liebe schenkte.

Diese Liebe blieb *unerhört.* Sie konnte nur in Briefen gelebt werden, in Briefen ins Tegeler Gefängnis, in Briefen, die andere mitlasen: der Untersuchungsrichter, die Gestapo, die Bewacher.

Maria an Dietrich Bonhoeffer

Du, mein sehr lieber Dietrich! Es ist schon spät. – Wir hatten einen langen Alarm. Ich glaube, ich müsste nach solch einem Tag die ganze Nacht an Dich schreiben. Nein, das ist falsch, ich müsste die ganze Nacht mit Dir reden.

Dietrich, ich bin so sehnsüchtig. Sehnsüchtig einfach in den Himmel hinein. Ich liebe es so, zusammengekauert auf dem Fensterbrett zu sitzen und in den Himmel zu gucken. Dann habe ich ein Stückchen Himmel ganz für mich allein. Und ich träume ihn mir herunter, bis ich ganz genau weiß, wie es ist, dies und das, und wie es einmal für uns beide sein wird: heaven on earth (117). *(Sie schaut die acht Fotos von Dietrich an, singt leise das folgende Lied mit.)*

Chor
Ich will dich lieben, meine Stärke, ich will dich lieben, meine Zier.
Ich will dich lieben mit dem Werke und immerwährender Begier.
Ich will dich lieben, schönstes Licht, bis mir das Herze bricht.
Ich will dich lieben, o mein Leben, als meinen allerbesten Freund,
ich will dich lieben und erheben, solange mich dein Glanz bescheint.
Ich will dich lieben, liebster Mann, als meinen Bräutigam. (nach EG 400)

2. Bild: Landleben auf Gut Pätzig
Maria in ihr Tagebuch
3. Februar 1943: Wenn Du mich hier sehen würdest. Ich glaube, Du würdest mich manchmal gar nicht mögen. – Wenn ich so wild reite und mich mit Stallknechten auf Platt unterhalte … Wenn ich Grammophon spiele, dazu auf einem Bein durch die Stube hüpfe und auf das andere einen Strumpf mit einem riesengroßen Loch ziehe, dann falle ich vor Schreck aufs Bett, wenn ich denke, Du könntest mich so sehen. Ich mache noch viel schlimmere Sachen. Ich rauche eine Zigarre, weil ich solch ein Ding noch nie geraucht habe und doch wissen muss, wie das ist, und dann ist mir so sauhundschlecht, dass ich weder zum Mittag noch zum Abendbrot etwas essen kann. Oder ich stehe in der Nacht auf, ziehe ein langes Kleid an, tanze wie wild im Saal – gehe mit Harro spazieren und schlafe dafür den ganzen Vormittag durch (281).
(Maria nimmt einen Briefbogen und schreibt): Pätzig, den 21. September 41. Ich spiele mal wieder Hausfrau. Mutter bleibt wahrscheinlich einen Monat lang weg. Es macht großen Spaß hier, aber manchmal ist es auch nicht ganz einfach. Heute wollte mir der Offizier von der Pferdemusterung einen Anstandsbesuch machen, und ich stand gerade mit aufgekrempelten Ärmeln und Schmierstiefeln im Zwinger, um den kranken Harro zu behandeln. Gestern kamen zwei Arbeiterfrauen, die gezankt hatten, weil die eine glaubte, die andere verhexte ihre Ferkel, dass sie nicht mehr gediehen, und ich sollte nun den Streit schlichten. Abends wurde ich zu dem kranken Baby einer Polenfamilie gerufen; es war aber weiter nicht schlimm … Heute nacht bin ich bei sternklarem Himmel zwei Stunden mit Hannibal und Harro geritten. Es war wunderschön. – Und es ist doch ein schöner

Gedanke, dass Du einmal mitreiten könntest (59). (*Sagt vor sich hin:*) Wenn ich Dir's beigebracht habe! Das will er ja lernen, jagen aber hasst er – schade! (84)

(*Schreibt zu Ende*) Der letzte Angriff ging mir sehr erheblich gegen den Spaß. Ich glaube, ich stelle den Antrag, dass Du hier her umgelegt wirst. Ich gäbe einen ausgezeichneten Gefangenenwärter ab und hätte noch dazu eine Gelegenheit, mir einen Orden zu verdienen … Alle meine Grüße gehen zu Dir und bleiben bei Dir. Deine Maria (*Pause. Sie schreibt weiter)* Pätzig, den 29. September 43 (62). Mein inniggeliebter Dietrich! Wie wird es sein, wenn ich Dich einmal an der Hand nehmen darf und mit Dir durch die Felder und den Wald gehe. Oft bei meinen einsamen Spaziergängen träume ich davon. Es wird zum ersten Mal frei und klar und schön zwischen uns werden, so wie ich es immer ersehnte – seit ich Dich kenne. Alle großen Fragen und Grübeleien werden fort sein, und es bleibt nur ein einfaches und doch übergroßes „Du-bist-bei-mir!". Werde nicht müde und traurig, mein liebster Dietrich, es dauert ja nicht mehr lange. Es kann ja gar nicht mehr lange dauern, und dann sind wir beieinander. Es wird so schön sein, wie wir es in kühnsten Träumen jetzt nicht ausmalen können, und wir werden glücklicher sein, als wir sonst je gewesen wären.

Chor und Traumtanz
Wenn der Herr die Gefangenen Zions erlösen wird, da werden wir sein wie die Träumenden.

3. Bild: Die Verlobung

Maria an Dietrich Bonhoeffer
Den 13. Januar 44. Du, mein sehr lieber Dietrich! Heute sind wir ein Jahr verlobt. Es gibt eigentlich gar nichts, was man weiter dazu sagen kann. Und ich denke heut den ganzen Tag auch nur immer: „Ein Jahr, ein Jahr" und gar nichts weiter (116).
(Maria steht auf, sucht in ihrem Briefstapel, sagt vor sich hin)
Ja, so hat es angefangen mit meinem Brief, über den ich mich immer noch wundere:
Pätzig, 13, Januar 1943. Lieber Herr Pastor Bonhoeffer! Seit ich zu Hause bin, weiß ich, dass ich Ihnen schreiben muss. Und ich habe mich drauf gefreut, es zu tun … Weil ich erfahren habe, dass Sie mich so gut verstehen, hab ich den Mut, Ihnen jetzt zu schreiben, auch wenn ich eigentlich gar kein Recht habe, Ihnen auf eine Frage zu antworten, die Sie gar nicht an mich richteten. – Ich kann Ihnen heute ein von ganzem und frohem Herzen

kommendes Ja sagen. – … Ich selbst werde immer traurig, wenn ich denke, dass meine Großmutter, die Frau von Kleist, Ihnen nur nette Dinge von mir erzählt hat, so dass Sie sich ein falsches Bild von mir machen. Vielleicht müsste ich Ihnen viel Schlechtes von mir erzählen, denn der Gedanke, dass Sie mich anders lieb haben, als ich bin, macht mich unglücklich. Dass man mich aber so gern haben kann, wie ich wirklich bin, das kann ich nicht glauben (278).

Dietrich Bonhoeffer an Maria
Berlin, 17. Januar 1943, Sonntag. Liebe Maria! Ich möchte Dich so nennen … Ich danke Dir für Dein Wort. Es ist dieses Dein Ja, das mir allein Mut geben kann, nun auch zu mir selbst nicht mehr nur Nein zu sagen. Sag mir nichts über das „falsche Bild", das ich von Dir haben könnte. Ich will kein „Bild", ich will Dich, so wie ich Dich von ganzem Herzen bitte, nicht ein Bild von mir, sondern mich zu wollen, und Du musst wissen, dass das zweierlei ist … (279f).

Maria (erinnert sich)
Er hat mich von Anfang an beeindruckt, aber auch in ein Durcheinander gestürzt. (*Sie blättert in ihrem Tagebuch.*) Er sagte zum Beispiel: Bei uns beruhe es auf Tradition, dass die Jungen sich freiwillig als Soldaten stellten und auch ihr Leben ließen für eine Sache, die sie möglicherweise gar nicht bejahten. Es müsse aber auch Menschen geben, die nur nach ihrer Überzeugung kämpfen könnten, vielleicht sogar gegen das Regime. Ach, das ist logisch, alles klar und deutlich. Aber ist es nicht grausam, wenn ich an meinen Vater denke? (273)

4. Bild: Vaters Tochter und Dietrichs Braut
Maria zum Publikum
Mein Vater war bis jetzt mein einziger Freund. Ich sprang vom höchsten Sprungbrett ins Wasser – selbst als ich noch nicht schwimmen konnte – und rief: „Vater, ich komme!"

Kommentator
Der Vater, Hans von Wedemeyer, kämpfte im Ersten Weltkrieg im 3. Garde-Ulanen-Regiment. Die Flucht des Kaisers – des Königs der *Preußen* – nach Holland schmerzte ihn. Er fand kein Verhältnis zur Demokratie. Wie viele Gutsbesitzer in Preußen schließt er sich den rechtskonservativen Deutschnationalen an und wird einer der Verantwortlichen im „Stahlhelm", der paramilitärischen Organisation, die die preußische Tradition wieder-

beleben will. Als der „Stahlhelm" der SA unterstellt wird, löst Hans von Wedemeyer seine Kreisgruppe auf, noch bevor sie der SA eingegliedert wird.
Auf seinem Schreibtisch – er ist inzwischen Sekretär bei seinem Freund, Franz von Papen, geworden – häufen sich die verzweifelten Beschwerden der ersten Naziopfer und ihrer Angehörigen. Im Mai 1933 quittiert er seinen Dienst.
Er hat gegen Nazis und Sozis gekämpft und verloren. Sein Glaube an die Realisierbarkeit einer christlich-aristokratisch begründeten Politik erfährt eine totale Niederlage. Er nimmt sie an und leistet Trauerarbeit. „Wir sind nicht nur für unsere politische Haltung verantwortlich, sondern auch für deren Erfolg."
Im Zweiten Weltkrieg kämpft er als Offizier in Frankreich und an der Ostfront. Er ist davon überzeugt, dass die sich abzeichnende Niederlage verdient ist, aber er will sich nicht von seiner Heimat distanzieren. Pflichterfüllung, Tapferkeit und Treue waren seine Devise. Am 22. August 1942 fällt er bei Stalingrad.

Chor
Hört das Vermächtnis des Vaters: Wir sind nicht nur für unsere politische Haltung verantwortlich, sondern auch für deren Erfolg.

Maria an Dietrich Bonhoeffer
Mein geliebtes Du! Du wusstest ja, dass gestern Vaters Todestag war. Um 3 Uhr früh wurde er verwundet und um 6 Uhr starb er. Ich machte einen Gang in der Zeit durch den Wald, und das war schön ... Ich weiß sehr genau, dass Vater noch da ist ... (44). Ich glaube, dass Vater Dich sehr lieb hat – er hat mich immer besser verstanden als alle anderen. Ich mag an Vaters Grab am liebsten denken, wenn ich es mit Schnee zugedeckt weiß ... Es war traurig damals, aber Du hast mir viel geholfen. Ich weiß nicht, woher Du die Kraft nahmst, mir zu helfen (92).

Maria in ihr Tagebuch
5. April 1943. Ist etwas Schlimmes geschehen? Ich fürchte, dass es etwas Schlimmes ist.

Verhaftung Bonhoeffers
Zwei Männer in Hut und Regenmantel (Oberstkriegsgerichtsrat Manfred Roeder und Kriminalkommissar Sonderegger [Gestapo]) führen „Bonhoeffer" aus dem Chor (oder dem Publikum) ab. Dazu Bläser-Ostinato. Anschließend

Sprechchor und Instrumente
Ist etwas Schlimmes geschehen? Ich fürchte, dass es etwas Schlimmes ist.

Maria in ihr Tagebuch
Wie schwer begreiflich das Wort „Frieden“ doch ist. Alles um mich ist Frieden. Das wogende Kornfeld, die singenden Vögel, die lachenden Blumen, das Lied des Mädchens aus dem Dorf, das Hämmern des Schmieds und das Wiehern der Pferde (284).

Chor
Wir schauen aus nach Frieden von jedem Berg und Turm
und seh'n, wie Teufel schmieden zu neuem Krieg und Sturm.
Wir sehn die Esse rauchen, weh Welt, die Hölle schafft.
Hilf du, Herr Gott, wir brauchen jetzt dich und deine Kraft.

Lösch du das böse Feuer in unserm kranken Blut
und mach uns Christen treuer, dein Volk braucht neuen Mut.
Wenn Gift und Eisen dräuen, die Faust den Weg uns weist,
lass uns das Kreuz nicht scheuen und glauben an den Geist.

Du heimlicher Regente in allem Menschenwust,
der du am Firmamente still deine Wunder tust,
du siehst die Welt hienieden umstrickt von Stacheldraht.
Fahr drein und schaff uns Frieden durch deine Macht und Tat.
(RG [1988] 820, 1–3)

Maria in ihr Tagebuch
Aber in mir ist Aufruhr, Kampf, Sehnsucht und Angst, Verzweiflung und doch ein Wissen um Geborgenheit bei Dir, Dietrich, und darüber hinaus. Und eben kam die Nachricht von der Landung englischer Truppen auf Sizilien. 11. Juli 1943 (284) (*Maria verschnürt ihr Tagebuch und legt es weg*).

Maria an Dietrich Bonhoeffer
Mein Dietrich! Früher schrieb ich all meine Gedanken an Dich in mein Tagebuch. Aber das mag ich jetzt nicht mehr. Es teilt sich dann alles so stark. Dann denke ich einmal an einem Tagebuch-Dietrich, einmal an einen Brief-Dietrich und ein andermal an einen Sprecherlaubnis-Dietrich. Und das ist scheußlich. Ich möchte ja doch weder nur einen Teil von Dir, noch ein erdachtes Du. – Das verstehst Du doch (85)!

Pätzig, den 27. November 43. Mein innig geliebter Dietrich! Auf meinen Spaziergängen rede ich oft und viel mit Dir. Ich habe mich selbst nie ganz begriffen, warum ich Dir – seit ich Dich kenne – alles sagen könnte. Bisher gab es nur einen Menschen, und das war Vater. Aber Vertrauen und Liebhaben lässt sich eben nicht erklären … Ach, wärst Du erst aus diesem schrecklichen Berlin heraus. Meinetwegen irgend wohin, wo ich Dich auch nicht erreichen kann, wo nur Du es schön hast und wo keine Bomben fallen. Ich wäre wirklich dankbar. – Leb wohl, Dietrich. Denke oft und viel an mich, weil ich Dich brauche, und ich weiß, dass mir Dein Denken hilft (88).
28. Januar 44, nachts. Lieber Dietrich! Freundschaft ist das Höchste, was Menschen hier miteinander verbinden kann … Ich kann Dir nicht … recht erklären, was ich meine. Ich kann Dir … nur erzählen, dass ich nur einen Freund gehabt habe, und das war Vater (128f).
Seit ich 8 Jahre alt wurde, ritt ich jeden Tag, den ich zu Hause war, durch die Felder mit ihm … Er nannte mich sein „Allerdümmstes", und wenn ich einmal traurig war, so zog er mich am Zopf und sagte: „Halt die Ohren steif, Miesemaus; und denk daran, dass Du Vaters Tochter bist" (66). Von ihm habe ich eine unglückliche Liebe zu träumen (102). Vielleicht auch den Hang zu den Berneuchnern, einer kirchlichen Erneuerungsbewegung, die die Liturgie mit gregorianischen Gesängen feiert. Da lebt eine gewaltige Kraft drin, aber die ist mir unbegreiflich. Warum Vater mit mir nie darüber gesprochen hat, weiß ich nicht (165f). Er sehnte sich sein Leben lang nach klaren Ordnungen in Kirche, Staat und Familie.
26. April 44. Mein liebster Dietrich! Dass ich Deine Braut und Vaters Tochter bin, lässt sich nicht auseinander trennen. Es ist der wertvollste Besitz, den ich hier auf der Erde und in meinem Herzen habe. Und aus dem Herzen kann ihn mir niemand nehmen (174).

5. Bild: Marias Magnifikat

Bonhoeffer an Maria

Nein, liebste Maria, zwischen Deinem Vater und mir brauchst Du nicht zu entscheiden … Ich glaube zuversichtlich, dass Vater und ich sich immer als christliche Brüder betrachtet hätten, auch wenn man vielleicht Irrtümer im anderen zu sehen gemeint hätte. Wir wären gewiss beide ganz offen gewesen, beim anderen zu lernen (175) … Ich will nicht Christ und Berneuchner, sondern Christ und ein freier Mensch sein. Wir wollen Christus gehören und sonst niemandem. Für mich ist der Lobgesang der Maria nicht nur ein Lied der Kirche. Es ist das leidenschaftlichste, wildeste, revolutionärste Adventslied, das je gesungen wurde. Es ist nicht die sanfte, zärtliche, verträumte Maria, wie wir sie auf den Bildern dargestellt sehen, sondern es ist die leidenschaftliche, hingerissene, stolze, begeisterte Maria, die hier spricht (248).

Magnifikat: Revolutionärer Tanz, Sprechchor und Bläser
Meine Seele erhebt den Herrn. Mein Geist freut sich Gottes, meines Heilandes. Er hat die Niedrigkeit seiner Magd angesehen. Er übt Gewalt mit seinem Arm. Er zerstreut die Hoffärtigen. Er stößt die Mächtigen vom Thron. Er erhebt die Niedrigen. Die Hungrigen füllt er mit Gütern. Die Reichen lässt er leer ausgehen.

6. Bild: Mein liebster Dietrich! Acht Stunden Sprecherlaubnis
Maria an Dietrich Bonhoeffer
Mein liebster Dietrich! Ich überfreue mich (36, 144, 135) an Deinem Brief. Ich gucke aus dem Fenster und denke an Dich (92). Ich kann nichts anderes, und ich weiß auch nichts anderes. Ich mag es nicht, wenn man das geistliche und das weltliche Glück und Liebhaben und die Freude so sehr als zweierlei ansieht. Für mich ist das immer eins gewesen. Vielleicht liegt das daran, dass ich eben zu weltlich bin (163). Ich meine, die Liebe ist gar nicht etwas, das man in Händen hat und dem schenken kann, dem man gern möchte, sondern man ist ihr einfach ausgeliefert. Sie kommt von außen und geht nur durch einen hindurch zu dem anderen hin, und man *muss* einfach mit (167). Ich habe von Dir geträumt, so intensiv und stark, dass ich nicht mehr weiterschlafen kann, sondern Dir sofort schreiben muss, um wieder ruhig zu werden … Solch ein unmittelbares Nahesein von Dir … (157).

Liebeslied und -tanz

Bist Du gleich weit von hier, bist doch im Traum bei mir
und sprichst zu mir.
Wie ich Dich spüre dann, geliebter Mann.

Es geht kein' Stund noch Nacht, dass nicht mein Herz erwacht
und an dich denkt,
dass Du viel tausendmal mir Dein Herz geschenkt.

Wenn ich ein Vöglein wär', und auch zwei Flügel hätt',
flög ich zu Dir.
Weil's aber nicht kann sein, bleib ich allhier.
Führ', wenn es sein kann, wieder uns zusammen.

Maria an Dietrich Bonhoeffer

Ich möchte gleich zu Dir fahren können, heute noch. Aber ich kann nicht – es ist mir unerträglich, dass ich immer noch keine Sprecherlaubnis habe (157). Liebster Dietrich! Es ist schade, dass ich mich nicht als Miniaturausgabe in Deine Jackentasche stecken kann. Du würdest mich dann in Deiner Zelle hervorholen, und wir könnten uns lange und ungestört unterhalten. Wenn Du dann arbeiten müsstest, stecktest Du mich wieder in die Jackentasche, knöpftest zu, und ich wartete, bis Du mich wieder brauchen könntest. Langweilig, dass Märchenbücher erfunden sind ... Ich möchte jetzt im Dunkelwerden bei Dir sitzen und Dir etwas erzählen, leichte mühelose, schöne Dinge, solche, die man sich erzählt, wenn man eine lange Zeit vor sich hat und nicht an Abschied denken muss, wenn man nur glücklich ist und denkt: Du bist bei mir (126).

Mein liebster Dietrich! Eigentlich ist es ganz unverständlich, wenn ich so neben Dir sitze (im Gefängnis), dass ich nicht Deine Hand fassen darf und mit Dir zusammen hinausgehen kann durch die zwei großen Türen auf die Straße und dann immer weiter nur noch mit Dir zusammen. Mit den acht Stunden zusammen sein ist es eben doch nicht wahr. Eine solche Sprecherlaubnis ist mehr als eine abgerundete feststehende Zeit. Sie ist viel mehr; so wie ein geringer Ausschnitt aus etwas großem Beständigen. Meinst Du nicht auch (111)?

Mein liebster Dietrich! Liebst Du Blumen auch so sehr wie ich? Man hat mir schon prophezeit, ich kriegte wegen meiner Blumenvernarrtheit beim Jüngsten Gericht ein bisschen ausgeschimpft (81).

Stellst Du Dir das nicht wahnsinnig lustig vor, wenn wir beide zusammen unseren Garten hübsch machen. In die Mitte kommt ein großer Rasenplatz, auf dem im Frühjahr Krokusse und Schlüsselblumen und Vergissmeinnicht wachsen. Und außerdem hat es schöne Staudenbeete mit Rittersporn und Tulpen und Zitronenlilien und Margeriten und tränende Herzen und Sonnenblumen. Findest Du Dahlien auch hässlich? Aber Astern mag ich gern und Akeleien und Rosen (179) ... Es wird traumhaft schön werden.

Ich freue mich drauf! Kuss, Deine Maria (179).

Maria auf dem blauen Sofa

Mein lieber, geliebter Dietrich. Es ist, als wär es mir jetzt wie Schuppen von den Augen gefallen, dass ich erkennen kann, dies alles musste nur so kommen, damit wir wissen und spüren, dass wir jetzt ganz einig und allein zusammen gehören und dass wir nun die Hände, die sich ja doch von Anfang an immer dazwischen geschoben haben, *gemeinsam* abweisen müssen. Sieh, so ist es: Hier sind wir beide auf unserem Sofa – und dann kommt erst eine ganze Weile gar nichts – und dann noch eine Weile gar nichts (160).

Dialog der drei Frauen
(Während des letzten Satzes kommen Mutter und Großmutter herein und machen sich mit Weihnachtsvorbereitungen zu schaffen.)

Maria (zur Mutter)
Stell Dir vor, Mutter, Dietrich und ich sitzen nach dem Mittagessen auf dem blauen Sofa – Du weißt doch: das von Großmutter aus Stettin (22,34). Dietrich raucht dann seine Zigarre, und ich erzähle ihm etwas Hübsches. Und es ist kein Mensch da, der uns stört oder angucken kann. Vielleicht steht er dann auf, setzt sich ans Klavier und spielt mir etwas auf dem Klavier vor, was er extra für mich zum Geburtstag komponiert hat (89).

Mutter (schüttelt den Kopf)
Andere Kiste.

Maria
Was hast Du gesagt?

Mutter
Andere Kiste. Du stürzest dich sehnsüchtig in Dietrichs Arme. Aber du kommst aus einer anderen Kiste, du Landkind! Du heiratest in die Großstadt Berlin, in eine andere Welt mit Großbürgern, Professoren und Pastoren. Da ist es dann aus mit deiner Naturschwärmerei, deinen Ausritten mit Hannibal und Harro, deinem Schnack mit den Kutschern und deinem Hang zum Küchenpersonal (184).

Maria
Ach Mutter, du hast doch immer gesagt: „Verlobt ist verlobt!" Selbst im Sommer, als ich so verzweifelt war, dass ich mich entloben wollte. *(Großmutter umarmt Maria.)* Und jetzt fängst du schon wieder an mit der „anderen Kiste"! Ich habe dir doch schon so oft gesagt: Kann denn nicht in zwei Kisten etwas sein, das zusammenpasst?

Mutter
Maria, du machst mir Angst.

Maria
Aber, Mutter, die Angst hat mir Dietrich längst genommen.

Mutter
Dein Dietrich könnte ja fast Dein Vater sein.

Maria (lächelt)
Als „Vaterkind" kann ich über Zäune springen. Dabei werde ich auch mal auf die Nase fallen und manchmal wahnsinnig Heimweh nach Pätzig haben. Aber bei Euch haben wir doch gelernt, schnell wieder aufzustehen. Und Dietrich sieht das übrigens genauso: Liebe kann über alles hinweghelfen.

Mutter
Aber in grundsätzlichen Fragen hält er sich an seine Theologie.

Maria
Das weiß ich (*seufzt, wendet sich an die Großmutter*). Ja, ja, er ist Theologe und Pastor. Ach Großmutter, verstehst du die Theologie? Sie ist für mich eine völlig unbegreifliche Wissenschaft. Sie versucht das mit dem Verstand zu erklären, was eine reine (und klare) Glaubenssache ist. Warum muss ein Pastor immer auch ein Theologe sein (149)?
(siehe dazu auch *Manuskript Tagebuch 29.2.1943*)

Großmutter
Dein Dietrich ist Theologe mit Leib und Seele. Aber im Gegensatz zu deinem Vater ist er keine religiöse Natur (267).

Mutter
Kann man denn das: Theologe sein und nicht religiös?

Großmutter
Dietrich schreibt ja selber: Ich wundere mich, dass ich tagelang ohne die Bibel leben kann. Mir sind die religiösen Einkleidungen unbehaglich. Aber an Gott, an Christus, muss ich immerfort denken, an Echtheit, an Leben, an Freiheit und Barmherzigkeit liegt mir sehr viel (267).

Mutter
Also, auch das noch.

Großmutter
Ja, auch das noch. Für Dietrich ist das christliche Leben nicht so gradlinig wie für uns. Ein Theologe ist nämlich für ihn einer, der glauben lernen will,

mitten in den Widersprüchen der Welt, in den Widersprüchen des Lebens, im Widerspruch der Kirche.

Mutter
Hör auf, es ist doch Weihnachten.

Großmutter
Dietrich würde auch Weihnachten in den Widerspruch einschließen.

Chor
Ich möchte glauben lernen im Widerspruch des Lebens, im Widerspruch der Kirche, im Widerspruch der Welt.

Mutter
Das geht zu weit. Widerspruch der Welt – ja. Widersprüche des persönlichen Lebens – vielleicht. Aber Widerspruch der Bibel, der Kirche – auf keinen Fall. Kirche und Religion sollen klar, deutlich und eindeutig sein. Dafür ist die Kirche Kirche.

Maria
Im Widerspruch des Diesseits glauben lernen? Aber Großmutter, muss er dazu Theologe sein? Könnte er nicht auch Künstler oder Musiker oder Dichter sein?

Großmutter
Das könnte er – und vielleicht ist er auch ein Dichter. Denk an die Gedichte, die er dir geschenkt hat.

Mutter
Und reichst du uns den Kelch, den bittren
des Leids, gefüllt bis an den höchsten Rand,
so nehmen wir ihn dankbar ohne Zittern
aus deiner guten und geliebten Hand.

Maria und Großmutter
Doch willst du uns noch einmal Freude schenken
an dieser Welt und ihrer Sonne Glanz,
dann wollen wir des Vergangenen gedenken,
und dann gehört dir unser Leben ganz.

7. Bild: Von guten Mächten
Maria an Dietrich Bonhoeffer
Mein einzig lieber Dietrich! Wir haben lange unter dem Weihnachtsbaum gesessen und Lieder gesungen, haben in den Stall geschaut zu Maria und Joseph, zu Ochs und Esel und dem Kind in der Krippe. Ich habe – als die anderen ins Bett gegangen waren – einen Weg durch den Park gemacht und ruhig und dankbar an Dich denken können. Dank Dir immer, dass Du mir halfst. Könntest Du nur meine Kräfte und Gedanken auch in Dir gespürt haben! – Es ist tiefe, dunkle Nacht, und die Gedanken wandern weite Wege. Jetzt, da all der Jubel, die Freude, der Kerzenschein und auch die Unruhe und der Lärm des Tages vorbei sind und es still geworden ist, drinnen und draußen, da werden andere Stimmen wach. Stimmen und Klänge werden hörbar, die der Alltag schweigen macht. Laute, die zu Dir gehen und solche, die von Dir kommen. Der kühle Nachtwind und das Geheimnis der Dunkelheit kann die Herzen öffnen und lässt Kräfte hervor, die unbegreifbar, aber gut und tröstend sind.
Und noch eines: Weißt Du, dass die Toten die Nacht suchen, um zu den Lebenden zu sprechen? Weißt Du, dass sie wirklich Engel geworden sind, dass das gar kein Kleinkinderglaube ist; ich weiß es ganz sicher, und Du musst es auch wissen (104).
Mein liebster, großer Dietrich-Bruder, weißt Du, ich bin doch sehr traurig, aber nicht verzweifelt … Ich bin traurig und ruhig und habe Dich sehr, sehr lieb (105). Und nun kommt das neue Jahr und es wird „unser" Jahr werden. Wir wollen beide froh daran denken. Mehr lieb haben, als in diesem Jahr kann ich Dich nun aber nicht mehr, weil es seinen Höhepunkt schon erreicht hat. Ach wärst Du hier – es wäre alles wieder gut, und Dir gehörte eine sehr glückliche Maria (107).

Bonhoeffer an Maria
Meine liebste Maria! Ich bin so froh, dass ich Dir zu Weihnachten schreiben kann … Es werden sehr stille Tage in unseren Häusern sein. Aber ich habe die Erfahrung gemacht, je stiller es um mich herum geworden ist, desto deutlicher habe ich die Verbindung mit Euch gespürt. Es ist, als ob die Seele in der Einsamkeit Organe ausbildet, die wir im Alltag nicht kennen. So habe ich mich noch keinen Augenblick allein und verlassen gefühlt.
Einige Bitten: Ich würde gern von Wilhelm Raabe „Abu Telfan" oder „Schüdderump" lesen. Könnt Ihr meine Unterhosen so konstruieren, dass sie nicht rutschen? Man hat hier keine Hosenträger. Ich bin froh, dass ich rauchen darf.

Bonhoeffer im Verhör
Bonhoeffer wird von zwei Wachen dem Untersuchungsrichter, SS Standartenführer Walter Huppenkothen, vorgeführt. Dieser – in tadelloser Uniform – sitzt an seinem Pult. Bonhoeffer wird von zwei Wachen hereingeführt. Achtungstellung. Gruß (Soldaten und Huppenkothen, nicht Bonhoeffer). Huppenkothen grüßt – nicht zackig, eher ruhig und gelassen – zurück. Er lässt die Soldaten abtreten. Er schaut Bonhoeffer lange an. Dann steht er auf, geht auf ihn zu und bietet ihm eine Zigarette an. Bonhoeffer nimmt die Zigarette und steckt sie in den Mund. Er sucht Feuer. Huppenkothen gibt ihm eine Streichholzschachtel. Bonhoeffer will die Zigarette anzünden. In diesem Augenblick – weil er beide Hände braucht und seine Hose nicht mehr halten kann – fallen seine Hosen herunter. Bonhoeffer kann sie gerade noch auffangen. Auf diesen Moment hat der Untersuchungsrichter gewartet. Er sagt ruhig und höflich: „Herr Pastor Bonhoeffer. Wir wissen alles. Hier sind die Zossenakten." *Er geht zu seinem Pult und blättert in einem großen Aktenstoß. Bonhoeffer legt die Zigarette in den Aschenbecher und ist für einen Augenblick wie verstört ...*

Bonhoeffer an Maria
Wenn es im alten Kinderlied von den Engeln heißt: „zweie die mich decken, zweie die mich wecken", so ist diese Bewahrung am Abend und am Morgen durch gute unsichtbare Mächte etwas, was wir Erwachsenen heute nicht weniger brauchen als die Kinder (208).

Kinderchor und Chor
Breit aus die Flügel beide, o Jesu meine Freude
und nimm dein Küchlein ein.
Will Satan es verschlingen, so lass die Engel singen:
„Dies Kind soll unverletzet sein."

Auch euch, ihr meine Lieben, soll heute nicht betrüben
kein Unfall noch Gefahr.
Gott lass euch selig schlafen, stellt euch die gold'nen Waffen
ums Bett und seiner Engel Schar.

Bonhoeffer an Maria
Liebste Maria, es sind nun fast zwei Jahre, dass wir aufeinander warten. Werde nicht mutlos ... Hier noch ein paar Verse, die mir in den letzten Abenden einfielen. Es ist der Weihnachtsgruß für Dich, die Eltern und die Geschwister. Es umarmt Dich Dein Dietrich (209).

(Es folgt das Bonhoeffer-Lied „Von guten Mächten“ in verschiedenen Besetzungen. Dazu eine durchgehende Choreographie, eine Art Lichtertanz.)

Schlussbild
Kommentar
Am 9. April 1945, vier Wochen vor Kriegsende, wurde Dietrich Bonhoeffer als Hochverräter im Konzentrationslager Flossenbürg hingerichtet. Maria erfährt es erst im Sommer. 1948 beginnt sie in den USA ein neues Leben.

Maria
While all the powers of good aid and attend us,
boldly we'll face the future, come what may.
At even and at morn God will befriend us,
and oh, most surely on each newborn day.
(Stille. Flöte spielt Bruchstücke von „Wenn ich ein Vöglein wär' ...“)

Reformationssonntag

Wer will, dass die Kirche bleibt, wie sie ist, will nicht, dass sie bleibt

Die deutschen und Schweizer Protestanten verstehen unter Ökumene entweder Freundlichkeit gegenüber den Katholiken oder Protest gegen die neuesten Verlautbarungen des Papstes. Beides ist ein kleinkariertes Verständnis von Ökumene, denn der Vatikan ist selbst innerhalb der katholischen Kirche in eine schier hoffnungslose Minderheitenposition geraten. Er hat es nur noch nicht gemerkt. Die katholische Kirche überlebt nur – und an vielen Orten überlebt sie gut –, weil die Mehrzahl ihrer Priester und Gemeindeglieder aktiv und kontinuierlich ungehorsam dem Vatikan gegenüber sind. In der Schweiz müsste vermutlich die Mehrzahl der katholischen Pfarreien dicht machen, wenn sie sich an die Bestimmungen des Vatikans hielte. Meine katholischen Doktoranden in Birmingham (Priester, Nonnen, Mönche und Laien) sagten mir schon vor 20 Jahren: „Nur die Protestanten glauben noch an die Unfehlbarkeit des Papstes." Wenn sie in ihren Arbeiten Positionen vertraten, die im Widerspruch zum Vatikan standen, war es meine Pflicht, sie darauf aufmerksam zu machen. Gelassen meinten sie darauf: „The Pope is entitled to his opinion." („Warum soll der Papst nicht auch seine Meinung haben dürfen?")
Bei der beschriebenen ökumenischen Gesprächslage im deutschen Sprachgebiet geht aber eine viel wichtigere Dimension unter. Während unsere Medien von Säkularismus schwätzen, braust gegenwärtig eine Erweckung durch die Dritte Welt, die in ihrem Ausmaß keine Parallele in der Kirchengeschichte hat. Allerdings sind es Kirchen, die völlig anders strukturiert sind als die unsrigen. Da aber bei uns nur das „passiert", was im Fernsehen verhandelt wird, herrscht zu dieser Erweckung Funkstille, auch in den kirchlichen Medien!
Diese Kirchen zeigen uns echte Alternativen, die wir aber nicht telquel übernehmen können, sondern deren Anstöße wir in unsere Kultur und Tradition übersetzen müssen.
Von diesen Tatsachen aus argumentiert die folgende Themapredigt. Sie wurde bei einer Bezirksfeier in Kaufdorf (Kanton Bern), also in einer relativ konservativen Gegend der Berner Voralpen, gehalten. Nachher wurde im Café Gloria (in der Kirche und im Kirchengemeindehaus) lebhaft diskutiert. Am meisten Mühe machten den Zuhörern und Zuhörerinnen die exegetischen Ausführungen – was aber nur meine These bestätigt, dass von

den selbstverständlichen Einsichten der kritischen Theologie kaum etwas in unsere Gemeinden gedrungen ist. Diejenigen, die über eine Neugestaltung der Kirche nachdachten (und das war die Mehrheit), meldeten sich nicht öffentlich zum Wort.

Das positive Echo zeigte sich aber in einer hohen Kollekte für die Hollenweger-Stiftung, die mit ihren bescheidenen Mitteln die Reform in den Kirchen anstoßen will. Die lokalen Bezüge wurden in dem Manuskript belassen. Sie sind wichtig, weil dann die Kirche der Zukunft nicht als etwas Exotisches erscheint, sondern gezeigt wird, wie die Kirche bei uns schon im Wachsen ist. Dem gleichen Ziel diente die Sprache. Die Predigt wurde auf schweizerdeutsch gehalten.

Zu den erwähnten Drittweltkirchen vergleiche man ChPCh und den Klapperstorch, wo auch weitere Folgerungen für die theologische Ausbildung diskutiert werden. Die Statistiken findet man bei David B. Barrett, World Christian Encyclopedia.

Die in Europa existierenden sogenannten „Immigrationskirchen" vertreten zum allergrößten Teil eine charismatisch-pfingstliche Spiritualität, haben aber kaum Beziehungen zu den einheimischen Pfingstkirchen. Es ist den deutschen Pfingstlern ergangen wie den meisten von uns: Wir beteten für eine Erweckung. Als sie kam, erkannten wir sie nicht, weil sie schwarz war. Die deutsche Pfarrerin Claudia Währisch-Oblau berichtet in einem differenzierten Artikel von ihrem Kontakt mit diesen Kirchen. Sie fand über 200 Immigrationskirchen im Ruhr-Rhein-Gebiet. In den letzten zehn Jahren hat sich die Zahl dieser Kirchen verdoppelt, wenn nicht verdreifacht (Quellen im Enzyklopädischen Stichwort, 227, Anm. 69).

Die Predigt „Haben als hätten wir nicht ..." wurde im Abschlussgottesdienst der „Arbeitsgemeinschaft ökumenische Forschung" gehalten. Diese Arbeitsgemeinschaft junger Theologen arbeitete zum Thema „Pfingstbewegung und Ökumene" in der Missionsakademie Hamburg (Dahling-Sanders [Hg.]). Der Gottesdienst fand in der Hauptkirche St. Petri in Hamburg statt. Die Gemeindeliturgie mit Abendmahl gestalteten zwei Hamburger Pfarrer in Halskrause nach ihrer Tradition. Eine Band aus Trommlern und Sängerinnen des „Temple of Praise" (eine der oben erwähnten Immigrationskirchen in Hamburg) spielte während des Gottesdienstes. Der Text war der vorgeschriebene Perikopentext. Die beiden erwähnten Schuldbekenntnisse findet man in Hollenweger, „Confessions of a Catholic and a Pentacostal Ecumenist".

16. Welche Kirche wollen wir? (Themapredigt)

Amsterdam hat ca. 700 000 Einwohner. Es war einmal die größte protestantische Stadt der Welt. Heute gibt es dort noch 26 000 Reformierte und Lutheraner und vielleicht ebenso viele Katholiken. Die übrigen sind konfessionslos, Muslime, oder sie gehören zu neuen christlichen Drittweltkirchen eigener Prägung. Kirchengebäude werden in Massen an die Muslime und an die Drittweltkirchen verkauft. Oder sie werden in Park- oder Warenhäuser umgebaut. Die Hälfte der theologischen Fakultäten wird aufgehoben.
Ähnliches passiert in Frankreich, Deutschland und England, aber auch in Basel, Genf und anderwärts in der Schweiz. Nur ganz Naive glauben, diese Entwicklung mache an den Grenzen des Kantons Bern halt. Weltweit sieht die Entwicklung folgendermaßen aus:

Die christlichen Denominationen in Prozenten des Gesamtchristentums

1998 2025

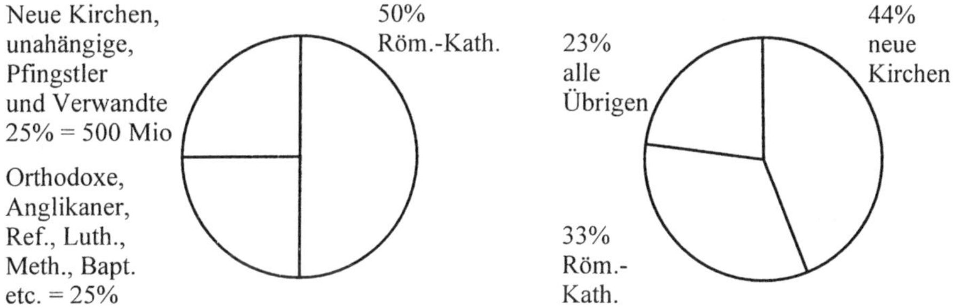

Informationen über diese größte Erweckungsbewegung aller Zeiten sucht man vergeblich in unseren Medien. Ein Wachstum von 0 auf über 500 Millionen in weniger als hundert Jahren gab es in der ganzen Kirchengeschichte noch nie. Aber das interessiert unsere Medien nicht. Sie hängen immer noch dem Säkularismus-Aberglauben an. Was jenseits von Spreitenbach oder Bümpliz passiert, wissen sie nicht, jedenfalls nicht in Bezug auf das Christentum. Man nennt diesen Verblödungsprozess großspurig *Information.* Auch unsere religiösen Medien machen mit bei dieser Desinformation. Sie schreiben einfach von einander ab. Als ich bei einer öffentlichen Podiumsdiskussion mit religiösen Radiojournalisten in Stuttgart (2000) die Journalisten mit den Fakten konfrontierte, antworteten sie: „Wir berichten nicht, was Sache ist, sondern, was die Leute interessiert. Ihre Fakten interessieren niemanden."

Sie wollten nicht zur Kenntnis nehmen, dass das Christentum immer noch rasant wächst, vielleicht weil dieses Wachstum nicht in unseren Formen geschieht. Dass dieses Wachstum auch Gefahren mit sich bringt, soll nicht verschwiegen werden. Das wäre aber gerade ein Grund für unsere theologischen Fakultäten, sich intensiv und in den Hauptfächern (nicht unter „Sektenkunde") mit dieser Erweckung zu befassen. Aber darauf wartet man bis jetzt umsonst. Unsere Fakultäten schlafen und schnarchen, dass man es bis nach Krattigen hört.

Diese Mehrheitskirchen haben folgende Struktur:

- Ihre Pfarrer sind Pfarrer im Nebenberuf oder ehrenamtlich tätig. Die meisten sind nicht akademisch gebildete Theologen, obschon einzelne von ihnen an europäischen Universitäten promoviert haben. In der Anglikanischen Kirche zum Beispiel kann man sogar Erzbischof werden, ohne Theologe zu sein. Die meisten ihrer Pfarrer sind nicht Theologen, sondern frühpensionierte Kaufleute, Offiziere, Diplomaten, Lehrer oder Ärzte. Die Kirche gibt ihnen einen Kurs von sechs Monaten, damit sie das Handwerk des Pfarrerberufes lernen. Sie stellt ihnen ein Pfarrhaus zur Verfügung und ordiniert sie. Sie sind vollamtliche, aber unbezahlte Pfarrer. Sie leben entweder von ihrer Rente oder von einem Nebenerwerb.
- Das bedeutet, dass die Gemeindeglieder einen großen Teil der pfarramtlichen Tätigkeiten übernehmen müssen. Das verändert den Gottesdienst, zum Beispiel in Richtung des Café Gloria, das Sie in Ihrer Kirche praktizieren.

Was heißt das für eine typische Berner Gemeinde? Wie sieht sie in fünfundzwanzig Jahren aus?

1. Mindestens ein Drittel der vollen Stellen wird gestrichen werden.
2. Wir werden Nichttheologen zu Pfarrern ordinieren, ohne ihnen einen Lohn zu geben, wie in der Anglikanischen Kirche. Sie werden nicht Theologie studieren, denn um Taufe und Abendmahl zu halten, um Hochzeiten zu feiern und Bestattungen durchzuführen, muss man nicht Theologe sein. Um Kranke zu salben im Gottesdienst, muss man nicht Theologe sein (siehe die Nr. 9–13, 97–122). Aber man muss das Handwerk des Salbens gelernt haben und man darf kein Psychopath sein. Man muss für diese Dienste Christ sein, ein nüchterner, kommunikationsfähiger Christ, und etwas von Seelsorge verstehen – ähnlich wie das heute mit dem Katecheten-, dem Organisten- und dem Küsterdienst geschieht.
3. Wahrscheinlich werden wir einen Teil unserer Gebäude entweder verkaufen oder umnutzen müssen, zum Beispiel als Treffpunkte, als Cafés, als Wohnhäuser (wie in Berlin-Spandau), als Beratungsstellen, als Kon-

zert- und Theatersäle. In der reformierten Kirche in Birmingham, in der ich Mitglied war, übte das berühmte City of Birmingham Orchestra unter Simon Rattle in unserer Kirche – was natürlich bezahlt werden musste. Das Kirchengebäude wurde auch sonst die ganze Woche genutzt für Beratungsstellen (kirchliche und andere), für ein Restaurant, in dem man sich billig verpflegen konnte etc.

4. Theologen wird man immer noch benötigen, aber nicht in jedem Dorf. Es ist doch merkwürdig: Wir bilden an der Uni Leute aus für einen Beruf, den es gar nicht gibt. In den Gemeinden will man nicht Theologen, sondern Manager, einen Freizeit-Conferencier, vielleicht noch Seelsorger und für den Sonntagmorgen einen Ein-Mann-Kabarettist. Das alles aber lernen wir nicht an der Uni.

Obschon alle unsere Pfarrer Theologen sind, ist es mit der theologischen Bildung unserer Gemeinden nicht gut bestellt. Jeder Theologe weiß, dass die Evangelien nicht Biographien Jesu sind, dass viele Geschichten des Alten Testaments keine historischen Berichte, sondern theologische Gleichnisgeschichten sind. Trotzdem wird in unseren Gemeinden immer noch gefragt, wie denn Noah alle diese Tiere in seine Arche einsortierte, so dass die Löwen die Giraffen nicht auffraßen. Die Sintflutgeschichte ist kein historischer Bericht. Wenn das die Pfarrerinnen nicht wüssten, würden sie durchfallen beim Examen. Sie wissen das ganz genau, aber sie getrauen sich selten, der Gemeinde klaren Wein einzuschenken, weil man sie sonst als „ungläubig" verschreien würde. Meine lieben Kolleginnen und Kollegen: Unterschätzen wir unsre Gemeinden nicht! Und die Gemeindeglieder können ihren Pfarrern helfen, indem sie ihnen sagen: Wir können die Wahrheit ertragen. Wir sind keine Kinder. Wir werden Sie nicht als „ungläubig" bezeichnen, wenn Sie uns in die Grundzüge der kritischen Theologie einweihen.

Die Sintflutgeschichte zum Beispiel sagt: Gott will die Menschheit ersäufen, weil ihr Herz böse ist von Jugend an. Und ein paar Zeilen weiter sagt derselbe Autor: Gott wolle die Menschheit nicht zerstören, weil ihr Herz böse sei von Jugend an. Hier wird derselbe Tatbestand – die Bosheit der Menschen – einmal als Grund für Gottes Heilswillen und das andere Mal für sein Zerstörungswerk angegeben. Der Gott der Bibel ist eben nicht logisch. Er hat keinen Logikunterricht bei Aristoteles oder bei René Descartes genommen. Er ist *inkonsequent,* und das ist unsere einzige Chance. So sind die Sintflutsagen zu erläutern und nicht in den läppischen Kinder-Musicals, die eher einem primitiven Zoologie-Unterricht gleichen als einer theologischen Auslegung.

Für die Theologen heißt das: Statt „Hans-Dampf-in-allen-Gassen" zu sein,

müssen sie wieder Theologen werden. Der vollbezahlte Beruf des Theologen wird aber in Zukunft ein *Sonderpfarramt* innerhalb einer Region werden. Die Regionaltheologin ist eine Spezialistin in theologischer und berufsbegleitender Erwachsenenbildung. Sie bietet nicht einfach theologische Freizeitprogramme an, sondern sie bildet mit ihrem Team die Katecheten, die unbezahlten Gemeindepfarrer, die Liturgen für Bestattungen und andere Kasualien aus. Sie bildet Leute aus, die die Kranken, die Traurigen und Verzweifelten im öffentlichen Gottesdienst mit Öl salben und mit ihnen beten, so dass die Menschen merken: Das Evangelium ist etwas, das mit körperlicher Berührung, mit ihrem Leib zu tun hat. Das Evangelium ist nicht lediglich eine Idee oder eine Moral, sondern eine Erfahrung. Die Regionaltheologin wird den unbezahlten Pfarrern und den Gemeinden zu einem unverkrampften, frommen und zugleich kritischen Umgang mit der Bibel verhelfen – eine Aufgabe, die unsere Kirchen bis jetzt sträflich vernachlässigt haben (siehe dazu ausführlich im Klapperstorch).
Resultat: Anstatt einer Beamtenkirche werden wir eine Gemeindekirche sein. Viele Christen werden aktiv an dieser Kirche mitarbeiten, aber *nicht als Handlanger der Pfarrer, sondern als von der Kirche ordinierte Spezialisten,* auch wenn sie nicht oder nur marginal bezahlt werden. Am besten ist es, wir fangen mit der Umstrukturierung schon morgen an, solange wir noch Geld haben.
Wir werden in Zukunft vieles *ökumenisch* machen müssen, mit den Katholiken und den Freikirchen zusammen, vor allem aber auch mit den neuen Immigrationskirchen, die sich auch bei uns verbreiten. Zu diesem ökumenischen Konzept gehören auch die theologischen Fakultäten. Es ist ein Unsinn, den sich nur noch einige „zentral-europäische Stämme" leisten können, dass wir getrennte Ausbildungsinstitute haben für Katholiken, Reformierte und alle Arten von Freikirchen. Das ist weltweit gesehen ein teures und verantwortungsloses Auslaufmodell. Ebenso werden wir den Religionsunterricht an den Schulen ökumenisch, wenn nicht gar in gewissen Gegenden als interreligiöse Religions*kunde* durchführen müssen.
Wir werden unsere Finanzen neu regeln müssen. Es liegen in der Schweiz Millionen herum, die darauf warten, abgeholt zu werden. Das bedeutet auch, dass der Kassenwart (in der Schweiz heißt er „Kassierer") eine ganz andere Funktion bekommt. Ich kenne eine Kirche mit vielen tausend Gemeinden – sie ist weitaus größer als die Evangelisch-Reformierte Kirche des Kantons Bern –, deren einzige vollamtliche Funktionäre die Finanzchefs sind. Es ist eine Kirche in Brasilien, die Congregação Cristã no Brasil, die übrigens auch in der Schweiz Filialen unterhält. Alle Pfarrer sind bei ihr im Neben- oder Ehrenamt angestellt, nur die Finanzchefs nicht.

Bei uns ist es gerade umgekehrt. Nun will ich ja nicht vorschlagen, dass wir bei uns brasilianische Verhältnisse einführen. Aber die Kassierer in unseren Gemeinden sind schlicht und ergreifend Bremser. Sie hocken auf ihren vollen Kassen und sagen bei jedem Projekt: Da reicht das Geld nicht. Der Kassierer der Zukunft ist kein Bremser, sondern ein Finanzchef. Wenn ein Projekt in einer Gemeinde oder in einer Region ansteht, sagt er nicht: „Das vermögen wir nicht." Er überlegt sich, wer interessiert sich für dieses Projekt, für die Jugendarbeit, die Sozialarbeit, eine künstlerische Veranstaltung. Pfarrer Simon Jenny aus Huttwil hat mit drei Aufführungen der „Maria von Wedemeyer" (Nr. 15, 137–154) sogar einen Überschuss von Fr 7000,– erzielt, obschon er Berufsmusiker und Theaterleute engagieren musste. Eigentlich wäre das nicht die Aufgabe des Pfarrers, sondern des Finanzchefs.
Übrigens, der Überschuss von Fr 7000,– ging in die Hollenweger-Stiftung. Diese Stiftung habe ich gegründet und finanziert, obschon ich keine Pension habe. Ja, wissen Sie, es lohnt sich, in Sachen Geld dem lieben Gott zu vertrauen. Versuchen Sie es doch einmal! Wer soll uns denn glauben, wenn wir von Gottvertrauen reden, aber wenn es ums Geld geht, den „Schlotter" bekommen.
Die Hollenweger-Stiftung wurde gegründet, um Gottesdienste und Evangelisationsveranstaltungen der Kirche von morgen zu ermöglichen, in denen kirchenferne Menschen die Hauptrolle spielen. Nicht: Kirchenferne sollen angepredigt werden. Dieses System hat ausgedient. Nein, sie wollen aktiv in die Gestaltung dieser Veranstaltungen einbezogen werden. So lernen die Menschen, dass das Evangelium etwas für sie ist. Ich lege sie nicht auf ihre Defizite fest, auf die Sünde (das wissen sie ja schon), sondern auf ihre Stärken, wie das Jesus getan hat. Auch den Kranken hat Jesus nicht gesagt: Ihr seid krank wegen der Sünde. Er hat sie auf die Füße gestellt.
In der Kirche werden die Menschen auf die Füße gestellt. Vielleicht werden wir in Zukunft sogar als Regionalverband auftreten, nicht einfach mit einer Predigt, sondern mit einem ganzen Wochenende. Da werden wir Theater spielen, tanzen, singen, musizieren, feiern. Es muss nicht jede Gemeinde für sich allein kutschieren. Das hat Pfarrer Huggler von Aeschi vorgemacht. Er hat mit drei Gemeinden aus dem Kandertal das Weihnachtsoratorium aufgeführt, weil das Projekt zu groß war für seine Gemeinde (Nr. 1, 17–25).
Wer will, dass die Kirche bleibt, wie sie ist, will nicht, dass die Kirche bleibt. Er arbeitet an ihrem Untergang. Das wollen wir nicht. Darum: Fangen wir mit der Kirche der Zukunft an. Das hat Zukunft.

17. Haben, als hätten wir nicht (Predigt zu 1Kor 7,25–31 L)

25 Von den Jungfrauen aber habe ich kein Gebot das Herrn; ich sage aber meine Meinung, als der ich Barmherzigkeit erlangt habe von dem Herrn, treu zu sein. 26 So meine ich nun, solches sei gut um der gegenwärtigen Not willen, es sei dem Menschen gut, also zu sein. 27 Bist du an ein Weib gebunden, so suche nicht, los zu werden; bist du los vom Weibe, so suche kein. Weib. 28 So du aber freist, sündigst du nicht; und so eine Jungfrau freit, sündigt sie nicht. Doch werden solche leibliche Trübsal haben; ich verschonte euch aber gern. 29 Das sage ich aber, liebe Brüder: Die Zeit ist kurz. Weiter ist das die Meinung: Die die Weiber haben, dass sie seien, als hätten sie keine, und die da weinen, als weinten sie nicht, 30 und die sich freuen, als freuten sie sich nicht, und die da kaufen, als besäßen sie es nicht, 31 und die diese Welt gebrauchen, dass sie dieselbe nicht missbrauchen. Denn das Wirken dieser Welt vergeht.

Predigt: Wir leben in einer Zeit, die das Gefühl und die persönliche Erfahrung des Individuums sozusagen zur Dogmatik erhebt. So sehe ich die Sache … Und damit ist die Sache erledigt. Das ist als Reaktion auf eine sogenannt objektive Wahrheit verständlich, aber einseitig.

Paulus empfiehlt in unserem Text – als menschlichen Rat – Distanz zu sich selber, seinen Erfahrungen, seinem Geld, seiner Theologie, seinen familiären Beziehungen. Es wird euch dann besser gehen, sagt Paulus.

Die Frage, die sich mir hier stellt, lautet: Hat Paulus selber nach diesem Prinzip gehandelt? Er war ein heißblütiger Theologe, und er hat einem, der mit ihm nicht einverstanden war, gedroht, dass er ihn dem Satan übergebe zum Verderben des Fleisches, damit sein Geist gerettet werde (1Kor 5,5). Daraus hat dann die Inquisition ihr Recht bezogen, widerspenstige „Häretiker" zu verbrennen, damit ihre Seele gerettet werde. Allerdings hat sie dabei nicht zur Kenntnis genommen, dass Paulus nie den „weltlichen Arm" benutzte, um Kirchenzucht zu betreiben. Er hat auch nicht mit finanziellen Sanktionen gedroht. Er hatte nichts als sein Wort.

Aber das ist nur die eine Seite des Apostels. Die andere zeigt sich darin, dass er für seine theologischen Erzfeinde in Jerusalem eine Kollekte gesammelt und unter Lebensgefahr nach Jerusalem gebracht hat. Man stelle sich vor: Die Apostel in Jerusalem sind entweder persönlich in die Gemeinden von Galatien gegangen oder haben ihre Emissäre geschickt. diese sagten: „Was der Paulus sagt, ist schon recht für den Anfang. Paulus ist ein

Neuling im Glauben. Außer dem anfänglichen Glauben hat er keine Erfahrungen. Wir aber sind bei Jesus gewesen von allem Anfang an. Wir kennen uns aus im tieferen Glaubensleben. Und dazu gehören der Sabbat, die Beschneidung und die Speisevorschriften. Davon versteht Paulus nichts. Er steht auch nicht in der direkten Folge Jesu (die Theologen nennen das Sukzession). Er hat ihn nicht gekannt und beruft sich nur auf ein fragwürdiges Erleuchtungserlebnis."

Darauf schrieb Paulus: „O ihr unverständigen Galater, wer hat euch verhext, denen doch Jesus Christus als Gekreuzigter vor Augen gemalt worden ist?" (Gal 3,1)

Und diesen „Verhexern" und Verleumdern bringt Paulus die Kollekte. Er band die Kollekte nicht an ihr Wohlverhalten. Sie mussten nicht versprechen, sich in Zukunft anständiger zu verhalten. Damit signalisierte er „Distanz zu seiner eigenen Theologie". Paulus musste sich nicht so wichtig nehmen.

Ich möchte Ihnen von zwei Erfahrungen in der Gegenwart erzählen, von Menschen, die Distanz zu sich selber hatten. Der erste ist der Benediktiner Kilian McDonnell. Als Mönch steht er jede Nacht auf, um zu beten. Er nimmt die katholische Kirche und Hierarchie ernst, wie er mir in vielen Gesprächen erläuterte. Er ist ein bedeutender Ökumeniker und Professor in Collegeville, USA. Kürzlich hat er bei der Jahresversammlung der Society for Pentecostal Studies ein Sündenbekenntnis abgelegt. Die Society for Pentecostal Studies ist eine akademische Vereinigung von pfingstlichen Theologen. McDonnell ist als Ko-Präsident der vatikanisch/pfingstlichen Dialogkommission Mitglied dieser Gesellschaft. Am 18. März 2000 stand Kilian McDonnell in dieser Gesellschaft auf und sagte:

„Ich bekenne die Sünde der Arroganz, mit der wir Katholiken die Pfingstler behandelt haben. Das führte zu Intoleranz, Diskriminierung und Ausgrenzung. Wir haben den Staat missbraucht, um die Pfingstler zu unterdrücken und zu bedrängen. Wo wir in der Mehrheit waren, haben wir die Pfingstler ihrer Bürgerrechte beraubt. Wo wir in der Minderheit waren, haben wir vom Staat eben diese Bürgerrechte eingefordert. Wir haben die Pfingstler als ‚enthusiastische Sektierer' beschimpft, statt mit Dankbarkeit ihre Gaben anzunehmen."

Der Präsident der Society for Pentecostal Studies war im Jahre 2000 Frank Macchia. Er hatte in Basel bei Jan Milic Lochmann promoviert mit einer Arbeit über Blumhardt, in der er das Verhältnis zwischen Spiritualität und Politik untersuchte. Macchia sagte: „Ich bitte die Katholiken, den Pfingstlern zu vergeben, denn wir haben die Katholische Kirche als götzendienerische Hure Babylons verurteilt. Ich bitte um Vergebung, dass wir behauptet haben, die Katholiken glaubten durch Werke gerechtfertigt zu werden …"

Hier haben wir also ein Beispiel von zwei Theologen, die ihre eigene Theologie ernst nehmen, die ihren jeweiligen Kirchen treu dienen, aber im entscheidenden Moment Distanz zu ihrer Tradition und Theologie nehmen können. Eine wichtige Vorbedingung für die Ökumene.
Das andere Beispiel habe ich selber erlebt. Mein neutestamentlicher Kollege in Birmingham erklärte im Radio, dass er nicht mehr an Gott glauben könne. Seinen Bischof bat er, ihn von seinem Ordinationsgelübde als anglikanischer Pfarrer zu befreien. Man kann sich vorstellen, wie diese Nachricht unter den Christen in Birmingham wirkte. Besonders die Evangelikalen gingen zu meinen schwarzen Arbeiterpfarrer-Studenten und sagten ihnen: „Und dieser Mensch, der nicht einmal an Gott glaubt – von Bekehrung oder Wiedergeburt ist da ja sowieso keine Rede –, dieser Mensch unterrichtet euch Neues Testament."
Die schwarzen Arbeiterpfarrer versprachen, mit dem Professor zu reden. Sie sagten ihm:

- Sie haben im Radio gesagt, Sie glaubten nicht an Gott. Das haben wir schon lange gemerkt. Von jetzt an kann es nur noch besser werden mit Ihnen, da Sie öffentlich „bekannt" haben.
- Wir wissen, dass der Glaube etwas ist, was wir aus lauter Gnaden von Gott bekommen. Offensichtlich haben Sie diese Gnade noch nicht erhalten. Sie waren aber immer ein guter Lehrer. Den Glauben kann man sowieso nicht lehren. Aber das Handwerk der neutestamentlichen Exegese verstehen Sie. Darum sehen wir nicht ein, dass Sie als unser Lehrer im Neuen Testament disqualifiziert sein sollten, weil Sie nicht an Gott glauben.
- Wir werden aber für Sie beten, dass Gott Ihnen den Glauben noch schenkt.

Und so beteten sie jeweils zu Beginn des Seminars für ihren Professor laut und deutlich. Und er ließ sich das gefallen, denn er liebte sie.
Indem die schwarzen Studenten Distanz zu ihrem persönlichen Glauben und ihren religiösen Überzeugungen übten, lebten sie einen überzeugenden, missionarischen und toleranten Glauben.

Bußtag

Auch das ist Ökumene

Die Vertreter der beiden großen Landeskirchen im deutschsprachigen Europa haben durchaus Grund zur Buße. Was wir uns geleistet haben in Bezug auf die Verfolgung der Täufer und Mennoniten, der Juden, Unitarier und anderer „Querdenker" – bis an den Anfang des 20. Jahrhunderts! – ist von uns verdrängt worden. Von Ausnahmen abgesehen haben nicht die Kirchen, sondern die Aufklärer die Toleranz den Andersgläubigen gegenüber vertreten. Umso wichtiger ist es, diesen Teil unserer Geschichte bewusst zu machen.

In Hamburg wurde das folgende Oratorium mit den Teilnehmern einer Mennonitenkonferenz aufgeführt. Auch das ist Ökumene. Das ist auch der Grund, warum die ganz andere Theologie der Täufer in diesem Oratorium zu Worte kommt. Die Abqualifizierung als „Schwärmer" widerspricht den Anforderungen an eine ehrliche theologische Forschung. Mein Doktorvater, Fritz Blanke, vertrat immer die Meinung: Die Täufer und andere so genannte Nebenströmungen der Reformation sind nicht aufgrund der Polemiken der Reformatoren (Bullinger, Luther, Zwingli, Calvin) zu beurteilen, sondern aufgrund ihrer eigenen Quellen. Als man ihm entgegenhielt, dass es diese nicht gäbe, insistierte er, dass sie gesucht und gefunden werden müssen. Dies ist unterdessen in der theologischen Forschung geschehen, aber es ist noch nicht in die Gemeinden gedrungen.

Das Oratorium lebt von der Gegenüberstellung von Bild (vor allem Diapositive der Passionsgemälde von Jörg Ratgeb), Lied und Sprache.

Die Chöre und Instrumentalstimmen (ein Fagott, eine Klarinette, eine Oboe oder sonst drei kompatible Bläser) wurden von Heyno Kattenstedt, Gelsenkirchen, komponiert, der auch in denkwürdigen Aufführungen das Dirigat übernahm. Man wird den Perspektivenwechsel erkennen, der sich einstellt, wenn die altbekannten Reformationschoräle von Bauern und Täufern gesungen werden. Man wird ebenso erkennen, dass diese Bewegungen *auch* zur Reformation gehören, obschon sie lange Zeit verkannt wurden.

Historische, musikalische und künstlerische Kommentare findet man im Partiturheft (siehe die Liste 239f).

18. Jörg Ratgeb: Das Leiden Jesu Christi im Leben des Malers, Märtyrers und Bauernkanzlers (Oratorium)

Prolog: Furcht und Hoffnung im Bauernlager
Chor: EG 362,1
Zusatz: Wir arme Leut! 's ist böse Zeit.
Gerechtigkeit! Nur Fron und Leid,
Freiheit ist weit.

Sprecher
Dies ist die Geschichte des Malers und Märtyrers Jörg Ratgeb. Er stellte das Leiden Christi und das Leiden der geplagten Bauern in großartigen Wandgemälden dar. Er war ein Christ und ein Fürsprecher der Unterdrückten während der Reformationszeit. Er wurde zum Tode verurteilt, Jahrhunderte lang totgeschwiegen, neu entdeckt und – ein wenig – rehabilitiert in Frankfurt. Wir stellen ihn dar im Spiegel seiner Zeitgenossen und Interpreten.

Kanon, Chor und Gemeinde: RG (1998) 822
Sprechchor der Bauern: Lk 6,22.

Erasmus
Ich bin Erasmus, holländischer Gelehrter, wohnhaft in Basel. Ich bin gegen Krieg und Gewalt, für Wiederherstellung des Evangeliums und saubere Exegese. Mit den Reformatoren, die den freien Willen des Menschen leugnen, kann ich nicht gemeinsame Sache machen. Anstatt die Kirche von innen, durch Belehrung und Geduld zu reformieren, stürzen sie die geltende Ordnung um, heiraten entlaufene Nonnen, verweigern den Bischöfen den Gehorsam und bringen Unruhe ins Land. An eine geordnete philosophische Lehrtätigkeit ist unter diesen Umständen nicht zu denken.
„Konzile können irren", sagt Luther. „Und ein Konventikel?", frage ich. „Der Geist bürgt für die richtige Auslegung der Schrift", sagt der Reformator. Ich frage: „Wie wissen wir, wer den Geist hat? Wenn Gelehrsamkeit der Beweis ist, haben wir ihn beide. Wenn sein Kennzeichen die Güte des Menschen ist, dann hat ihn keiner von uns."
Und die Täufer? Mir ist es leid um sie. In der Reinheit des Lebens übertreffen sie alle. Trotzdem werden sie von allen verfolgt.
Und die Bauern? Ersparen Sie mir ein Urteil. Da habe ich nur eine Antwort: „Wer Wind sät, wird Sturm ernten."

Choral und Soli: RG (1965) 62, 3 und EG 344, 3.

Soli: Konzile können irren! Und ein Konventikel? Christen benehmen sich wie Raubvögel. Nur ein Esel übt Zwang aus. Welches Land, welcher Fluss, welches Meer ist nicht von christlichem Blut getränkt?

Sprechchor der Bauern: Lk 6,26
Gemeindelied: EG 344, 4.8

Herzog Ulrich von Württemberg
Ich bin Herzog Ulrich von Württemberg. Hat da ein hergelaufener Malermeister, Jörg Ratgeb, meine Sklavin geheiratet und versucht, sie von mir freizukaufen, noch bevor ich sie anständig defloriert hatte. Das kommt davon, dass Luther und Erasmus das Maul aufreißen und die Freiheit eines jeden Christenmenschen verkündigen – mit Berufung auf die Bibel, die jeder anders auslegt.

Chor: EG 366
Sprechchor der Bauern: Lk 6,21
Gemeindelied: EG 297

Frau Ratgeb
Ich bin die Frau des Jörg Ratgeb. In der Nacht vor der Hochzeit kam der Herzog von Württemberg zu mir. Er sagte: „Du bist meine Sklavin. Ich muss mit dir schlafen. So will es das Gesetz. Und das Gesetz ist von Gott. Da kann dir weder der Luther noch dein zukünftiger Mann helfen."
Mein Mann hat das Evangelium gemalt. In seinen Passionsgemälden hat er beides vor Augen geführt: Die brutale Unterdrückung der Bauern in unserer Zeit und die Peinigung des Erlösers durch die Großen seiner Zeit. Durch seinen Tod werden wir frei. Es gibt uns Hoffnung und Vollmacht. Er macht uns zu Menschen. Er sagt uns, dass wir nicht länger der Besitz der Herren sind.
Die Großen haben die Bilder meines Mannes verstanden. Sie haben ihn als Hochverräter zum Tode verurteilt. Von vier Pferden wurde er in Stücke gerissen. Seine blutigen Überreste wurden zur Schau gestellt.

Chor: EG 299,1 und 3; EG 77, 1.8
Sprechchor der Bauern: Lk 6,21b
Gemeindelied: EG 85, 2

Bauernfrau
Ich bin die Frau eines Bauern. Das geistlose, sanftlebende Fleisch zu Wittenberg versteht uns Bauern nicht. Für ein unbedachtes Wort wird uns die

Zunge abgeschnitten. Wenn wir eine Handvoll Körner aus dem Vorrat unserer Herren nehmen, um unsren Hunger zu stillen, wird uns die Hand abgeschnitten. Wenn wir mit den Zehntenabgaben in Verzug kommen, werden uns die Kühe weggenommen. Unsere Fürsten saugen uns aus, als wären wir nicht Brüder und Schwestern im Herrn. Wer hat denn den elenden dürftigen Madensack zu Mansfeld zu einem Fürsten und Herren über unser Volk gemacht? Es ist Zeit, dass wir diese unchristliche Ordnung abschaffen und unser eigenes Regiment aufrichten.

Chor: EG 145, 1.5

Zusatz:	Wach auf, Deutschland 's ist hohe Zeit
(mit Gemeinde)	du wirst sonst übereilet,
	die Straf dir auf dem Halse leit,
	ob's sich jetzt gleich verweilet.
	Fürwahr, die Axt ist angesetzt
	und auch zum Hieb sehr scharf gewetzt,
	was gilt's, ob sie dein fehlet.

Sprechchor der Bauern: Lk 6,27f
Gemeindelied: EG 396, 3.6

Ein Pferd
Ich bin ein Ackergaul. Normalerweise ziehe ich den Pflug. Er ist schwer genug. Aber heute musste ich mit drei anderen Gäulen zusammen einen Menschen in Stücke reißen. Warum tun die Menschen einander solches an? Man sagte, dies sei nötig wegen der christlichen Staatsordnung. Ich verstehe das nicht, aber ich bin ja nur ein Pferd. Ist es nicht genug, dass wir den Menschen ein ganzes Leben lang dienen müssen? Sollen wir noch zu Komplizen ihrer Rachsucht werden?

Chor: Ps 126,1 und Röm 8,19–22
Sprechchor der Bauern: Mt 6,9f
Gemeindelied: EG 7, 1.4.6
Kanon, Chor, Gemeinde: RG (1988) 822

Balthasar Hubmaier
Ich bin Balthasar Hubmaier, Täuferpfarrer zu Waldshut und bedrängt von allen Seiten. Ich bin ein zu früh Gekommener. Ich hoffte auf das Selbstverständliche, nicht auf Revolution, nicht auf Umsturz, sondern auf die Verantwortung der Herrschenden den Untertanen gegenüber, auf die Kontrolle ihrer Machtgelüste durch die Gemeinde, auf Toleranz Andersdenkenden gegenüber und auf die Wahrhaftigkeit der Kirche.

Ob dieser Jörg Ratgeb den rechten Weg geht? Ich bin froh, dass er das Evangelium malte. Aber ich fürchtete das Schlimmste, als er Bauernkanzler wurde. Das konnte nicht gut enden. Ich bin vorsichtiger. Aber wird es mir besser gehen?

Chor: EG 350, 1.5
Sprechchor der Bauern: Mt 5,9
Gemeindelied: EG 273,1.5

Menno Simons
Ich bin Menno Simons aus Westfriedland. Als ich noch katholischer Priester war, sah ich mit Schaudern, was mit den Bauern und Täufern geschah. Mein eigener Bruder verlor sein Leben, als er bei den kaiserlichen Truppen war, die die Täufer zusammenschlugen.
Balthasar Hubmaier war ein grundlauterer Täuferpfarrer. Trotzdem wurde er verbrannt. Bei der Hinrichtung des Täufers Sikke Freriks war ich anwesend. Nein, so darf man nicht mit Glaubensbrüdern und -schwestern umgehen, auch wenn sie andere Lehrmeinungen vertreten als die offiziellen. Mit der Kindertaufe sind wir betrogen worden. Darum ließ ich mich als Erwachsener taufen und warb schriftlich und mündlich um Toleranz für die Täufer und unter den Täufern. Der Kaiser setzte einhundert Gulden auf meinen Kopf aus. Ich musste von Land zu Land fliehen, von Westfriedland bis Köln und Westpreußen.
Am meisten Mühe machten mir die Streitigkeiten unter den Täufern selber. Merkwürdig, wenn die Schrift klar und eindeutig ist, warum gibt es denn so verschiedene Auslegungen auch unter den Täufern? Viele wollten – nicht unähnlich ihren Verfolgern – mit unerbittlicher Strenge gegen diejenigen vorgehen, die über die Behörden, über Heiraten mit Nichttäufern, über die Sittlichkeit anders urteilen.
Ich sah die Gefahr, dass aus einer Freiwilligkeitskirche eine abgekapselte Sekte entstand, die das Heil in der Reinheit ihrer Gemeinschaft sucht. Zwar ist die Heiligung unverzichtbarer Bestandteil der Rechtfertigung. Aber sie kann nicht kirchenrechtlich gefordert werden, auch nicht von den Ältesten. Wir müssen zurückkehren zum Grund unseres Glaubens: „Einen anderen Grund kann niemand legen, außer dem, der gelegt ist: Jesus Christus!“ Und so: Miteinander, nebeneinander, zueinander, durcheinander, als Gemeinde Christi!

Chor
Einen anderen Grund kann niemand legen, außer dem, der gelegt ist: Jesus Christus! Miteinander, nebeneinander, zueinander, durcheinander als Gemeinde Christi

Sprechchor der Bauern: Röm 6,3–4
Gemeindelied: EG 202, 1.5
(Wenn die Liturgie mit Mennoniten und Täufern zusammen gefeiert wird, folgt hier Röm 6,3–4 in der Übersetzung der Täufer, im Partiturheft.)

Martin Luther
Ich bin Martin Luther, Doktor der Theologie in Wittenberg. Das fehlte gerade noch, dass wir den Artikel von der Freiheit eines Christenmenschen fleischlich auslegen, wie das die Bauern und Täufer tun. Sie rauben und toben wie die rasenden Hunde. Sie treiben des Teufels Werk und ist der Erzteufel ihr Führer. Darum soll hie zusammengeschmissen werden. Darum soll, wer da kann, würgen und töten, heimlich oder öffentlich, und henken und rädern, gleich als man einen tollen Hund totschlagen muss. Es ist nichts Giftigeres, Schrecklicheres oder Teuflischeres denn ein aufrührerischer Mensch. Und schlägst du nicht, so schlägt er dich und ein ganzes Land mit dir. Wer im Kampf gegen diesen Höllenbrand umkommt, ist ein Märtyrer Gottes.

Chor
Würgen, brennen, hauen, stechen,
Widerstand gewaltsam brechen.
Selig sind die Friedensstifter, denn sie werden Söhne Gottes genannt werden. Selig sind, die um der Gerechtigkeit willen Verfolgungen leiden, denn ihrer ist das Reich der Himmel.

Sprechchor der Bauern: Mt 5,5
Gemeindelied: RG (1998) 820

Huldreich Zwingli
Ich bin Huldreich Zwingli, Leutpriester und Verbi Divini Minister in Zürich. Der Luther hat wohl nicht bedacht, wer die wahren Drahtzieher des Bauernaufruhrs sind. Wer sind denn die Aufrührer? Die Aufrührer sind nicht die unbedachten Schreier, sondern vor allem jene Politiker, die für die Inflation verantwortlich sind. Man sollte sie in kochendem Öl sieden.
Man wird den Reichtum, der aus dem Kriegsgeschäft hervorgeht, zertreten müssen, wie einen Maulwurfshaufen auf den Wiesen, und das so unrechtmäßig erworbene Gut den Witwen und Waisen austeilen, an denen die Kriegsgewinnler schuldig geworden sind.
Will eine arme Kindbetterin ein dringend benötigtes Medikament kaufen, so muss sie den Markenfirmen, die dafür ein Monopol besitzen, einen un-

verschämten Überpreis bezahlen. Mit den damit angehäuften Kapitalien bauen sie dann ihre Monopolstellung noch stärker aus. Wahrlich, man braucht nicht weit zu suchen, um die Ursache der Teuerung und der Armut zu finden. Es sind jene Finanziers, die den Waren- und Kapitalmarkt beherrschen. Darum ist es meine Meinung, dass die Leibeigenschaft abgeschafft werden muss.

Chor: EG 242, 1–3
Sprechchor der Bauern: Lk 6,20
Gemeindelied: RG (1998) 820, 3
Kanon und Choral: RG (1998) 922

Friedrich Engels
Ich bin Friedrich Engels, Fabrikantensohn aus Wuppertal. Der Bauernkrieg zeigt die Grausamkeit des Christentums. Ein Leibeigener war seinem Herrn auf Gedeih und Verderben ausgeliefert. War er Höriger, so waren schon die gesetzlichen, vertragsmäßigen Leistungen hinreichend, um ihn zu erdrücken. Und wie über das Eigentum, so schaltete der Herr willkürlich über die Person des Bauern, über seine Frau und seine Töchter. Er warf ihn in den Turm, wenn's ihm beliebte, wo ihn mit Sicherheit die Folter erwartete. Wer sollte ihn schützen?
Aber die Herrschenden sind ihre eigenen Totengräber. Es kommt ein Tag der Abrechnung. Die Unterdrückten haben nichts zu verlieren als ihre Ketten.

Chor: Die Kaufleute der Erde … (siehe oben Nr. 3, 29)
Sprechchor der Bauern: Lk 6,24
Gemeindelied: EG 363, 4

Frau eines Piloten
Ich bin eine Engländerin. Mein Mann war ein Bomberpilot. Er bombardierte Frankfurt. In Namen der Gerechtigkeit, im Kampf gegen die Tyrannei. Er bombardierte nicht nur die Tyrannen, sondern auch die von den Tyrannen Geplagten. Eine Bombe sieht nichts. Sie unterscheidet nicht zwischen Opfern und Unterdrückern.
Die Bilder des Jörg Ratgeb, schon arg mitgenommen vom Vandalismus früherer Soldaten, wurden Opfer unseres Gerechtigkeitssinnes.
Viele wurden zerstört. Mein Mann wurde abgeschossen. Man sagte uns, dies sei der *letzte* Krieg gegen alle Kriege, der Krieg für den Frieden. Aber war er das wirklich?

Gemeindelied: EG 421, 1
Sprechchor der Bauern: 2Petr 3,13

Gemeindelied: Ach lass dich doch erwecken, wach auf, wach auf, du harte Welt,
eh als das harte Schrecken dich schnell und plötzlich überfällt.
Wer aber Christus liebet, sei unerschrocknen Muts,
der Friede, den er gibet, bedeutet alles Guts.
Er will die Lehre geben: das Ende naht herzu,
da sollt ihr bei Gott leben in ew'gem Fried und Ruh.

Kunstfreund
Ich bin ein Kunstfreund, ein Bewunderer der Bilder Ratgebs. Die Zeit nimmt. Und manchmal gibt sie zurück. Im Fall Ratgebs beanspruchte die Rückgabe fast fünf Jahrhunderte. Dass im Karmeliterkloster zu Frankfurt die Wandgemälde des Schwaben der Öffentlichkeit zugänglich gemacht wurden, liegt weniger in der Wertschätzung des Schwarmgeistes begründet als in der Tatsache, dass es in der Finanzmetropole nichts wahrhaft „Erstrangiges" wie Cranach oder Dürer zu restaurieren gibt, worauf man mit Ratgeb, dem Maler und Märtyrer, vorlieb genommen hat. Man hofft, seine Bilder unpolitisch zu betrachten.
Aber Ratgeb hat über eines seiner schönsten Bilder den Regenbogen gesetzt.

Kanon: Der Bogen Gottes steigt hinan und führt herab zur Erde.
An ihm erkenne jedermann: Gott will, dass Friede werde.

Sprechchor der Bauern: Gen 9,11 und 13; Gen 8,22
Chor und Gemeinde: RG (1998) 822

Jörg Ratgeb
Ich bin Jörg Ratgeb. Ich komme von den Toten zurück und höre meine Geschichte. Vielleicht habe ich nicht umsonst gelebt, gemalt und gelitten. Vielleicht kommt einmal eine Zeit, wo Frieden auf Erden sein wird.

Chor: EG 262, 1–4
Sprechchor der Bauern: Mt 5,9
Chor und Gemeinde: EG 241,1.5.8.6

Ausländer- oder Flüchtlingstag

Sich auf Fremdes einlassen

Die szenische Auslegung „Ruth, die Ausländerin“ wurde von den Teilnehmern einer Bibelschule in der Evangelischen Akademie Boldern als Abschluss ihres Kurses zum Alten Testament gewünscht. Bei der Verteilung der Rollen beschlossen sie, dass ich selber den Boas spielen müsse. Ich hatte Bedenken und sagte: „Kommt drauf an, wer die Ruth spielt.“ Diese Rolle war schon vergeben. Es sollte eine ausnehmend hübsche junge Frau sein, was nur meine Bedenken erhöhte. Da ich wusste, dass ihr Freund auch an der Bibelschule teilnahm, sprach ich den jungen Mann an: „Was halten Sie von dieser Idee?“ Zu meiner Verblüffung antwortete er, er habe selber diesen Vorschlag gemacht.

Nun war ich gefangen, denn ich hatte die Teilnehmer und Teilnehmerinnen ermuntert, nicht nur Neues zu denken in der Bibelschule, sondern auch etwas ihnen Fremdes zu tun. Sie wollten mich testen, ob es mir mit meinem Vorschlag ernst war. Ich probte also die entsprechenden Szenen mit der jungen Frau, besonders die Begegnung bei dem Körnerhaufen (178). Sie beruhigte mich: „Überlassen Sie das mir. Ich werde Sie führen.“

Und so geschah es auch. Die Szene auf der Tenne wurde in einen Tanz verwandelt. Nun bin ich ein ausgesprochen schlechter Tänzer. Das wurde mir in meiner Jugend durch religiöse Vorschriften ausgetrieben. Aber die junge Frau nahm mich an der Hand und tanzte mit dem alten „Grittibenzen“ zu den Klängen von „Strangers in the Night“, dass die Teilnehmer spontan in einen herzlichen Applaus ausbrachen. In diesem Fall lohnte es sich, sich auf Fremdes einzulassen.

Bei den verschiedenen Aufführungen zeigte es sich, dass sich die narrative Form, die in dem Partiturheft verwendet wurde, nicht sehr gut für das Spielen eignet. Darum hat Estella Korthaus meine Erzählung in Szenen aufgelöst.

19. Ruth, die Ausländerin (Erzähltheater)

(Seraja löffelt an seiner Suppe herum. Etwas beschäftigt ihn, denn er reagiert nicht, als Esther, seine Mutter, ihn anschaut. Erst als er zum dritten

Mal aus dem leeren Teller löffeln will, erwacht er. Er sieht sie an und sagt zögernd)

Seraja

Mutter, ich habe eine junge Frau kennen gelernt. Sie ist die Tochter des persischen Statthalters und heißt Esther, wie die babylonische Frühlingsgöttin, deren blendende Schönheit ich schon als Junge bewunderte, und wie du, meine Mutter. – Überhaupt gleicht sie dir in vielem. Sie ist stark, großzügig und verständnisvoll. Ob das davon herkommt, dass ihr beide in der Fremde wohnt?

Ich habe nie verstanden, warum die Jünger des Propheten Haggai und neuerdings auch die Gefolgsleute Esras und Nehemias dir wegen deiner ausländischen Herkunft Vorwürfe machen. Mich fragten sie öffentlich und vor allen Leuten (*evtl. das folgende als Binnenszene*): „Kannst du überhaupt die Landessprache? Kennst du unsere Gesetze? Kann deine Mutter ein anständiges einheimisches Gericht kochen, oder nur so ausländisches Zeug?" Wenn die wüssten! „Ja, Persisch und Akkadisch und wohl auch die neueste Modetorheit, griechische Sprache und Philosophie, kennst du. Aber studierst du auch unser Gesetz? Das kommt davon, wenn man einen Vater hat, der sich von seinen Augen betören lässt und eine ausländische Frau heiratet. Waren ihm wohl die frommen einheimischen Frauen nicht gut genug, dass er sich von exotischen Weibern verführen ließ?"

„Junge Freunde", antwortete ich ruhig, „so redet man nicht über einen frommen, toten Vater. Das steht auch im Gesetz." – „Wenn aber dein Vater das Gesetz vergisst?", antwortete einer von ihnen, steckte seine Hand aus und versuchte, mich am Bart zu ziehen.

(Seraja fährt sich mit der Hand durch den Flaumbart und ergänzt kleinlaut:)

Nun, viel hat er nicht erwischt. Das neue Jerusalem, den neuen Tempel hat uns Ezechiel versprochen, aber das Herz ist das gleiche geblieben. Der Streit im Volke Gottes ist auch der gleiche geblieben. Muss denn Standhaftigkeit immer mit Sektiererei erkauft werden?

Esther I

Gewiss hast du recht, mein verstorbener Mann und ich haben wegen meiner ausländischen Herkunft viel Spott und Hohn ertragen müssen. Und dies, obschon auch im Gesetz steht, man soll den Fremdling wie einen Einheimischen behandeln. Dabei waren die Jerusalemer heilfroh, dass wir durch die Bank Muraschu & Söhne GmbH, deren Zweigfiliale Jerusalem mein Mann nach der Rückkehr aus der Gefangenschaft leitete, gute Bezie-

hungen zur persischen Besatzungsmacht herstellten. Aber vielleicht waren sie gerade darauf eifersüchtig.
Mein Sohn, hast du Zeit? (*Seraja nickt.*) Setze dich zu mir ans Feuer. Ich habe eine alte Geschichte gefunden aus unsrem Volke, aus dem Volke der Juden, das eine ganz andere Haltung den Fremden gegenüber zeigt. Es ist die Geschichte der Urgroßmutter unseres Königs David.
Und dies ist die Geschichte: Es war zu der Zeit, als noch Richter regierten, da gab es eine Hungersnot im Lande. Da verließ ein Mann samt seiner Frau und seinen beiden Söhnen das jüdäische Bethlehem, um sich in Moab niederzulassen. Er wurde mit seiner Familie ein Fremdling im heidnischen Ausland. Der Mann hieß Elimelech und seine Frau Naomi und seine beiden Söhne Machlon und Kiljon. Da starb Elimelech, der Mann der Naomi, und sie blieb mit ihren Söhnen allein zurück.

Sereja
Wie du, Mutter.

Esther I
Und die nahmen sich moabitische Frauen, die eine hieß Orpa und die andere Ruth. Und sie wohnten dort ungefähr zehn Jahre. Da starben auch diese beiden, Machlon und Kiljon, und die Frau blieb zurück ohne ihre beiden Kinder und ohne ihren Mann. Sie machte sich mit ihren Schwiegertöchtern auf den Rückweg aus Moab, denn sie hatte gehört, dass es in der fernen Heimat Brot gebe. So verließ sie Moab mit ihren beiden Schwiegertöchtern.

Seraja
Was sind denn das für Namen, Ruth und Orpa?

Esther I
Es sind alles moabitische Namen, weil sie Moabiterinnen, Ausländerinnen waren wie ich.
Als sie nun unterwegs waren, um ins Land Juda zurückzukehren, sprach Naomi zu ihren beiden Schwiegertöchtern: *(Die folgenden Binnenszenen werden von Esther I kommentiert)*

Naomi
Wohlan, kehret um, eine jede in ihrer Mutter Haus. Jahwe erweise euch Liebe, wie ihr sie den Toten und mir erwiesen habt. Jahwe lasse euch ein Zuhause finden, eine jede bei einem neuen Mann.

Esther I
Damit küsste sie sie. Sie aber begannen, laut zu weinen und sprachen zu ihr:

Ruth und Orpa
Nein, mit dir wollen wir zu deinem Volke zurückkehren.

Naomi
Kehrt nur um, meine Töchter, wozu wollet ihr mich begleiten? Habe ich etwa noch Söhne in meinem Schoß, die eure Männer werden könnten? Selbst wenn ich mir sagte, ich hätte Hoffnung, in dieser Nacht mit einem Mann zusammen zu sein und Söhne zu gebären, sollt ihr deshalb warten, bis sie groß sind, sollt ihr euch deshalb verschließen und keinem Mann gehören? Nein, meine Töchter, es ist mir bitter leid um euch, denn gegen mich ist die Hand Gottes ausgegangen.

Esther I
Da begannen sie noch lauter zu weinen.

Lied
Zum Trauerlied ward mir die Laute (vgl. ganzer Text in Nr. 13: „Hiob im Kreuzfeuer der Religionen", 116f.).

Esther I
Dann aber gab Orpa ihrer Schwiegermutter den Abschiedskuss, während Ruth sich an sie hängte.

Naomi
Siehe, deine Schwägerin ist umgekehrt zu ihrem Volk und zu ihrem Gott. Folge ihrem Beispiel.

Ruth
Wo du hingehst, da will auch ich hingehen,
wo du übernachtest, da übernachte ich,
dein Volk ist mein Volk,
und dein Gott ist mein Gott.
Wo du stirbst, da sterbe ich auch,
und da will ich begraben sein.
Nur der Tod wird dich und mich trennen.

Esther I
So gingen die beiden zusammen, bis sie nach Bethlehem kamen. In Bethlehem aber geriet die ganze Stadt in Bewegung, und die Frauen riefen:

Frauen
Ist das nicht Naomi?

Naomi
Nennt mich nicht Naomi – das heißt „Meine Wonne“ – nennt mich Mara, die Bittere, denn der Allmächtige hat mir gar bitteres Leid getan. Voll bin ich ausgezogen und leer hat mich Jahwe heimkehren lassen.

Lied
Gott du, deines Mantels Saum möchten wir berühren,
einen Hauch, ein Wehen kaum gib uns zu verspüren.
Lass, du Dunkler, der so fern, Licht ins Dunkel scheinen,
dass sich wie in einem Stern Erd und Himmel einen.
Sprich, du Naher, unsrem Leid nur ein Wort zu, leise,
heilend, das in Angst und Not uns den Frieden weise.
Eins in dir sind Zeit und Raum, eins sind Not und Fülle.
Gott, in deines Mantels Saum unsere Armut hülle. (Jörg Zink)

Naomi
Was nennt ihr mich Naomi, wo doch Jahwe wider mich Zeugnis abgelegt und der Allmächtige mir Böses getan hat?

Esther I
Naomi aber hatte einen Verwandten von ihres Mannes Seite, einen Grundbesitzer aus dem Geschlechte Elimelechs mit Namen Boas.

Ruth
Ich möchte gern aufs Feld gehen und mich am Ährenlesen beteiligen, wo immer man mich gewähren lässt.

Naomi
Geh, meine Tochter

Esther I
Sie ging hin und las Ähren hinter den Schnitterinnen und Schnittern im Feld. Zufällig geriet sie auf das Grundstück des Boas, der aus dem Ge-

schlecht Elimelechs war. Da kam Boas von Bethlehem und fragte seinen Landarbeiter, der über die Schnitter gestellt war:

Boas
Zu wem gehört dieses junge Mädchen?

Schnitter
Es ist die junge Moabiterin, die Rücksiedlerin aus Moab. Sie hat gebeten: Ich möchte gern mitlesen und Halme sammeln hinter den Schnittern her. Seit dem Morgen bis jetzt ist sie auf den Beinen. Nur grade eben hat sie ein wenig Pause gemacht.

Boas
(zu Ruth) Meine Tochter, du gehst doch nicht zum Ährenlesen auf ein anderes Feld, nicht wahr? Gehe nicht fort von hier, sondern halte dich dort bei meinen jungen Landarbeiterinnen auf. Richte deine Augen aufs Feld, wo sie schneiden, und gehe hinter ihnen her. Ich habe meinen jungen Landarbeiterinnen befohlen, dich nicht zu bedrängen. Und wenn du Durst hast, geh zu den Krügen und trinke von dem, was sie schöpfen.
(Ruth kniet nieder)

Ruth
Warum treffe ich auf Wohlgefallen in deinen Augen, so dass du mich anerkennst, obwohl ich eine Ausländerin bin?

Seraja
So naiv kann doch diese Ruth gar nicht sein, dass sie nicht merkt, sie gefällt dem Boas. War sie eine schöne Frau?

Esther I
Bräunlich, ein wenig exotisch, wie eben Ausländerinnen sind.

Boas
Man hat mir genau berichtet, was du alles nach dem Tode deines Mannes getan hast, wie du Eltern und Heimat verlassen hast und zu einem Volke gegangen bist, das dir bisher unbekannt war. Gott wird dein Handeln belohnen, der Gott, unter dessen Flügeln dich zu bergen du gekommen bist.

Lied
Befiehl du deine Wege … (EG 361, 1)

Ruth
Ich treffe ja auf Wohlgefallen in deinen Augen, mein Herr, denn du hast mich getröstet und zum Herzen deiner Sklavin geredet, obwohl ich nicht deinen Sklavinnen gleich bin.

Boas
Komm her, iss vom Brot, tauche dein Stück in Sauertunke.

Esther I
Da setzte sie sich zu den Schnitterinnen und Schnittern, und er reichte ihr geröstete Getreidekörner. Sie aß, wurde satt und behielt übrig. Danach stand sie auf, um Ähren zu lesen. Boas befahl seinen Landarbeiterinnen und Landarbeitern:

Boas
Auch zwischen den Garben kann sie auflesen, und ihr sollt sie nicht beleidigen. Zieht für sie Ähren aus den Garben, lasst übrig, sie soll sie auflesen, und ihr sollt sie nicht beschimpfen.

Esther I
Bis zum Abend las sie auf dem Felde. Und als sie ausklopfte, was sie gelesen hatte, waren es über vierzig Pfund Gerste. Und Ruth las Ähren auf dem Felde des Boas, bis die Gerstenernte vorüber war, und brachte es ihrer Schwiegermutter.

Naomi
Boas, auf dessen Feldern du gelesen hast, ist unser Verwandter. Heute Abend worfelt er Gerste auf der Tenne. Bade dich, mache dich schön, lege deine Tücher um dich und gehe zur Tenne hinunter. Doch sieh zu, dass der Mann dich nicht bemerkt, ehe er mit Essen und Trinken fertig ist. Dann aber, wenn er sich schlafen legt, merke dir den Ort, wo er sich hinlegt. Gehe hin, entblöße seine Beine und lege dich zu ihm. Er wird dir sagen, was du tun sollst.

Ruth
Alles, was du sagst, will ich tun.

Esther I
Sie ging zur Tenne hinab und tat genau, wie ihr die Schwiegermutter geboten hatte. Als Boas gegessen und getrunken hatte und guter Dinge ge-

worden war, ging er hin, um sich am Ende des Körnerhaufens schlafen zu legen. Da kam sie leise herzu, entblößte seine Beine und legte sich zu ihm. Es war in der Mitte der Nacht, als der Mann zitterte. Er drehte sich um, und – eine Frau lag an seinen Beinen.

(Folgender Text nach dem Hohen Lied gesprochen, dazu Musik „Strangers in the Night")
Ihre Augen sind wie die Teiche zu Hesbon.
Ihr Haar ist wie eine Herde Ziegen,
die vom Gebirge Gilead herabwallt.
Ihre Zähne sind wie eine Herde frischgeschorener Schafe.
Einem Karmesinband gleich sind ihre Lippen.
Gleich dem Riss im Granatapfel schimmert ihre Schläfe.
Ihre Brüste sind wie zwei Böcklein, die auf Lilienauen weiden.

Boas
Wer bist du?

Ruth
Ich bin Ruth, deine Sklavin. Breite deinen Mantel über mich aus und komme ganz nahe zu mir, denn du bist ein Löser.

Seraja
Was heißt das, Löser?

Esther I
Ein Löser ist ein männlicher Verwandter der jungen Witwe, der nach altem israelitischem Recht die Witwe heiraten und beerben kann. Aber der erste männliche Nachkomme wird den Namen des verstorbenen Mannes tragen und die Familie vor dem sozialen und wirtschaftlichen Aussterben bewahren.

Boas
Gesegnet seist du, meine Tochter. Du hast mir deine Liebe jetzt noch besser bewiesen als zuvor, indem du nicht den jungen Männern nachliefest, ob arm oder reich. Nun denn, meine Tochter, hab' keine Sorge. Alle wissen, dass du eine starke Frau bist. Ja, ich bin dein Löser. Es ist aber noch einer, der näher verwandt ist als ich. Bleibe die Nacht hier, und am Morgen wird sich's dann zeigen: Löst er dich, gut – so soll er es tun. Will er dich aber nicht lösen, so löse ich dich. Lege dich zu mir bis zum Morgen.

Esther I
Aber noch ehe man einander zu erkennen vermochte, erhob sie sich auf sein Geheiß. Er dachte nämlich: Es soll nicht bekannt werden, dass eine Frau auf die Tenne gekommen ist. Und er maß ihr in ihre Tücher sechs Maß Gerste und gab es ihr.

Seraja
Eine starke Frau, hast du gesagt, Mutter.

Esther I
Ja, stark ist sie, obschon sie arm und Ausländerin ist. Oder vielleicht gerade deswegen! Boas entdeckte in ihr nicht nur die schöne Frau, nicht nur die attraktive Ausländerin, sondern auch die mutige und beharrliche Frau. Eine Frau, die sich ihrer Würde bewusst war und treu zu ihrer Partnerin, ihrer Schwiegermutter, hielt.

Seraja
Genau so beharrlich wie Esther, meine Freundin.

Esther I
Mag sein. Du musst mir deine Esther bald vorstellen. Du weißt ja, dass die Heirat mit einer Ausländerin hoch problematisch ist. Ihr werdet wegen Überfremdung, Verrat an unserem Volke, wegen Religionsvermischung und vielem anderen beschimpft werden. Euren Kindern werden auf der Straße Spitznamen nachgerufen werden. Kannst du das ertragen? Wird deine Frau so stark sein, dies alles durchzustehen? Zwar gibt es in unserem Volke auch Achtung vor dem Fremden. Aber unter der Decke brodelt der Fremdenhass. Und dieser ist unserem Gott ein Gräuel. Darum braucht er Menschen, die gegen den Strom schwimmen.

Lied
Tu der Völker Türen auf … (EG 262, 4)

Esther I
Aber höre noch den Schluss der Geschichte. Ruth kehrte zu ihrer Schwiegermutter zurück und berichtete alles. Sie erzählte auch, wie sie ein Lied von Boas gehört hatte – oder war es ein Traum?

Sprechgesang
Ich möcht', ich wäre eine Blume,
Du kämest still gegangen

und nähmest mich zum Eigentume
in deiner Hand gefangen.
Auch wär' ich gern ein Wein
und flösse süß in deinen Mund
und ganz und gar in dich hinein
und machte dich und mich gesund. (Hermann Hesse)

Esther I
Ja, sagte Naomi, der Mann wird nicht ruhen, als bis er die Sache erledigt hat. Und so kam es, Boas verhandelte mit dem anderen Löser. Dieser hätte zwar gerne das Erbe gehabt, aber die Ausländerin Ruth wollte er nicht heiraten. So fiel das Erbe an Boas, und Ruth wurde seine Frau.
Sie gebar einen Sohn, den die Nachbarinnen Obed nannten. Und dieser wurde der Großvater Davids. Ohne die Moabiterin Ruth gäbe es David nicht.

Seraja
Jetzt möchte ich dir meine Esther vorstellen.

Esther I (steht auf und wendet sich zum Publikum)
Und so geschah es auch. Er brachte die Tochter des persischen Statthalters ins Haus. Nach der Begrüßung sprach sie mich auf die Geschichte der Ruth an, die ihr mein Sohn erzählt hatte.
Ja, sagte ich, das ist eine wichtige Geschichte für euch, eine Geschichte gegen den Strom und gegen die Volksmeinung. Aber eigentlich habe ich sie nicht fertig erzählt, denn wer gegen den Strom schwimmt, wer gegen die Volksmeinung angeht, darf sich nicht nur auf sein Herz verlassen, er muss auch die kulturellen, religiösen und vor allem die rechtlichen Aspekte nicht aus dem Auge lassen. Und dies wird im Schluss der Geschichte völlig klar.

Esther II
Wie geht denn der Schluss?

Seraja
Du hast mir den Schluss auch noch nicht erzählt.

Esther I (Esther I erzählt und kommentiert die folgenden Binnenszene:)
Der Schluss der Geschichte geht so: Boas ging hinauf zum Tor und setzte sich dort. Da kam der andere Löser vorbei, von dem Boas geredet hatte, und er sagte zu ihm:

Boas
Komm, setz dich hierher.

Esther I
Der Löser kam herüber und setzte sich. Da nahm Boas zehn Männer von den Ältesten der Stadt und sagte:

Boas
Setzt euch hierher. Naomi, die Rückkehrerin aus Moab, verkauft den Feldbesitz, der unserem Bruder Elimelech gehört hat. Ich dachte, ich werde es dir zu Ohren bringen und dir sagen: Kaufe den Feldbesitz vor denen, die hier sitzen, und vor den Ältesten meines Volkes. Wenn du es lösen willst, so löse, wenn du es nicht lösen willst, dann sage es mir doch, damit ich es weiß. Denn außer dir gibt es keinen Löser, und ich komme nach dir.

Löser
Ich will es lösen.

Boas
An dem Tag, an dem du den Feldbesitz aus der Hand Naomis kaufst, musst du auch Ruth, die Moabiterin, die Frau des Toten, kaufen, um den Namen des Toten auf seinem Erbbesitz weiterleben zu lassen.

Löser
Ich kann es nicht lösen, damit ich meinen Erbbesitz nicht schädige. Übernimm du meine Lösungspflicht, denn ich kann sie nicht erfüllen.

Esther I
Dies galt früher in Israel. Um bei der Lösungspflicht und beim Tausch eine Sache zu bekräftigen, zog der eine seinen Schuh aus und gab ihn dem anderen. Dies galt als Bestätigung in Israel.

Löser
Kauf du es.

Boas (zieht seinen Schuh aus).
Ihr seid heute Zeugen, dass ich alles, was dem Elimelech gehörte, und alles, was dem Machlon und dem Kiljon gehörte, aus der Hand Naomis gekauft habe. Und auch Ruth, die Moabiterin, die Frau des Machlon, habe ich mir als Ehefrau gekauft, um den Namen des Toten auf seinem Besitz

weiterleben zu lassen. Der Name des Toten wird nicht ausgerottet werden aus seinen Verwandten und aus dem Tor seines Ortes. Ihr seid heute Zeugen.

Volk
Wir sind Zeugen. Gott lasse die Frau, die in dein Haus hineingeht, wie Rahel und Lea werden.

Esther II
Die Ehe wird in dieser Geschichte wie ein Geschäft, wie eine Transaktion, ja fast wie ein Handel mit Pferden vollzogen.

Seraja
Ja gewiss, die Ehe ist unter anderem auch ein Wirtschaftsvertrag, eine ökonomische und rechtliche Transaktion.

Esther I
Schlimm, wenn sie nicht auch so verstanden wird. Gerade wir Frauen haben ein Interesse daran, dass hier nicht nur das Herz spricht, sondern dass auch der Schuh ausgezogen wird. Die Ehe ist nicht reine Privatsache, obschon es in der Ehe Elemente gibt, die außer den Betreffenden niemanden etwas angehen. Die Unterscheidung zwischen dem, was öffentlich-rechtlich und dem, was privat zwischen den Partnern regulierbar ist, macht das Wesen der Rechtskultur aus. Eine Justiz, die sich in die Intimsphäre mischt, überschätzt sich. Aber eine Ehe, die keinen Öffentlichkeitscharakter hat, steht auf schwankendem Grund.
Bei einer Eheschließung mit einer Ausländerin treffen verschiedene Rechts- und Kultursysteme aufeinander. Das tut manchmal weh. Ich weiß, wovon ich rede, war ich doch ein Leben lang mit einem Mann aus einer anderen Kultur verheiratet. Wir haben uns immer geliebt, aber nicht immer verstanden. Für die öffentlichen Belange dieser Ehe sind gute und gerechte Gesetze wichtig. Die haben wir zum Glück in unserem Land. Aber was nützen die besten Gesetze, wenn sich weder Behörden noch das Volk daran halten? Den Hass im Herzen kann das Gesetz nicht verbieten. Aber die Taten des Hasses kann es bestrafen. Boas hat genau gewusst, dass er die Zukunft zwischen ihm und Ruth nicht allein in jener Nacht regeln konnte, als sie sich zu ihm legte.

Esther II
Aber ist denn nicht die Hauptsache, dass wir uns lieben?

Esther I
Gewiss, das ist die Hauptsache. Jedoch die Liebe braucht eine Form. Und diese müsst ihr miteinander besprechen. Gott segne euch.

Lied
Dein, Gott, ist diese große Welt. In dir sind Haus und Weg und Zelt. Du gibst die Kraft, du gibst die Zeit, du gibst den Plan und das Geleit. Dir sei der Weg anheim gestellt.
In dir sind Berg und Wind und Strand. Der Sonne Licht ist dein Gewand. Bewahr uns gnädig, leite du uns deinem großen Ziele zu und halt uns fest in deiner Hand (Jörg Zink).

Seraja
Das mit der Ehe verstehe ich noch nicht so recht. Aber was du von den Ausländern sagtest, leuchtet mir ein. Wir haben schließlich auch Freunde gehabt, die bei uns ein- und ausgingen und freundlich und herzlich mit uns waren. Aber jetzt, wo gegen die Ausländer gehetzt wird, sagen sie: Wir mögen euch, aber es ist halt eine andere Zeit. Am besten würdet ihr verschwinden.

Totensonntag

Aufdringlichkeit ist der Tod der Eindringlichkeit

Die deutsche Uraufführung des Bonhoeffer-Requiems fand am 10. Juni 1989 anlässlich des Berliner Kirchentags in der Deutschlandhalle vor 10 000 Zuschauern und Zuschauerinnen statt – an demselben Ort, wo die nationalsozialistischen Machthaber ihre Hasstiraden abgehalten hatten, wie Eberhard Bethge in seiner Einführung feststellte. Allerdings hatte das Stück damals noch nicht die jetzige Form gefunden. Es war geschrieben worden für Hans-Jürgen Hufeisen und sein „Stuttgarter Theater der Bilder". Unterdessen ist diese Truppe aufgelöst worden.

Ich habe daher das Requiem für Laien umgeschrieben. Dabei leitete mich die Einsicht Bonhoeffers, „Aufdringlichkeit ist der Tod der Eindringlichkeit" – was übrigens auch für die „normale" Predigt gilt. Das bedeutet, dass die Spieler und Spielerinnen die Texte nicht mit Pathos sprechen, sondern die „Eindringlichkeit" dem Wortlaut überlassen. Die „Pfarreremphase" ist unbedingt zu vermeiden.

„Auswendiglernen" der Texte ist bei diesem Requiem nicht unbedingt nötig. Gut lesen ist besser als schlecht „aufsagen". Wichtig ist, dass die Darsteller und Darstellerinnen dem Text vertrauen, richtig betonen, einen sinnvollen Rhythmus einhalten, die Pausen dort setzen, wo sie hingehören (und nicht, wo ihnen „der Schnauf" ausgeht). Die Verteilung des Textes auf verschiedene Darsteller und Darstellerinnen ist Sache der Regie.

Die musikalischen und choreographischen Elemente helfen, die emotionalen Blockaden der Zuschauer abzubauen. Die im Partiturheft abgedruckte Choreographie ist nicht zwingend. Zum Beispiel können zum Gedicht „Vergangenheit" (Nr. 7 196–198) Bilder (mit der gebotenen Zurückhaltung) gezeigt werden, die auch dem Uneingeweihten klar machen, dass es sich hier um ein Liebesgedicht handelt und dass die Adressatin Maria von Wedemeyer ist.

Das Requiem wurde unzählige Male in der Schweiz, in Deutschland, in England und in den USA aufgeführt. Nach einer Aufführung in den USA sagte mir ein Mitwirkender: „Dies ist kein Stück über Deutschland, sondern über mein eigenes Land." Konsequenterweise trugen deshalb die „Schergen" amerikanische Helme. Auch die schwarzen Studenten und Studentinnen, mit denen ich das Stück in England aufführte, entdeckten, dass das Requiem nicht lediglich ein Stück „deutsche Theologiegeschichte" erzählt (das auch), sondern dass sie selber darin vorkommen.

Darum sind die Spirituals integrierter Bestandteil des Requiems und können nicht durch irgendwelche „religiöse Gesänge“ ersetzt werden. Sie zeigen eine der wichtigsten Wurzeln der Theologie Bonhoeffers, nämlich seine Entdeckung der afro-amerikanischen Spiritualität. Bonhoeffer hat vierzig Jahre vor dem Auftauchen der „schwarzen Theologie“ und als erster weißer Theologe die theologische und politische Bedeutung der schwarzen Spiritualität erkannt. Der Einfluss dieser schwarzen Frömmigkeit auf Bonhoeffer wird in der Bonhoeffer-Literatur im allgemeinen unterschätzt, obschon bekannt ist, dass er viele Platten mit Spirituals unter Lebensgefahr nach Deutschland gebracht und seinen Studenten vorgespielt hat. Damals war das „entartete Kunst“ und „Kulturbolschewismus“.
Bonhoeffer hat aber meines Wissens nie für die direkte Übernahme dieser Spiritualität plädiert. Nichts erscheint mir lächerlicher, als wenn weiße Jugendchöre die schwarzen Lieder singen wollen. Aber er hat sich dafür eingesetzt, dass „Affekte nie durch die Vernunft, sondern durch stärkere Affekte aufgehoben werden“. Dies geschieht im deutschen Sprachgebiet durch Aufnahme von Elementen aus der mitteleuropäischen Tradition. Beispiele in diesem Band: die Musik Bachs (Nr. 1: „Weihnachtsoratorium“ 17–25) und die Passionspredigt in „Enzyklopädisches Stichwort: Inszenieren“, 206–211: „Eine Gemeinde inszeniert die Johannespassion“, das Volkslied „Wenn ich ein Vöglein wär' …“ (Nr. 15, „Hommage an Maria von Wedemeyer“, 115, und im „Requiem für Bonhoeffer“, „Ich hatt' einen Kameraden …“, 194)
Die Emotionalität zeigte sich besonders bei einer Aufführung im Kloster der Berneuchner (Kirchberg bei Sulz a.N.). Während der Chor unentwegt sang „Nur wer für Juden schreit, darf gregorianisch singen“, führten die „Schergen“ ein „jüdisches“ Chormitglied nach dem anderen ab. Sie sangen tüchtig und schauten weg, selbst als das Kreuz langsam, aber sicher in ein Hakenkreuz verwandelt wurde. Hinter der Bühne aber brachen die „Schergen“ in Tränen aus. Sie waren verstört und mussten von „den Juden“ getröstet werden.
Noch ein Wort zu den Spirituals. Sie wurden in der Harmonisierung von Michael Tippet übernommen, eben gerade nicht in der „schwarzen“ Form, sondern sozusagen in einer kontextuellen Neu-Interpretation, die von den deutschen und Schweizer Chören leichter zu singen ist. Tippet hat in seinem großartigen Oratorium „A Child of Our Time“ schon während des Krieges die allgemein-menschlichen Wurzeln des Chauvinismus und des Fremdenhasses aufgezeigt – eine erstaunliche Leistung eines Engländers mitten im Krieg. Chauvinismus, Fremdenhass und Antisemitismus sind keine „typisch deutschen“ Eigenschaften. Wer das behauptet, verharmlost

das Problem. Sicher hat die Reichsregierung diese Emotionen bis zum Exzess für ihre Ziele instrumentalisiert. Aber sie sind in allen mir bekannten Kulturen vorhanden, zum Beispiel auch in England und in der Schweiz. Darum werden als Wortführer des Nationalsozialismus nicht nur deutsche Stimmen, sondern auch solche aus England, den USA und der Schweiz aufgeführt.

Was Bonhoeffer angeht, ist daran zu erinnern, dass er zu seinen Lebzeiten nicht der strahlende Held war, der er heute geworden ist. Selbst die Bekennende Kirche weigerte sich, seinen Namen in die Fürbitteliste der Verfolgten aufzunehmen, denn er war ja „nur“ ein politisch und nicht ein religiös Verfolgter. Die Kirchenleitungen witterten in Bonhoeffer eine Verwässerung des reinen Luthertums, weil er nicht klar und eindeutig zwischen Gesetz und Evangelium unterschied. Bonhoeffer selbst war seiner Sache nicht immer sicher, wie die folgenden Texte zeigen. Er lag mit sich selbst, seiner Tradition und allem, was er an Theologie gelernt hatte, im Kampf. Dass er trotz dieser Zerrissenheit zu einem eindeutigen Zeugnis (martyria) kam, ist das Erstaunliche in der Biographie dieses Theologen. Zitate werden im Partiturheft (239f) nachgewiesen. Dort findet man auch historische und theologische Kommentare, Regieanweisungen und die ausführlichen Musiknoten.

Hitler befahl, dass sein Leichnam nach seiner Exekution verbrannt werde, damit niemand mehr sich an Bonhoeffer erinnern könne. Heute ist Bonhoeffer wohl der bekannteste deutsche Theologe. Aber ein Begräbnis hat er nie bekommen. Darum will das Requiem diesen Ritus nachholen.

20. Requiem für Bonhoeffer

Vorspruch

Wir feiern ein Requiem für Dietrich Bonhoeffer, geboren am 4. Februar 1906 in Breslau, ermordet am 9. April 1945 im Konzentrationslager Flossenbürg. Bonhoeffer war der erste lutherische Theologe, der aus christlicher Verantwortung in einen Mordanschlag gegen die Staatsleitung, gegen Reichskanzler Adolf Hitler, verwickelt war.

Aus dem Gefängnis schmuggelte er Briefe und Entwürfe an seinen Freund Eberhard Bethge, die seither zu theologischen Klassikern und in alle Weltsprachen übersetzt wurden. Wer war dieser Dietrich Bonhoeffer?

Chor und Solisten

Denn alles Fleisch, es ist wie Gras und alle Herrlichkeit des Menschen wie des Grases Blumen. Das Gras ist verdorret und die Blume abgefallen. So seid nun geduldig, liebe Brüder, bis auf die Zukunft des Herrn. Siehe, ein Ackermann wartet auf die köstliche Frucht der Erde und ist geduldig darüber, bis er empfahe den Morgenregen und Abendregen. So seid geduldig. Aber des Herrn Wort bleibt in Ewigkeit (aus „Ein deutsches Requiem" von Johannes Brahms, Nr. 2).

I. Bonhoeffers Leben

1. Der Bibelleser

Im Gymnasium teilte Bonhoeffer seinen Mitschülern mit, er werde Theologie studieren. Als ihm vorgehalten wurde, was für ein langweiliges, kleinbürgerliches Gebilde die Kirche sei, antwortete er: „Dann werde ich eben die Kirche reformieren."

Wie er Christ wurde, beschreibt er folgendermaßen:

„Dann kam etwas, das mein Leben bis heute verändert und herumgeworfen hat. Ich kam zum ersten Mal zur Bibel. Ich hatte schon oft gepredigt, und ich war noch kein Christ. Ich hatte auch nie oder doch sehr wenig gebetet. Daraus hat mich die Bibel befreit und insbesondere die Bergpredigt.

Ich bin erst innerlich und wirklich aufrichtig, wenn ich mit der Bergpredigt anfange, Ernst zu machen. Hier sitzt die einzige Kraftquelle, die den ganzen Zauber und Spuk einmal in die Luft sprengen kann, bis von dem Feuerwerk nur ein paar ausgebrannte Reste übrigbleiben … Es gibt nun einmal Dinge, für die es sich lohnt, sich kompromisslos einzusetzen. Mir scheint, der Friede und die soziale Gerechtigkeit, oder eigentlich Christus, ist so etwas."

Die Bibel führte Bonhoeffer vom Bildungsbürger zum Weltbürger, aus der Enge in die Weite, und aus der Weite in die Einsamkeit der Angst.

2. Der Ökumeniker

Bericht Bonhoeffers aus New York:

„Man kann in New York fast über alles predigen hören, nur über eines nicht oder doch so selten, dass es mir jedenfalls nicht gelungen ist, es zu hören, nämlich über das Evangelium Jesu Christ, vom Kreuz, von Sünde und Vergebung, von Tod und Leben.

Aber in den Negerkirchen habe ich das Evangelium predigen hören. Immer wenn wirklich vom Evangelium die Rede war, stieg die Teilnahme der Neger in Ausrufen zu ungeheurer Empfindungsintensität aufs Höchste. Im Gegensatz zur oft vortragsmäßigen Art der ‚Weißen Predigt' wird der

‚Black Christ‘ mit hinreißender Leidenschaftlichkeit und Anschauungskraft gepredigt. Wer die Negro Spirituals gehört und verstanden hat, weiß von der seltsamen Mischung von gehaltener Schwermut und ausbrechendem Jubel in der Seele des Negers.“

Chor: By and By, I'm going to lay down my heavy load
I know my robe's going to fit me well
I've tried it on at the gates of hell.
Hell is deep and a dark despair
Stop, poor sinner, and don't go there

In seinem Katechismus schreibt Bonhoeffer:
„Wie steht die Gemeinde zu Familie und Volk? Antwort: Die Gemeinde erkennt sie dankbar als Gaben ihres Schöpfers. Sie weiß aber, dass der *Heilige Geist* Menschen fester zusammenschließt als Blut und Geschichte. In der Gemeinde ist nicht Herr und Knecht, Mann und Frau, Jude oder Deutscher, *Jude oder Deutscher,* sondern sie sind allzumal einer in Christus.“

Zu dieser für die damalige Zeit hochverräterischen Überzeugung war er durch die Bibel und seine ökumenischen Kontakte mit den verachteten schwarzen Christen gekommen.

Als Bonhoeffer trotz verlockender Angebote von amerikanischen Universitäten im Jahre 1939 mit dem letzten Schiff nach Deutschland zurückkehrte, stützte er sich auf die betreffende Tageslosung aus dem Herrnhuter Losungsbüchlein: „Komm noch vor dem Winter.“ Die Losung sprach für ihn aus, was sich in den Nächten des Wachens und Zweifelns angebahnt hatte. Er sah die Situation nüchtern. Er war realistischer als die meisten Politiker. Er erwartete den Krieg. Trotzdem kehrte er zurück. Er wollte sein Volk in der Stunde der Versuchung und der Schande nicht allein lassen.

Gemeinde und Chor
Herr, du weißt, wie arm wir wandern durch die Gassen dieser Welt,
wenn der Glanz von einer anderen nicht auf unsere Schritte fällt.
Leuchte du mit deinem Schein in die dunkle Welt hinein.

Herr, du weißt, wie irr wir hasten durch das Dunkel dieser Zeit
und wie unsere Augen tasten nach dem Glanz der Ewigkeit.
Leuchte du mit deinem Schein in die dunkle Welt hinein. (RG [1998] 717, 1.2)

3. Der Verschwörer

Mikro 1: Bonhoeffer nahm aus christlicher Verantwortung an einer Verschwörung gegen Hitler teil. Adolf Hitler stammte aus einem kleinen Dorf in Österreich. Er wurde 1933 mit überwältigender Mehrheit zum Reichskanzler gewählt. Einmal gewählt, hob er die demokratischen Volksrechte auf, betrieb eine Politik der Eroberung Europas, ließ sechs Millionen Juden vergasen und seine politischen Gegner im Konzentrationslager ermorden.

Mikro 2: *Adolf Hitler:* „Meine Pädagogik ist hart. Das Schwache muss weggehämmert werden. In meinen Ordensburgen wird eine Jugend heranwachsen, vor der sich die Welt erschrecken wird. Eine gewalttätige, herrische, unerschrockene, grausame Jugend will ich. Schmerzen muss sie ertragen. Es darf nichts Schwaches und Zärtliches an ihr sein. Das freie herrliche Raubtier muss wieder aus ihren Augen blitzen. Stark und schön will ich meine Jugend, flink wie ein Wiesel, zäh wie Leder und hart wie Kruppstahl."

Mikro 1: Eine Mehrheit des deutschen Volkes und viele Mitläufer in der Schweiz, in Frankreich, England und Italien, in Österreich und Belgien jubelten ihm mit „Heil Hitler" zu. Auch viele Christen waren unter seinen Bewunderern, hatte Hitler doch erklärt:

Mikro 2: „Die nationale Regierung sieht in den beiden christlichen Konfessionen die wichtigsten Faktoren zur Erhaltung unseres Volkes."

Mikro 1: Viele Christen verkannten den falschen Zungenschlag in diesem Bekenntnis, so zum Beispiel der anglikanische Bischof Arthur Caley Headlam. Beeindruckt vom Kampf der Nationalsozialisten gegen Unmoral und sexuelle Ausschweifung, von der Zucht und Disziplin der militärischen Paraden in Berlin, erklärte der anglikanische Bischof:

Mikro 2: „Der Nationalsozialismus ist nicht antichristlich. Das Dritte Reich steht auf der Grundlage positiven, orthodoxen Christentums. Pfarrer der Bekennenden Kirche, die sich auf die Verkündigung des Evangeliums beschränken, werden vom Staat nicht verfolgt. Schwierigkeiten entstehen erst, wenn die Kanzel zur Kritik an der Regierung missbraucht wird.

Kanon: Nur wer für Juden schreit, darf gregorianisch singen.

Mikro 2: *Deutsches Gemeinschaftsblatt:* „Das Große für uns als Gotteskinder, das uns der Herr mit dem Sieg der nationalen Bewegung geschenkt hat, ist, dass wir unsere Bibel, das teure Gotteswort, weiter behalten und das Evangelium ungehindert verkündigen dürfen. Somit ist für uns Gläubige, trotz manch geteilter Meinung, das schnelle Anwachsen und die Machtentfaltung der nationalen Bewegung als eine göttliche Vorsehung und Gabe Gottes anzusehen."

Mikro 1: *Bonhoeffer:* „Gibt es im Alten Testament die Frage nach dem Seelenheil überhaupt? Ist nicht Gerechtigkeit und das Reich Gottes auf Erden der Mittelpunkt von allem?"

Mikro 2: *Deutscher Gemeinschafts-Diakonie-Verband:* „Wir wollen … mit ganzer Hingabe an der Aufrichtung des Dritten Reiches mitarbeiten, auch in der SA, SS, HJ, BDM, NSV voranstürmen, in der evangelischen Kirche selbstlos mitarbeiten, nicht die Gemeinschaft als Selbstzweck bauend, sondern die Landeskirche als Missionsanstalt oder Baugerüst verstehen, worin der Herr seine Gemeinde zubereitet."

Mikro 1: *Bonhoeffer:* „Man muss damit rechnen, dass die meisten Menschen nur durch Erfahrungen am eigenen Leibe klug werden."

Mikro 2: *Deutsches Gemeinschaftsblatt:* „Wie ich alle die Jahre hindurch … unerschütterlich hinter dem Führer stand, so werde ich auch in Zukunft zu ihm stehen, auch wenn ich nicht gleich jede Maßnahme und jedes Vorkommnis verstehe. Es kommt nicht darauf an, dass ich alles und jedes sogleich begreife; das kann ich in der Nachfolge meines himmlischen Herrn auch nicht."

Mikro 1: *Bonhoeffer:* „Wer sich im falschen Zug befindet, dem hilft es nicht, im Gang in die richtige Richtung zu laufen."

Mikro 2: *Deutsches Gemeinschaftsblatt:* „Diese Vereinigung von beidem, Feldherrn und Staatsmann in einer Person, haben wir im Führer. Das ist eine Gottesgabe, deren Größe wir kaum fassen können. Wir grüßen in Ehrfurcht den Führer: 'Führer, wir folgen Dir.'"

Mikro 1: *Bonhoeffer:* „Ich bete für die Niederlage meines Landes."

Mikro 2: *Ein Pfarrer der Deutschen Christen:* „Adolf Hitler ist der Mund eines Heilandes, der im deutschen Volk Fleisch und Blut werden will und geworden ist … Hitler hat uns Christus gebracht und nicht wir bringen Christus zu Hitler. Aber Hitler ist zu keusch, das auszusprechen. Für den Nationalsozialisten ist Deutschland das Volk Gottes."

Mikro 1: *Bonhoeffer:* „Mir scheint manchmal, als ob in dem indischen ‚Heidentum' vielleicht mehr Christliches steckt als in unserer ganzen Reichskirche."

Mikro 2: *Friedrich Gogarten,* berühmter Theologieprofessor: „Wenn ein Volk, das so außer Form geraten ist wie das unsere, wieder in Form gebracht werden soll, dann muss es zunächst in Uniform gebracht werden.“

Mikro 1: *Bonhoeffer:* „Affekte werden nie durch die Vernunft, sondern nur durch stärkere Affekte aufgehoben.“

Mikro 2: *Adolf Hitler:* „Ich will keine intellektuelle Erziehung. Mit Wissen verderbe ich die Jugend … In unseren Ordensburgen wird der schöne, sich selbst gebietende Gottmensch als kultisches Bild stehen und die Jugend auf die kommende Stufe der männlichen Reife vorbereiten.“

Mikro 1: *Bonhoeffer:* „Bösewicht,
tritt ans Licht
vor Gericht.“

Mikro 2: *Winston Churchill:* „Was in Deutschland durch Hitler geleistet wurde, ist ein Wunder der Weltgeschichte, ein Wunder, das untrennbar ist von den persönlichen Anstrengungen und dem Lebensdrang eines einzigen Mannes.“

Mikro 1: *Bonhoeffer:* „Wir Söhne frommer Geschlechter,
einst des Rechts und der Wahrheit Verfechter,
wurden Gottes- und Menschenverächter
unter der Hölle Gelächter.“

Mikro 2: *Adolf Hitler:* „Deutschland wird entweder Weltmacht oder überhaupt nicht sein.“
„Deutschland erwache!
Juda verrecke!“

Kanon: Nur wer für Juden schreit …

Mikro 2: *Frank Buchmann,* der Gründer der Moralischen Aufrüstung: „Ich danke Gott für einen Mann wie Adolf Hitler, der eine vorderste Frontlinie gegen den Antichristen des Kommunismus errichtet hat.“

Kanon: Nur wer für Juden schreit …

Mikro 2: Viele Christen sagten: Solange wir das Evangelium predigen können, haben wir uns nicht in die politischen Angelegenheiten des Staates einzumischen. Es mag einige Konzentrationslager geben. Das ist bedauernswert. Aber die meisten ihrer Insassen sind sowieso Juden oder Kommunisten. Und wer weiß, ob sie ihre Strafe nicht verdient haben. Der Führer wird schon wissen, was er tut. Im übrigen liest er täglich das Losungsbüchlein. Wer weiß, er bekehrt sich noch.

Mikro 1: *Bonhoeffer:* „Hitler bekehren, das ist eine lächerliche Verkennung dessen, was vorgeht – wir sollen bekehrt werden, nicht Hitler."

Kanon: Nur wer für Juden schreit …

(Während dieser ganzen Sequenz werden „Juden" und „Jüdinnen" aus dem Chor abgeführt. Das Kreuz verwandelt sich unmerklich in ein Hakenkreuz.)

Chor und Gemeinde: EG 145, 1.5 plus eine weitere Strophe, die nicht im EG enthalten ist.

4. Der Gefangene

Wer bin ich? Sie sagen mir oft,
ich träte aus meiner Zelle
gelassen und heiter und fest
wie ein Gutsherr aus seinem Schloss.

Wer bin ich? Sie sagen mir auch,
ich trüge die Tage des Unglücks
gleichmütig, lächelnd und stolz,
wie einer, der Siegen gewohnt ist.

Bin ich das wirklich, was andere von mir sagen?
Ober bin ich nur das, was ich selbst von mir weiß?
Unruhig, sehnsüchtig, krank, wie ein Vogel im Käfig,
ringend nach Lebensatem, als würgte mir einer die Kehle,
hungernd nach Farben, nach Blumen, nach Vogelstimmen,
dürstend nach guten Worten, nach menschlicher Nähe,
zitternd vor Zorn über Willkür und kleinlichste Kränkung,
umgetrieben vom Warten auf große Dinge,
ohnmächtig bangend um Freunde in endloser Ferne,
müde und leer zum Beten, zum Denken, zum Schaffen,
matt und bereit, von allem Abschied zu nehmen?

Wer bin ich? Der oder jener?
Bin ich denn heute dieser und morgen ein andrer?
Bin ich beides zugleich? Vor Menschen ein Heuchler
und vor mir selbst ein verächtlich wehleidiger Schwächling?
Oder gleicht, was in mir noch ist, dem geschlagenen Heer,
das in Unordnung weicht vor schon gewonnenem Sieg?

Wer bin ich? Einsames Fragen treibt mit mir Spott.
Wer ich auch bin, Du kennst mich, Dein bin ich, o Gott.

II. Bonhoeffers Sterben

5. Der Blutzeuge

„Ich bin ein Gast auf Erden ... Ich soll mein Herz den Aufgaben, Schmerzen und Freuden der Erde nicht teilnahmslos verschließen ... Ich weiß, dass die Erde Gottes ist ... Weil ich aber auf Erden nichts bin als ein Gast, ohne Recht, ohne Halt, ohne Sicherheit, weil Gott selbst mich so schwach und gering gemacht hat, darum hat er mir ein einziges festes Unterpfand für mein Ziel gegeben: sein Wort ... Wo das Wort von zu Hause bei mir ist, finde ich in der Fremde meinen Weg, im Unrecht mein Recht, in der Ungewissheit meinen Halt, in der Arbeit meine Kraft, im Leiden die Geduld."

(Instrumentale Intonation des „Liedes vom Kameraden", dazu Strophen 1 bis 4 gesprochen):

Wenn ich einmal soll scheiden,
so scheide nicht von mir,
wenn ich den Tod soll leiden,
so tritt du dann herfür,
mein guter Kamerad.

Wenn mir am allerbängsten
wird um das Herze sein,
so reiß mich aus den Ängsten
kraft deiner Angst und Pein,
mein guter Kamerad.

Ich hatt' einen Kameraden
einen bessern findst du nicht.
Der Führer ließ ihn erwürgen
von seinen rohen Schergen,
den guten Kamerad.

Du bist von mir gegangen
in Gottes ew'ges Reich.
Doch bist du nicht gestorben,
in deinen hellen Worten
bleibst du mein Kamerad.

III. Bonhoeffers Worte

Chor: Denn wir haben hier keine bleibende Statt, sondern die zukünftige suchen wir (aus: „Ein deutsches Requiem" von Johannes Brahms, Nr. 6).

6. Nächtliche Stimmen im Gefängnis von Tegel
Langgestreckt auf meiner Pritsche
starre ich auf die graue Wand.
Draußen geht ein Sommerabend,
der mich nicht kennt,
singend ins Land.
Leise verebben die Fluten des Tages
an ewigem Strand.
Schlafe ein wenig!
Stärk Leib und Seele, Kopf und Hand!
Draußen stehen Völker, Häuser, Geister und Herzen in Brand.
Bis nach blutroter Nacht
dein Tage anbricht –
halte stand!

Nacht und Stille.
Ich horche.
Nur Schritte und Rufe der Wachen,
eines Liebespaares fernes, verstecktes Lachen.
Hörst du sonst nichts, fauler Schläfer?
Ich höre der eigenen Seele Zittern und Schwanken.
Sonst nichts?
Ich höre, ich höre,
wie Stimmen, wie Rufe,
wie Schreie nach rettenden Planken,
der wachenden, träumenden Leidensgefährten
nächtlich stumme Gedanken.
Ich höre unruhiges Knarren der Betten,
ich höre Ketten.

Ich will die Wende der Zeiten sehen,
wenn leuchtende Zeichen am Nachthimmel stehen,
neue Glocken über die Völker gehen
und läuten und läuten.

Ich warte auf jene Mitternacht,
in deren schrecklicher Pracht
die Bösen vor Angst vergehen,
die Guten in Freude bestehen.

Als die Sirenen heulten um Mitternacht,
habe ich still und lange an dich gedacht,
wie es dir gehen mag und wie es einst war,
und dass ich dir Heimkehr wünsche im neuen Jahr.

Nach langem Schweigen höre ich um halb zwei
die Signale, dass die Gefahr vorüber sei.
Ich habe darin ein freundliches Zeichen gesehn,
dass alle Gefahren leise an dir vorübergehen.

Gott gibt uns zu wissen, dass wir leben müssen als solche, die mit dem Leben ohne Gott fertig werden. Der Gott, der mit uns ist, ist der Gott, der uns verlässt. Vor Gott und mit Gott leben wir ohne Gott. Gott lässt sich aus der Welt herausdrängen ans Kreuz. Gott ist ohnmächtig und schwach in der Welt, und gerade so und nur so ist er bei uns und hilft uns.

Ein Glaubensbekenntnis spricht nicht aus, was ein anderer glauben „muss", sondern was man selbst glaubt.

Langgestreckt auf meiner Pritsche
starre ich auf die graue Wand.
Draußen geht ein Sommermorgen,
der noch nicht mein ist,
jauchzend ins Land.
Brüder, bis nach langer Nacht
unser Tag anbricht,
halten wir stand.

Chor: Nobody knows the trouble I see, Nobody knows like Jesus.
O brothers (mothers), pray and help me to drive old Satan away.

7. Vergangenheit

Nun sind wir fast ein Jahr verlobt und haben uns noch nie eine Stunde allein gesehen! Ist das nicht ein Wahnsinn? ... Wir müssen uns über Dinge unterhalten und schreiben, die uns beiden im Grunde nicht die wichtigsten sind, wir sitzen alle Monate eine Stunde brav wie auf der Schulbank nebeneinander und werden wieder auseinandergerissen.

Du gingst, geliebtes Glück und schwer geliebter Schmerz.
Wie nenn' ich dich? Not, Leben, Seligkeit,
Teil meiner selbst, mein Herz, Vergangenheit?
Es fiel die Tür ins Schloss,
ich höre deine Schritte langsam sich entfernen und verhallen.
Was bleibt mir? Freude, Qual, Verlangen?
Ich weiß nur dies: Du gingst – und alles ist vergangen.
Spürst du, wie ich jetzt nach dir greife,
wie ich mich an dir festkralle,
dass es dir wehtun muss?
Wie ich dir Wunden reiße,
dass dein Blut herausquillt,
nur um deiner Nähe gewiss zu bleiben,
du leibliches, irdisches, volles Leben?
Ahnst du, dass ich jetzt ein schreckliches Verlangen habe
nach eigenen Schmerzen?
Dass ich mein eigenes Blut zu sehen begehre,
nur damit nicht alles versinke
im Vergangenen?
…
Wie die Sonne über dem Meer immer rascher sich senkt,
als zöge es sie in die Finsternis,
und sinkt und sinkt und sinkt
ohne Aufhalten
dein Bild ins Meer des Vergangenen,
und ein paar Wellen begraben es.
…
Ich möchte den Duft deines Wesens einatmen,
ihn einsaugen, in ihm bleiben,
wie an einem heißen Sommertag schwere Blüten die Bienen
zu Gast laden und sie berauschen;
wie die Nachtschwärmer vom Liguster trunken werden.
Aber ein rauer Windstoß zerstört Duft und Blüten,
und ich stehe wie ein Narr
vor dem Entschwundenen, Vergangenen.

Über deiner Nähe erwache ich mitten in tiefer Nacht
und erschrecke –
bis du mir wieder verloren? Such ich dich ewig vergeblich,
dich, meine Vergangenheit?
Ich strecke die Hände aus
und bete –
und ich erfahre das Neue:
Vergangenes kehrt dir zurück
als deines Lebens lebendigstes Stück
durch Dank und durch Reue.
Fass' im Vergangenen Gottes Vergebung und Güte,
bete, dass Gott dich heut und morgen behüte.

Chor: Steal away to Jesus.
My Lord, He calls me. He calls me by the thunder.
The trumpet sounds withina my soul.
I han't got long to stay here.

8. Christen und Heiden
Menschen gehen zu Gott in ihrer Not,
flehen um Hilfe, bitten um Glück und Brot,
um Errettung aus Krankheit, Schuld und Tod.
So tun sie alle, alle, Christen und Heiden.

Menschen gehen zu Gott in Seiner Not,
finden ihn arm, geschmäht, ohne Obdach und Brot,
sehn ihn verschlungen von Sünde, Schwachheit und Tod.
Christen stehen bei Gott in Seinen Leiden.

Gott geht zu allen Menschen in ihrer Not,
sättigt den Leib und die Seele mit Seinem Brot,
stirbt für Christen und Heiden den Kreuzestod
und vergibt ihnen beiden.

Der Theologe lebt nicht vom Besserwissen, sondern von der Vergebung.

Gemeinde und Chor
Herr, du weißt, wie trüb die Lichter, die an unseren Straßen stehn,
und wie hungrig die Gesichter nur nach deinen Strahlen spähn.
Leuchte drum mit deinem Schein in die dunkle Welt hinein.

Herr, ein Heer von düstern Mächten schleicht um unser Herz und Haus;
schick in unsern finstern Nächten deine lichten Engel aus.
Leuchte du mit deinem Schein in die dunkle Welt hinein.
(RG [1998] 717, 3.4)

9. Die Kirche für andere

Die Kirche … war stumm, wo sie hätte schreien müssen, weil das Blut der Unschuldigen zum Himmel schrie … Sie hat mit angesehen, dass unter dem Deckmantel des Namens Christi Gewalttat und Unrecht geschah … Sie ist schuldig geworden am Leben der schwächsten und wehrlosesten Brüder Jesu Christi.

Unsere Kirche, die in diesen Jahren nur um ihre Selbsterhaltung gekämpft hat, als wäre sie ein Selbstzweck, ist unfähig, Träger des versöhnenden und erlösenden Wortes für die Menschen und für die Welt zu sein. Darum müssen die früheren Worte kraftlos werden und verstummen, und unser Christsein wird heute nur in zweierlei bestehen: im Beten und im Tun des Gerechten unter den Menschen.

Es ist nicht unsere Sache, den Tag vorauszusagen – aber der Tag wird kommen, an dem wieder Menschen berufen werden, das Wort Gottes so auszusprechen, dass sich die Welt darunter verändert und erneuert. Es wird eine neue Sprache sein, vielleicht ganz unreligiös, aber befreiend und erlösend, wie die Sprache Jesu, dass sich die Menschen über sie entsetzen und doch von ihrer Gewalt überwunden werden, die Sprache, die den Frieden Gottes mit den Menschen und das Nahen seines Reiches verkündigt.

Unterdessen soll die Kirche solange schweigen, bis wieder nach dem Evangelium gefragt und der Inhalt ihrer Worte zwingend wird. Das Wort Gottes kann den Menschen nicht aufgezwungen werden. Es soll ihnen nicht zugeworfen, sondern sorgfältig überreicht werden, wenn sie ihre Hände öffnen. Aufdringlichkeit ist der Tod der Eindringlichkeit.

Von Menschen gehetzt und gejagt,
wehrlos gemacht und verklagt,
unerträglicher Lasten Träger,
sind wir doch die Verkläger.

Wir verklagen, die uns in Sünde stießen,
die uns mitschuldig werden ließen,
die uns zu Zeugen des Unrechts machten,
um den Mitschuldigen zu verachten.

Ruhig und fest stehen wir Mann gegen Mann,
als die Verklagten klagen wir an.
Nur vor Dir, alles Wesens Ergründer,
vor Dir sind wir Sünder.

Gemeinde: Herr, du weißt, wie arm wir wandern …

10. Beten und Tun des Gerechten

Die große Maskerade des Bösen hat alle ethischen Begriffe durcheinander gewirbelt.

Dummheit ist ein gefährlicherer Feind des Guten als Bosheit. Gegen das Böse lässt sich protestieren, es lässt sich bloßstellen, es lässt sich notfalls mit Gewalt verhindern. Das Böse trägt immer den Keim der Selbstzerstörung in sich, indem es mindestens ein Unbehagen im Menschen zurücklässt. Gegen die Dummheit sind wir wehrlos. Weder mit Protesten noch mit Gewalt lässt sich hier etwas ausrichten. Gründe verfangen nicht. Tatsachen, die dem eigenen Vorurteil widersprechen, brauchen einfach nicht geglaubt zu werden …, und wenn sie unausweichlich sind, können sie einfach als nichts sagende Einzelfälle beiseite geschoben werden.

Gebet (gesprochen)

Von guten Mächten … EG 550

Chor: Selig sind die Toten, die in dem Herrn sterben von nun an. Ja, der Geist spricht, dass sie ruhen von ihrer Arbeit, denn ihre Werke folgen ihnen nach.
(Aus: „Ein deutsches Requiem“ von Johannes Brahms, Nr. 7)

Enzyklopädisches Stichwort: Inszenieren

1. Die Botschaft sichtbar machen

Der Versuch, Predigt und Liturgie zu inszenieren, ist bei Studierenden, bei Pfarrerinnen und Gottesdiensteilnehmern auf beachtliche Widerstände gestoßen. „Wir ‚inszenieren' nicht. Wir spielen nicht Theater[1]. Wir verkündigen die Wahrheit des Evangeliums. Und das hat nichts mit Theater zu tun", sagen sie.

Dies dürfte ein Missverständnis sowohl des Theaters wie auch der Liturgie sein. Selbst der einfachste Predigtgottesdienst kommt nicht ohne Inszenierung aus. Bereits wenn der Pfarrer die Kirche betritt – oft unter Begleitung eines Orgelpräludiums –, sobald er vor die Gemeinde tritt und mehr noch, wenn er das Abendmahl austeilt, folgt er bewusst oder unbewusst einer Inszenierung. Der Adventskranz, das Kreuz in der Kirche, die Abendmahlsgefäße, die liturgischen Farben und Gewänder (oder deren Fehlen!), die Kerzen, das alles sind Elemente einer Inszenierung. Die Art und Weise, wie die Akteure des Gottesdienstes vor die Gemeinde treten, wie sie sprechen, wie sie Kontakt zum Publikum aufnehmen, das alles gehört zur Kunst der Inszenierung. Es gibt keine inszenierungsfreien Gottesdienste. Es gibt nur schlechte und gute Inszenierungen. Die schlechten Inszenierungen sind vor allem diejenigen, die den dramatischen Ablauf der Liturgie mit Regie-Bemerkungen unterbrechen. In der Kirche heißt inszenieren: die Botschaft sichtbar machen – eine immer wichtiger werdende Aufgabe in der heutigen visuell orientierten Zeit.

Ich habe in meinem Leben zwei Grundformen der Liturgie erlebt: erstens die auf dem Additionsverfahren und auf populären Vereinsmustern basierenden Liturgien der Pfingstbewegung und zweitens die auf der bürgerlichen Kultur aufbauende Liturgie der reformierten Kirche. Die Pfingstler verwenden Elemente der „mündlichen Kultur"[2] . Das sieht praktisch folgendermaßen aus: Vor dem Gottesdienst spielt das Orchester, während die Leute hereinkommen, irgendwelche religiösen Volkslieder. Dann tritt der Pfarrer (ohne Introitus) vor die Gemeinde und begrüßt sie mit dem

---

1 Siehe Klapperstorch. Die katholische Kirche hat das schon immer besser gewusst: „Das darstellende, szenische Spiel ist tief im Menschen (Urtheater) und ebenso tief im Religiösen (Kult) verwurzelt. Theater gehört zum Menschen und zu seinen Feiern" (Paul Steinmann, 1983, 32). Vgl. auch M. Röhr 1981.

2 „Mündliche Kultur und Theologie" wird in ChPCh ausführlich beschrieben und diskutiert, bes. 222.

Hinweis auf das schöne (oder garstige) Wetter. Er erwähnt, dass Schwester Rüegsegger heute Geburtstag habe. Sie darf sich ein Lied wünschen. Schwester Rüegsegger, die in ihrem Mund nur noch einen ganzen Zahn hat, wünscht sich das Lied „Seele, die von Schmerz umnachtet, trau nur fast auf deinen Gott …“[3]. Und schon stimmen die Geigen das Lied an. Die ganze Gemeinde singt mit, meist auswendig. Dann werden noch ein bis zwei Lieder gesungen, Während der Gebetszeit beten einige Brüder und Schwestern, wobei Schwester XY immer dasselbe Psalmgebet spricht. Auch die Reihenfolge der Beter ist immer mehr oder weniger dieselbe. Abgeschlossen wird der Gebetsteil durch einen so genannten Chorus. Dann weiß die Gemeinde: Jetzt ist die Gebetszeit zu Ende. Der Gottesdienst verläuft durchweg nach diesem Schema: Wortbeiträge verschiedener Gemeindeglieder, unterbrochen und gegliedert durch Chorusse. „Chorus“ ist ein Fachterminus der Jazzmusik und bezeichnet einen kurzen Refrain, der nach vorgegebenen Traditionen unzählige Male wiederholt und variiert wird. Da die Pfingstler ihre Musik und ihre Lieder aus der afro-amerikanischen Kultur geerbt haben, spielt der Chorus (in stark abgewandelter Form) in ihren Gottesdiensten eine große Rolle. Er übt in der pfingstlichen Liturgie dieselbe Funktion aus wie die „Rubriken“ in den klassischen Gottesdiensten.

Als ich zum ersten Mal in meinem Leben an einem reformierten Gottesdienst im Fraumünster in Zürich teilnahm, fiel mir sofort die Differenz auf. Er war zwar karg, aber dramatisch gegliedert und folgte ähnlichen Gesetzen wie das bürgerliche Theater à la Lessing. Er verwendete barocke und klassische Musik. Das allein schon ist ein Grund, warum die mündlichen Menschen ihn meiden. Am Anfang war es stille. Dann setzte die Orgel ein. Der Pfarrer stieg auf die Kanzel. Er machte keine Begrüßung, sondern er zitierte einen Satz aus der Bibel (den so genannten „Kanzelgruß“), der als Titel über dem gesamten Gottesdienst stand. Dann folgte ein Lied in der herben Tonart der reformierten Psalmen. Der Pfarrer las einen Bibeltext, den er genau und konzentriert auslegte. Man durfte nicht abschweifen, denn sonst hätte man den Zusammenhang verloren. Dann folgten das „Unser Vater“, das Fürbittegebet, das Schlusslied und der Segen. Nach knapp einer Stunde war der Gottesdienst vorbei.

Beide Liturgien folgen Inszenierungsmustern. Der Pfingstgottesdienst richtet sich nach der mündlichen Kultur und dem Vereinswesen. Man kann problemlos einen Programmpunkt einschieben. Die Gottesdienstbesucher

---

3 Pfingstjubel 1956, Nr. 386. Zur sozialen und theologischen Funktion der „mündlichen Liturgie“, vgl. ChPCh 301–320.

können aktiv teilnehmen. Die Musik ist wie die Unterhaltungsmusik aufgebaut. Der reformierte Gottesdienst wird von professionellen Akteuren (dem Pfarrer, dem Organisten, eventuell einem Ältesten) genau vorbereitet und gestaltet. Kein Wort ist zu viel. Es gibt keine Füllsätze, keine Anspielungen auf das Wetter oder den Geburtstag von Schwester Rüegsegger. Mit anderen Worten: Der reformierte Gottesdienst (übrigens auch der lutherische, der anglikanische, der römisch-katholische und der orthodoxe) folgt Theatergesetzen, wie sie auch auf der Bühne herrschen[4]. Wenn er gekonnt in Szene gesetzt wird, entsteht trotzdem der Eindruck von Spontaneität. Aber es ist eine vorbereitete, eine geplante Spontaneität.

Seit meinen Beobachtungen im Fraumünster und in der Pfingstgemeinde Zürich in der Mitte des letzten Jahrhunderts hat sich einiges verändert in der religiösen Landschaft. Heute werden die historischen Kirchen massiv „pentekostalisiert". Das geschieht über die Musik (Chorusse, Einbezug von Musikinstrumenten der Schlager- und Jazzszene, Gospels[5]), über Jugendgruppen und große „Events" mit internationalen Evangelisten, Musikern und Sängerinnen.

Diese „Pentekostalisierung" zeigt sich noch in einer anderen Weise, nämlich in der Kandidatur von sechs großen Pfingstkirchen, die sich dem französischen protestantischen Kirchenbund anschließen wollen, was Mitgliederzahl und Budget der „Féderation du protestantisme français" fast verdoppeln würde[6]. Auf der anderen Seite professionalisiert und klerikalisiert sich die Pfingstbewegung laufend. Das hat nicht nur mit dem akademischen Studium ihrer Gemeindeleiter zu tun, sondern auch damit, dass sie sich heute „Pastoren" nennen. Sie bauen teure Kirchen in einer Zeit, in der die historischen Kirchen noch knapp den Gebäudeunterhalt bezahlen können. Die Kirchengebäude der Pfingstler sind vollgestopft mit Scheinwerfern, Computern, Tontechnik, Kameras und Regiekabinen. In einigen Kirchen wird der Gottesdienst simultan in mehrere Sprachen übersetzt. Für die Bedienung dieser hoch entwickelten modernen Technik werden junge Leute eingesetzt. Das sind professionelle, aber unbezahlte Spezialisten.

Der Pastor behält trotzdem die Zügel in der Hand, denn er bestimmt, wer die Scheinwerfer, die Kameras, die Tontechnik, die Regiebox bedient. Die Professionalität der Mitarbeiter wird daran gemessen, wie gut sie den Pastor und den Gottesdienst ins Bild bringen, denn die Videos werden welt-

---

4 Vgl. zum Beispiel B. Brecht 1967, Bände 15–17; P. Brook 1969; ders.1994; P. Simhandl 1992/3; ders. 1990.

5 Das ist weiter nicht verwunderlich, da der Gründer der Pfingstbewegung Afro-Amerikaner war. W. J. Seymour, siehe ChPCh 31–38 und passim.

6 R. Pfister 2001.

weit vertrieben. Eine moderne Pfingstkirche gleicht daher eher einem Fernsehstudio als einer Kirche, und der Pastor – ganz selten eine Pastorin – ist eher Moderator als Liturg. Die Inszenierung des pfingstkirchlichen Gottesdienstes passt nahtlos in die postmoderne Zeit. Darum – so sagte mir der Präsident des französischen Kirchenbundes – findet man im pfingstlichen Gottesdienst als Teilnehmer Ingenieure des mittleren Kaders und eine Anzahl Akademiker (Ärzte, Advokaten, Universitätsprofessoren).

Ob diese Verwandlung einer ursprünglich mündlichen Arbeiterkultur in die postmoderne Mehrheitskultur etwas Gutes ist, vermag ich nicht zu beurteilen. Jedenfalls ist der Meinung zu widersprechen: Je mehr Technik eingesetzt wird, um so besser wird die Inszenierung. Und was geschieht mit Schwester Rüegsegger? Sie kann nicht mehr spontan ein Lied wünschen, außer die Kameraleute können flexibel auf Überraschungen reagieren.

Was die reformierte Kirche betrifft, so glaube ich nicht, dass wir der mündlichen Liturgie der Pfingstler folgen können, obschon sie heute die Mehrheitskultur abbildet, wie die Statistiken zeigen[7]. Der historische Protestantismus kann die postmoderne, bzw. die mündliche Kultur nur mit Mühe integrieren. Dagegen spricht schon die Verpflichtung der Pfarrer auf die bürgerliche literarische Kultur.

Aber eines können wir Pfarrer sicher lernen. Wir können lernen, mündlich zu predigen. Mündlich predigen heißt keinesfalls, dass wir uns nicht schriftlich vorbereiten. Aber wir verwenden *schon in der Vorbereitung* mündliche Sprache. Besonders gilt das für diejenigen Pfarrer in der Schweiz, die meinen, auf Grund eines hochdeutschen Manuskriptes im Dialekt predigen zu können. Das gibt bei den meisten ein unerträgliches Kauderwelsch. Die Schweizer Dialekte sind mündliche Sprache par Excellence. Sie haben eine eigene Syntax und ein eigenes Vokabular. Imperfekt und Genitiv fehlen. Dafür gibt es iterative und intensive Verbalformen ähnlich wie im Hebräischen, die im Hochdeutschen fehlen. Diese sprachliche Form muss aber *vorher* bedacht werden[8].

---

7 Vgl. die Themapredigt „Welche Kirche wollen wir?“, Nr. 16, 155–159.

8 Im Gegensatz zu Deutschland ist der Dialekt in der Schweiz nicht die Sprache der Unterschicht, im Gegenteil, die Gebildeten reden mit den deutschsprachigen Schweizern in einer gepflegten Mundart. Das Parlament des Kantons Bern (der Große Rat) führt zum Beispiel seine Verhandlungen zweisprachig, nämlich berndeutsch und französisch. Es gibt auch ein großes schweizerdeutsches Wörterbuch (das sog. Idiotikon) und zwei schweizerdeutsche Bibelübersetzungen (von E. Weber und von dem Ehepaar Bietenhard; siehe auch meine Gebete, die zürichdeutsche Fassungen enthalten; Dialektlieder findet man in Nr. 4: „Wir haben den Himmel abgeschafft …“ 51f.).

Wir müssen uns auch darüber klar sein, dass die Menschen nicht in die Kirche kommen, um über die Bibel und die Theologie informiert zu worden. Suchten sie das, so könnte die Kirche die entsprechenden Informationen ins Internet setzen. Die Menschen kommen in die Kirche – und das trifft für die literarischen wie für die „mündlichen" Menschen gleichermaßen zu –, um „Gott zu begegnen". Natürlich gibt es immer Menschen, die dem göttlichen Urquell im stillen Kämmerlein, im Yoga-Kurs oder in den Bergen begegnen. Aber die göttliche Lebensquelle der Christen hat einen Namen. Sie ist ein „Du". Sie hat eine Geschichte mit ihrem Volk Israel, mit ihrem Gesandten Jesus, mit ihrer Kirche durch die Jahrhunderte[9]. Die Vokabel „Gott" kann daher nicht beliebig in Szene gesetzt werden.

Es gibt Pfarrer, die „Gottesbegegnung" inszenieren wollen[10]. Aber das ist eine Gotteslästerung. Die Gottesbegegnung lässt sich nicht planen und organisieren. Wohl aber können wir die Gottesbegegnung im Gottesdienst erschweren. Wenn ein Pfarrer mit dröhnender Stimme von der Liebe Gottes und seiner Zuwendung redet, wenn eine Pfarrerin in ihrer Predigt *über* Gemeinschaft konsequent dem Blickkontakt mit der Gemeinde ausweicht, wenn der Organist prinzipiell seinen musikalischen Geschmack *über* seinen Dienst am Gemeindegesang stellt[11], dann sind das alles erschwerende Momente. Da Gott gnädig ist, verunmöglichen sie die Gottesbegegnung nicht prinzipiell. Aber sie erschweren sie.

Darum müssen wir unsere Inszenierung *bewusst* gestalten. „Requisiten", Gewänder, beteiligte Personen, Bewegungsabläufe und Stimmführung werden weder zufällig noch nach persönlichem Geschmack eingesetzt. Sie stehen im Dienste der Kommunikation . Das, was „sichtbar ist", eben die Inszenierung, darf dem, was hörbar ist, nicht im Wege stehen. Sonst schaffen wir Verwirrung.

---

9 Dass er auch mit anderen religiösen Gemeinschaften seine Geschichte hat und unter anderem Namen bekannt ist, soll nicht bestritten werden, siehe Nr. 2: „Die Magier", 25–27.

10 Das tritt erschreckend bei den sogenannten Heilungsevangelisten zu Tage. Nach P. Zimmerling (2001, 50, 52, 148, 327) sind die landeskirchlichen charismatischen Gebetskreise gegenüber diesen Manipulationen anfälliger als die klassischen Pfingstkirchen, die sich in der Vergangenheit die Finger verbrannt und offensichtlich daraus gelernt haben. Ähnliche Beobachtungen kann man bei S. Parsons (2000) machen. Parsons zeigt auf, wie die neo-pentekostalen, aus der innerkirchlichen charismatischen Bewegung hervorgegangenen Gruppen anfälliger sind für finanzielle und sexuelle Ausplünderung. Schlimmer noch, die gewalttätige Züchtigung kleiner Kinder wird mit der Bibel gerechtfertigt (Spr 13,24; 19,18). Ein erschreckendes Buch! Überblick zum ganzen Komplex der Heilung in ChPCh, 256–275 und im Klapperstorch. 101–115.

11 Zum theologischen Gewicht von Kantor und Organist ist wichtig B. Schäfer 2001.

Im Folgenden wird das Thema dieses Bandes in sechs Schritten entfaltet. Nach einem Beispiel der Inszenierung der Johannespassion (2. Abschnitt, 206–211) werden vier Fragen gestellt: Was wird inszeniert (3. Abschnitt, 211–213)? Wo wird inszeniert (4. Abschnitt, 213–217)? Mit wem wird inszeniert (5. Abschnitt, 218–219)? Wie werden Heilungsgottesdienste inszeniert (6. Abschnitt, 219–228)? Den Schluss bildet ein Plädoyer, mit uns selber barmherzig zu werden.

2. Eine Gemeinde inszeniert die Johannespassion

Ich löse nun mein Versprechen einer Passionspredigt im Rahmen einer Aufführung der Bach'schen Johannespassion ein (53). Zuerst aber einige Vorbemerkungen: Es ist heute allgemein bekannt, dass Johannes vermutlich kein Augenzeuge war. Sein Evangelium spiegelt die Situation einer kleinen, verfolgten Christengemeinde wider, die mit der Synagoge im Streit lag. Bis zur Zeit des Johannes waren die Christen legal Teil der jüdischen Gemeinschaft. Sie wurde deshalb als eine durch das Gesetz geschützte Religion betrachtet. Aber als die Christen aus der Synagoge ausgeschlossen wurden (Joh 16,2), verloren sie deren Schutz. Die Synagogenbehörden lieferten die Christen durch dieses Vorgehen der römischen Polizei aus, was Gefängnis, Verfolgung und Folter bedeutete. Historisch unzutreffend, jedoch psychologisch verständlich, legte Johannes diese Worte Jesus in den Mund: „Der Vater der Juden ist der Teufel" (Joh 8,44). Johannes stellte den Prozess Jesu als eine Art Lynchjustiz dar, in deren Verlauf eine johlende und randalierende Volksmenge von Pilatus die Kreuzigung Jesu verlangt, auch wenn dies die Freilassung des Mörders Barnabas bedeutete. Das ist vermutlich ebenfalls unhistorisch. Aber da wir Theologen merkwürdigerweise weder die Öffentlichkeit noch die Gemeinden über diese historischen Hintergründe informierten, hatte diese Darstellung weit reichende und schreckliche Folgen für das jüdisch-christliche Verhältnis. Wir hätten das vielleicht verhindern können, wenn wir darauf hingewiesen hätten, dass es nicht dasselbe ist, ob eine kleine verfolgte Christengemeinde sich gegen die übergroße Synagoge wehrt oder ob eine mächtige christliche Kirche die gleichen Sätze zur Rechtfertigung ihrer antijüdischen Propaganda braucht. Wann beginnen wir – nicht an der Universität, dort ist es selbstverständlich, sondern in Gesellschaft und Gemeinde –, die Wahrheit zu sagen?

Es ist auch nicht sehr fruchtbar, wenn wir die westliche Armesündertheologie ins Evangelium des Johannes eintragen. Seine Schwerpunkte sind

– nicht Zerknirschung wegen meiner Sünden, sondern Zärtlichkeit
– nicht Schuldbekenntnisse, sondern Schönheit (doxa)
– nicht Verachtung meiner selbst wegen meiner Defizite, sondern Freundschaft mit Gott und Menschen.

Die obige Zusammenfassung des Johannesevangeliums ist jedem Pfarrer und jedem Theologiestudenten bekannt[12]. Aber wie setzt man das um für die Öffentlichkeit?

In einer romanischen Kirche, gegründet im 10. Jahrhundert von Hroswith von Gandersheim, war eine Aufführung der Johannespassion von Johann Sebastian Bach geplant. Der Regisseur und der Dirigent – beides bekannte Künstler – kamen nach Krattigen und fragten mich: „Wie führt man ein solches Werk so auf, dass es nicht nur ein Konzert ist, sondern dass auch seine Botschaft verstanden wird, dass es zu einer Begegnung mit seinem religiösen Inhalt kommt?"

Ich legte den beiden die Zusammenfassung der johanneischen Theologie vor. Ich sagte ihnen, dass Johannes die Einsetzung des Abendmahls (des Sakraments der Versöhnung) durch die Einsetzung der Fußwaschung (des Zeichens von Zärtlichkeit und Freundschaft) ersetzt habe. Der Regisseur, der aus der Kirche ausgetreten war, schaute mich fasziniert an. „Steht das wirklich in der Bibel?", fragte er mich. – „Natürlich, Sie können es selber nachlesen im 13. Kapitel des Johannesevangeliums." Ich holte meine Bibel, schlug sie bei Johannes 13 auf und gab sie ihm zum Lesen. Nachdem er das Kapitel aufmerksam gelesen hatte, folgerte er: „Das müssen wir tun!" Er übersetzte – wie es die Aufgabe des Regisseurs ist – den Text des Johannesevangeliums *in Handlung* und nicht in verbale Interpretation.

Ich ging also nach Gandersheim und zeigte den Sängern und Musikern, wie man eine Fußwaschungszeremonie in der Öffentlichkeit durchführt. Ich entledigte mich der Krawatte, zog die Jacke aus, band mir ein weißes Tuch um, goss Wasser in ein großes Becken, gab eine wohlriechende Essenz dazu, zündete eine große Kerze an und bat um Freiwillige, die sich die Füße waschen lassen wollten. Eine Sängerin meldete sich. Dazu gesellten sich zwei Assistenten bzw. Assistentinnen. Ich wusch der Sängerin die Füße und trocknete sie mit dem Tuch ab. Der Regisseur ermahnte den Chor: „Ich bin aus der Kirche ausgetreten. Aber, was dieser Johannes zu sagen hat, ist wichtig. Es ist sinnlich, sichtbar und wahr." Man wird bemerken: Die verbale „Erklärung" kommt *nach* der Handlung, wie in Johannes 13 und fast immer in der Bibel. In der Kirche ist es – aus mir nicht verständlichen Gründen – meist umgekehrt.

---

12 Vgl. auch die „Traupredigt", Nr. 11, 104–108.

Und so begann das Passionskonzert in der tausendjährigen Kirche mit einer Fußwaschung. Der Dirigent im Frack, die Sängerinnen im Abendkleid und der Regisseur wuschen sich gegenseitig die Füße an verschiedenen Orten der Kirche. Die Konzertbesucher fragten sich, ob sie in die falsche Vorstellung geraten seien.

Bevor der Eröffnungschor ertönte, lasen die Solisten (fast alles kirchenferne Menschen) das 13. Kapitel des Johannesevangeliums mit verteilten Rollen. Wo Bach eine Predigt vorgeschrieben hatte, erklärte ich den Zuhörern, warum wir das Konzert mit einer Fußwaschung begonnen hatten (auch hier: zuerst Handlung, dann Erklärung). Ich sagte ihnen auch, dass Bach nicht glücklich war mit der Schuldzuweisung an die Juden, obschon er sie in seinen berühmten Turba-Chören dramatisch darstellte. „Stellen sie sich vor“, sagte ich, „wie diese Musik und diese Texte auf den jüdischen Bratschisten in der zweiten Reihe des Orchesters wirkt oder auf den jüdischen Solisten, der die Oboe da caccia spielt.“ Ich zeigte auf den Oboisten und sein besonders auffallendes Instrument.

„Jedenfalls“, fuhr ich fort, „fügte Bach an hervorragenden Stellen seine berühmten Choräle ein, die die typisch westliche Sühnetheologie ausdrücken. Nicht die Juden, sondern ich bin schuldig am Tode Jesu:

> Ich, ich und meine Sünden,
> die sich wie Körnlein finden
> des Sandes an dem Meer,
> die haben dir erreget
> das Elend, das dich schläget,
> und deiner schweren Martern Heer. (EG 84, 3)

Nur, wer kann das heute noch verstehen? Vielleicht hatte der barocke Mensch einen anderen Zugang zu diesen Chorälen als wir heute. Aber, warum soll ich schuldig sein an einem Justizirrtum, der vor zweitausend Jahren passierte? Ich habe nicht geschrieen ‚Kreuzige ihn!‘ Im übrigen habe ich schon schwer genug zu tragen an meinen realen Sünden. Ich brauche niemanden, der mir noch angedichtete Sünden aufbürdet. Ferner steht die europäische Sündentheologie nicht im Zentrum des Johannesevangeliums. Vielleicht finden wir diese in Anselm von Canterburys ‚Cur Deus Homo‘ (‚Warum Gott Mensch wurde‘) – aber nicht im *Johannesevangelium.* Der Heilige Geist, der die Schrift inspirierte, wusste sicher, dass das Geheimnis des Evangeliums nicht lediglich in *einem* Paradigma ausgedrückt werden kann. Darum konzentrieren wir uns heute Abend auf die johanneische Sicht Jesu.“

„Haben Sie bemerkt“, fragte ich die Konzertbesucher, „dass die Musiker auf historischen Instrumenten spielen? So pusten sie den jahrhundertealten

Staub und Pathos von der Bach'schen Partitur weg. Der wirkliche Bach kommt wieder zum Vorschein. Gleicherweise pustet die historisch-kritische Exegese den Staub und das Pathos vom Johannesevangelium weg, so dass es in seiner ursprünglichen Klarheit erstrahlt."

Nach meiner kurzen Predigt brachen die Zuhörer in einen minutenlangen Applaus aus. Man erinnere sich: Das geschah während der Passionswoche. Die Zuhörer waren in Schwarz gekommen. Sie wussten, dass man bei dieser Gelegenheit bußfertig sein müsse, obschon die Mehrheit des Konzertpublikums nicht aus regelmäßigen Gottesdienstbesuchern bestand. Aus der Reaktion auf meine „Konzert-Predigt" schließe ich: Wir haben kein Recht, das, was wir als Wahrheit erkannt haben, zu verschweigen. Das allgemeine Publikum und unsere Gemeinden können sie ertragen.

Was ist hier passiert? Hundert Sängerinnen und Musiker, die meisten von ihnen keine regelmäßigen Gottesdienstbesucher, haben einen biblischen Text interpretiert. (Im Gottesdienst sind sie normalerweise, wenn sie ihn aktiv mitgestalten; darin gleichen sie den Pfarrern und den Theologieprofessoren.) Für die Interpretation werden Fachleute gebraucht: ein Dirigent, Solisten und Solistinnen, Musiker, Schauspieler, ein Regisseur (der Regisseur fügte nach der Fußwaschung noch weitere „Bilder" in das Konzert ein) und eben auch ein Theologe. Verwunderlich ist, dass sie nicht den Ortspfarrer für diese Aufgabe engagierten, sondern einen Emeritus aus den Schweizer Alpen.

Das also sind die Akteure. Jeder und jede hat bestimmte Aufgaben zu lösen. Ich selber nahm an den Proben des Chors teil – nicht als Sänger oder musikalischer Berater, sondern um zum Thema Exegese des Johannesevangeliums Rede und Antwort zu stehen. In den Pressekonferenzen musste ich die Journalisten auf das Konzert vorbereiten. Im Konzert selber hatte ich das, was ich zum Thema wusste, zusammenzufassen, und zwar in der Form der Erzählung. Ich erzählte den Johannestext in drei Kontexten: im Kontext des historischen Johannes, im Kontext von Johann Sebastian Bach und im heutigen Kontext. Ökumene zwischen Kunst und Theologie heißt nicht, dass der Theologe sein Amt aufgibt. Er muss weder das Dirigat übernehmen noch als Schauspieler oder Regisseur auftreten. Er muss *seine* Sache in eine künstlerische Veranstaltung einbringen.

Ich habe mich oft gefragt, warum die Bekennende Kirche nur einige Köpfe gewann, die Nationalsozialisten aber die Herzen. Es ist doch eindeutig, dass die Bekennende Kirche alle Argumente auf ihrer Seite hatte. Die Schlagwörter der Nationalsozialisten hielten einer Überprüfung nicht stand. Deutschland war nicht Großmacht oder überhaupt nichts. Die Theorien von der arischen Herrenrasse waren Hirngespinst und blauer Dunst. Es gab

keine jüdische Verschwörung gegen Deutschland[13]. Trotzdem wurden diese Sprüche geglaubt, während die viel nüchterneren und auch politisch sachgerechteren Aussagen der Bekennenden Kirche untergingen.
Was die Nazis unternahmen, würde man heute als Events bezeichnen, zum Beispiel die berühmten Heldengedenkfeiern in Nürnberg. Etwas schlichter gesagt, sie verwendeten Elemente aus der „patriotischen" und Volksliedtradition für ihre Verführungen. Ob das, was in den Ordensburgen und an den Lagerfeuern der Hitlerjugend geschah, die Bezeichnung „Kunst" verdiente, darüber wird man sich streiten. Aber warum haben die Bekennenden Christen – von geringen Ausnahmen abgesehen – nicht einen *kritischen* Patriotismus, eine den Menschen befreiende Kunst entwickelt? Warum haben sie – um einen berühmten Text zu erwähnen – in der Barmer Erklärung nur Argumente gebraucht? Die Barmer Erklärung in allen Ehren – aber sie reißt doch keinen Menschen vom Hocker. Neben den Liedern und Ritualen der Nazis war sie ein schwaches Stück, obschon sie sachlich Recht hatte.
Die Konzentration auf Argumente und Erklärungen ist nur erlaubt, wenn wir der Meinung sind, das Evangelium sei eo ipso definitorisch, rational und argumentativ. Das dürfte aber im Blick auf Jesus und seine Jünger eine schwache Position sein. Bevor Menschen denken können, müssen sie befreit werden zum Denken. Und das geschieht – nach Bonhoeffer – nicht durch Argumente. Vorurteile werden nicht durch Argumente überwunden, sondern durch Freundschaft und Vorbild. Danach folgt das Denken selbstverständlich.
In Birmingham hat einer meiner Kollegen eine Untersuchung vorgestellt, die er in Indien gemacht hat. Von den vielen, die er zum Thema „Warum werden Menschen Christen?" befragt hatte, sagte kein einziger, er sei durch eine Predigt gewonnen worden. Manche wurden Christen, weil sie ein christliches Familienmitglied oder einen christlichen Freund hatten. Andere träumten, sie seien getauft worden. Wieder andere haben Heilungen erlebt oder jemanden gekannt, der durch Gebet geheilt worden war.
Wie weit diese Beispiele auf Europa übertragbar sind, ist sicher strittig. Ich habe aber viele Menschen gefragt, warum sie Christen wurden. Sie alle haben auf Erfahrungen mit anderen Menschen hingewiesen. Kaum einer hat die Predigt erwähnt.
Nun will ich nicht behaupten, die Predigt sei total ungeeignet für die Evangelisation. Aber das ist doch wohl die Ausnahme. Sie hat nicht die Auf-

13 Nr. 20: „Requiem für Bonhoeffer", 188–200.

gabe, Menschen für die Nachfolge Jesu zu gewinnen. Sie ist eher ein Versicherungsritual für die Christen, und als solches nicht unbedeutend.
Wer aber der Meinung ist, wir hätten auch in Deutschland und in der Schweiz eine missionarische Aufgabe, wird mit den zu Missionierenden zusammen das Evangelium entdecken wollen. Dabei werden ihm Aspekte des Evangeliums aufgehen, die er vorher nicht beachtet hat. Die Mission ist also theologisch insofern wichtig, als sie uns hilft, unsere eigenen Wurzeln neu zu entdecken.

3. Wie werden wir Freunde?

Das Kirchenjahr ist eine runde Sache. Es beginnt mit den ersten Lichtern des Advents und endet mit dem Verlöschen des Lebens am Totensonntag. Dazwischen liegen die Höhepunkte von Weihnachten und Ostern (Pfingsten ist nie ein markantes Fest geworden). Mit anderen Worten: Das Kirchenjahr stellt sowohl einen Lebensrhythmus wie einen Jahresrhythmus dar. Es bringt Ordnung und Verlässlichkeit in die Unordnung des Lebens, denn es kommt alle Jahre wieder. Darum ist es vermutlich in der Bevölkerung trotz der Säkularisierung immer noch präsent, vor allem an Weihnachten.
Die Kunst der Inszenierung des Kirchenjahres bezieht sich nicht in erster Linie auf ästhetische Werte[14]. Es genügt nicht, das Bach'sche Weihnachtsoratorium mit hochkarätigen Solisten und Solistinnen aufzuführen, obschon man damit fast jede Kirche füllen, aber auch die Kassen leeren kann. Ob das aber eine sinnvolle Verwendung *kirchlicher* Finanzen und kirchlichen Personals ist?
Man sollte sich wohl eher auf ein anderes Theaterkonzept berufen. Danach besteht die Kunst der Inszenierung darin, beim Verständnis des Publikums, gegebenenfalls beim *Missverständnis* einzusetzen. Beim Missverständnis einsetzen heißt aber nicht, bei ihm zu bleiben. „Wird der Erfahrungshorizont (des Zuhörers) total bestätigt, so entsteht ‚kulinarische Kunst'."[15] Das ist das Defizit vieler klassischer Kirchenkonzerte. Sie verstärken den Klapperstorch, nämlich die Missverständnisse, ein Christ habe die biblischen

---

14 Dies ist gewiss eine Option innerhalb des Theaters. Simhandl schreibt dazu: Die Aufführung „soll nicht einem bestimmten, außer ihm liegenden Zweck" dienen, „sondern sich selbst Zweck sein." Der Vorgang wird zum Gegenstand „selbstzweckhafter Aufmerksamkeit". P. Simhandl 1992/93, 1.

15 Simhandl, a.a.O., 8. Zu „kulinarisch" vgl. Anm. 19.

Texte kritiklos als historische Berichte oder als unmittelbares Wort Gottes „zu glauben".

Gefordert ist also eine Aufnahme und Korrektur der Missverständnisse, wie ich das oben in der Johannespassion, aber auch im „Weihnachtsoratorium" und im „Requiem für Bonhoeffer"[16] versucht habe. Die Richtigstellung darf nicht einfach verbal mitgeteilt werden. Sie muss zusammen mit den Akteuren mit den gleichen künstlerischen Mitteln dargestellt werden wie das ursprüngliche Missverständnis. Das bringt Überraschungen. Was Menschen in Bildern sehen und gemeinschaftlich in Musik erfahren, ist wichtiger als unsere argumentativen Erklärungen.

Das gelingt aber nur, wenn die Akteure und die Zuhörer durch eine Vertrauensbasis miteinander verbunden sind, oder in johanneischer Terminologie, wenn sie Freunde werden. Das Kirchenjahr symbolisiert Verlässlichkeit in der Freundschaft, Freundschaft mit Gott und untereinander, auch und gerade wenn wir miteinander Brüche unseres religiösen Verständnisses erleben. Das Kirchenjahr kommt immer wieder. Es ist verlässlich. Aber es kommt immer wieder anders. Ähnliche Erfahrungen haben manche mit dem schon erwähnten „Weihnachtsoratorium: Im Schatten Seines Friedens" gemacht. Nicht selten klagten sie, dass sie in einer kriegerischen und brutalen Welt die Lieder vom Frieden nicht mehr singen mögen. Erst wenn sie merken, dass Weihnachten in der Bibel nicht religiöse, kulturelle und politische Harmonie bedeutet, können sie mit den Dissonanzen unserer Welt christlich umgehen – auch an Weihnachten[17].

Wie werden wir Freunde? Freundschaft entsteht weder durch evangelistisches Psycho-Management noch durch rein argumentative Kanzelrede. Beides sind unfriedliche Unterwerfungsstrategien. Sie produzieren keine Freunde, sondern Untertanen und Kopien. Freundschaft entstand in Gandersheim durch das Teilen von Sorge und Freude, von Geld und Kompetenz, von Erfahrungen und Begabungen. Die, die „Freunde gewannen", waren nicht in erster Linie die Pfarrer, sondern die so genannten Laien, die mit den unkirchlichen Menschen, den Instrumentalisten, dem Regisseur, den Solisten, zusammenarbeiteten, mit ihnen sangen und ihnen „die Füße wuschen." „Gemeinde muss nicht eigentlich aufgebaut, erkämpft oder errungen, sondern entdeckt, erfahren und eingeübt werden."[18] Dann kann es auch geschehen, dass jemand mitten in der Vorbereitung oder auch bei der Aufführung „Gott begegnet", weil er ihn in dem Menschen erkennt, der

---

16 Nr. 1: „Weihnachtsoratorium: Im Schatten Seines Friedens", 17–25. Nr. 20: „Requiem für Bonhoeffer", 188–200.

17 Nr. 15: „Hommage an Maria von Wedemeyer", 137–152.

18 S. Jenny 2001, 69.

ihm die Füße wäscht oder dem er die Füße wäscht. Im übrigen ist der Beruf eines Theologen gefährlich und keineswegs für das „kulinarische Theater" geeignet, denn der Inhalt unserer Inszenierung stößt sich mit den kirchlichen und staatlichen Autoritäten gerade auch in der Demokratie, die ihre Legitimation aus so genannten Mehrheitsbeschlüssen ableitet. In der Demokratie weiß man nie, von wem man observiert wird. Ich bin fast mein ganzes berufliches Leben lang „registriert" und observiert worden, in der Schweiz, vermutlich auch in der ehemaligen DDR und in England durch den M15 (den staatlichen Sicherheitsdienst). Letzteres entdeckte ich durch Zufall, weil zwei Frauen geheime Informationen preisgaben, wofür sie ins Gefängnis mussten. Sie erzählten im Fernsehen, wie einer meiner Kollegen an den Selly Oak Colleges als Informant eingesetzt wurde. Von da an machte ich von „heißen Vorlesungen" und Theaterstücken Kopien für den Agenten von MI5 und legte diese so hin, dass er sie mitnehmen konnte, ohne sich zu verraten. Ich sagte den Studierenden: Wir haben unter uns einen Agenten des M15. Er interessiert sich für unsere Inszenierung. Hier überlasse ich ihm den Text, damit er wenigstens seinen Vorgesetzten nicht den üblichen Schwachsinn übermittelt („ich sei ein Kommunist" etc.).
Das Thema wird noch aktueller, wenn wir uns im folgenden Abschnitt mit der Frage nach dem Ort der Inszenierung beschäftigen.

4. Wir inszenieren vor der Realkulisse des Kapitalismus

Theater und Kirche agieren in der Kulisse des real existierenden Kapitalismus. Beide werden von seinem Blutgeld bezahlt. Da hilft auch der berühmte Ausspruch in Bertolt Brechts „Dreigroschenoper" (1928) nichts: „Was ist ein Einbruch in eine Bank gegen die Gründung einer Bank?" Brecht provoziert heute bei dem auf „kulinarischen" Zeitvertreib[19] erpichten Theaterpublikum höchstens ein Schmunzeln. Das war anders bei den ersten Aufführungen der „Dreigroschenoper" und anderen Stücken Brechts. Viele, die sie verstanden, lehnten sie ab. Gelegentlich wurden sie verboten. Wirksamer war allerdings, sie in „kulinarische Unterhaltung" zu

19 „Kulinarisches Theater" ist ein Fachbegriff der Brecht'schen Theatertheorie und bezeichnet ein Theater, das als „Einfühlungstheater" lediglich das Freizeitbedürfnis der bürgerlichen Gesellschaft befriedigt. In seiner Notiz zur Oper „Aufstieg und Fall der Stadt Mahagony" (geschrieben 1930/1936) diskutiert Brecht differenziert den Unterschied zwischen „kulinarischem" und „lehrhaftem" Theater (1967, Bd. 17, 1006–1016). Brecht war der – vermutlich irrigen – Auffassung, sein episches Theater habe einen gesellschaftsverändernden Einfluss.

verwandeln, was Brecht ärgerte. Die dritte Möglichkeit wurde in der DDR ausprobiert. Brecht wurde exklusiv als Kritik am „imperialistischen Westen“ interpretiert. Das kann man in dem kleinen Museum in Bukow (dem ehemaligen Wohnhaus von Bertolt Brecht und Helene Weigel) nachprüfen. Alle drei Optionen – Ablehnung, Verwandlung in kulinarische Unterhaltung, Banalisierung durch Projektion auf „die andern“ – werden auch mit dem Evangelium versucht. *Da zeigt sich eben, wie wichtig der Kontext für jeden Text ist.*

Die Realkulisse der Kirche ist ihre Geschichte (oder was die Leute dafür halten). Ebenso sprechen das Kirchengebäude, der Stil des Gottesdienstes, die Musik, die Gottesdienstgemeinde eine eindringlichere Sprache als das, was der Pfarrer sagt. Er kommt ebenso wenig gegen die Wucht des Ortes und der Geschichte auf wie das Theater.

Wenn die Pfarrerin zum Beispiel eine Brandrede gegen die Auswüchse des Kapitalismus hält, ist dies relativ bedeutungslos[20], da diejenigen, die sie im Visier hat, sich schon längst aus dem Staub gemacht haben. Zudem ist für die Kirche als Institution das finanzielle Überleben wichtiger als das Vorbild Jesu. Zuerst müssen die Zahlen stimmen, müssen Baupläne, Programme, Gehälter und Pensionsgelder finanziert werden. Wann dann noch Zeit und Energie übrig bleiben, kann man sich mit der Bergpredigt befassen. Die Kirche (übrigens auch die Freikirche) folgt hier gezwungenermaßen den Gesetzen aller übrigen Institutionen. Sie lebt davon, dass unsere Wirtschaft die Dritte Welt[21] und die Umwelt[22] erbarmungslos ausplündert, nicht weil die Kirche das sanktioniert, sondern weil das die Realkulisse ihrer Inszenierung ist. Daran ändert auch die Predigt der Pfarrerin kaum etwas, weil der Ort, an dem sie agiert, lauter predigt als der Text.

Was soll dann die Pfarrerin tun? Nach meiner Meinung soll sie ihre Verflochtenheit mit dem Unrechtsregime zugeben. Wir sind gleichzeitig Sünder und Gerechte. Das wird uns bescheidener machen. Vor allem werden wir uns an das Herz unserer Botschaft erinnern, die Rechtfertigung allein aus Gnaden. Wir wissen, dass wir nicht gerechtfertigt sind, weil wir oder

---

20 Beispiele dafür sind die berühmten Predigten von H. Kutter und L. Ragaz in Zürich. Letzterer versuchte, sich von der Realkulisse des Kapitalismus zu verabschieden, indem er auf seine Professur an der Universität Zürich verzichtete.

21 Das hat U. Duchrow mit seinem bösen Wort vom Lutherischen Weltbund (LWB) als „Lutherischem Geldbund" herausgearbeitet. Er konfrontierte die theologischen Aussagen des LWB mit dessen Buchhaltung – mit verheerendem Resultat. U. Duchrow 1980; ders. 1970. Ich selber habe bei der Abfassung des Spiels zum 700. Jubiläum der Schweiz („Das Friedensmahl“) die Macht der Realkulisse erfahren. Dokumentiert im Klapperstorch 150–157.

22 L. Vischer 2001.

unsere Kirche gerecht handeln oder es versuchen, weil wir eine gute biblische Theologie haben, weil wir unsere Arbeit mit Ausdauer und Liebe tun. Das alles ist wichtig. Aber es rechtfertigt uns weder vor Menschen noch vor Gott. Wir wissen ebenso, dass wir nicht gerechtfertigt werden, weil wir auch Opfer sind – und nicht nur Täter. Wir werden gerecht gesprochen auf Grund der Barmherzigkeit Gottes. Dann werden wir mit uns selber barmherzig – und mit den andern. Das ist gelebte Toleranz. Das predigen wir. Das gibt uns Mut, bei unserer Arbeit zu bleiben, sola gratia.
Das gibt uns auch Kühnheit, uns für Frieden, Gerechtigkeit und Bewahrung der Schöpfung einzusetzen – und zwar unabhängig davon, ob wir erfolgreich sein werden oder nicht. Wir erkennen dann auch, dass die Missionsfelder in diesem Zusammenhang weder Bangladesch noch Nigeria sind, schon gar nicht die lokale Kirchgemeinde, sondern die Machtzentren in Frankfurt, Zürich, London und New York. Zu diesen Machtzentren haben die wenigsten von uns Zutritt. Zudem verstehen die Pfarrer weder die Fachsprache der „global players" noch deren persönliche Nöte, denn die Reichen und Mächtigen sind ebenso in der Klemme wie ihre Opfer. Sie sind traurig, verzweifelt und gelangweilt. Darum rennen sie allen esoterischen Rattenfängern nach. Sie zahlen € 500,– für einen Nachmittag so genannter Spiritualität. Dass sie das in einer normalen Kirchgemeinde besser und kompetenter erfahren könnten, kommt ihnen nicht in den Sinn.
Mit anderen Worten: Wir brauchen neue Missionare, Zachäusmissionare. Sie gehen zu den Sündern und Zöllnern, den Ausbeutern, so wie Jesus den Zachäus besucht hat. Sie werden sie nicht beschimpfen und auf ihre Sünde ansprechen – ebenso wenig wie das Jesus mit Zachäus tat. Aber vielleicht werden die Zachäusse in ihrer Gegenwart so glücklich, dass sie die Hälfte ihres Vermögens verschenken und vierfach zurückgeben, was sie anderen abgeluchst haben[23]. Das Ziel der Zachäusmission ist weder die Gewinnung von Kirchenmitgliedern noch die Anwerbung von Sponsoren für unsere kirchlichen Tätigkeiten. Beides kann durchaus geschehen, und wir werden das dankbar annehmen, warum nicht? Aber das Hauptmotiv ist, den Zachäussen Hoffnung zu machen, ihnen zu zeigen, dass sie ihr Menschsein zurückgewinnen können, dass sie ihre Seele nicht dem Mammon und dem Streben nach Gewinn verkaufen müssen.
Die neuen Zachäusmissionare werden – von wenigen Ausnahmen abgesehen – aus dem Milieu der Banken-, Finanz- und Handelswelt kommen. Sie haben einen Paradigmenwechsel erlebt (das Neue Testament nennt das „Buße"). Sie zeigen den Zachäussen, dass es sich für sie lohnt, ehrlich,

23 Nr. 8: „Kamele und Kapitalisten", 86–95, und Nr. 7: „Der Kommissar", 80–86.

großzügig und barmherzig zu sein. Nicht weil das Evangelium das fordert, sondern weil es gut ist für ihr Geschäft, für sie selber, für ihre Familie und die globale Volkswirtschaft. Das ahnen übrigens einige Wirtschaftsführer bereits. Sie wissen: Wenn wir fortfahren wie gehabt, wird alles in einem gewaltigen Zusammenbruch enden, gegen den der 11. September 2001 nur ein kleines Vorspiel ist.

Gefragt sind also nicht Kanzelreden gegen den Kapitalismus und den Mammon. Erstens haben wir kaum Kontakt zu den führenden Köpfen, sondern nur zu deren Opfern. Und zweitens eignen sich die beamteten Religionsverwalter kaum für diesen Dienst. Man kann von ihnen nicht Kompetenz in Handels- und Finanzfragen verlangen. Sie verstehen selten die Fachsprache des Handelsteils der Zeitung. Zudem, sie sitzen nicht auf einem Schleudersitz wie die CEOs (die Chief Executive Officers). Sie werden nicht, wenn sie Pech haben oder inkompetent sind, in die Wüste geschickt[24]. Darum fällt es ihnen schwer, diejenigen zu verstehen, die in einer brutalen Halsabschneider-Konkurrenz stehen. Und darum wird unsere Kritik von den CE0s als „Pfaffengeschwätz" abgetan.

Die neuen Missionare, die wir brauchen, melden sich nicht als Kandidaten beim Evangelischen Missionswerk oder bei den Kirchgemeinden. Man muss sie suchen. Das heißt, so wie wir früher begabte Menschen aus unserer Jugendgruppe an die Missionswerke verwiesen haben, so müssen wir heute glaubhafte Christen suchen, die fachlich kompetent sind, die die Nöte der Finanzwelt kennen und bei den Menschen auf dem Wirtschaftsmissionsfeld bekannt und akzeptiert sind. Sie kennen die Kulturen und Sprachen des Rotary-Clubs, des Golf-Clubs, des WEF, des IWF, der Arbeitgeberorganisationen, der économiesuisse. Wir werden nicht versuchen, diese Menschen für das Theologiestudium oder für kirchliche Tätigkeiten zu gewinnen. Vielleicht möchten sie in einem für sie relevanten biblischen Stück mitspielen, damit sie einige theologische und exegetische Grundelemente kennen lernen. Die neuen Missionare werden den CEOs zeigen, dass es nicht nötig ist, im Berner Oberland in ein tibetisches Kloster zu gehen, zu den „Geschäftsleuten das vollen Evangeliums"[25] oder zu einem Frühstückstreffen der Charismatiker im Hilton Hotel, um dort aufgepäppelt

---

[24] Dass es mit der „Verantwortung" der Konzernchefs in der Praxis nicht so weit her ist, wie ihre Rhetorik vermuten lässt, wurde schon dargelegt. Nr. 7: „Streitgespräch mit Matthäus", 79–86.

[25] Zu dieser pfingstlichen Laienorganisation siehe W. Hollenweger 1969, 7–8, und J.R. Zeigler 1988.

zu werden, damit sie ihr Bluthandwerk um so besser treiben können mit einem beruhigten Gewissen[26].
Wir werden sie ermutigen, wenn sie entdecken, dass ihre Zachäusmission nicht nur Einzelpersonen im Blick hat, sondern die menschenverachtenden Defizite des globalen Handelssystems . Wir werden ihnen helfen, die bestmögliche Ausbildung für ihre Mission zu bekommen. Wir werden für sie beten, wenn sie merken, dass dieses System von Menschen geschaffen worden und kein Naturgesetz ist, dass es darum auch von Menschen verändert werden kann. Wir werden ihnen helfen, dass sie nicht mutlos werden, wenn ihnen klar wird, dass unsere Lebensgrundlage durch die Ausbeutung der Umwelt und die zu erwartenden sozialen Verwerfungen zerstört wird[27]. Wir werden sie auf den Kurswechsel einiger Vertreter der Weltbank und anderer Institutionen hinweisen[28]. Wir werden versuchen, sie mit Wirtschaftswissenschaftlern[29] und Unternehmern in Kontakt zu bringen, die zum Beispiel darauf hinweisen, „dass der Wettbewerb in der globalisierten Wirtschaft auch Grenzen braucht“[30]. Wir werden sie daran erinnern, dass Adam Smith, der Vater der modernen Markttheorie, sein Werk nicht schrieb, damit die Mächtigen ihre Macht schrankenlos ausüben, sondern damit *alle* Menschen ein lebenswertes Leben führen können. Adam Smith war immerhin Theologe und christlicher Ethiker.
Diese Zachäusmission kann nur in einzelnen Glücksfällen vom Gemeindepfarrer in die Hand genommen werden. Sie erfordert Sachverstand, sehr viel Zeit und ein Beziehungsnetz, das die wenigsten Gemeindepfarrer haben. Aber der Gemeindepfarrer wird solche Zachäusmissionare stützen und begleiten. Er wird sie trösten, wenn sie mutlos werden. Das scheint mir wichtiger zu sein, als das, was der schweizerische Bundespräsident (2001) die „Pflästerlipolitik“ der so genannten Entwicklungshilfe oder der kirchlichen Hilfswerke genannt hat.

---

26 Ein Beispiel aus Guatemala in ChPCh, 244.

27 Siehe z.B. den Wirtschaftswissenschaftler P. Ulrich, zitiert im Klapperstorch, 69–70.

28 Siehe das aufschlussreiche Spiegel-Interview mit einem Direktor des IWF (Spiegel 5.11.2001, 2001/45, besonders 102). Kritische Würdigung der UN- und WCC-Texte bei L. Vischer (Anm. 22).

29 P. Ulrich (Anm. 27) und die umfangreiche Bibliographie in: Nympha und Onesimus zwischen Glück. Geld und Geist, 46, Anm. 3–7.

30 E. von Koerber 2002, 55. Von Koerber war bis 1986 Vorstandsmitglied von BMW in München und bis 1998 Konzernleitungsmitglied von ABB. Er ist selbständiger Unternehmer in Zürich, Vizepräsident des Club of Rome und Mitgründer und Stellvertretender Vorsitzender des Wittenberg-Zentrums für globale Ethik.

5. Inszenieren können wir nur mit andern zusammen

Es ist offensichtlich, dass im Neuen Testament nur mit den zu Missionierenden *zusammen* missioniert wurde. Darum liegt der Schwerpunkt in diesem Band auch in der Zusammenarbeit mit nichtkirchlichen Menschen. Die meisten der hier vorgestellten Liturgien, Oratorien und Spielvorlagen übersteigen die Möglichkeiten einer Kirchgemeinde. Das zwingt sie, zusammen mit den für die entsprechenden Disziplinen kompetenten Personen – vor allem, wenn diese nicht zum kirchlichen Publikum gehören – zu arbeiten[31]. Nicht der Pfarrer soll Regie führen noch eine kirchliche Bibliodramatikerin, sondern ein Mensch, der das Regiehandwerk kennt. Der Pfarrer oder die Pfarrerin aber sollen zur Verfügung stehen, wenn exegetische oder theologische Fachfragen aufbrechen, zum Beispiel zur Eschatologie der Johannesapokalypse[32], zur oben erwähnten Sühnetheologie der Johannespassion (206–211) usw. Das hat der Pfarrer gelernt. Das ist sein Handwerk. Wenn er warten kann, bis er als Fachmann befragt wird, wird er sich wundern, wie dankbar man sein Fachwissen aufnimmt. Dann wird man ihm auch in persönlichen Lebensfragen vertrauen.

Wenn der Chor singt „Die Kaufleute der Erde weinen und klagen, denn ihren Vorrat kauft niemand mehr“[33], ergeben sich Fragen. „Glaubst du das? Wird es so kommen? Warum? Was tust du persönlich, wenn es so kommt?“ Wenn im Weihnachtsoratorium gesagt wird: „Im Schatten Seines Friedens leben wir, wenn wir Freude haben an denen, die anders sind als wir“[34], so wird sicher die Frage kommen: „Hast du Freude daran, dass deine Kinder anders sind als du?“ Bei der Probenarbeit zu „Ruth, die Ausländerin“[35] wird eine Mutter gefragt: „Und, was machst du, wenn dein Sohn eine Türkin oder eine Albanerin heiratet?“ Im Zusammenhang mit dem Salben kann eine Krankenschwester gefragt werden: „Hast du denn schon einmal erlebt, dass jemand geheilt wurde durch die Salbung?“[36] An-

---

31 M. Wenk, der mit einer neutestamentlichen Arbeit in London promovierte, ist Pastor der Bewegung Plus (früher „Gemeinde für Urchristentum“). Da seine Gemeinde nur dreißig Mitglieder zählte, musste er für die Aufführung von Nr. 3 ("Neuer Himmel – neue Erde“, 29–43) fast die Hälfte der Mitarbeitenden aus nicht-kirchlichem Publikum rekrutieren. Das gelang ihm hervorragend. Das ist Evangelisation, im Gegensatz zu den Vorträgen vor kirchlichem Publikum. M. Wenk, „Wer mitspielt, spürt die Aktualität ...“ Urteil eines Dorfbewohners: „Das war seit langem der bedeutendste kulturelle Anlass in Hindelbank“.

32 Nr. 3: „Neuer Himmel – neue Erde“, 29–43.

33 Anm. 32, 36.

34 Nr. 1: „Weihnachtsoratorium“, 25.

35 Nr. 19: „Ruth. die Ausländerin“, 171–183.

36 Nr. 9–13 (97–122) und unten 6.: „Auch das Heilen muss inszeniert werden“, 219–228.

dere werden ihre Hioberfahrungen im Zusammenhang mit dem Mysterienspiel zu Hiob[37] erzählen.
Das Streitgespräch mit Matthäus[38] wird Protest hervorrufen: „Wenn das die Meinung des Matthäus respektive des Jesus ist, muss ich meine bisherige Lohnpolitik (als Gewerkschafter, als Unternehmer, als Arbeitgeber) überdenken.“ Ebenso wird der in „Für das Leben lügen“[39] beschriebene *Synkretismus der Bibel* auf Kritik stoßen. Wann das Schlagwort von der „nichtreligiösen Interpretation“ konkret wird, wie im Leben von Dietrich Bonhoeffer[40] und seiner Braut Maria von Wedemeyer[41] , dann merken die Spieler und Spielerinnen, dass das auch ihre Spiritualität betrifft. Und schließlich wird manchem der Atem stocken, wenn er einmal die „hehre Reformationsgeschichte“ von der Unterseite her erzählt bekommt[42]. In der Vorbereitung der vierteiligen eucharistischen Liturgie „Konflikt in Korinth“[43] wird es zu heißen Diskussionen kommen über das Verhältnis des Theaters zum „theatrum liturgicum“ wie auch über die theoretisch bejahte, praktisch aber bestrittene reformatorische Einsicht, dass die Abendmahlsteilnehmer weder moralische noch kulturelle Vorleistungen zu bringen haben. Die aufmerksame Pfarrerin wird Freude haben an diesen Diskussionen, denn sie prägen sich den Teilnehmern und Teilnehmerinnen ein. Sie „unterrichten“ sich gegenseitig . Die Pfarrerin wird zurückhaltend sein mit ihren Beiträgen, aber auf konkrete Anfragen Auskunft geben.

6. Auch das Heilen muss inszeniert werden

In einem Basler Spital lag eine schwerkranke Frau. Die Ärzte standen vor einem Rätsel. Obschon die Frau offensichtlich krank war, konnten sie keine vernünftige Diagnose stellen. Man ließ den Chefarzt aus den Ferien anreisen. Er kam mit dem gesamten „cortège médicale“ ans Krankenbett und untersuchte die Frau sorgfältig. Dann drehte er sich zu den begleitenden Ärzten und dem Pflegepersonal um und sprach die Diagnose aus: „Moribundus“[44]. Einige Zeit später begegnete die Frau dem Chefarzt wieder

---

37 Nr. 13: „Hiob im Kreuzfeuer der Religionen“, 111–122.
38 Nr. 7: „Der Kommissar auf biblischer Spurensuche. Ein Streitgespräch mit Matthäus“, 80–86.
39 Nr. 14: „Für das Leben lügen“, 124–135.
40 Anm. 13.
41 Anm. 17.
42 Nr. 18: „Jörg Ratgeb“, 164–170.
43 Nr. 6: „Konflikt in Korinth“, 59–78.
44 „Moribundus“: im Sterben begriffen. Die Geschichte wurde mir von einem Augenzeugen berichtet: H.-U. Landmesser, Brienz/BE.

und begrüßte ihn herzlich mit den Worten: „Sie haben als einziger meine Krankheit diagnostiziert. ‚Moribundus' haben Sie gesagt. Diese Diagnose hat mich gerettet."

Die Diagnose war offensichtlich falsch. Aber die Frau wurde gerettet. Die medizinischen Hintergründe dieses Falles kenne ich nicht. Sie interessieren in diesem Zusammenhang auch nicht. Was uns hier auffällt, ist die Tatsache, dass Leben und Tod, Krankheit und Gesundheit medizinisch nur ungefähr definierbar sind. Entscheidend für den Heilungsprozess ist das, was die Patientin erfährt. „Der Glaube versetzt Berge", sagt der Volksmund in Anlehnung an eine Bibelstelle (Mt 17,20).

Dazu sagt der Neutestamentler Ulrich Luz in seinem wissenschaftlichen Kommentar zum Matthäusevangelium: „Der Glaube hat noch nie Berge versetzt! Normalerweise heilt er auch keine Epileptiker und sonstige Kranke. Es ist erstaunlich, wie es einer bald zweitausendjährigen Exegese eines Bibelwortes gelang, dieses Problem zu verschweigen. Die Apostel hätten ja keinen triftigen Grund gehabt, Berge zu versetzen, meint Johannes Chrysostomos[45]. Es gehe darum, ‚nüchtern' zu sein und nur das zu wünschen, ‚was der Herr verheißt', meint Calvin[46]. Einmal mehr begegnen wir der bekannten These, Wunder seien vor allem im Anfang der Kirchengeschichte nötig gewesen, später nicht mehr"[47]. Ulrich Luz kritisiert Gerhard Ebelings Reduktion des Glaubens auf innerpsychische Vorgänge. Ebeling behauptet, die „Exzentrik" der Ausdrucksweise zeige, dass es gerade nicht auf „groteske Mirakel", wie das Bewegen von Bergen ankäme, sondern die „Teilhabe an der Allmacht Gottes" werde „auf dasjenige bezogen, was Sache des Glaubens ist"[48]. Luz bemerkt dazu: „Eine schöne, herrlich allgemeine Formulierung! Aber was ist Sache des Glaubens? Nach Matthäus ist es offenbar gerade das Heilen von Kranken bzw. andere *außergewöhnliche* Beanspruchungen der Macht Gottes. Gerade dadurch unterscheidet sich nach ihm Glaube von Kleinglaube. Nun wird man hier gewiss Fragezeichen machen dürfen ..." Dennoch sollte die Stimme des Matthäus in der Kirche gehört werden, denn sie hat „oft überhaupt verlernt, Gott als Kraft zur Erlangung von scheinbar Unmöglichem zu beanspru-

---

45 Johannes Chrysostomos 1915/16, 827, im Kommentar von U. Luz 1990, 525, Anm. 47. Siehe auch U. Luz zu Mt l0,5ff (1985, 92): „Die Jünger verkünden auch nach Ostern nicht das Kerygma vom leidenden und auferstandenen Christus, sondern Jesu eigene Botschaft (Mt 28,2a) ... Neben dem Verkündigungsauftrag steht gleich gewichtig der Heilungsauftrag ... Der Heilungsauftrag gehört konstitutiv mit der Verkündigung zusammen."

46 Calvin 1966/1974, 11, 67, zit. bei Luz, a.a.O., 525, Anm. 46.

47 Luther, WA 38, 663, zit. bei Luz. a.a.O., 525, Anm. 49.

48 Ebeling 1979, Bd. II, 46, 4, zit. bei Luz, a.a.O., 525, Anm. 50.

chen. Dann verändert der Glaube nichts, sondern er lässt Gott zwangsläufig zur Autorität werden, die das Bestehende sanktioniert und die Kraft zum Sich-Abfinden mit dem ‚Möglichen' gibt."[49] Man bekennt: „Nun aber bleibt Glaube, Liebe, Hoffnung. Die größte unter ihnen aber ist der status quo."

Mit anderen Worten: Der Glaube wird als irrelevant für das wirkliche Leben nachgewiesen. So sagt der Lebens- und Vermögensberater im Hiobspiel zu Hiob: „Ich verstehe Dich sehr wohl, Hiob. Gebete braucht der Mensch zu seiner Selbstverwirklichung, zu seinem inneren Gleichgewicht. Aber sie verändern nichts. Nicht Gespräche mit Gott brauchen wir, sondern eine vernünftige Versicherungs-, Finanz- und Antidrogenpolitik ..."[50] So argumentieren die meisten westlichen Theologen. Die offene Frage dieser Theologie ist aber: Verändert der Glaube, respektive das Gebet, *Sachen*? Interessanterweise beantwortet eine steigende Anzahl von Naturwissenschaftlern (Physikern und Medizinern) diese Frage positiv[51]! Angesichts der Schneckentänze, die viele Pfarrer und Pfarrerinnen bei der Auslegung von Heilungstexten aufführen, darf man vielleicht daran erinnern, dass wir nicht ausschließen können: Gelegentlich und ab und zu mag ja der biblische Autor wirklich das meinen, was er geschrieben hat. Seine Aussagen müssen nicht um jeden Preis allegorisiert und psychologisiert werden. Dass das Heil auch etwas mit unserem Körper zu tun hat (wenn es sich auch nicht in körperlichen Heilungen erschöpft), ist sicher eine Einsicht, die wir zu Unrecht ad acta gelegt haben.

Ich höre die Kritik in den Ohren: „Eine schreckliche theologia gloriae wird da vertreten." Ich empfehle diesen Kritikern, ihre Kritik bei Matthäus anzubringen oder bei jenen Ärzten, die ihre Praxis und Theorie in bezug auf den Placebo-Effekt hinterfragen, will sagen: Wenn ein Patient dem Arzt gegenüber (oder zu sich selber oder zu Gott) Vertrauen hat, dann kann eine Heilung eintreten, die aus medizinischer Sicht unerwartet ist.

Aber es besteht kein automatisch-kausaler Konnex zwischen Glaube und Heilung. Auch die umgekehrte Folgerung darf nicht gezogen werden: Wer krank ist, hat zu wenig geglaubt. Dagegen spricht schon die Tatsache, dass viele Heiler und Heilerinnen (christliche und andere) selber krank sind.

---

49 Luz, a.a.O., 525.

50 Nr. 13: „Hiob im Kreuzfeuer der Religionen", 118.

51 Z.B. J. Hasted 1981 (Hasted ist Professor für Experimentalphysik an der Universität London). Siehe auch J. Bösch 2002, Anm. 52. Die Literatur zu diesem Thema ist unterdessen unübersehbar geworden. In meinem 1988 erschienenen „Geist und Materie" habe ich mehrere hundert einschlägige Titel aus den USA, England, Frankreich, Russland, Deutschland, Holland und der Schweiz referiert – ohne Berücksichtigung der erbaulichen Schriften aus der Heilungsbewegung.

Was aber nötig ist, ist die Korrektur das Glaubens an den so genannten Doppelblindversuch. Beim Doppelblindversuch werden Therapien getestet, ohne dass der Patient oder der Arzt weiß, ob ein Placebo oder ein medizinisch geprüfter Wirkstoff verabreicht wird. Der Doppelblindversuch beruht auf dem Glauben (vielleicht ist es auch ein Aberglaube), dass die menschliche Physiologie allein oder doch wesentlich durch elektro-chemische oder physikalische „Gesetze" erklärbar sei. Selbst wenn es diese gäbe (was keineswegs sicher ist) und wenn wir sie kennen würden (was noch unsicherer ist), wäre das ein Irrtum. Der Chefarzt einer psychiatrischen Klinik, Jakob Bösch, schreibt dazu: „In jedem Fall müssen wir die Überzeugung hinterfragen, mit der Doppelverblindung könne eine Verzerrung durch den so genannten Placebo-Effekt ausgeschlossen werden ... Jeder Mensch (kann) durch seine Erwartung und seine Einstellung jedes Projekt und alles Geschaffene im Universum beeinflussen."[52]

Und weiter: Wenn viele Menschen durch Placebo-Effekte geheilt werden, warum profitieren wir nicht davon? Nur weil wir die Wirkungsweise des Placebo-Effektes nicht erklären können? Nur weil der Placebo-Effekt nicht bei jedem Patienten gleicherweise nachweisbar ist? Als ob dies bei den üblichen Medikamenten der Fall wäre. Eine Wirklichkeit zu leugnen, die wir nicht erklären können, ist unwissenschaftlich. Es gibt eben Dinge, die wir nicht (noch nicht) verstehen. Das spricht nicht gegen ihre Existenz. Im übrigen: „Würde spirituelles Heilen nur auf Suggestion und Placebo beruhen, so wäre das die größte Blamage für uns Schulmediziner. Wir hätten es trotz unserer mehr als zehnjährigen Ausbildung für Hunderttausende von Franken nicht geschafft, Suggestion so heilend einzusetzen, wie unzählige Laien dies können."[53]

Normalerweise werden unerwartete Spontanheilungen dadurch erklärt, dass man die Diagnose zum Beispiel von Krebs widerruft. „Es gibt vielleicht wenige Leiden, bei denen Ärzte so oft ihre Diagnose geändert haben wie bei geistgeheilten Krebspatienten. Die Ärzte verstehen nicht, wodurch der Wechsel eintrat und müssen daher ihre ursprünglichen Diagnosen ändern."[54] Trotzdem halten wir daran fast, dass die Medizin mit all ihren Schwächen als Probier- und Vermutungswissenschaft (übrigens ähnlich wie die Theologie) erstaunliche Resultate hervorgebracht hat. Aber sie ist auch verantwortlich für viele Krankheiten. Je nach Statistik[55] nimmt man 30 bis 40 Prozent aller Krankheiten als „iatrogen" an, das heißt, sie werden

---

52 J. Bösch 2002, 133–134.
53 Bösch, a.a.O., 141–142.
54 H. Edwards ^{2}1999, 111–112; zit. bei Bösch, a.a.O., 155.
55 Statistiken werden diskutiert in ITh 39 46.

von Medikamenten, Krankenhäusern und ärztlichen Behandlungen hervorgerufen. Zudem laufen uns die Gesundheitskosten davon. „Wenn wir in der Medizin nur die Ebene des Körpers und des Verhaltens betrachten, werden wir eine Gesellschaft produzieren, in der mehr und mehr Menschen chronisch erkranken, weil ihre seelischen und charakterlichen Blockaden nicht angegangen werden. Dies dürfte ein wichtiger Faktor für die Kostensteigerung im Gesundheitswesen sein. Das Nichtbeachten dieser Zusammenhänge ist auch eine der Hauptursachen für das Versagen der präventiven Anstrengungen ... Ein politisches System, das diese Zusammenhänge nicht beachtet und die gesetzlichen Bedingungen der Krankenversicherungen so regelt, dass der Einzelne seine Mitverantwortung nicht wesentlich spürt, wird immer versagen. Da kann noch soviel Wettbewerb eingeführt, noch so viel Beschränkung auf Anbieterseite errichtet werden, der Markt wird sich weiter ausdehnen, weil wir zuerst immer versuchen, ohne Einsicht in unser Wesen und ohne Verhaltensänderungen unsere Gesundheit wieder zu erlangen.“[56]

Diese Einsichten wurden schon seit Jahrzehnten von der Weltgesundheitsorganisation (WHO)[57] und der Gesundheitskommission des Ökumenischen Rates[58] vertreten. Sie beklagen zum Beispiel die verheerenden Folgen des unreflektierten Exportes unserer Gesundheitsindustrie in die Dritte Welt.

Auf Grund zahlreicher Forschungsergebnisse urteilt Jakob Bösch, dass mehr Menschen durch heruntergeschluckten Ärger, durch unverarbeitete Verletzungen, durch nagende Eifersucht und ähnliches erkranken als durch Rauchen[59]. Ein erstaunliches Urteil, das uns Theologen nachdenklich machen müsste, singen wir doch:

> Unser Kerker, da wir saßen
> und mit Sorgen ohne Maßen
> uns das Herze selbst abfraßen,
> ist entzwei
> *und wir sind frei.*[60]

---

56 Bösch, a.a.O., 146–147.

57 V. Djukanovic / E.P. Mach (Hg.) 1975, A.K. Newell 1975.

58 Siehe das Buch des ehemaligen Direktors dieser Kommission, des finnischen Arztes J.H. Hellberg, 1977.

59 Bösch, a.a.O., 31. „Tatsächlich sind die gesundheitlichen Schutzfaktoren von Spiritualität, Dankbarkeit, Demut und insbesondere von Versöhnung und Vergebung stärker wirksam als gesunde Ernährung und Nichtrauchen.“ Bösch 33: „Es dürfte aber nur noch begrenzte Zeit verstreichen, bis auch Autoren und Journalistinnen zum Beispiel auf Buddha, Jesus, Gandhi, Nelson Mandela und deren vitale Botschaften der Versöhnung hinweisen dürfen, ohne als Esoteriker oder religiöse Fanatiker zu gelten.“

60 Paul Gerhardt, „Kommt und lasst uns Christum ehren“, EG 39. Die zitierte Strophe in RG 403,5

Da wir selber krank sind an Leib und Seele, verstecken wir uns. Wir wissen, dass der Kerker nicht entzwei ist, dass die Botschaft, die wir predigen, mit unserem Leben nicht kongruent ist. In der Tat, es gibt gute Gründe, sich hinter einer Rolle zu verstecken. Ich plädiere keineswegs dafür, dass die Pfarrer und Pfarrerinnen total durchlässig werden. Gelegentlich aber dürfen wir darauf hinweisen, dass wir der Botschaft, die wir predigen, ebenso bedürfen wie unsere Gemeinden und dass wir das heilende Gebet unserer Gemeindeglieder nötig haben[61].

Kein Mensch bezweifelt, dass Gesundheit und Krankheit, Tod und Leben für alle Menschen zentrale Gültigkeit haben. Warum aber weichen wir dann den klaren Aussagen in Mt 17,20, Jak 5,13–16[62] oder dem grundlegenden Missionsbefehl in Mt 10,7–8 konsequent aus? Warum verharmlosen wir diese hoch aktuellen Anweisungen? Doch weil wir den Gottesdienst zu einer Informationsveranstaltung reduziert haben, anstatt in ihm eine Begegnung mit unserem Schöpfer zu erwarten. Wir müssen wieder damit rechnen, dass die „communio sanctorum“ unter anderem auch eine heilende Gemeinschaft ist. Gewiss, dieses Heilen kann verschiedene Formen annehmen. Es kann auch bedeuten, dass wir Kraft und Geduld bekommen, unsere Leiden zu tragen. Sicher aber ist, dass diese Therapie nicht lediglich in der Multiplikation des medizinischen Betriebes bestehen kann. Das betrifft auch und vor allem die kirchlichen Krankenhäuser.

Heilen bedeutet auch, dass wir mit unseren theologischen „Gegnern“ (den Katholiken, den Anthroposophen, den Neuapostolischen, auch und gerade mit den Fundamentalisten) als Versöhnte versöhnlich umgehen. Das ist vermutlich wichtiger als unsere theologischen Argumente. Ich bin Theologe aus Leidenschaft. Das bedeutet, dass ich durchaus Überzeugungen vertrete. Aber es bedeutet auch, dass ich das Leiden um die Diskrepanz zwischen meinem Anspruch und meinem Leben annehme. Es bedeutet, dass ich nicht aufhöre, an die „communio sanctorum“ zu glauben, für sie zu hoffen und zu beten. Und ferner bedeutet es, dass ich Heiler und Heilerinnen annehme und liebe, auch wenn sie aus meiner Sicht reichlich konfuse Theorien entwickeln. Aus dieser grundsätzlichen Annahme heraus kann ich dann vielleicht auch Kritik üben.

In einem Artikel zu „Psi und christlicher Glaube“ schreibt der Mitarbeiter

---

61 Siehe die Einleitung zur Predigt Nr. 10 („Gott ist ungerecht“, 97).

62 In Jak 5 ist besonders die Reihenfolge interessant: 1. Die Ältesten rufen (einzige Dienstanweisung im Neuen Testament für Kirchenvorstände), 2. Beten und Salben, 3. es wird besser mit dem Kranken, 4. Sündenvergebung und erst 5. gegenseitige Beichte. Diese Reihenfolge widerspricht unserer kirchlichen und freikirchlichen Praxis grundlegend!

der Evangelischen Zentralstelle für Weltanschauungsfragen (Berlin), Hans-Jürgen Ruppert: „Es steht nirgends in der Bibel, dass Gott allein auf der Seite der Schulmedizin stehe und dass er einen Kranken, bei dem deren Methoden nicht helfen, nicht gesund machen möchte."[63] „Der faule Glaube, dass mehr Polizei die Verbrechen ausrottet, mehr Schulen und Lehrer die Kinder intelligenter und mehr Spitäler und Ärzte die Gesellschaft gesünder machen, muss aufhören."[64] So formuliert Kofi Appiah-Kubi, ein Fachmann auf dem Gebiet der alternativen Medizin. Er hat an der berühmten Columbia University in Public Health promoviert. Dann wurde er Minister in der ghanaischen Regierung mit dem Auftrag, die Zusammenarbeit zwischen den so genannten „bone setters", den traditionellen Heilern, den christlichen Heilern und der Schulmedizin zu organisieren. Er hat eine hohe Meinung vom Können der traditionellen Heiler, weiß aber auch um deren Defizite, zum Beispiel, wenn sie Wunden mit Kuhdreck behandeln. Darum sollen sie ein halbes Jahr an der medizinischen Fakultät studieren. So lernen sie ein Minimum an Hygiene und können auch erkennen, in welchen Fällen sie zuständig sind und wann nicht. Umgekehrt aber sollen zukünftige Ärzte ein halbes Jahr zu den traditionellen Heilern in die Lehre gehen, damit auch sie erkennen, wo sie die Behandlung besser „der anderen Fakultät" überlassen. Ähnliches geschieht bereits in Peru. In England arbeiten schon Tausende von Heilerinnen verschiedener Richtung an den öffentlichen Spitälern. In diesem Team sind auch die Spitalpfarrer integriert[65]. In der Schweiz praktizieren zwei mir bekannte Chefärzte an Kantonsspitälern mit Heilerinnen zusammen[66].

Das ist der Kontext, in dem der therapeutische Dienst der Kirchen zu sehen ist. Es gibt viele therapeutisch begabte Menschen in unseren Gemeinden. Anstatt sie auszugrenzen oder zu verdächtigen, müssen wir sie ermutigen. Wir müssen ihnen einen Raum anbieten, in dem sie ihre Charismen entdecken, entwickeln und auch überprüfen können. Das ist die Aufgabe der Liturgie. Die Liturgie als Form heilt zwar selten. Aber sie macht es möglich, dass die heilenden Gaben sich in einem für die Gesellschaft akzeptablen Rahmen entwickeln können.

Diese Art der Therapie wird starke Gefühle hervorrufen, negative und po-

---

63 H.J. Ruppert1985, 305.

64 K. Appiah-Kubi 1981, 148. Zu Appiah-Kubi ChPCh, 41–42.

65 Klapperstorch 104–106, 107–108, 107–108. An der Universitätsklinik Neuchâtel (Schweiz) bietet der Spitalpfarrer den Chirurgen einen Salbungsritus für Patienten und Operationsteam vor der Operation an. Bis jetzt hat nur der muslimische Chirurg dieses Angebot angenommen.

66 Prof. Dr. med. K. Rhyner, Chefarzt Innere Medizin, Kantonsspital Glarus. PD. Dr. med. J. Bösch, Externe Psychiatrische Dienste Baselland.

sitive. Berührungen beim Salben verursachen Gefühle, sowohl beim Berührten wie auch beim Berührenden. Nicht alle Menschen sind in der Lage, mit diesen Gefühlen spontan umzugehen. Es braucht daher einen Rahmen, in welchem diese Gefühle sich entfalten dürfen, in welchem sie „einen Ort“ finden. Zu diesem Rahmen, zu dieser Inszenierung gehören verschiedene Faktoren, unter anderem:

1. Der Salbungsgottesdienst ist öffentlich. Öffentlichkeit schützt vor vielen Entgleisungen. Keinesfalls soll mit dem therapeutischen Dienst im Hauskreis oder in der Sakristei begonnen werden. Da steigt die Temperatur zu stark. Auch der Arzt hat eine „Inszenierung“ nötig. Selten wird er einen Patienten in seiner eigenen Küche behandeln; er wählt dazu seine Praxis. Erst, wenn die Betreffenden eine gewisse Übung im Salbungsdienst haben, kann er auch im intimeren Kreis vollzogen werden.
2. Handlung und Sprache sind liturgisch gebunden. Das schützt vor peinlichem Geschwätz oder allzu intimen Gebeten.
3. Es sind immer drei Personen, die einen Hilfe Suchenden „behandeln“. Dann weiß man nämlich nicht, wer „schuld“ ist, sollte eine überraschende Heilung eintreten. Es genügt, wenn die Menschen wissen: „In der Kirche kann mir an Leib und Seele geholfen werden.“
4. Dringend abzuraten ist, dem Klienten zum Abbruch einer medizinischen Behandlung zu raten. Geht es ihm besser oder wird er gar geheilt, so wird das der Arzt merken und entsprechend reagieren.
5. Mit dem ärztlichen Fachpersonal (dem alternativen und dem schulmedizinischen) ist nach Möglichkeit zusammenzuarbeiten. Am besten ist es, wenn diese Therapeuten in die Liturgie integriert werden. Im übrigen haben gerade die Ärzte das begleitende Gebet nötig. Manchmal scheint mir, dass sie die kränksten Personen in einem Spital sind. Das zeigt sich an der hohen Selbstmordrate und dem Alkoholkonsum. Sie wissen eben, dass auch sie nicht kongruent sind mit dem Anspruch, der an sie gestellt wird oder den sie selber an sich stellen[67].
6. Es werden weder Bedingungen für die Therapie gestellt (Buße, Beichte, Glaube oder dergleichen[68]), noch werden Versprechungen gemacht.

Ich bin keineswegs der einzige oder auch nur der erste, der auf diese Zusammenhänge aufmerksam macht. Auch einige Mediziner und Seelsorger beginnen sie zu verstehen. In einer „Nacht des Heilens“ (17. November

---

67 Zu den persönlichen und wissenschaftlichen Problemen des Arztes siehe das wichtige Buch von H. Schaefer ^{2}1963.

68 „Glaube“ und „Buße“ sind etwas Gutes, wenn sie als Gnadengaben und nicht als Bedingung oder Forderung Gottes verstanden werden. Siehe die Reihenfolge in Jak 5, oben Anm. 62.

2001) in Basel fanden sich Ärzte, Pfarrer und Heilerinnen zu einem öffentlichen Gespräch. Nicht nur diskutiert wurde da. Es wurde auch gefeiert und gebetet. Die Hauptveranstaltungen fanden im „Zentrum für Lehre und Forschung" des Universitätsspitals und im Basler Münster statt. Veranstalter waren der Basler Psi Verein, mehrere reformierte Kirchgemeinden, die ehemalige Basler Mission (mission 21), führende Mediziner aus Forschung und Praxis, praktizierende Heilerinnen und die Basler Mustermesse.

Dass alle diese verschiedenen Menschen zusammenkamen, ist an und für sich schon ein Heilungsprozess. Statt sich abzugrenzen gegen die Heilerinnen, gegen die Mediziner, gegen die Kirchen, fand man sich zusammen. Der Vertreter der Basler Mission wies auf die großen und stark wachsenden Kirchen der Dritten Welt hin, die auch schon bei uns missionieren[69]. Sie haben einen großen Erfahrungsvorsprung, indem sie Heilmethoden ihrer vorchristlichen Tradition in ihre christliche Therapie einbringen. Sie lehnen die Schulmedizin nicht ab, obschon sie für sie meist zu teuer ist.
Zwei Oberärzte an Kantonsspitälern berichteten, dass sie mit Heilerinnen zusammenarbeiten, weil diese dann heilen können, wenn die Ärzte am Ende ihres Lateins sind. „Wir wissenschaftlich gebildeten Ärzte sind ‚verkümmerte Menschen'", sagte einer. Ein anderer berichtete: „Bei den alten Griechen galten nur Ärzte mit hellseherischen Fähigkeiten als solche, diejenigen, die nur Technik und Wissen beherrschten, wurden als Scharlatane abgetan."[70]
Drei Kriterien für die Unterscheidung von Scharlatanen und wirklichen Heilern wurden entwickelt: Erstens, wirkliche Heiler machen keine Werbung in den Medien, denn sie werden durch Mundpropaganda bekannt; zweitens, sie verlangen keine Vorauszahlung und drittens, sie vermeiden sexuelle Kontakte[71].
Eines aber war allen Diskutanten klar: Die innere Verfassung eines Menschen, seine Zuversicht, sein Vertrauen zu den Mitmenschen, den Ärzten, den Seelsorgern, zu sich selber, zu Gott, ist für den Heilungsprozess entscheidend. Aber wie genau das funktioniert, ist nicht klar, obschon die Statistiken eindeutig zeigen, dass Menschen, die einer religiösen Tradition

---

69 Zu Deutschland: C. Währisch-Oblau, für die Schweiz: M. Dürst (Dürst berichtet über lateinamerikanische Immigrantenkirchen in der Schweiz). Überblick über Europa in Int. Review of Mission 89/354, Juli 2000.

70 B. Berczelly 2002. Das ganze Heft „Auftrag" (Basler Mission), Jan./Febr. 2002, ist diesem Thema gewidmet.

71 Ob diese Kriterien genügen, ist eine andere Frage. Siehe zum Beispiel die Liste, 226. Vgl. auch Anm. 10.

verpflichtet sind und vor allem, die beten können, gesünder sind und länger leben. Aber warum das so ist, lässt sich nicht wissenschaftlich beschreiben. Den Abschluss der Veranstaltungen bildete ein Segnungs- und Salbungsgottesdienst im Basler Münster. Vorausgesetzt wurde, dass Jesus, der Heiland, immer durch Menschen wirkt, durch Spitäler, durch Heilerinnen, aber auch durch Kirchgemeinden, die sich diesem Dienst öffnen. Wie aber diese verschiedenen Bereiche zusammenarbeiten können, ist noch nicht geklärt. Von medizinischer Seite her ist jedoch eine gewisse Offenheit zu bemerken, denn das Gesundheitswesen steckt in einer finanziellen und wissenschaftlichen Krise. Wenn diese Krise nicht als Chance erkannt wird, dann wird es von ihm heißen: Der Weg in die Langzeitkatastrophe ist mit Naherfolgen gepflastert. Die Frage bleibt: Sind unsere medizinischen und theologischen Fakultäten klug genug, von Heilern und Heilerinnen zu lernen? Und sind die Heilerinnen und die christlichen Heiler demütig genug, mit den Theologen und Medizinern zusammenzuarbeiten – trotz der Verleumdungen der Vergangenheit[72]? Wer die Menschen liebt, wird – wie der Heiland der Welt – nicht aus lauter Berührungsangst auf erprobte Wege des Heilens verzichten.

7. Barmherzig werden

Theater und Theologie haben nicht nur gemeinsame historische Wurzeln. Beide streben nach Konvergenz zwischen Form und Inhalt. Klaffen diese auseinander, so entsteht der Eindruck der Unwahrhaftigkeit. Zur Wahrhaftigkeit gehört für den Theologen auch, dass er nicht zwei unterschiedliche Theologien vertritt, eine für das gewöhnliche Volk, eine andere für die Studierstube und den akademischen Diskurs. Der Musiker und Pfarrer Simon Jenny schreibt zutreffend, nicht einmal die einfachsten Dinge der theologischen Forschung seien den *kirchlichen Behörden* bekannt[73]. Ebenso gehört es zur Wahrhaftigkeit, dass wir nicht nur von der Verantwortung des Einzelnen sprechen, sondern diesen Einzelnen – auch wenn er oder sie nicht zur Kerngemeinde gehören – verantwortlich in die Gestaltung von Liturgie und Verkündigung einbeziehen. Es gibt noch mehr Gemeinsamkeiten zwischen Theologie und Theater. Simon Jenny stimmt dem

---

72 Viel Schaden hat das Buch von K. Koch 1957 angerichtet. Alles, was Koch nicht versteht und was nicht im Rahmen einer europäischen Plausiblitätsstruktur erklärbar ist, wird kurzschlüssig dem Teufel zugeschrieben. Das Thema der Besessenheit kann hier nicht behandelt werden. Siehe dazu ITh 3, 61–120.

73 S. Jenny 2001, 70.

zu. „So sie spielen, glauben sie“[74], formuliert er in Anlehnung an Martin Luther. Auch stützen sich Theateraufführung und Gottesdienst auf vorgegebene Texte. Und doch wird in jedem Gottesdienst, in jeder Aufführung etwas anderes entstehen. Die Umsetzung eines gegebenen Textes in eine öffentliche Aufführung darf vom kirchlichen Personal nicht unterschätzt werden – etwa mit dem Hinweis: „Da ist ja alles fixiert. Es bleibt kein Spielraum für meine eigene Interpretation.“ Dieser Irrtum beruht auf dem Glauben, dass nur Worte und Sätze interpretieren. Die Umsetzung eines dramatischen Textes ist eine produktive Interpretation[75]. Wie wichtig dabei der Raum, die Farben, die Töne, das Sprechen, die Bewegungen[76] sind, haben wir schon gesehen. Da Sprache nicht nur ein kognitives System ist, sondern eine Brücke für Vertrauen und Freundschaft, darf unsere Sprache, vor allem die liturgische und die Predigtsprache, nicht lediglich definitorisch sein. Je genauer wir definieren, umso mehr grenzen wir uns per definitionem ab. Je genauer ein Pfarrer spricht, umso weniger wird er verstanden. Die Bekennende Kirche wurde nicht deswegen nicht gehört, weil sie nicht genau war, sondern weil sie nicht zu den Herzen redete. Um zu den Herzen zu reden, muss Sprache intelligent mehrschichtig sein. Das erlaubt den Zuhörern das „Andocken“. Andocken können wir nur, wenn wir in einem Satz etwas hören, das in uns ein Echo weckt. Und genau das ist auch die Aufgabe des Theaters und vielleicht auch der Medizin.
Der Theaterwissenschaftler Peter Simhandl sagt das so: „Jeder Kommunikationsprozess ist ein Prozess der Textvermittlung, der die Realisierung und Codierung von Zeichen durch den Sender voraussetzt und ihre Decodierung und Interpretation durch den Empfänger zur Folge hat.“[77] Der Zuhörer „wird seine Aufmerksamkeit auf diejenigen Elemente eines Textes richten, die seinem Vorwissen und seinen Wertvorstellungen entsprechen, seine Erwartung erfüllen und in Beziehung zu seinen Bedürfnissen stehen.“[78]

---

74 Jenny, a.a.O., 83.

75 P. Simhandl, a.a.O., 9: „Schon die Rezeption des Dramas ist ein produktiver Akt, nämlich die Auswahl und Entschlüsselung von Zeichen. Um eine Reproduktion von Vorgegebenem handelt es sich aber auch deshalb nicht, weil der Autor die Einzelheiten des nichtsprachlichen Geschehens nur andeuten oder überhaupt nicht schriftlich festlegen kann. Die meisten theatralen Zeichen müssen von den Theatermachern erst ausgestaltet oder neu hinzugefügt werden.“ Zur Inszenierung des Gottesdienstes siehe die Erfahrungen des anglikanischen Pfarrers Paul Oesterreicher mit der Kathedral-Liturgie in Coventry (P. Oesterreicher 2001). Schweizer Erfahrungen berichtet S. Jenny 2001.

76 Mottu 1998.

77 Simhandl, a.a.O., 3

78 Simhandl, a.a.O., 4.

Und schließlich: Ob ein Gottesdienst oder eine Theateraufführung gelingt, haben wir letztlich nicht in der Hand. Es ist ein Geschenk, eine Gnade, ein Geheimnis. Das macht uns barmherzig mit uns selber, der Gemeinde, den Mitarbeitern und Mitarbeiterinnen.
In unseren Kirchen muss der Pfarrer ein Multitalent sein. Er ist

1. *Autor*. Er schreibt das Skript für die Predigt und oft auch für die Gebete.
2. Er wählt die Lieder und die liturgischen Stücke aus, das heißt er bearbeitet vorgegebene Texte. Das ist im Theater die Aufgabe der *Dramaturgin*.
3. Er ist verantwortlich für die *Inszenierung*. Er inszeniert sich selber und die übrigen Akteure, eine Aufgabe, die man in einem Theater ganz selten dem Hauptdarsteller überträgt.
4. Er ist *Hauptdarsteller*. Meist ist er der einzige, der ein Kostüm trägt. Er steht im Mittelpunkt des dramatischen Geschehens[79].

Das Problem mit dieser Mehrfachbelastung ist, dass wir nur die erste Funktion im homiletischen Seminar lernen, nämlich das Schreiben der Predigt. Für die zweite, die liturgisch-dramaturgische Funktion werden uns zwar viele liturgiewissenschaftliche und theologiegeschichtliche Kenntnisse vermittelt, aber die Praxis der Dramaturgie üben wir nicht. Noch mehr trifft diese Problematik auf die dritte und vierte Aufgabe zu. Regie führen und gleichzeitig Darsteller sein ist eine ungeheuer schwierige Aufgabe, weil ja die Pfarrerin sich selber nicht sieht. Selbst erfahrene Schauspielerinnen lassen sich darum von einem Regisseur führen. Bei der Pfarrerin als Hauptdarstellerin ist das nicht vorgesehen.
Was würden wir von einer Schauspielschule halten, die nur dramatische Texte und Theatertheorien vermittelt, nicht aber praktizierende Schauspieler und Schauspielerinnen ausbildet? Was würden wir von einer Kochschule halten, die sich auf Lebensmittelkunde und die Gestaltung der Menükarte konzentriert, nicht aber auf das Kochen! Das ist weit herum die Situation an unseren theologischen Fakultäten.
Wie dieses Problem in der kirchlichen Praxis zu lösen ist, weiß ich nicht, solange nicht die Fakultäten und die Kirchen sich grundlegend ändern. Dass es aber gelöst werden muss, ist sicher. Wir könnten zum Beispiel Per-

[79] Außerhalb des Gottesdienstes „kann" der Pfarrer aber noch vieles mehr. Er ist Seelsorger und Jugendarbeiter, Spezialist für Altenseelsorge, Zelebrant für Beerdigungen und Hochzeiten. In Deutschland ist er oft noch Personalchef, Chef-Manager des kirchlichen Kindergartens und der Sozialstation, alles Dinge, die er nie gelernt.hat. Im Gegenzug dazu wird seine theologische Qualifikation fast nie in Anspruch genommen.

sonen verschiedener Disziplinen für die Gestaltung das Gottesdienstes verantwortlich machen. Unsere Gemeindeglieder sind der größte Schatz, den wir haben. Sie sind Fachleute auf ihren Gebieten. Sie haben Erfahrungen mit dem Geld, mit Krankheit und Tod, mit Kindern, mit dem schleichenden Atheismus in ihrem Berufsleben, mit dem Gebet gemacht. Diese Begabungen sind verantwortlich in den Gottesdienst zu integrieren.
Vorläufig aber bleibt es bei den obigen Mehrfachrollen des Pfarrers und der Pfarrerin. Dass dies *Rollen* sind, die bewusst gestaltet, überdacht und geübt werden müssen, ist vermutlich am Ende dieses „enzyklopädischen Stichworts" klar.

Bei allem aber gilt:

> Sünd' und Hölle mag sich grämen,
> Tod und Teufel mag sich schämen,
> wir, die unser Heil annehmen,
> werfen unsern Kummer hin.[80]

Ich übersetze dieses Lied auf unsere konkrete Sünd' und Hölle. Tod und Teufel werden nämlich nicht von außen an uns herangetragen. Wir haben sie gerufen durch die unbarmherzigen Forderungen an uns selber. Die Pfarrerin soll Autorin, Dramaturgin, Regisseurin und Hauptdarstellerin in einem sein. Trotzdem – auch dieser Tod und Teufel kann uns nichts anhaben, weil die letzte Verantwortung unser Chef übernimmt. Das gibt uns die Kühnheit, *vorläufig* diese Mehrfachrollen zu übernehmen, auch wenn wir wissen, dass dies weder nötig noch biblisch noch theologisch verantwortbar ist. Wir wissen, dass Gott seine Botschaft durch fehlbare Menschen und Institutionen zum Klingen bringt. Das hindert uns aber nicht, adäquatere Gefäße und Organisationsformen für unseren Dienst zu suchen und auszuprobieren.
Schließlich wird man mir entgegenhalten: Das ist ja alles gut und recht, aber wir haben von Jesus einen Predigtauftrag erhalten. Mit Berufung auf Mt 10,7–8, Mk 3,14 und andere Texte wird in den Kirchen behauptet die heutige Predigtform gehe auf einen Auftrag Jesu zurück.
Dies dürfte ein Missverständnis sein. Zur Bestimmung dessen, was Jesus unter „Predigt" verstanden hat, können wir uns nicht auf die heutige Predigtpraxis beziehen. Was in der Bibel mit „Predigt" gemeint ist, wird durch die *biblische* Predigtpraxis bestimmt. Und da zeigt sich, dass Jesus seine Jünger nicht zum Predigtdienst, sondern zum Zeugendienst berufen hat.

---

80 Paul Gerhardt, EG 39,2.

Von zwei wichtigen Ausnahmen abgesehen (Lk 14,14–21, Apg 8,26–40) ist der Ausgangspunkt der biblischen Predigt *nicht* der Bibeltext, sondern die Situation und die Fragen der Zuhörer. Selbst wenn die Rahmenerzählungen im Neuen Testament auf die Redaktion der Evangelisten zurückgehen, spiegeln sie die Predigtpraxis der ersten Christen wider, wenn nicht sogar die Predigtpraxis Jesu. Zum Beispiel: Ein Gesetzeskundiger fragt: „Meister, was muss ich tun, damit ich das ewige Leben ererbe?" (Lk 10,25 Z) Jesus lässt den Frager die Antwort selber finden, indem er ihn auf das Gebot der Nächstenliebe hinweist. Auf die Rechtfertigung des Fragers, „Alles hängt davon ab, was wir unter ‚Nächsten' verstehen", erzählt Jesus das Gleichnis vom barmherzigen Samariter. Zum Schluss soll der Frager seine Frage selber beantworten – also ein völlig anderer Prozess als unser Predigtmonolog. In der Pfingstgeschichte fragen die *Zuhörer*: „Was soll das bedeuten?" (Apg 2,13 Z) Auf *diese* Frage antwortet Petrus mit Berufung auf den Propheten Joel.
Die zwei erwähnten Ausnahmen sind besonders interessant. In beiden Fällen *liegt die Bibel schon auf dem Tisch*. Sie wird nicht vom Prediger eingebracht. In der so genannten Antrittsrede Jesu in Kapernaum besteht die Predigt aus einem einzigen Satz: „Heute ist dieses Schriftwort erfüllt vor euren Ohren." (Lk 4,21 Z). Das heißt: Der Prediger Jesus legt den Text durch seine Existenz aus.
Nun bin ich keineswegs der Meinung, die heutige Predigtform müsse dem Schema der neutestamentlichen Predigt sklavisch folgen. Alle Predigtformen hängen von kulturellen und sozialen Rahmenbedingungen ab, die sich seit der Einführung der heutigen Predigt vor einigen Jahrhunderten verändert haben. Ich lehne lediglich die gedankenlose Berufung der Kirche auf die Bibel ab. Das, was wir Predigt nennen gibt es in der biblischen Tradition nur in Ausnahmefällen.
Eine weitere Beobachtung erhärtet diesen Schluss. Die Lutherbibel von 1984 verwendet im Alten Testament „predigen/Prediger" 44-mal, die Zürcher Übersetzung 22-mal, wodurch eine Kontinuität zwischen den alttestamentlichen Propheten und den heutigen Predigern vorgetäuscht wird. Ganz abgesehen davon, dass die echten Propheten für ihre Prophetie nicht bezahlt wurden, handelt es sich hier um einen sprachlichen Taschenspielertrick. Das zeigt ein Vergleich mit der Einheitsübersetzung des Alten Testaments. Da kommt nämlich das Wort „predigen/Prediger" nur zweimal vor. Die konfessionellen und kulturellen Vorurteile der Übersetzer sind hier mit Händen zu greifen. Durch die unreflektierte Gleichsetzung des biblischen „keryssein" mit unserem Predigen haben wir uns die Sache zu einfach gemacht. Wir schmuggeln einen Begriff in die Bibel ein, der durch unsere

jahrhundertelange Praxis gefüllt ist. Und dann legitimieren wir unsere Praxis mit einem Text, den wir selber zurecht gezimmert haben. Damit heben wir die Fremdheit des Bibeltextes auf.
Fazit: Wir haben als Kirche einen Auftrag zum Zeugendienst. Dieser aber kann verschiedene Formen annehmen. Die heutige Form der Predigt ist jedenfalls nicht biblisch legitimiert. Wir verbauen uns den Weg zu *heutigen* Formen der Verkündigung, wenn wir eine Form, die mehr der Scholastik als der Bibel verdankt, zur Hauptform unseres Zeugendienstes erklären. Es gibt ja wahrscheinlich Gründe dafür, dass für die Mehrheit unserer Bevölkerung das Wort „predigen" negativ besetzt ist[81].

Am Schluss dieses Buches muss ich mich fragen lassen, ob das, was ich hier beschreibe, dem Test der Lebenswirklichkeit der Leser und Leserinnen standhält. Oder wird es bei ihnen noch einmal ganz anders sein? Auf alle Fälle gilt für dieses Buch – wie für alles, was ich tue oder sage –: „Der Theologe lebt nicht vom Besserwissen, sondern von der Vergebung."[82]

---

81 Mehr zur „Predigt als Produkt des europäischen Synkretismus" im Klapperstorch, 116–124.

82 Nr. 20: „Requiem für Bonhoeffer", 198.

Bibelstellenverzeichnis

Abkürzungen

ChPCh	Walter J. Hollenweger, Charismatisch-pfingstliches Christentum
EG	Evangelisches Gesangbuch (Deutschland), 1994
Gebete	Hollenweger/Solomon Raj, Züritüütschi Gibätt. Gebete. Prières. Prayers.
ITh 3	W.J. Hollenweger, Geist und Materie. Interkulturelle Theologie 3
Klapperstorch	W.J. Hollenweger, Der Klapperstorch und die Theologie. Die Krise von Theologie und Kirche als Chance.
L	Martin Luthers Bibelübersetzung, 1949
PG	Patrologiae cursus concretus (series graeca)
RG	Gesangbuch der Evangelisch-Reformierten Kirchen der deutschsprachigen Schweiz, 1965, 1998
Z	Zürcher Bibel Übersetzung 1942

Literaturverzeichnis

Appiah-Kubi, K., Man Cures. God Heals. Religion and Medical Practice Among the Akans of Ghana, Totowa, N.J., 1981

Auftrag 36/1, Jan./Febr. 2002 (Sondernummer zum Thema „Heilen" der mission 21)

Barratt, D.B., World Christian Encyclopedia. Oxford 1983, Oxford ²2001, hg. v. D.B. Barrett, G.T. Kuriiin und T.M. Johnson. Regelmäßig fortgeschrieben in der Januarnummer von International Bulletin of Missionary Research

Barczelly, Bea, „Geistiges Heilen und Medizin". In: Auftrag 36/1, Jan./Febr. 2002, 12–13 (mission 21)

Bismarck, R.-A. von und U. Kabitz (Hg.), Brautbriefe Zelle 92. Dietrich Bonhoeffer, Maria von Wedemeyer, München 1991

Bietenhard, H. und R., Ds Nöie Testamänt bärndütsch, Bern ²1964

Blanke, F., Brüder in Christo, Zürich 1955

Bösch, J., Spirituelles Heilen und Schulmedizin, Bern 2002

Brecht, B., Schriften zum Theater. In: Gesammelte Werke. Bände 15–17, Frankfurt a.M. 1967

Brook, P., Der leere Raum, Berlin 1969

Brook, P., Das offene Geheimnis. Gedanken über Schauspielerei und Theater, Frankfurt a.M. 1994

Calvin, J., Auslegung der Evangelienharmonie. Hg.v. H. Stadtland-Neumann und G. Vogelbach, Neukirchen-Vluyn 1966/1974 (2 Bände)

Chrysostomos, J., Commentarius in sanctum Matthaeum Evangelistam. PG 57.3, zitiert nach Kommentar zum Evangelium des hl. Matthäus, hg. und übers. von J.C. Baur, 4 Bände, Kempten 1915/16 (BKW 1/23.25.26.27)

Dahling-Sander, C., K. M. Funkschmidt und V. Mielke (Hg.), Pfingstkirchen und Ökumene in Bewegung (Beiheft zur Ökumenischen Rundschau 17), Frankfurt a.M. 2001

Djukanovic, V. und E.P. Mach (Hg.), Alternative Approaches to Meeting Basic Health Needs in Developing Countries. A Joint UNICEF / WHO Study, Genf 1975

Duchrow, U., Konflikt um die Ökumene. Christusbekenntnis – in welcher Gestalt, München 1980

Duchrow, U., Christenheit und Weltverantwortung. Traditionsgeschichte und svstematische Struktur der Zwei-Reiche-Lehre, Stuttgart 1970

Dunn, J., Unity and Diversity in the New Testament. An Inquiry into the the Character of Earliest Christianity, London 1977

Dürst, M., Weltmission im Umbruch, Mission durch Migration. am Beispiel von Missionsinitiativen lateinamerikanischer Migranten in der Schweiz (erhältlich vom Vf., Sägeweg 5, CH 8505 Winterthur)

Ebeling, G., Dogmatik des christlichen Glaubens, Tübingen 1979 (2 Bände)

Edwards, H., Wege zur Geistheilung, Freiburg ²1999.

Hasted, J., The Metal-Benders, London 1981

Hellberg, J.H., Communitv, Health and the Church. Genf 1977.

Hollenweger, W.J., Charismatisch-Pfingstliches Christentum. Herkunft, Situation. Ökumenische Chance, Göttingen 1997
Hollenweger, W.J., „Confessions of a Catholic and a Pentecostal Ecumenist". In: International Review of Mission 89/355, Okt. 2000, 568–71
Hollenweger, W.J., Enthusiastisches Christentum. Die Pfingstbewenung in Geschichte und Geqenwart, Zürich und Wuppertal 1969
Hollenweger, W.J., Geist und Materie. Interkulturelle Theoloqie 3, München / Gütersloh 1988
Hollenweger, W.J., Der Klapperstorch und die Theologie. Die Krise von Theologie und Kirche als Chance, Kindhausen ²2001
Hollenweger, W.J., „Mut zur Mission", in: Zeitschrift für Mission 28, 2001/1, 32–44
Hollenweger, W.J., und S. Raj, Züritüütschi Gibätt. Gebete. Priéres, Prayers, Meilen 2000

International Review of Mission 84/354, Juli 2000 (Überblick über die Immigrantenkirchen in Europa, Gast-Herausgeberin: Roswith Gerloff)

Jenny, S., „Kirchentheater als Gemeindeaufbau". In: R. Kunz (Hg.), Gemeindeaufbau, 67–63

Kessler, P., „„Im Schatten Seines Friedens'. Neues Weihnachtsoratorium ein faszinierendes Erlebnis. Alte Weihnachtsbotschaft wurde durch Musik und Tanz lebendig" (aus einer Zeitung aus Bad Mergentheim, l0.12.1998, Quelle nicht mehr genau eruierbar)
Koerber, E. von, „Die Unternehmer – von Lottokönigen zu Hoffnungsträgern. Die ganzheitliche Verantwortung der Unternehmen als globale Ordnungsfrage". In: Neue Zürcher Zeitung, Int. Ausgabe, Nr. 21, 26./27, Jan. 2002, 55
Koch, K., Seelsorge und Okkultismus, Berghausen 1957
Koch, K., Besessenheit und Exorzismus, Basel 1981
Kunz, R. (Hg.), Gemeindeaufbau konkret. Arbeitsfelder einer lebendigen Kirche, Zürich 2001

Liechti, Manuela, Die Guttat zu ölen (Martin Luther). Von der Wiederentdeckung der Salbung als Segenshandlung in ev.-ref. Gottesdiensten, Kindhausen 1996
Lohmeyer, E., Die Offenbarung das Johannes. Handbuch zum NT 16, Tübingen ²1953
Luz, U., Das Evangelium nach Matthäus (EKK 1/1–3), Zürich / Düsseldorf 1985, 1990, 1997 (bisher drei Bände)

Möller, C., „Spiritualität und Gemeindeaufbau". In: R. Kunz (Hg.), Gemeindeaufbau, 147–162
Mottu, H., Le geste prophétique. Pour une pratique protestants des sacrements, Genf 1998

Newell, K.W., Health by the People, Genf 1975

Oesterreicher, P., „Gottesdienst: Alles Theater". In: Publik-Forum 200l/l, 12.1.200l, 28–30

Parsons, S., Ungodly Fear. Fundamentalist Christianity and the Abuse of Power, Oxford 2000
Pfingstjubel, Altdorf bei Nürnberg: Missionsbuchhandlung und Verlag, 1956
Pfister, R., „Pentecostalism and Ecumenism in France. A Critical Examination of Seeming Antipodes". In: Dahling-Sander u.a. (Hg.), Pfingstkirchen und Ökumene in Bewegung, 199–216

Röhr, H., Das Spiel – ein Urphänomen des Lebens, Wiesbaden 1981
Rudolph, W., Das Buch Ruth. Das Hohe Lied. Die Klagelieder (KAT XVII, 1–3), Gütersloh 1962
Ruppert, H.J., „10 Jahre Arbeitskreis ‚Psi und christlicher Glaube‘ der EZW“, in: Materialdienst 48/10, 1.10.1985, 300–308
Schäfer, B., „Klingender Gemeindeaufbau“, in: R. Kunz (Hg.), Gemeindeaufbau, 128–146
Schaefer, H., Die Medizin in unserer Zeit. Theorie, Forschung, Lehre, München ^{2}1963.
Simhandl, P., Zur Theorie des Theaters. Unveröffentliches Typoskript einer Vorlesung an der Hochschule der Künste, Berlin 1992/93
Simhandl, P., Stanislawski-Lesabuch. Zusammengestellt und kommentiert von P. Simhandl, Berlin 1990
Steinman, P., Liturgie und Theater. Diplomarbeit an der Theologischen Fakultät Luzern, 1983
Tippett, M., A Child of Our Time. Oratorio, London 1944
Vischer, L., Verantwortliche Gesellschaft. Über Zukunftsfähigkeit, Solidarität und Menschenrecht, Neukirchen-Vluyn 2001
Währisch-Oblau, Claudia, „From Reverse Mission to Common Mission … We Hope. Immigrant Protestant Churches and the ‚Programme for Cooperation Between German and Immigrant Congregations of the United Evangelical Mission‘“. In: International Review of Mission 89/354, 467–483
Weber, E., s Nöi Teschatmänt Züritüütsch us em Griechische übersetzt vom Emil Weber, Zürich 1997
Wenk, M., Community-Forming Power. The Socio-Ethical Role of the Spirit in Luke-Acts, Sheffield 2000
Wenk, M., „Die eschatologische Gegenwart Gottes: was Pfingstler und Charismatiker zum öumenischen Dialog mitbringen“. In: Dahling-Sander u.a. (Hg.), Pfingstkirchen und Ökumene in Bewegung, 66–81
Wenk, M., „Wer mitspielt, spürt die Aktualität“. In: Online, Magazin der Bewegungplus, Nr. 9/10, 2001, 12–13
Zeigler, J.R., „Full Gospel Business Men's Fellowship International (FGBMFI)“. In: S. M. Burgess, G.B. McGee, P.H. Alexander (Hg.), Dictionary of Pentecostal and Charismatic Movements, Grand Rapids, Mich., 1988, 321–322.
Zimmerling, P., Die charismatischen Bewegungen. Theologie, Spiritualität, Anstöße zum Gespräch, Göttingen 2001

Zink, J. und H.-J. Hufeisen, Wie wir feiern können, Stuttgart 1992

Im Verlag Metanoia, CH 8963 Kindhausen, sind folgende Spielvorlagen (die meisten mit Musik) erhältlich:

- Der Kommissar auf biblischer Spurensuche
- Ecce Homo. Jörg Ratgeb (mit Heyno Kattenstedt)
- Fontana, die Frau am Brunnen und der siebte Mann (mit H.J. Hufeisen)
- Gomer, das Gesicht des Unsichtbaren
- Der Handelsreisende Gottes (mit H.J. Hufeisen)

- Hiob oder die Wette Gottes
- Hiob im Kreuzfeuer der Religionen (mit H.J. Hufeisen)
- Hommage an Maria von Wedemeyer (mit Estella Korthaus)
- Jona, ein Kind unserer Zeit (mit Fritz Baltruweit)
- Die Jüngermesse (mit Ruedi Debrunner)
- Kamele und Kapitalisten
- Konflikt in Korinth (mit Estella Korthaus)
- Michal – die Frauen meines Mannes
- Miriam, Mutter Jesu
- Neuer Himmel – neue Erde (mit Estella Korthaus)
- Nympha und Onesimus zwischen Geld, Geist und Glück (mit Estella Korthaus)
- Ostertanz der Frauen
- Ruth, die Ausländerin
- Scherben
- Totentanz zum neuen Leben (mit H.J. Hufeisen)
- Veni Creator Spiritus
- Vorsicht Baustelle. Betreten auf eigene Gefahr! (mit Ralf Luginsland)
- Wagnis des Glaubens (mit H.J. Hufeisen)
- Weihnachtsoratorium: Im Schatten Seines Friedens (mit H.J. Hufeisen)
- Requiem für Bonhoeffer

Folgende Stücke sind momentan in der Testphase öffentlicher Aufführungen (alle mit Estella Korthaus):

- Petrus, der Pontifex
- Für das Leben lügen
- Rosa Luxemburg

Konrad Raiser

Hoffen auf Gerechtigkeit und Versöhnung

Ökumenische Predigten

Verlag W. Kohlhammer

Raiser, Konrad:
Hoffen auf Gerechtigkeit und Versöhnung: Ökumenische Predigten /
Konrad Raiser. - Stuttgart ; Kohlhammer, 2002
(Christentum heute ; Bd. 2 / Hrsg.: Matthias von Kriegstein)
ISBN 3-17-016824-X

Umschlag: Gestaltungskonzept Peter Horlacher
Gesamtherstellung:
W. Kohlhammer Druckerei GmbH + Co. Stuttgart
Printed in Germany

Inhalt

Einleitung

Die in diesem Band zusammengestellten Predigten und Bibelarbeiten sind in den letzten 20 Jahren an sehr unterschiedlichen, über die ganze Welt verstreuten Orten gehalten worden. In ihnen spiegelt sich die lebensgeschichtliche und auch theologische Prägung des Verfassers durch die ökumenische Bewegung. Als junger württembergischer Pfarrer kam ich 1969 nach nur kurzem kirchlichem Dienst und einer Zeit als Assistent für Praktische Theologie in Tübingen zum ersten Mal nach Genf. 14 Jahre der Mitarbeit im Stab des Ökumenischen Rates der Kirchen (ÖRK), davon 10 Jahre als stellvertretender Generalsekretär, haben mich dazu geführt, dass ich das Engagement für die Einheit der Kirche und für das Zusammenleben der Menschen in Gerechtigkeit und Frieden als meine geistliche Berufung erkannte.

Von 1983 bis 1993 habe ich an der Evangelisch-Theologischen Fakultät der Ruhr-Universität Bochum Systematische Theologie und Ökumenik unterrichtet. Die Aufgabe, Studierende in die Geschichte und Themen der ökumenischen Diskussion einzuführen und meine eigenen Erfahrungen in der ökumenischen Arbeit weiterzugeben, hat mich fasziniert und mir gezeigt, dass der ökumenische Horizont auch für eine jüngere Generation von angehenden Pfarrerinnen und Pfarrern neue Perspektiven für ihren kirchlichen Dienst erschließen kann.

Seit 1993 lebe und arbeite ich zum zweiten Mal in Genf, nunmehr als Generalsekretär des ÖRK. Zu den Aufgaben des Generalsekretärs gehört neben der Leitung des Genfer Sekretariats und seiner Arbeit auch die Pflege der Beziehungen zu den Mitgliedskirchen in aller Welt. So habe ich in den vergangenen 9 Jahren eine Vielzahl von Kirchenbesuchen in allen Weltregionen gemacht und dabei in Kirchen und Gemeinden der unterschiedlichsten Art gepredigt.

Die meisten der hier zusammengestellten Predigten sind im Zusammenhang solcher Kirchenbesuche entstanden. Selten brachte ich eine bereits vorbereitete Predigt mit. Um wirklich predigen zu können, muss ich den Lebenskontext der Predigthörer vor mir sehen. Auch die Textwahl ist in solchen Fällen oft erst am Ort geschehen – mit der Folge, dass ich auf vertiefte biblisch-exegetische Vorbereitung verzichten musste. Wichtiger war mir die Verarbeitung von Eindrücken während des Besuchs im Gespräch mit einem biblischen Text. Viele der Predigten sind frei oder nur nach Stichworten gehalten worden. Der hier vorgelegte Text ist, gerade bei ursprünglich englisch- oder französischsprachigen Predigten, eine nachträgliche Rekonstruktion, welche die besondere geistliche Atmosphäre natürlich nicht wiedergeben kann.

Eine Reihe von Predigten ist bei offiziellen Anlässen, zu denen ich in meiner Funktion als Generalsekretär eingeladen war, nach einem vorbereiteten Manuskript gehalten worden. Dazu kommen schließlich Predigten in „normalen" Gemeindegottesdiensten in Bochum oder in Genf. Der letzte Abschnitt enthält Bibelarbeiten, die für Kirchentage ausgearbeitet wurden. In allen Fällen gibt ein kurzer Vorspann Auskunft über Ort, Zeit und Entstehungszusammenhang der Texte.

Eine Predigt, aber auch eine Bibelarbeit, gewinnt für mich ihre Form und Aussage im gegenwartsbezogenen Gespräch mit einem biblischen Text. Bei Gemeindegottesdiensten halte ich mich in der Regel an den vorgeschlagenen Text der Perikopenordnung. Auch bei ökumenischen Kirchenbesuchen bin ich zurückhaltend gegenüber der – vor allem im angelsächsischen Bereich verbreiteten – Erwartung einer thematischen oder programmatischen Predigt. Für diese Veröffentlichung habe ich dennoch jeder Predigt nachträglich einen Titel gegeben und die Texte in vier größere Abschnitte thematisch geordnet. Die Untergliederungen sollen den Gesamttitel des Bandes „Hoffen auf Gerechtigkeit und Versöhnung" entfalten. Das darin zum Ausdruck kommende Verständnis meiner ökumenischen Arbeitsschwerpunkte wird im Schlussteil des Bandes ausführlicher erläutert.

Predigten sind normalerweise nicht zur Veröffentlichung bestimmt. Sie sind zwar öffentliche Rede, aber keine schriftliche Ausarbeitung. Bei gedruckten Predigten ist es daher besonders wichtig, eine einfache und lebendige Sprache zu finden, die den Leser ebenso anspricht wie ursprünglich die gottesdienstlichen Hörer. So bin ich dankbar, dass zwei Laiinnen, Dr. med. Maria von Bodelschwingh und meine Frau, Dr. Elisabeth Raiser, die Manuskripte gegengelesen haben. Ich habe wichtige sprachliche und inhaltliche Anregungen und Rückfragen von ihnen erhalten, die ich gerne aufgenommen habe. Die gelegentlichen Gespräche mit ihnen während ihrer Lektüre haben die Manuskripte für mich zurückübersetzt in den ursprünglichen Kontext der mündlichen Kommunikation. Predigten haben als lebendiger Zuspruch des Evangeliums, d.h. als ermutigende, befreiende oder auch nachdenklich machende Anrede ihren Ort im Gottesdienst, in dem die Gemeinde nicht nur hört, sondern singt, betet oder auf andere Weise mitwirkt. Nur in wenigen Fällen war ich auch für die Gestaltung des ganzen Gottesdienstes verantwortlich. Daher kann dieser Band die sehr unterschiedlichen liturgischen Kontexte, in denen die Predigten gehalten wurden, nicht wiedergeben. Möge er dennoch dazu anregen, sich auf die Weite des ökumenischen Horizonts einzulassen.

Genf, im Sommer 2001 — Konrad Raiser

Ökumenische Predigten

Beten und Tun des Gerechten

1. Die verborgenen Gerechten

Predigt in der Stiftskirche in Tübingen am 15.11.1981

Zu dieser Predigt in meiner früheren Gemeindekirche in Tübingen war ich eingeladen worden aus Anlass des 75-jährigen Jubiläums des Deutschen Instituts für ärztliche Mission (DIFÄM). Der Gottesdienst fand am vorletzten Sonntag des Kirchenjahres statt. Daher der Predigttext: Mt 25,31–46.

Liebe Gemeinde,

Wir gedenken in diesem Festgottesdienst jenes 15. November, als vor 75 Jahren das Deutsche Institut für ärztliche Mission gegründet wurde. Das DIFÄM ist seither ein Teil von Tübingen geworden und hat unsere kleine Stadt in der ganzen Weltchristenheit bekannt gemacht. Die Ausbildung von Ärzten und Schwestern für die Mission, das Tropenkrankenhaus, die Leprahilfe, die Weltapotheke, aber auch die sogenannten Tübinger Konsultationen über den heilenden Dienst der Kirche – kurz, die ganze Arbeit in diesen 75 Jahren hat sichtbare Früchte getragen, und wir haben viel Grund zu einem dankbaren Rückblick.
Ich bin der Einladung, in diesem Gottesdienst die Predigt zu halten, besonders gern gefolgt. Einmal ist es für mich als früheres Mitglied der Stiftskirchengemeinde eine Freude, mit Ihnen allen hier den Gottesdienst feiern zu können. Ich komme heute zu Ihnen zurück aus meiner gegenwärtigen

Aufgabe als stellvertretender Generalsekretär des Ökumenischen Rates der Kirchen in Genf. Die Beziehungen zwischen dem DIFÄM und dem ÖRK haben alle sonstigen Krisen in der ökumenischen Arbeit nicht nur überdauert, sondern sie sind gewachsen. Das DIFÄM in Tübingen ist gleichsam der Geburtsort der ökumenischen Gesundheitskommission, deren Arbeit zu einer Neuordnung der ärztlichen Mission weltweit geführt hat. So nehme ich gern diese Gelegenheit wahr, dem DIFÄM und den für seine Leitung verantwortlichen Brüdern und Schwestern für diesen ökumenischen Dienst zu danken. Sie wissen selber am besten, wie wichtig er war und nach wie vor ist.

Nun fällt dieser Festtag auf den vorletzten Sonntag im Kirchenjahr, der früher auch als „Volkstrauertag" begangen wurde. Unter dem Wochenspruch: „Wir müssen alle offenbar werden vor dem Richterstuhl Christi" ist dieser Sonntag ausgerichtet auf das Bedenken des Jüngsten Gerichtes. Wie kann es gelingen, unser festliches und dankbares Gedenken einzufügen in diesen Rahmen des liturgischen Jahres unserer Kirche? Freilich ist unter Christenmenschen die kritische Selbstprüfung ein wesentliches Moment jedes rückblickenden Gedenkens. Gerade die festlichen Geburtstage im höheren Alter sind Anlässe einer stillen Rechenschaftsablage. Vielleicht ist das auch im Leben von Institutionen so, besonders, wenn sie zwei oder mehr menschliche Generationen überdauert haben.

Im Blick auf den besonderen Anlass weiche ich ein wenig vom vorgesehenen Predigttext ab und nehme statt dessen das altkirchliche Evangelium für diesen Sonntag auf, nämlich die große Bildrede vom Weltgericht im Matthäusevangelium.

Mt 25,31–46*

31 Wenn aber der Menschensohn kommen wird in seiner Herrlichkeit und alle Engel mit ihm, dann wird er sitzen auf dem Thron seiner Herrlichkeit, 32 und alle Völker werden vor ihm versammelt werden. Und er wird sie voneinander scheiden, wie ein Hirt die Schafe von den Böcken scheidet, 33 und wird die Schafe zu

* Hier und im Folgenden gilt: Die eingezogenen und kursiv gesetzten Bibeltexte sind zitiert nach der Lutherbibel, revidierter Text 1984, durchgesehene Ausgabe in neuer Rechtschreibung, © 1999 Deutsche Bibelgesellschaft Stuttgart.

seiner Rechten stellen und die Böcke zur Linken. 34 Da wird dann
der König sagen zu denen zu seiner Rechten: Kommt her, ihr Ge-
segneten meines Vaters, ererbt das Reich, das euch bereitet ist von
Anbeginn der Welt! 35 Denn ich bin hungrig gewesen und ihr
habt mir zu essen gegeben. Ich bin durstig gewesen und ihr habt
mir zu trinken gegeben. Ich bin ein Fremder gewesen und ihr habt
mich aufgenommen. 36 Ich bin nackt gewesen und ihr habt mich
gekleidet. Ich bin krank gewesen und ihr habt mich besucht. Ich
bin im Gefängnis gewesen und ihr seid zu mir gekommen. 37
Dann werden ihm die Gerechten antworten und sagen: Herr, wann
haben wir dich hungrig gesehen und haben dir zu essen gegeben,
oder durstig und haben dir zu trinken gegeben? 38 Wann haben
wir dich als Fremden gesehen und haben dich aufgenommen, oder
nackt und haben dich gekleidet? 39 Wann haben wir dich krank
oder im Gefängnis gesehen und sind zu dir gekommen? 40 Und
der König wird antworten und zu ihnen sagen: Wahrlich, ich sage
euch: Was ihr getan habt einem von diesen meinen geringsten Brü-
dern, das habt ihr mir getan. 41 Dann wird er auch sagen zu de-
nen zur Linken: Geht weg von mir, ihr Verfluchten, in das ewige
Feuer, das bereitet ist dem Teufel und seinen Engeln! 42 Denn ich
bin hungrig gewesen und ihr habt mir nicht zu essen gegeben. Ich
bin durstig gewesen und ihr habt mir nicht zu trinken gegeben. 43
Ich bin ein Fremder gewesen und ihr habt mich nicht aufgenom-
men. Ich bin nackt gewesen und ihr habt mich nicht gekleidet. Ich
bin krank und im Gefängnis gewesen und ihr habt mich nicht be-
sucht. 44 Dann werden sie ihm auch antworten und sagen: Herr,
wann haben wir dich hungrig oder durstig gesehen oder als Frem-
den oder nackt oder krank oder im Gefängnis und haben dir nicht
gedient? 45 Dann wird er ihnen antworten und sagen: Wahrlich,
ich sage euch: Was ihr nicht getan habt einem von diesen Ge-
ringsten, das habt ihr mir auch nicht getan. 46 Und sie werden
hingehen: diese zur ewigen Strafe, aber die Gerechten in das
ewige Leben.

Es wird wenige unter uns geben, die diesen Abschnitt nicht schon mehrmals gehört oder gelesen haben. Er ist in unserem Jahrhundert, gerade auch in ökumenischen Zusammenhängen, zu einem der meistzitierten Texte des Neuen Testaments geworden. Das heißt freilich nicht, dass man immer besonders deutlich auf seine Aussage gehört hätte. Oft wird dieser Abschnitt nur sehr oberflächlich als Belegtext für bestimmte Thesen über Gestalt und Auftrag der Kirche benutzt oder auch missbraucht. Wir wollen an diese Gefahr denken, aber zugleich versuchen, uns von vorgefassten Meinungen freizumachen, wenn wir uns diesem Text nun zuwenden.

Die Szene ist schlicht: Sie nimmt die alttestamentliche Vorstellung vom Völkergericht am Ende der Zeit auf und übersetzt sie mit Hilfe des alten Gleichnisses vom Hirt und den Schafen. Das Urteil ist schon gefällt, die Scheidung der Gerechten von den Verdammten wird vollzogen, ohne dass der Vorgang selbst ausgemalt wird. Im Mittelpunkt stehen vielmehr die zwei parallel gebauten Teile der Urteilsverkündigung.

Ein merkwürdiges Gericht! Der Zeuge der Anklage ist zugleich der Richter. Maßstab des Urteils ist das Verhalten der beiden Gruppen gegenüber ihm, dem thronenden König – nicht gerade ein unparteiisches Verfahren. Das Urteil über die „Gerechten“ lautet: Kommt her, ich kenne euch, denn ihr habt mir Liebe erwiesen. Über die „Verdammten“ lautet es (wie bei den törichten Jungfrauen): Hinweg, ich kenne euch nicht, denn ihr habt mir nicht gedient, als ich eurer Hilfe bedurfte.

Aber beide Gruppen erkennen sich in der Urteilsbegründung nicht wieder. Die einen fragen: Wann sind wir dir begegnet und haben dir Liebe erwiesen? Und die anderen fragen: Wann haben wir je versäumt, dir zu dienen, wenn du unseren Dienst verlangtest? Eine völlige Vertauschung der erwarteten Rollen also. Eine Bildrede soll zum Nachdenken und zur Besinnung führen, und sie hat es über die Jahrhunderte immer neu getan.

Unwillkürlich fragen wir uns: Wie würde ich vor diesem Maßstab bestehen? Was habe ich getan, was unterlassen? Immer wieder ist dieser Abschnitt als Anhalt für die bußfertige Gewissenserforschung gelesen und verstanden worden. Wir sollten der Frage nicht ausweichen, die Zinzendorf aus dem Mund des Gekreuzigten gehört hat: Das tat ich für dich! Was tust du für mich? Aber damit werden wir zugleich hinausgeführt über die Ebene des Tuns und Unterlassens. Charakteristisch ist ja doch für beide Gruppen, dass sie den, der ihnen am Weg begegnete und ihre Liebe suchte, nicht erkannt haben. Die Verdammten, so muss man aus ihrer Antwort schließen, meinten ihn zu kennen, aber sie suchten ihn und dienten ihm am falschen Ort. Die Gerechten fanden ihn und seine Gemeinschaft, ohne zu wissen, was ihnen widerfuhr.

*

Damit wird hinter der provozierenden Stilisierung dieser Bildrede plötzlich all das lebendig, was die Evangelien von Jesus selbst und seinem Umgang mit den Menschen seiner Zeit berichten. Verhieß er nicht das Reich Gottes, das Leben in der Gegenwart Gottes gerade denen, die es am wenigsten vermuteten und die nach der Ordnung des Gesetzes keinen Anspruch darauf hatten, vor Gott als gerecht zu gelten: die Armen, die Einfältigen und Kinder, die Kranken und die kleinen Leute? Sie nahten sich ihm im schlichten Vertrauen und erfuhren seine Gemeinschaft als befreiende Wirklichkeit. Unter ihnen tat er seine Zeichen und Wunder. Er wurde einer von ihnen und starb den Tod eines Verachteten am Kreuz. Aber gerade in dieser Verborgenheit war er der „Gerechte", der Sohn Gottes. So brachte er das Reich Gottes und die Fülle des Lebens. Die, welche demütig und einfach genug waren, sich von ihm beschenken zu lassen, ihm zu vertrauen, nannte er seine Brüder und Schwestern und darum Gottes Kinder, Miterben des Reiches Gottes. Sie wussten nicht, wie ihnen geschah: die Hirten von Bethlehem, der Zollbeamte, die syrische Frau, der römische Hauptmann, der mit ihm gekreuzigte Verbrecher.
Und dann gewinnen auch die anderen plötzlich Profil und werden lebendig. Die Evangelien nennen sie die „Pharisäer und Schriftgelehrten". Es sind diejenigen unter den Zeitgenossen Jesu, die Gott wahrhaftig suchten und ihm gewissenhaft dienten durch die Befolgung seiner Gebote. Wir haben vorhin einen Abschnitt aus dem Buch des Propheten Jesaja gehört; Jesus war nicht weniger kritisch über Gottesdienst und Frömmigkeit seines Volkes. Denken wir an die Stellen in der Bergpredigt über das Almosengeben, das Beten und das Fasten. „Es sei denn, eure Gerechtigkeit sei besser als die der Schriftgelehrten und Pharisäer, so werdet ihr nicht in das Himmelreich kommen" (Mt 5,19).
Wir sind heute sensibel geworden für die Ansätze eines verdeckten oder auch offenen Antijudaismus im Neuen Testament. Daher ist es wichtig zu erkennen: In der Kritik Jesu geht es um eine auch aus anderen Quellen bekannte inner-jüdische Auseinandersetzung über die rechte Form der Got-

tesverehrung. Was Jesus seinen Gegnern vorwarf, war ja nicht so sehr unmoralisches Verhalten. Ihre Lieblosigkeit war vielmehr letztlich eine Konsequenz ihres Gottesdienstes. Immer wieder, und so auch in unserer Bildrede, ging es im Kern um die Konsequenz aus der unlösbaren Verbindung von Gottesliebe und Nächstenliebe, von Gottesdienst und Dienst am Nächsten. Gott sucht unsere Liebe, unser Vertrauen, unsere Gemeinschaft als der Freund der Hungrigen, der Flüchtlinge und Wanderarbeiter, der Kranken, Behinderten und Gefangenen, als der Vater aller seiner Kinder. In allen Geringgeachteten will Gott geliebt und erkannt werden als ihr und unser Helfer und Heiland. Gott sucht nicht die bewusste, überlegte Barmherzigkeit, sondern die schlichte Zuwendung ohne Hintergedanken, für die das Gleichnis vom barmherzigen Samariter das dichteste Bild zeichnet.

*

Liebe Gemeinde, wo so radikal – wie in unserem Abschnitt – Ernst gemacht wird mit dem Bekenntnis, dass Gott in diesem Menschen Jesus von Nazareth in unsere Welt gekommen ist, da werden die beiden Seiten des Doppelgebotes der Liebe wechselseitig austauschbar, denn sie beschreiben beide zusammen nur die eine Wirklichkeit des Reiches Gottes, des Lebens in der Gemeinschaft mit Gott. Und um dieses Reich, um dieses Leben geht es letztlich in der Bildrede vom Weltgericht, nicht allein um unser Tun oder Unterlassen.

Nur bleibt dann noch immer der so beunruhigende Zug an diesem Bild, dass auch die „Gerechten“ ihn nicht erkannt hatten. Ohne es zu wissen, waren sie zu Erben des Reiches Gottes geworden. Das muss uns zu denken geben, wenn wir von der „Kirche der Armen“ sprechen. Vielleicht sind ja viele unserer kirchlichen Werke und Einrichtungen, unserer Krankenhäuser und Heime, unserer Programme und Aktionen eher ein Hindernis auf dem Weg zu denen, in deren Gemeinschaft Jesus Christus geliebt und gefunden werden will. Wenn wir uns freilich lösen von all den Auseinandersetzungen über den missionarischen und diakonischen Auftrag der Kirche, über die soziale und politische Verantwortung der Christen heute, und einfach versuchen, an einen Menschen zu denken, der vielleicht so ein „verborgener Gerechter“, ein geheimer Zaddik ist – wie Martin Buber ihn nennt –, dann entdecken wir, dass es sie wirklich gibt um uns herum, Menschen, die gar nicht wissen, dass sie Gutes tun. Sie sind erstaunt, wenn man ihnen dankt, und sind einfach frei davon, an sich selber denken zu müssen. Ich sehe verschiedene solche Menschen vor mir, und trotz aller Unterschiede haben sie vieles gemeinsam. Sie sind ohne Arg und Falsch, entwaffnend gewaltlos, bereit zu völliger Zuwendung. Kinder haben ein untrügliches Gespür für solche Menschen und suchen ihre Gegenwart. Sie sind nicht die geborenen Anführer, obwohl sie manchmal sogar Bischöfe werden; sie entwerfen nicht die großen Programme, obwohl es unter den Vätern und Müttern der Diakonie manche solcher Menschen gegeben hat. Sie machen nicht viele Worte und entwickeln keine Theorien, sondern sind irgendwie immer da, wo man sie braucht. Manche, an die ich denke, sind völlig säkulare Menschen, aber sie respektieren jede wirkliche Überzeugung; andere sind auf eine ganz schlichte Weise fromm, aber unbegabt für die Rolle der Eiferer und Bekenner für den Glauben.

Wer ihnen begegnet, spürt sofort, dass sie Träger einer besonderen Gnade sind, Gesegnete – früher nannte man sie „Heilige". Sie können wirklich nichts dafür, dass sie so sind. Aber in dieser Unschuld werden sie für uns zu lebendigen Wegweisern, zu Leuchtfeuern auf dem Weg der Nachfolge. Sie entwaffnen alle Gefühle von Neid oder alles Konkurrenzdenken; man ist vielmehr dankbar, dass es sie gibt, gerade wenn man erkannt hat, dass man selber vielleicht nie so sein wird wie sie. Ihr einfaches Dasein kann befreien von Zweifeln und Gewissensskrupeln und Mut machen, neu anzufangen im Vertrauen auf die Vergebung Gottes.

*

Liebe Gemeinde, ich möchte zum Schluss noch einmal zum Anlass unseres Festgottesdienstes zurückkehren. Dieser Abschnitt aus dem Matthäusevangelium, über den wir miteinander nachgedacht haben, hat vermutlich nicht wenige junge Menschen in ihrem Entschluss beeinflusst, Missionsärzte oder Schwestern, Diakonissen oder Pfleger zu werden. Und es waren und sind bis heute die verborgenen „Gerechten" unter ihnen, wie auch unter den Evangelisten und Missionaren, die zu wirklichen Trägern von Glaube, Liebe und Hoffnung geworden sind. Inzwischen ist aus der ärztlichen Mission und der heilenden Diakonie ein großes System christlicher Gesundheitsfürsorge geworden. Immer eindringlicher wird gerade im DIFÄM die

Frage gestellt, ob dieses technisch anspruchsvolle und ungeheuer kostspielige System nicht unter der Hand zu einer neuen Barriere für die Zuwendung zu den Kranken und Hilfsbedürftigen geworden ist. Es ist gut, dass diese selbstkritische Diskussion in Gang gekommen ist. Wir brauchen sie nicht nur bei Überlegungen über die Zukunft der Missionskrankenhäuser, sondern auch bei uns zu Hause. Freilich, die verborgenen Gerechten finden auch in den medizinischen und diakonischen Großstrukturen den Weg zu den geringsten Brüdern und Schwestern Jesu. Wie Jesus selbst scheinen sie nicht beirrt zu sein durch die Frage, wie man denn Gesundheit für alle garantieren könne; sondern ihre heilende Liebe wendet sich denen ganz zu, die sie gerade am Weg liegen sehen. So machen sie uns allen, ob Ärzte, Schwestern oder Patienten immer wieder Mut, aus unseren jeweiligen Rollen herauszutreten und einander schutzlos als Menschen in der Ganzheit unserer Nöte und Ängste, Hoffnungen und Sehnsüchte zu begegnen.
Aber im Horizont unseres Abschnittes sollten wir auch den Mut gewinnen, all das abzuwerfen, was uns hindert, als Einzelne und als Gemeinden so für andere da zu sein, so zu heilen und zu helfen, wie unser Text es uns vor Augen stellt. Nicht aus Furcht vor dem letzten Gericht Gottes, sondern als dankbare und bußfertige Antwort auf seine Einladung zur Gemeinschaft mit Jesus Christus in den geringsten seiner Brüder und Schwestern. Denn gerade so, indem wir uns hingeben, empfangen wir das Leben in seiner Fülle, das er uns verheißen hat. Dann wird diese Bildrede vom Weltgericht zur Einladung, das Leben in der Gemeinschaft mit Jesus Christus zu entdecken, das Reich Gottes, das uns bereitet ist von Anbeginn der Welt. Das DIFÄM hat für viele Menschen diese Einladung erfahrbar werden lassen. Seine Arbeit ist ein Gleichnis für das Bekenntnis, dass Jesus Christus das Leben der Welt ist. Unter diesem Thema werden sich in zwei Jahren Christen aus aller Welt zur Vollversammlung des Ökumenischen Rates in Vancouver zusammenfinden. Für dieses Zeugnis danken wir Gott heute und bitten ihn zugleich darum, die Arbeit dieses Institutes weiterhin mit seinem Segen zu begleiten.

2. „Das Gebet des Gerechten vermag viel“

Predigt im Universitätsgottesdienst in Bochum am 12.11.1989

Ich hatte diesen Gottesdienst ursprünglich übernommen im Blick auf den Beginn der Friedensdekade an diesem Sonntag. In den Jahren zuvor hatten wir uns gerade in der Westfälischen Kirche intensiv mit dem Thema der Versöhnung mit den Völkern der Sowjetunion befasst. 1989 war zugleich das Jahr des Gedenkens an die 50. Wiederkehr des Überfalls auf Polen und damit den Ausbruch des Zweiten Weltkrieges. Dann jedoch wurde alles überschattet von der Öffnung der Berliner Mauer wenige Tage zuvor. So bekam dieser Gottesdienst und die Predigt einen unerwartet aktuellen Bezugspunkt.

Liturgie

Eingangslied: Wohl denen, die da wandeln

Eingangspsalm: Ps 90,13–17

Sündenbekenntnis:

> Gott der Gerechtigkeit!
> Es fällt uns schwer, unseren Egoismus zu überwinden.
> Manchmal gelingt uns das. Wir danken dir.
> Wir hoffen auf eine gerechte Welt,
> aber immer wieder scheuen wir uns vor dem Opfer,
> das die Solidarität mit den Rechtlosen,
> den Arbeitslosen, den Flüchtlingen von uns fordert.
> Wir bekennen, dass wir nicht fähig sind zu dem Miteinanderteilen,
> das die eigenen Bedürfnisse an der Not der Schwachen misst.
>
> Gott des Friedens!
> Es fällt uns schwer, uns von Feindbildern zu lösen.
> Manchmal gelingt uns das. Wir danken dir.
> Wir hoffen auf Frieden,

aber häufig sind unsere Herzen gefangen in Vorurteilen
über andere Menschen und Völker.
Feindbilder waren auch der Nährboden,
aus dem der Krieg vor 50 Jahren hervorging.
Wir erkennen, dass unser versöhnendes Handeln
oft nicht stark genug ist, alte Feindschaften zu überwinden.

Gedenke, Gott, an deinen Bund!
Vergib uns unsere Schuld,
und lass uns als Versöhnte leben.
Herr, erbarme dich!

Gnadenzusage:

So spricht Gott: Wenn ihr mich von ganzem Herzen suchen werdet,
so will ich mich von euch finden lassen.

Kollektengebet:

Du rufst uns immer neu zusammen, Gott, durch deinen Geist.
Du machst aus uns, die wir uns nur wenig kennen, eine Gemeinde, indem du Jesus Christus und sein Evangelium in unsere Mitte stellst.
Nimm uns an mit allem, was unsere Herzen in dieser Stunde erfüllt.
Öffne unsere Sinne, dass wir deine Nähe erfahren und hören,
was du uns sagen willst. Durch Jesus Christus …

Lesung: Röm 14,7–9

Lied vor der Predigt: Wir warten dein, o Gottes Sohn

Predigt zu Lk 18,1–8

Lied nach der Predigt: Herr, der du vormals hast dein Land (V. 1,2,6,7)

Fürbittengebet: nach der Liturgie der Friedensdekade

Schlusslied: Verleih uns Frieden gnädiglich

Lk 18,1–8
*1 Er sagte ihnen aber ein Gleichnis darüber, dass sie allezeit beten
und nicht nachlassen sollten, 2 und sprach: Es war ein Richter in
einer Stadt, der fürchtete sich nicht vor Gott und scheute sich vor
keinem Menschen. 3 Es war aber eine Witwe in derselben Stadt,
die kam zu ihm und sprach: Schaffe mir Recht gegen meinen Widersacher!
4 Und er wollte lange nicht. Danach aber dachte er
bei sich selbst: Wenn ich mich schon vor Gott nicht fürchte noch
vor keinem Menschen scheue, 5 will ich doch dieser Witwe, weil
sie mir soviel Mühe macht, Recht schaffen, damit sie nicht zuletzt
komme und mir ins Gesicht schlage. 6 Da sprach der Herr: Hört,
was der ungerechte Richter sagt! 7 Sollte Gott nicht auch Recht
schaffen seinen Auserwählten, die zu ihm Tag und Nacht rufen,
und sollte er's bei ihnen lange hinziehen? 8 Ich sage euch: Er
wird ihnen Recht schaffen in Kürze. Doch wenn der Menschensohn
kommen wird, meinst du, er werde Glauben finden auf Erden?*

Liebe Gemeinde,

Es ist mir schwer gefallen in den letzten Tagen, meine Gedanken auf diesen Gottesdienst und die heutige Predigt zu konzentrieren. Kopf und Herz sind voll von den Ereignissen, die sich in der DDR vollzogen haben. Wie lässt sich das alles begreifen und verarbeiten? Wie wird, wie kann es weitergehen, und was können, was sollen wir tun?

Und doch – verlangt nicht gerade eine solche aufgewühlte und aufwühlende Situation nach einer Deutung der Zeichen der Zeit? Was liegt für Christen näher, als ihre widersprüchlichen Erfahrungen im Licht des Evangeliums neu zu sehen in der Hoffnung auf Klärung aus dem lebendigen Wort Gottes?

Und dann beginnt heute zum 10. Mal die Friedensdekade, während der sich Christen in beiden Teilen Deutschlands zu Gebetsgottesdiensten für den Frieden in der Welt versammeln. Ebenfalls heute wird der Bundeskanzler mit dem polnischen Ministerpräsidenten in Kreisau an einem Gottesdienst

teilnehmen, um so im 50. Jahr nach dem deutschen Überfall auf Polen feierlich im Angesicht Gottes den Willen zur Versöhnung zu bezeugen. Sie brauchen unsere Fürbitte! Genug der Anlässe also, um in diesem Gottesdienst unsere Herzen und Sinne gemeinsam auf Gott und sein Wort auszurichten.
Als ich den für heute vorgeschlagenen Predigttext, das Gleichnis von der bittenden Witwe, vor einigen Wochen wieder las, dachte ich noch, es müsse in der Predigt wohl um die Anleitung zum rechten, anhaltenden Gebet gehen. Ich war wohl bereit dazu, aber die spontanen Einfälle zu diesem Abschnitt stellten sich nicht von selber ein. Gewiss, wir sollen beten, und wir versuchen es schlecht und recht. Aber das Gebet ist der intimste Bereich unserer christlichen Praxis; wir sprechen nicht leicht darüber, es ist für die meisten unter uns ausgegrenzt aus unseren alltäglichen Erfahrungen.

*

Ich konnte nicht ahnen, dass nun plötzlich gerade der ganz weltliche, politische Alltag seinerseits zum Gleichnis werden würde für die Botschaft dieses Textes. Wieso?
Sehen wir uns den Text einmal näher an. Da ist ein Richter, selbstsicher und machtbewusst. Er sieht sich als die Verkörperung des Rechts und hält sich weder Gott noch den Menschen gegenüber für rechenschaftspflichtig. Nicht, dass er verantwortungslos und willkürlich handelte. Nein: Er versteht sich als Vollzugsorgan einer objektiv notwendigen Ordnung, der die Menschen sich zu beugen haben. Ungerecht wird der Richter später genannt. Aber wir sollten dies nicht gleich als eine moralische Kritik hören. Ungerecht ist er, weil er nur an seinem Recht interessiert ist und nicht daran, wie er den Menschen, den streitenden Parteien gerecht werden kann. Vielleicht sollten wir besser sagen: Seine Überzeugung, selber das Recht zu verkörpern, macht ihn selbstgerecht und damit unmenschlich.
Zu diesem Richter kommt eine Witwe. Wir erfahren nicht, was der Inhalt ihres Begehrens ist. Aber sie sucht Schutz, Verteidigung, Fürsprache gegen einen Widersacher. Als Witwe, d.h. ohne eine sie schützende Familie, ist sie machtlos. Sie ist ausgeliefert und schutzlos der Willkür ihres Widersachers preisgegeben. Sie weiß sich in ihrem elementaren Recht verletzt,

sie ist bereit, für ihr Recht zu kämpfen, und sie sucht Hilfe bei dem, dessen Aufgabe es ist, Recht zu schaffen, Gerechtigkeit aufzurichten.
Der Richter will sie abweisen. Es ist nicht schwer, sich seine Antwort vorzustellen. Eine Bagatelle; wir haben Wichtigeres zu tun; da könnte ja jeder kommen; als Hüter des Rechts kann er sich doch nicht mit einer hysterischen Frau abgeben!
Aber die Frau bleibt hartnäckig. Im Bewusstsein, dass das Recht auf ihrer Seite ist, liegt sie dem Richter in den Ohren. Schließlich gibt er nach, nicht so sehr um der Verantwortung für Gerechtigkeit willen, sondern um die lästige Bittstellerin loszuwerden. Sie könnte ja tätlich werden, eine Szene machen; wie würde er dann dastehen, was würde man von ihm denken! Nein, ein Gewissen braucht er sich nicht zu machen, weder vor Gott noch vor den Menschen. Aber um seines Ansehens willen gibt er ihrem Begehren nach.

*

Liebe Gemeinde, spüren Sie die Aktualität dieses Gleichnisses? Sie brauchen es nur zu übersetzten in unsere Gegenwart und an die Stelle des Richters die frühere Staatsführung der DDR und an die Stelle der Witwe die machtlosen Bürger zu setzen, die ihr Recht einfordern in der Überzeugung: Wir sind das Volk! Ich will der Versuchung einer allegorischen Deutung widerstehen, so nahe sie liegt. Denn auch dann sind wir noch im Gleichnis, das unsere Augen öffnen will für das verborgene Wirken der Gerechtigkeit Gottes. „Sollte Gott nicht auch Recht schaffen seinen Auserwählten, die zu ihm Tag und Nacht rufen, sollte er's bei ihnen lange hinziehen? Ich sage euch: Er wird ihnen Recht schaffen in Kürze" (V. 7/8).
Als eine Anleitung zum rechten Beten, so wird dieses Gleichnis gewöhnlich ausgelegt. Wenn schon ein unmenschlicher Richter, wenn schon eine in ihrer Ideologie befangene und dadurch wirklichkeitsblinde Staatsführung sich durch furchtlose Hartnäckigkeit erweichen lassen – um wie viel mehr sollte Gott nicht das Gebet derer erhören, die voll Vertrauen Tag und Nacht zu ihm rufen?
Aber ist das Gleichnis wirklich nur die bildhafte Veranschaulichung einer geistlichen Wahrheit? Gibt es nicht doch eine innere Verbindung zwischen dem Verhalten des Richters, der Recht schafft wider Willen, und der in-

ständigen Hoffnung des Gebets, Gottes Gerechtigkeit werde sich endlich durchsetzen?
Meine Gedanken gehen noch einmal in die DDR. In den Kirchen hat es alles angefangen. Die wöchentlichen Friedensgebete wurden zu den entscheidenden Quellen der Ermutigung. Da wurden Menschen in Gebetsgottesdienste für Gerechtigkeit, Frieden und die Bewahrung der Schöpfung hineingezogen, die noch nie gebetet oder es seit langem verlernt hatten. Öffentliche Gebete waren und sind es, Gebete, die Gott mitten in das Leben hineinziehen. Sie wurden behindert, die Teilnehmer schikaniert, geschlagen und verhaftet. Aber sie setzten die Gebete fort, sie gewannen unvermutete Kraft, Mut vor allem zur radikalen Gewaltlosigkeit. Ihr Handeln bestand im Gebet – aber die Arbeit des Gebets, begonnen vor 10 Jahren und fortgesetzt ohne erkennbare Antwort als Ausdruck der Hoffnung, auch wo keine Hoffnung auf Veränderung bestand – diese Arbeit hat Früchte getragen. Kein außerordentliches Eingreifen Gottes war die Antwort, sondern der Beginn eines neuen Denkens bei denen, die sich bisher als die Vollstrecker der objektiven Gesetzmäßigkeit der Geschichte wussten.
„Das Gebet des Gerechten vermag viel," so heißt es im Jakobusbrief (Jak 5,16). Wir wissen nicht, wie Gott unsere Gebete hört und erhört. Aber die Wirkungen der Friedensgebete in den letzten Wochen sind – nach ähnlichen Erfahrungen in Südafrika und auf den Philippinen – ein eindringliches Zeugnis dafür, dass die, welche auf Gott harren, etwas von Gott erwarten, wirklich neue Kraft bekommen. Sie werden selber zu Werkzeugen in der Hand Gottes, der Recht schaffen will. Hier wird nicht das Gebet zu politischen Zwecken missbraucht. Vielmehr durchbricht das Gebet der Ohnmächtigen die Mauer des Schweigens, den Diktat der Sachzwänge, den Würgegriff der Hoffnungslosigkeit. Das ist bereits der erste Schritt der Veränderung.
Deshalb gehören das Beten und das Tun des Gerechten zusammen, wie Dietrich Bonhoeffer sagte. Die kommenden 10 Tage der Friedensdekade sind eine Einladung an uns alle, uns mit den Christen und Christinnen in der DDR in diesem aktiven Beten und dem betenden Handeln zu vereinigen in der Erwartung, dass Gottes Geist unter uns wirkt. Wir sind eingeladen, mit der Arbeit unseres Gebets Anwälte einer Welt zu werden, die auf Erlösung wartet. Seid fröhlich in Hoffnung, geduldig in Trübsal, beharrlich im Gebet! (Röm 12,12)

3. „Die Armen müssen der Maßstab sein“

Predigt bei einem Studientag der Christlichen Initiative „Freiheit für Südafrika und Namibia“ in Bonn-Bad Godesberg am 6. Mai 1989

Die Auseinandersetzung mit Rassismus und Apartheid im südlichen Afrika war in den 70er und 80er Jahren zu einem Brennpunkt ökumenischen Engagements geworden. Die christliche Initiative „Freiheit für Südafrika und Namibia“ wurde getragen von Menschen aus dem Umfeld der „Solidarischen Kirche“ im Rheinland und in Westfalen-Lippe. Sie rief jeweils am 8. Mai zu Gottesdiensten und Demonstrationen vor der südafrikanischen Botschaft in Bonn-Bad Godesberg auf.

Neh 5,1–13
*1 Und es erhob sich ein großes Geschrei der Leute aus dem Volk
und ihrer Frauen gegen ihre jüdischen Brüder. 2 Die einen spra-
chen: Unsere Söhne und Töchter müssen wir verpfänden, um Ge-
treide zu kaufen, damit wir essen und leben können. 3 Die andern
sprachen: Unsere Äcker, Weinberge und Häuser müssen wir ver-
setzen, damit wir Getreide kaufen können in dieser Hungerzeit. 4
Und wieder andere sprachen: Wir haben auf unsere Äcker und
Weinberge Geld aufnehmen müssen, um dem König Steuern zahlen
zu können. 5 Nun sind wir doch wie unsere Brüder, von gleichem
Fleisch und Blut, und unsere Kinder sind wie ihre Kinder; und
siehe, wir müssen unsere Söhne und Töchter als Sklaven dienen
lassen, und schon sind einige unserer Töchter erniedrigt worden
und wir können nichts dagegen tun, und unsere Äcker und Wein-
berge gehören andern. 6 Als ich aber ihr Schreien und diese
Worte hörte, wurde ich sehr zornig. 7 Und ich hielt Rat mit mir
selbst und schalt die Vornehmen und die Ratsherren und sprach zu
ihnen: Wollt ihr einer gegen den andern Wucher treiben? Und ich
brachte eine große Versammlung gegen sie zusammen 8 und
sprach zu ihnen: Wir haben unsere jüdischen Brüder losgekauft,
die den Heiden verkauft waren, soweit es uns möglich war; wollt
ihr nun eure Brüder verkaufen, damit wir sie wieder zurückkaufen
müssen? Da schwiegen sie und fanden nichts zu antworten. 9 Und*

ich sprach: Es ist nicht gut, was ihr tut. Solltet ihr nicht in der Furcht Gottes wandeln um des Hohnes der Heiden willen, die ja unsere Feinde sind? 10 Ich und meine Brüder und meine Leute haben unsern Brüdern auch Geld geliehen und Getreide; wir wollen ihnen doch diese Schuld erlassen! 11 Gebt ihnen noch heute ihre Äcker, Weinberge, Ölgärten und Häuser zurück und erlasst ihnen die Schuld an Geld, Getreide, Wein und Öl, die ihr von ihnen zu fordern habt. 12 Da sprachen sie: Wir wollen es zurückgeben und wollen nichts von ihnen fordern und wollen tun, wie du gesagt hast. Und ich rief die Priester und nahm einen Eid von ihnen, dass sie so tun sollten. 13 Auch schüttelte ich mein Gewand aus und sprach: So schüttle Gott einen jeden aus seinem Hause und aus seinem Besitz, der dies Wort nicht hält: so sei er ausgeschüttelt und leer! Und die ganze Gemeinde sprach „Amen" und lobte den HERRN. Und das Volk tat so.

Liebe Gemeinde,

Seit fünf Jahren treffen sich in der ersten Mai-Hälfte Christinnen und Christen hier in Bonn. Begonnen hatte der Prozess am 8. Mai 1985, dem Tag des Gedenkens an die Beendigung des Zweiten Weltkrieges und die Befreiung von der nationalsozialistischen Herrschaft vor 40 Jahren. Wir wollten damals diesen Tag so begehen, dass wir über unsere Mitverantwortung und uneingestandene Mitschuld an der Fortdauer der Unterdrückung im südlichen Afrika öffentlich nachdachten. So entstand die christliche Initiative „Freiheit für Südafrika und Namibia". Dieser Gottesdienst steht am Anfang eines Studientages der Initiative unter dem Thema „Gerechtigkeit in der wirtschaftlichen Zusammenarbeit zwischen der Bundesrepublik Deutschland und dem südlichen Afrika".
In den fünf Jahren seit Beginn der Initiative hat sich die Situation im südlichen Afrika stark verändert. Die Unabhängigkeit Namibias am 21. März dieses Jahres und die Freilassung Nelson Mandelas sind Symbole dieser Veränderungen. Aber noch gilt in der Republik Südafrika die Apartheid, und auch vor dem freien Namibia liegt ein langer und mühevoller Weg des Neubaus einer eigenständigen Gesellschaft nach über 100 Jahren Kolonial-

und Fremdherrschaft. Auch unsere Mitverantwortung für die Folgen schuldhafter Verstrickung hat nicht aufgehört.
Unsere Initiative hatte bewusst an das Datum der Befreiung unseres eigenen Volkes von den Schrecken des Krieges und der Hitlerherrschaft angeknüpft. Durch den von Präsident Gorbatschow angestoßenen Prozess sind wir heute, nur fünf Jahre später, an einem Punkt, wo die ideologische Apartheid in Europa zusammengebrochen ist und auch unser Volk vor dem Übergang in eine neu zu gestaltende Zukunft steht. Auch dies wird vermutlich ein längerer Prozess sein, der hohe Anforderungen an unsere Mitverantwortung und Bereitschaft zur Solidarität stellt.
Das verständliche Eigeninteresse der Deutschen und Europäer an der Gestaltung ihrer Zukunft scheint z. Zt. alle anderen Fragen in den Hintergrund zu drängen. Aber wir können und dürfen uns nicht aus unserer Geschichte und ihren Folgen davonstehlen. Deshalb halten wir fest an der Verknüpfung zwischen der neu gewonnenen Freiheit in Deutschland und Europa und Freiheit für Südafrika und Namibia. Für Christen ist Freiheit nicht ein exklusiver Besitz. Christliche Freiheit erweist sich darin, dass sie andere freisetzt.

*

Damit sind wir bei einer Frage, die auch hinter unserem Predigttext steht. Einige wenige Andeutungen zum geschichtlichen Hintergrund können uns helfen, die Verbindungslinien zu unserer heutigen Situation zu erkennen. Im Jahr 587 v. Chr. war Jerusalem von Nebukadnezar, König von Babylon, erobert worden. Es begann das sogenannte „babylonische Exil", jedenfalls für die jüdische Oberschicht. 50 Jahre später erließ Kyros, der inzwischen König von Persien und Herrscher auch über Babylon geworden war, sein Edikt, das die Rückkehr der ersten Gruppen von Exilanten ermöglichte. Der Tempel in Jerusalem wurde neu erbaut; aber auch 70 Jahre später war Jerusalem immer noch ein Trümmerhaufen, und von der neu gewonnenen Freiheit hatten nur einige wenige profitiert. Die Mehrzahl der Menschen im Lande lebte in Abhängigkeit und Verschuldung.
Hier beginnt die Initiative Nehemias, der es als vornehmer Jude zur Stellung eines Mundschenks am Hofe des persischen Königs Artaxerxes gebracht hatte. Er erwirkt vom König, dass er als Statthalter nach Judäa ent-

sandt wird (445 v.Chr.), um Jerusalem wieder aufzubauen und das Leben im Land neu zu ordnen. Unser Predigtabschnitt ist ein Teil des großen Rechenschaftsberichtes Nehemias, eingefügt in die lange Beschreibung des Mauerbaus in Jerusalem.
Natürlich ist Vorsicht geboten bei schnellen geschichtlichen Vergleichen. Was die Situationen auch über den Abstand von 2500 Jahren verbindet ist die Aufgabe, eine neue Ordnung zu gestalten, in der Freiheit und Gerechtigkeit gleich groß geschrieben werden. Die bislang durch politischen Druck stumm Gemachten beginnen zu reden und fordern Gerechtigkeit. Privilegien der bisher Herrschenden geraten ins Wanken. Ein wirklicher Neubeginn kann nur gelingen auf der Grundlage von Versöhnung. Aber eine kranke und gespaltene Gesellschaft kann nur geheilt und versöhnt werden, wenn Schuld eingestanden und vergeben ist. Hier melden sich die Realisten und Pragmatiker. Sie unterstreichen, dass vor allem die Rechnung stimmen muss. Sie warnen davor, die Forderungen nach Gerechtigkeit zu überziehen. Nur wenn die Geschäfte laufen, nur wenn Anreize für Investitionen geschaffen werden, gibt es auch etwas zu verteilen.

*

Nehemia findet eine Situation vor, wo sich eine kleine Oberschicht auf Kosten der Mehrheit bereichert hatte. Um ihre Grundbedürfnisse decken zu können, mussten die Verarmten ihre Kinder in die Schuldknechtschaft verkaufen, Häuser und Äcker verpfänden und Kredite aufnehmen, um die Steuern zahlen zu können. Die Mechanismen und Auswirkungen eines auf Kredit und Verschuldung aufbauenden Wirtschafts- und Finanzsystems waren auch damals die gleichen wie heute. Der Teufelskreis der Verschuldung schien damals wie heute einen wirklichen Neuanfang zu vereiteln.
Die Verarmten appellieren an Nehemia im Namen der Solidarität zwischen allen Gliedern des Bundesvolkes (V. 5). Sie berufen sich auf die alte Rechtsordnung, nach der es im Bundesvolk keine Armen geben soll (Dtn 15,4). So sollten alle 7 Jahre die Schulden erlassen und die Schuldsklaven freigelassen werden (Ex 21,1ff; 23,10ff; Dtn 15,1ff; Lev 25,1ff). Das Zinsnehmen galt als Wucher. Ziel dieser Regelungen war es, die Lebensmöglichkeiten aller Glieder des Volkes zu schützen und die Freiheit aller durch einen periodischen Lastenausgleich zu gewährleisten.

Nehemia macht sich zum Anwalt der verarmten Glieder seines Volkes. In aller Öffentlichkeit konfrontiert er die Herrschenden und Besitzenden und deckt ihr verlogenes Verständnis der Freiheit als Freibrief zur Nutzung ihres individuellen Vorteils auf. Unter großen Opfern und Kosten war es gelungen, viele der in Babylon versklavten Volksgenossen loszukaufen und ihnen die Heimkehr zu ermöglichen . Nun fanden sie sich alsbald in neuer Abhängigkeit, und ihre neuen Herren spekulierten darauf, dass die sozialen Kosten schon von anderen getragen würden, solange nur die Geschäfte liefen und die Schuldnermoral erhalten blieb.
Nehemia fordert von den Gläubigern einen allgemeinen und vollständigen Schuldenerlass nach der Regel des Sabbatjahres. Und er hat Erfolg, weil er nicht nur seine amtliche Autorität einsetzt, sondern darauf verweisen kann, dass er selbst bereits vollzogen hat, was er von anderen fordert. In einem großen Akt der feierlichen Selbstverpflichtung besiegelt Nehemia diesen Schuldenerlass im Angesicht Gottes.

*

Gerechtigkeit in den wirtschaftlichen Beziehungen zwischen der Bundesrepublik und dem südlichen Afrika: Auch hier sind Schulden im Spiel. Aber Vorsicht mit einfachen Übertragungen! Wer sind hier die Schuldner und wer die Gläubiger? Wer steht in wessen Schuld, nicht allein materiell, und wer hat das Recht und besitzt die Glaubwürdigkeit, einen Erlass, ein Vergeben der Schuld zu fordern?
Die Erklärung der Vereinigten Evangelischen Mission zur Unabhängigkeit Namibias enthält ein Eingeständnis der Schuld unseres Volkes und der Mission unserer Kirche. Hier sind wir zu allererst selbst in der Situation derer, die um Vergebung bitten. In Namibia und Südafrika sind es zunächst die Opfer der Unterdrückung, die uns an unsere Mitverantwortung und Schuld mahnen dürfen.
Sie setzen den Maßstab für jeden gerechten Schuldenerlass. Das entspricht in der Umkehrung der Forderung, die Nehemia formuliert. Im Fall der Republik Südafrika fordern sie von uns, keine Erleichterung der Auslandsschulden und keine Aufhebung der Sanktionen zuzulassen, bevor nicht die Strukturen der Apartheid beseitigt sind. Nur ein Schuldenerlass, der wirk-

lich den Verarmten zugute kommt, ihre Lebensmöglichkeiten erneuert, entspricht der biblischen Regel der Gerechtigkeit.
„Die Armen müssen der Maßstab sein", so überschrieben die amerikanischen katholischen Bischöfe den 1. Entwurf ihres Hirtenschreibens zu Fragen einer gerechten Wirtschaftsordnung. Das Verhalten Nehemias erinnert uns daran, dass die neu gewonnene Freiheit schnell verspielt werden kann, wo diese Grundregel der Gerechtigkeit vergessen wird. Und die Armen erwarten damals wie heute nicht Hilfe, sondern Gerechtigkeit. Wir stehen in ihrer Schuld; nicht umgekehrt!

4. Gehilfen unserer Hoffnung

Predigt bei der Schlussversammlung des 25. Deutschen Evangelischen Kirchentages in München am 13. Juni 1993

Nach 10 Jahren der Mitarbeit im Präsidium des DEKT war ich in meinem ersten Amtsjahr als Generalsekretär des ÖRK eingeladen worden, die Predigt bei der Schlussversammlung des Kirchentages in München im Olympiastadion zu halten. Die Schlussversammlungen, liturgisch als Abendmahlsgottesdienst gestaltet und vom Fernsehen übertragen, stellen den Prediger vor besondere Herausforderungen. Die Zeit ist knapp bemessen, die Predigthörer sind kaum erkennbar – oder nur am Fernsehschirm anwesend, und die Predigt soll eine „Zeitansage" sein. Ich habe aus dem langen Text das Material der Hoffnung aufgenommen und in den Mittelpunkt gestellt.

Röm 12,9–21
9 Die Liebe sei ohne Falsch. Hasst das Böse, hängt dem Guten an.
10 Die brüderliche Liebe untereinander sei herzlich. Einer komme dem andern mit Ehrerbietung zuvor. 11 Seid nicht träge in dem, was ihr tun sollt. Seid brennend im Geist. Dient dem Herrn. 12
Seid fröhlich in Hoffnung, geduldig in Trübsal, beharrlich im Gebet. 13 Nehmt euch der Nöte der Heiligen an. Übt Gastfreundschaft. 14 Segnet, die euch verfolgen; segnet, und flucht nicht. 15

Freut euch mit den Fröhlichen und weint mit den Weinenden. 16
Seid eines Sinnes untereinander. Trachtet nicht nach hohen Din-
gen, sondern haltet euch herunter zu den geringen. Haltet euch
nicht selbst für klug. 17 Vergeltet niemandem Böses mit Bösem.
Seid auf Gutes bedacht gegenüber jedermann. 18 Ist's möglich,
soviel an euch liegt, so habt mit allen Menschen Frieden. 19
Rächt euch nicht selbst, meine Lieben, sondern gebt Raum dem
Zorn Gottes; denn es steht geschrieben: „Die Rache ist mein; ich
will vergelten, spricht der Herr." 20 Vielmehr, „wenn deinen
Feind hungert, gib ihm zu essen; dürstet ihn, gib ihm zu trinken.
Wenn du das tust, so wirst du feurige Kohlen auf sein Haupt sam-
meln". 21 Lass dich nicht vom Bösen überwinden, sondern über-
winde das Böse mit Gutem

Liebe Kirchentagsgemeinde,

Drei randvolle Tage des Hörens und Redens, des Nachdenkens und Feierns liegen hinter uns. Die Kirchentagslosung „Nehmet einander an" ist eine Anfrage an Kirche und Gesellschaft in einer Situation, die von zunehmender Gewalt, Armut und missachteter menschlicher Würde gekennzeichnet ist. Die dramatische Vergegenwärtigung der alten Geschichte von Kain und Abel hat uns den Spiegel vorgehalten. Dies ist unsere Geschichte. Viele unter uns sind ratlos und fühlen sich ohnmächtig angesichts der scheinbaren Übermacht des Bösen in unserer Welt.
Am Ende dieses ehrlichen und selbstkritischen Kirchentages warten wir auf ein Wort der Hoffnung, das uns auf den Weg schickt. Wir haben genug von billigen, vordergründigen Hoffnungsparolen, die sich bald als Täuschung erweisen. Wir suchen nach der Hoffnung, die standhält angesichts der Macht des Bösen.
Christliche Hoffnung ist eine Widerstandsbewegung gegen Resignation und Fatalismus. An diesen Satz einer ökumenischen Konferenz vor 15 Jahren musste ich kürzlich wieder denken. Ich begegnete einem afrikanischen Freund, der sieben Jahre im Gefängnis und zehn Jahre im Exil verbracht hatte. Im Rückblick auf diese Zeit sagte er: „Wir wussten immer, dass wir nicht durch Essen und Trinken überleben, sondern durch die Kraft der

Hoffnung.“ Worauf hoffte er? Auf Gott und seine Menschenfreundlichkeit in Jesus Christus, auf die verändernde Kraft des Geistes Gottes. Vielleicht muss ein Mensch ganz unten gewesen sein, um so sprechen zu können. Aber letztlich spüren wir selbst, wenn wir in uns hineinhorchen: Wo ein Mensch aufhört zu hoffen, da hat der Tod gewonnen. Hoffnung ist der Atem des Lebens. Die Grundhaltung der Hoffnung ist das Gebet, das Warten und sich Ausstrecken zu Gott. Darum schreibt Paulus der Gemeinde in Rom: „Seid fröhlich in Hoffnung, geduldig in Trübsal, beharrlich im Gebet.“ Dies war 1954 in Leipzig die Kirchentagslosung in einer Zeit der großen Hoffnungslosigkeit.

Wir sind arm an Hoffnung und darum in Sorge um unser Leben, unseren Wohlstand, unsere Sicherheit. Auch die Anschläge auf Wohnungen von Türken und Asylbewerbern sind eine Folge von Hoffnungslosigkeit. Als Christen schulden wir unserem Land ein Zeugnis der Hoffnung. Die Kirchentagslosung wird so zur Einladung, diejenigen, die bei uns ganz unten sind, die Fremden, zu „Gehilfen unserer Hoffnung“ werden zu lassen, statt dass sie uns Angst machen. So wird Ökumene erfahrbar; dass wir Mut gewinnen aus dem Hoffnungszeugnis der anderen, dass wir wechselseitig zu Gehilfen unserer Hoffnung werden. Auch bei diesem Kirchentag ist das wieder geschehen, und dafür danken wir den vielen ökumenischen Gästen. Deshalb ist das Tuch auf dem Welttisch, das Sie als Puzzle in den Händen halten, eine Hoffnungsbotschaft: „Viele kleine Leute an vielen kleinen Orten, die viele kleine Schritte tun, können das Gesicht der Welt verändern.“ Unsere gemeinsame Hoffnung ist ein Band, das die Welt zusammenhält gegen die Kräfte der Auflösung und Zerstörung.

Der Apostel weist uns ein in die Praxis dieser Hoffnung als Widerstandsbewegung gegen Resignation und Fatalismus. Der ganze Predigtabschnitt lebt aus dieser Hoffnung. Ich greife drei entscheidende Orientierungspunkte heraus.

Zuerst, *eure Liebe sei ohne Falsch. Hasst das Böse. Hängt dem Guten an.* Die Praxis der Hoffnung beginnt mit der Wahrheit über uns selbst. Die Abscheu gegenüber dem Bösen ist leicht, wenn ich auf der richtigen Seite bin. Die öffentliche Moral verlangt nach klaren Unterscheidungen von Gut und Böse, und wir alle wollen auf der Seite des Guten sein. Aber wie leicht wird die Leidenschaft für das Gute zum Handlanger des Bösen durch moralische Überheblichkeit und Selbstgerechtigkeit. Nein – das Böse findet

sich niemals nur bei den anderen. Der Kampf zwischen Gut und Böse findet in uns selbst statt. Wir alle sind der Anziehungskraft des Bösen ausgesetzt. Darum beginnt die Praxis der Hoffnung mit der Wahrheit über uns selbst. Eure Liebe sei ungeheuchelt, auch den vermeintlich Bösen, den Gegnern gegenüber – denn sie sind wie wir.
Und deshalb lautet der zweite Orientierungspunkt: *Vergeltet niemandem Böses mit Bösem, seid auf Gutes bedacht gegenüber jedermann.* Die öffentliche Moral handelt bis heute nach der Devise: wie du mir, so ich dir. Sich gegen Unrecht nicht zu wehren gilt als Zeichen von Schwäche. So wird Verleumdung mit Verleumdung, Betrug mit Betrug, Vertreibung mit Vertreibung, Hass mit Hass und letztlich Totschlag mit Totschlag beantwortet. Das ist die tödliche Spirale der Gewalt, wie sie sich in Bosnien, in Kambodscha, in Angola entfaltet hat. Wir sehen die ersten Windungen der Spirale auf unseren Strassen. Vergeltung ist der Krankheitsherd, der das Geschwür des Bösen wachsen lässt. Die Praxis der Hoffnung behandelt dagegen auch den Feind als Menschen. Sie beantwortet Feindschaft nicht durch Feindschaft, sondern ist auf Entschärfung der Konflikte, auf Entfeindung bedacht.
Als drittes mahnt Paulus zum Realismus: *Lass dich nicht vom Bösen überwinden, sondern überwinde das Böse mit Gutem.* Paulus leugnet nicht die Realität des Bösen und auch nicht seine Macht über uns. Der Widerstand gegen das Böse aus der Kraft christlicher Hoffnung heraus ist ein Kampf, dessen Ausgang nicht von vornherein feststeht. Verzicht auf Vergeltung heißt nicht, sich widerstandslos der Macht des Bösen auszuliefern. Die Kraft der Hoffnung bewährt sich vielmehr darin, dass sie das Böse mit Gutem zu überwinden versucht. So führt sie aus der Verstrickung in die Spirale der Gewalt, aus der Sackgasse der Vergeltung heraus. Wer Gewalt durch Gewalt zu besiegen sucht, stärkt letztlich das Gesetz der Gewalt. Glaubt an die Kraft des Guten in euch; traut eurer Hoffnung etwas zu. Lüge und Verleumdung lässt sich nur durch die Kraft der Wahrheit überwinden, Gewalt nur durch das Tun des Gerechten, Feindschaft nur durch Menschlichkeit.
In diesen Wochen, da den türkischen und anderen Einwanderern Gewalt und Hass entgegenschlägt, heißt das ganz schlicht: Geht zu ihnen, besucht sie als Nachbarn, geht an ihre Kioske. Aber sucht auch den Kontakt zu den Jugendlichen, die gewaltbereit sind. Ihre Neigung zur Gewalt können wir

nur überwinden, wenn wir sie als Menschen kennen und in ihrer Hoffnungsarmut ernst nehmen.
Seid fröhlich in Hoffnung, geduldig in der Bedrängnis, beharrlich im Gebet. Lasst euch einladen zu dieser Praxis der Hoffnung durch die vielen kleinen Menschen an den vielen kleinen Orten, die viele kleine Schritte tun. Wenn wir so füreinander in der weltweiten Ökumene zu Gehilfen unserer Hoffnung werden, dann wird sich das Gesicht der Erde verwandeln. Denn: Unsere Hoffnung ist ein Band, das die Welt zusammenhält.

5. Schuldbekenntnis und Vergebung

Predigt in Stuttgart am 22.10.1995 aus Anlass 50 Jahre Stuttgarter Schulderklärung

Zum Gedenken an 50 Jahre Stuttgarter Schuldbekenntnis fand am 20.10.1995 in der Markuskirche in Stuttgart ein Gottesdienst statt, der auch im Radio übertragen wurde. Die Erklärung wurde 1945 vom Rat der Evangelischen Kirche in Deutschland in Gegenwart einer Delegation des Ökumenischen Rates der Kirchen abgegeben. Die Einladung an mich, als Generalsekretär des ÖRK aus diesem Anlass die Predigt zu halten, sollte die bleibende Verbundenheit der EKD mit dem ÖRK zum Ausdruck bringen.

Mk 2,1–12
1 Und nach einigen Tagen ging er wieder nach Kapernaum; und
es wurde bekannt, dass er im Hause war. 2 Und es versammelten
sich viele, so dass sie nicht Raum hatten, auch nicht draußen vor
der Tür; und er sagte ihnen das Wort. 3 Und es kamen einige zu
ihm, die brachten einen Gelähmten, von vieren getragen. 4 Und
da sie ihn nicht zu ihm bringen konnten wegen der Menge, deckten
sie das Dach auf, wo er war, machten ein Loch und ließen das Bett
herunter, auf dem der Gelähmte lag. 5 Als nun Jesus ihren Glau-
ben sah, sprach er zu dem Gelähmten: Mein Sohn, deine Sünden
sind dir vergeben. 6 Es saßen da aber einige Schriftgelehrte und

*dachten in ihren Herzen: 7 Wie redet der so? Er lästert Gott! Wer
kann Sünden vergeben als Gott allein? 8 Und Jesus erkannte
sogleich in seinem Geist, dass sie so bei sich selbst dachten, und
sprach zu ihnen: Was denkt ihr solches in euren Herzen? 9 Was
ist leichter, zu dem Gelähmten zu sagen: Dir sind deine Sünden
vergeben, oder zu sagen: Steh auf, nimm dein Bett und geh umher?
10 Damit ihr aber wisst, dass der Menschensohn Vollmacht hat,
Sünden zu vergeben auf Erden – sprach er zu dem Gelähmten: 11
Ich sage dir, steh auf, nimm dein Bett und geh heim! 12 Und er
stand auf, nahm sein Bett und ging alsbald hinaus vor aller Augen,
so dass sie sich alle entsetzten und Gott priesen und sprachen: Wir
haben so etwas noch nie gesehen.*

Liebe Gemeinde hier in der Markuskirche in Stuttgart
und verehrte Zuhörerinnen und Zuhörer,

Wir feiern heute einen besonderen Gottesdienst im Gedenken an 50 Jahre Stuttgarter Schulderklärung. Die Evangelienlesungen in den normalen Gottesdiensten an diesem Sonntag kreisen um das Thema der Sündenvergebung. Sie führen zum Anlass unseres Gedenkens hin.
Das Markusevangelium erzählt im zweiten Kapitel von der Heilung eines Gelähmten. Helfer bringen ihn zu Jesus. Sie müssen das Dach öffnen, um zu Jesus vorzudringen. „Als Jesus ihren Glauben sah" – so heißt es bei Markus – „sprach er zu dem Gelähmten: Mein Sohn, deine Sünden sind dir vergeben." Zuspruch der Vergebung ohne Sündenbekenntnis? Das geht zu weit; das kann nur Gott – so die Reaktion damals und wohl auch heute. Aber Jesus spürt den Einspruch und nimmt ihn mit der Frage auf: „Was ist leichter, zu dem Gelähmten zu sagen: Dir sind deine Sünden vergeben, oder zu sagen: Steh auf, nimm dein Bett und geh umher?" Und zum Erweis seiner Vollmacht sagt er zu dem Gelähmten: „Steh auf, nimm dein Bett und geh heim." Und er stand alsbald auf, nahm sein Bett und ging hinaus. Sündenvergebung und Heilung sind hier eines; zwei Seiten eines Geschehens, in dem zerbrochenes Leben wieder ganz wird. Das ist die frohe Botschaft des Evangeliums von der freien Gnade Gottes. Sie will uns befreien von Lähmungen und Schuldverstrickungen im persönlichen Leben und in

Beziehungen zu anderen Menschen. Sie ermächtigt uns, aufzustehen und aus eigener Kraft zu gehen.

Was hier in der Geschichte der Heilung des Gelähmten als Evangelium aufleuchtet, davon spricht die Barmer Theologische Erklärung in ihrer zweiten These: „Wie Jesus Christus Gottes Zuspruch der Vergebung aller unserer Sünden ist, so und mit gleichem Ernst ist er auch Gottes kräftiger Anspruch auf unser ganzes Leben; durch ihn widerfährt uns frohe Befreiung aus den gottlosen Bindungen dieser Welt zu freiem, dankbarem Dienst an seinen Geschöpfen."

Das Stuttgarter Schuldbekenntnis nimmt die Barmer Theologische Erklärung auf und führt sie fort. Beide zusammen sind wohl die wichtigsten Dokumente in der Geschichte der deutschen evangelischen Kirchen in diesem Jahrhundert. Es hat sich tief in das kollektive Gewissen der evangelischen Christen in Deutschland eingeprägt, was damals vom ersten Rat der Evangelischen Kirche in Deutschland einer Delegation des Ökumenischen Rates der Kirchen gesagt wurde: Das Wort von der „Solidarität der Schuld" mit unserem Volk; das schmerzliche Eingeständnis: „Durch uns ist unendliches Leid über viele Völker und Länder gebracht worden"; die Selbstanklage, „dass wir nicht mutiger bekannt, nicht treuer gebetet, nicht fröhlicher geglaubt und nicht brennender geliebt haben"; und schließlich im Zentrum der Erklärung die Selbstverpflichtung: „Nun soll in unseren Kirchen ein neuer Anfang gemacht werden."

Um diesen Neuanfang ging es auch der ökumenischen Delegation, die auf eigene Initiative nach Stuttgart gereist war. Die ökumenische Gemeinschaft der Kirchen war durch den Krieg einer äußersten Belastungsprobe ausgesetzt worden. Die lähmenden Auseinandersetzungen über die Frage der Kriegsschuld nach dem 1. Weltkrieg waren noch in leidvoller Erinnerung. Dietrich Bonhoeffer hatte schon frühzeitig gemahnt, dass der entscheidende Dienst der Bekennenden Kirche für die ökumenische Gemeinschaft das freie Schuldbekenntnis sein müsse. Willem A. Visser 't Hooft, der erste Generalsekretär des Ökumenischen Rates der Kirchen, hatte in seinen Gesprächen mit Bonhoeffer die Einsicht gewonnen, dass sich die ökumenische Gemeinschaft mit den deutschen Kirchen gerade darin zu bewähren habe, dass sie den Raum schafft für das Aussprechen der Schuld und so das Eintreten der Lähmung verhindert. Wo zwischen Völkern Recht und Unrecht gegeneinander aufgerechnet wird, können Kirchen im Vertrauen auf die vergebende Gnade Gottes aufeinander zugehen, Schuld bekennen und so Gemeinschaft neu begründen.

Ein Bekenntnis der Schuld ist ein zweiseitiges Geschehen. Die Schuld muss bekannt und ausgesprochen werden – aber das Bekenntnis bedarf auch der Bereitschaft, gehört und angenommen zu werden. Dazu war die ökumenische Delegation nach Stuttgart gereist. So sagte Vissert 't Hooft als Leiter der Delegation in seiner Antwort auf die Begrüßung durch Landesbischof Wurm: „Sie haben gesagt: helfen Sie uns. Und wir wollen das auch tun, geben aber das Wort zurück, indem wir sagen: helfen Sie uns, dass wir helfen können. Das ist der Sinn unseres Gespräches." Das Schuldbekenntnis war kein Selbstzweck; es ging um die Zukunft ökumenischer Gemeinschaft.

Das Stuttgarter Schuldbekenntnis hat den deutschen evangelischen Kirchen die Rückkehr in die ökumenische Gemeinschaft ermöglicht und ist von den betroffenen Nachbarkirchen als das notwendige befreiende Wort verstanden worden. In Deutschland gab es und gibt es bis heute eine kritische Diskussion über diese Erklärung. Die einen sahen darin die anmaßende Behauptung einer „Kollektivschuld" des deutschen Volkes. Von anderen wurde und wird betont, dass die allgemeine Sprache der Erklärung die wirkliche Schuld gerade nicht benenne, sondern geistlich verschleiere. Es ist daher gut, dass weitere, konkretere Erklärungen folgten: das Darmstädter Wort des Reichsbruderrates von 1947, das Weißenseer „Wort zur Judenfrage" von 1950, die vor 30 Jahren veröffentlichte Ostdenkschrift und der Brief aus Anlass des Gedenkens an die „Taufe Russlands" vor tausend Jahren (1988). Sie haben das Stuttgarter Schuldbekenntnis konkretisiert, aber sie haben das Gewicht der damals ausgesprochenen „Solidarität der Schuld" nicht gemindert, sondern bekräftigt.

Was aber ist aus der Selbstverpflichtung zu einem neuen Anfang geworden, einem neuen Anfang nicht allein in den deutschen Kirchen, sondern in der ökumenischen Gemeinschaft und in der mehr als je „gequälten Menschheit"? Hat der gemeinsame Dienst der Kirchen in der ökumenischen Gemeinschaft es vermocht, dem „Geist der Macht und der Vergeltung" zu wehren und dem „Geist des Friedens und der Liebe" zur Herrschaft zu verhelfen, wie es die Stuttgarter Erklärung als Hoffnung ausspricht? Müssen nicht heute die Kirchen in der ökumenischen Gemeinschaft sich gemeinsam anklagen, dass sie „nicht mutiger bekannt, nicht treuer gebetet, nicht fröhlicher geglaubt und nicht brennender geliebt" haben? Es hat zwar nicht gefehlt an Forderungen nach Schuldbekenntnissen, vor allem in den Jahren seit 1989, aber wohl an der Demut und Solidarität, die solche aufrichtigen Bekenntnisse ermöglicht hätte. Allzu oft trat die Selbstgerechtigkeit an die Stelle der Bitte: Helfen Sie uns, dass wir helfen können. So wurde aus dem wechselseitigen Geschehen von Bekenntnis und dessen Annahme vor Gott die einseitige und unbarmherzige Abrechnung und Verurteilung.

Die Botschaft der ersten Vollversammlung des Ökumenischen Rates der Kirchen in Amsterdam hat drei Jahre nach der Stuttgarter Begegnung auf die dortige Erklärung mit einem eigenen Schuldbekenntnis geantwortet. Darin wird die nationalistische, rassische und klassenbezogene Überheblichkeit benannt, die auch die Kirchen voneinander trennt und sie daran hindert, „in der Gemeinschaft Christi voneinander Rat und Zurechtweisung anzunehmen". Und die Botschaft fährt fort: „Weil uns diese Zurechtweisung nicht zuteil wurde, hat die Welt aus unserem Munde statt des Wortes Gottes oft nur Menschenworte vernommen."

Dieses Eingeständnis markiert den Neuanfang in der Gemeinschaft der Kirchen im Ökumenischen Rat der Kirchen. Seine befreiende Wirkung wurde ebenso wie die der Stuttgarter Schulderklärung gelähmt durch die erstarrte Konfrontation des Kalten Krieges. Unverdient ist uns mit dem Ende dieser Periode noch einmal die Chance eines Neuanfangs geschenkt worden. Sie darf nicht verspielt werden. Wir brauchen den neuen Geist des Friedens und der Versöhnung. Der konziliare Prozess hat zur Umkehr in den Schalom, den Frieden Gottes, aufgerufen. Es ist diese Umkehr ins Leben, in den freien und dankbaren Dienst an Gottes Geschöpfen, zu dem die Stuttgarter Schulderklärung uns auch heute ruft und ermutigt. Dank sei Gott, der uns durch seine vergebende Gnade befähigt, aufzustehen und aus eigener Kraft zu gehen. Amen.

6. Die Logik der Solidarität

Predigt in der Baptistischen Kirche in Douala, Kamerun, 13. Juni 1995

Ein Kirchenbesuch in der westafrikanischen Region führte mich nach Gambia, zur Elfenbeinküste und schließlich nach Kamerun. In den Gesprächen während der zwei Wochen meines Besuches stand, vor allem in den beiden ehemals französischen Kolonien Elfenbeinküste und Kamerun, die wirtschaftliche Krise im Vordergrund. Sie war ausgelöst, oder wenigstens entscheidend geprägt worden durch die Entscheidung der französischen Regierung, die Stützung der Gemeinschaftswährung, des Franc CFA, aufzugeben, was zu einer Abwertung um 50 % führte. Als ich zum Abschluss des Besuches eingeladen wurde, in einem ökumenischen Gottesdienst in der Baptistischen Kirche in Douala zu predigen, wählte ich daher das Gleichnis von den Arbeitern im Weinberg.

Mt 20,1–16

1 Denn das Himmelreich gleicht einem Hausherrn, der früh am
Morgen ausging, um Arbeiter für seinen Weinberg einzustellen. 2
Und als er mit den Arbeitern einig wurde über einen Silbergro-
schen als Tagelohn, sandte er sie in seinen Weinberg. 3 Und er
ging aus um die dritte Stunde und sah andere müßig auf dem
Markt stehen 4 und sprach zu ihnen: Geht ihr auch hin in den
Weinberg; ich will euch geben, was recht ist. 5 Und sie gingen
hin. Abermals ging er aus um die sechste und um die neunte
Stunde und tat dasselbe. 6 Um die elfte Stunde aber ging er aus
und fand andere und sprach zu ihnen: Was steht ihr den ganzen
Tag müßig da? 7 Sie sprachen zu ihm: Es hat uns niemand einge-
stellt. Er sprach zu ihnen: Geht ihr auch hin in den Weinberg. 8
Als es nun Abend wurde, sprach der Herr des Weinbergs zu seinem
Verwalter: Ruf die Arbeiter und gib ihnen den Lohn und fang an
bei den letzten bis zu den ersten. 9 Da kamen, die um die elfte
Stunde eingestellt waren, und jeder empfing seinen Silbergro-
schen. 10 Als aber die ersten kamen, meinten sie, sie würden mehr
empfangen; und auch sie empfingen ein jeder seinen Silbergro-
schen. 11 Und als sie den empfingen, murrten sie gegen den

Hausherrn 12 und sprachen: Diese letzten haben nur eine Stunde gearbeitet, doch du hast sie uns gleichgestellt, die wir des Tages Last und Hitze getragen haben. 13 Er antwortete aber und sagte zu einem von ihnen: Mein Freund, ich tu dir nicht Unrecht. Bist du nicht mit mir einig geworden über einen Silbergroschen? 14 Nimm, was dein ist, und geh! Ich will aber diesem letzten dasselbe geben wie dir. 15 Oder habe ich nicht Macht zu tun, was ich will, mit dem, was mein ist? Siehst du scheel drein, weil ich so gütig bin? 16 So werden die Letzten die Ersten und die Ersten die Letzten sein.

Liebe Schwestern und Brüder in Christus,

Zunächst möchte ich Ihnen herzliche Grüße im Namen des Ökumenischen Rates der Kirchen und seiner 324 Mitgliedskirchen in allen Teilen der Welt bringen. Zusammen mit einer kleinen ökumenischen Delegation habe ich in den letzten zwei Wochen Kirchen in Westafrika besucht, und unsere Reise findet hier in Douala ihren Abschluss. Die vielen Begegnungen und Gespräche, zunächst in Gambia, dann in der Elfenbeinküste und schließlich hier in Kamerun haben mir zu einem besseren Verständnis dieser Region und ihrer sehr komplexen kolonialen und post-kolonialen Geschichte verholfen. Westafrika hat in den letzten Jahrzehnten, mit Ausnahme von Nigeria, eher im Schatten ökumenischer Aufmerksamkeit gestanden. In allen besuchten Ländern war es der erste offizielle Besuch eines Generalsekretärs des ÖRK. Es ist daher meine Hoffnung, dass unser Besuch dazu beitragen möge, die menschlichen und geistlichen Beziehungen zwischen den Kirchen in dieser Region und dem ÖRK zu stärken.
In vielen der Gespräche in den letzten beiden Wochen stand, vor allem für die jüngeren Gesprächspartner, die schier aussichtslose wirtschaftliche Situation im Vordergrund. Sie ist durch die Abwertung der Gemeinschaftswährung noch verschärft worden. Noch wichtiger freilich ist der Einfluss der internationalen Kräfte, die den Weltmarkt bestimmen und diese an sich reiche Region aller Möglichkeiten einer eigenständigen Entwicklung berauben. Der Ökumenische Rat hat nur sehr begrenzte Möglichkeiten, diesen Prozess auf der internationalen Ebene zu beeinflussen . Natürlich kön-

nen die Leitungsgremien des ÖRK öffentlich protestieren und Erklärungen abgeben, z.B. über die Notwendigkeit einer neuen internationalen Wirtschaftsordnung oder über die dramatische Situation der internationalen Verschuldung. Der ÖRK kann Untersuchungen und Studien durchführen und durch ihre Veröffentlichung die Mitgliedskirchen in den reichen Ländern des Nordens ermutigen, Druck auf ihre Regierungen auszuüben. All dies ist geschehen und wird den ÖRK weiter beschäftigen.
Darüber hinaus kann der ÖRK Zeichen ökumenischer Solidarität setzen. Viele unter den ärmeren Kirchen im Süden haben im Rahmen von Prozessen des ökumenischen Miteinander-Teilens Hilfestellung bekommen und sind bei ihren Bemühungen um eine menschliche Entwicklung unterstützt worden. Die Vereinigung von evangelischen Kirchen und Missionen in Kamerun (FEMEC) ist seit über 20 Jahren ein aktiver Partner des ÖRK im Bereich des kirchlichen Entwicklungsdienstes gewesen. Die Ökumenische Entwicklungsgenossenschaft (EDCS-Oikocredit) hat zusätzliche Möglichkeiten eröffnet. Aber all dies ändert nichts an den Kräfteverhältnissen auf der internationalen Ebene und an der Komplizenschaft zwischen denen, die im Norden wie im Süden an den Hebeln der Macht sitzen.

*

Im Zentrum des Problems steht eine Mentalität und Logik, die sich dem öffentlichen Bewusstsein tief eingeprägt hat und von der auch die Kirchen betroffen sind. Es ist die Logik des Wettbewerbs und der Konkurrenz, von Gewinn und Vermehrung. Dies sind die Regeln, nach denen die Marktwirtschaft funktioniert – so jedenfalls hören wir es ständig. Für die Verfechter dieses Denkens ist es die Verwirklichung von ausgleichender Gerechtigkeit. Denn: Ist es etwa nicht gerecht, dass diejenigen, die das größte Risiko tragen, auch den größten Anteil am Gewinn haben? Ist es nicht gerecht, dass die mit der größten Kaufkraft daraus auch am meisten Nutzen ziehen? Ist es nicht gerecht, dass die mit der größten Erfahrung auch die höchste Anerkennung bekommen? Diese Vorstellung von Gerechtigkeit hat natürlich mit Solidarität nichts im Sinn. Im Gegenteil, Solidarität hemmt und verzerrt den Wettbewerb – auch in den Beziehungen zwischen den Kirchen. So jedenfalls kann man es heute vielfach hören.
Vor kurzem fand in Stockholm der Weltsozialgipfel der Vereinten Natio-

nen statt. In vielen der offiziellen Stellungnahmen wurde betont, dass die Logik des Marktes unfähig und ungeeignet sei, um die strukturelle Armut wirksam zu bekämpfen und zu überwinden. Im Namen des ÖRK, seiner Mitgliedskirchen und anderer ökumenischer Partner-Organisationen habe ich bei dieser Gelegenheit gefordert, dass ein völlig neuer Ansatz notwendig sei, der nicht bei der Konkurrenz und den Gewinnchancen der Wenigen, sondern bei den Grundbedürfnissen der Ärmsten der Armen beginnt. Dazu zählt ihr Recht auf Nahrung, auf Gesundheit, Bildung, Behausung, d.h. all das, was im internationalen Pakt für wirtschaftliche, soziale und kulturelle Rechte von 1967 festgeschrieben ist. Letztlich geht es darum, die Dimension der Solidarität wieder in die Logik der wirtschaftlichen und finanziellen Prozesse einzuführen.

*

Damit kommen wir in den Horizont unseres biblischen Abschnittes, des Gleichnisses von den Arbeitern im Weinberg. Dieses Gleichnis ist eine eindrückliche Beispielgeschichte der alternativen Logik der Solidarität, die wir zurückgewinnen und von neuem zur Geltung bringen müssen. Sie ist Ausdruck der Gerechtigkeit des Reiches Gottes, die im Widerspruch steht zur Vorstellung von Gerechtigkeit aus der Perspektive der Gewinner.
Die Szene ist einfach und alltäglich. Man kann sie auch heute in vielen afrikanischen Dörfern antreffen. Da ist ein Grundbesitzer, in diesem Fall der Besitzer eines Weinbergs, der zusätzliche Arbeitskräfte braucht, um die notwendigen Arbeiten zu erledigen. Weinberge sind zu bestimmten Zeiten sehr arbeitsintensiv, während dann wieder für lange Wochen kaum etwas zu tun ist. So geht er am Morgen zum Marktplatz des Dorfes, wo sich die Arbeitsuchenden gewöhnlich versammeln. Er nimmt um 9 Uhr einige Männer unter Vertrag und bietet ihnen den üblichen Tageslohn an, d.h. das, was als gerechte Bezahlung angesehen wird. Drei Stunden später geht er ein zweites Mal zum Marktplatz und heuert weitere Arbeiter zu den gleichen Bedingungen, d.h. einer „gerechten“ Entlohnung, an. Die Szene wiederholt sich noch einmal um 15 und um 17 Uhr. Das Gleichnis schildert dies als einen völlig normalen Vorgang; offenbar war es für den Weinbergbesitzer schwierig, im Voraus einzuschätzen, wie viele Arbeiter er benötigen würde.

Die Überraschung kommt, als am Abend der Lohn ausbezahlt wird. Nun bekommen plötzlich alle Arbeiter denselben Lohn unabhängig davon, wie lange sie gearbeitet haben. Für diejenigen, die seit dem frühen Morgen gearbeitet haben, ist es eine Frage der Gerechtigkeit: Sie fühlen sich ungerecht behandelt im Vergleich zu jenen, die nur eine Stunde am Ende des Nachmittags gearbeitet haben. Ist es gerecht, wenn sie gleich behandelt werden und denselben Lohn empfangen?
Nach der Logik des Marktes und des Wettbewerbs ist die Antwort klar: Dies ist krasse Ungerechtigkeit. Aber die Logik der Solidarität folgt anderen Maßstäben. Sie nimmt den Umstand ernst, dass auch die letzten bereit gewesen wären, den ganzen Tag zu arbeiten, wenn ihnen jemand Arbeit angeboten hätte. Ja, sie waren sich nicht zu gut, auch nur für eine Stunde noch Arbeit anzunehmen, ohne zu fragen, ob es sich für sie lohne. Denn natürlich haben sie die gleichen Grundbedürfnisse für sich selbst und für ihre Familien wie die anderen auch.

*

Es ist diese Logik des Teilens und der Solidarität, die Afrika und seinen Gesellschaften das Überleben bis heute gesichert hat. Aber diese Einstellung und Verhaltensweise ist nicht nur eine Überlebensstrategie. Sie ist vielmehr die unentbehrliche Grundlage für das Zusammenleben in jeder menschlichen Gemeinschaft, sei es in der Familie oder im Dorf. Keine Familie, keine Dorfgemeinschaft wäre lebensfähig, wenn die Beziehungen auf der Grundlage von Wettbewerb sowie von Gewinn und Verlust gestaltet würden. Hier wird selbstverständlich nach den Regeln der gegenseitigen Hilfe und Solidarität verfahren; eine genaue Buchführung ist nicht notwendig, denn auf die Länge gleichen sich Leistung und Gegenleistung aus, und wer die anderen versucht zu übervorteilen, der kommt nicht weit. Dies sind die meist unausgesprochenen Regeln der einfachen Gerechtigkeit, die auch als „Gemeinschaftstreue" übersetzt werden kann. Die Solidarität ist nichts anderes als die Praxis eben dieser Gerechtigkeit. Und die Werte des Reiches Gottes sind nicht so weit entfernt von den Einsichten in das, was für das Gelingen menschlichen Zusammenlebens nötig ist. Das Reich Gottes ist das biblische Symbol für erfülltes Leben in menschlicher Gemeinschaft.

Damit wird das Gleichnis zu einem Aufruf und zu einer Einladung an uns und unsere Kirchen, Träger und lebendige Verkörperungen dieser Wirklichkeit des Reiches Gottes in dieser Welt zu sein. Dafür müssen sie freilich bereit sein, sich von den Denkzwängen der Marktlogik zu befreien und offensiv einzutreten für die alternative Logik der Solidarität, für eine Änderung der Denk- und Verhaltensweisen.
In drei Jahren wird in Harare/Simbabwe die achte Vollversammlung des ÖRK stattfinden. Bei dieser Gelegenheit wird der ÖRK sein 50-jähriges Jubiläum feiern. In Erinnerung an das biblische Motiv des Erlassjahres, d.h. des Schuldenerlasses, der Sklavenbefreiung und der Wiederherstellung des lebensnotwendigen Anteils an Grund und Boden, und im Ausblick auf den Beginn eines neuen Jahrhunderts und Jahrtausends hat der Zentralausschuss des ÖRK als Thema der Vollversammlung die Einladung formuliert: „Kehrt um zu Gott – Seid fröhlich in Hoffnung!“ Diese Umkehr in die Denkweise des Reiches Gottes, wie sie in diesem Gleichnis zum Ausdruck kommt, ist für Afrika eine lebensentscheidende Herausforderung und zugleich Quelle von wirklicher Hoffnung. Lassen Sie uns alle mitwirken an dieser Umkehr und in den Kirchen und Gemeinden anfangen. Möge Gott uns dabei segnen mit dem Lohn, der uns verheißen ist.

7. Umkehr zum Leben

Predigt am Sonntag, 14. Juni 1998, in Luzern zur Eröffnung der Abgeordnetenversammlung des Schweizerischen Evangelischen Kirchenbundes

Die achte Vollversammlung des ÖRK fiel zusammen mit dem Ende der „Ökumenischen Dekade – Kirchen in Solidarität mit den Frauen“. In der Schweiz hatte sich eine sehr rege Beteiligung an der Dekade entwickelt, inspiriert vor allem vom Evangelischen Frauenbund der Schweiz. Der Anregung des Frauenbundes war es auch zu verdanken, dass der Schweizerische Evangelische Kirchenbund, der Zusammenschluss aller Kantonalkirchen, die Dekade in den Mittelpunkt des Eröffnungsgottesdienstes seiner jährlichen Tagung im Juni 1998 stellte und mich einlud, die Predigt zu halten. Den Predigttext schlug ich selber vor.

Joh 20,1–18

1 Am ersten Tag der Woche kommt Maria von Magdala früh, als es noch finster war, zum Grab und sieht, dass der Stein vom Grab weg war. 2 Da läuft sie und kommt zu Simon Petrus und zu dem andern Jünger, den Jesus lieb hatte, und spricht zu ihnen: Sie haben den Herrn weggenommen aus dem Grab, und wir wissen nicht, wo sie ihn hingelegt haben. 3 Da ging Petrus und der andere Jünger hinaus und sie kamen zum Grab. 4 Es liefen aber die zwei miteinander und der andere Jünger lief voraus, schneller als Petrus, und kam zuerst zum Grab, 5 schaut hinein und sieht die Leinentücher liegen; er ging aber nicht hinein. 6 Da kam Simon Petrus ihm nach und ging in das Grab hinein und sieht die Leinentücher liegen, 7 aber das Schweißtuch, das Jesus um das Haupt gebunden war, nicht bei den Leinentüchern liegen, sondern daneben, zusammengewickelt an einem besonderen Ort. 8 Da ging auch der andere Jünger hinein, der zuerst zum Grab gekommen war, und sah und glaubte. 9 Denn sie verstanden die Schrift noch nicht, dass er von den Toten auferstehen müsste. 10 Da gingen die Jünger wieder heim. 11 Maria aber stand draußen vor dem Grab und weinte. Als sie nun weinte, schaute sie in das Grab 12 und sieht zwei Engel in weißen Gewändern sitzen, einen zu Häupten und den andern zu den Füßen, wo sie den Leichnam Jesu hingelegt hatten. 13 Und die sprachen zu ihr: Frau, was weinst du? Sie spricht zu ihnen: Sie haben meinen Herrn weggenommen, und ich weiß nicht, wo sie ihn hingelegt haben. 14 Und als sie das sagte, wandte sie sich um und sieht Jesus stehen und weiß nicht, dass es Jesus ist. 15 Spricht Jesus zu ihr: Frau, was weinst du? Wen suchst du? Sie meint, es sei der Gärtner, und spricht zu ihm: Herr, hast du ihn weggetragen, so sage mir, wo du ihn hingelegt hast; dann will ich ihn holen. 16 Spricht Jesus zu ihr: Maria! Da wandte sie sich um und spricht zu ihm auf hebräisch: Rabbuni!, das heißt: Meister! 17 Spricht Jesus zu ihr: Rühre mich nicht an! Denn ich bin noch nicht aufgefahren zum Vater. Geh aber hin zu meinen Brüdern und sage ihnen: Ich fahre auf zu meinem Vater und zu eurem Vater, zu meinem Gott und zu eurem Gott. 18 Maria von Magdala geht und verkündigt den Jüngern: Ich habe den Herrn gesehen, und das hat er zu mir gesagt.

Liebe Gemeinde,

Es ist mir eine Freude, Ihnen wieder einmal – wie schon vor einigen Jahren in Genf – aus Anlass des Gottesdienstes zur Eröffnung der Abgeordnetenversammlung des Schweizerischen Evangelischen Kirchenbundes die Grüße des Ökumenischen Rates der Kirchen überbringen zu können. Ich sehe in Ihrer Einladung an mich, in diesem Gottesdienst die Predigt zu halten, ein Zeichen der Verbundenheit des Kirchenbundes mit dem Ökumenischen Rat und habe daher die Einladung gerne angenommen. Mögen Ihre Beratungen in diesen Tagen reichlich gesegnet sein.

Dieser Gottesdienst wurde vorbereitet im Vorblick auf die achte Vollversammlung des Ökumenischen Rates der Kirchen in Harare und zugleich im Rückblick auf die Ökumenische Dekade „Kirchen in Solidarität mit den Frauen“. Als die Dekade 1988 zu Ostern eröffnet wurde, wusste noch niemand mit Sicherheit, dass der Abschluss zusammenfallen würde mit der achten Vollversammlung . Noch weniger ließ sich damals das Thema dieser Vollversammlung „Kehrt um zu Gott – seid fröhlich in Hoffnung“ voraussehen.

Nun ist die Dekade ungeplant zu einem Test für die Aussage dieses Themas geworden. Ist es während der Dekade zu einer Umkehr gekommen, und war es wirklich eine Umkehr zu Gott? Sind Frauen und Männer in der Kirche einander vor Gott nähergekommen, und hat die Dekade die vertrauensvolle Erwartung des Vollversammlungsthemas bestätigt, dass die Umkehr zu Gott den Weg frei macht zu einer fröhlichen Hoffnung?

Die am Ende der Dekade in den einzelnen Ländern und im Ökumenischen Rat vorgenommene Auswertung hat zu einem zwiespältigen Ergebnis geführt. Die Dekade hat an vielen Orten große Erwartungen geweckt und eine breite Bewegung ausgelöst – aber vor allem unter den Frauen selbst. Bei den verfassten Kirchen und ihren überwiegend aus Männern bestehenden Leitungen jedoch hat die Dekade es schwerer gehabt. Es bedarf wohl einer

wirklichen Bekehrung, damit die Kirchen zu einer wahren Gemeinschaft von Frauen und Männern werden.
Die Einladung des Vollversammlungsthemas „Kehrt um zu Gott“ ist im Licht der Erfahrungen der Dekade sehr aktuell; denn vor Gott und vor dem Geist des Evangeliums halten all die Gründe, die die Frauen von der vollen Teilhabe am Leben der Kirche und der christlichen Gemeinschaft ausschließen, nicht stand. Umkehr, das ist mehr als die Aufnahme einiger zusätzlicher Frauen in kirchenleitende Gremien und auch etwas anderes als das momentane Erschrecken vor der noch immer weithin unsichtbaren Erfahrung der Gewalt gegen Frauen, auch in der Kirche. Umkehr, das ist ein Prozess der Veränderung und Heilung, in dem wir uns von Gott befreien lassen zur Neuordnung unseres Lebens. Die Dekade hat an manchen Stellen solche Prozesse angestoßen, aber auch deutlich gemacht, wie schwierig die Veränderung ist und welchen Preis sie fordert. Die Dekade selbst ist zwar abgeschlossen, aber der Prozess, der auf ein Neuwerden der Kirche zielt, muss und wird weitergehen.
Wird er wirklich weitergehen? Worin gründet diese Hoffnung? Der Grund ist letztlich die Erfahrung der Frauen selbst. Die Dekade hat für Frauen in der Kirche endgültig die Kultur des Schweigens, der stillen Anpassung und Unterwerfung unter die von Männern bestimmten Strukturen und Normen aufgebrochen. Die Dekade hat den Frauen Mut gemacht zu ihrer eigenen Sprache und hat ein weltweites Netz der wechselseitigen Unterstützung unter christlichen Frauen entstehen lassen. Das ist das entscheidende Hoffnungszeichen. Das Gesicht unserer Kirche beginnt sich zu verändern, indem die Stimme der Frauen, ihr Zeugnis von dem, was Gott in ihrem Leben getan hat und tut, hörbar wird. Auch die ökumenische Bewegung hat sich im Verlauf der Dekade verändert und wird sich weiter verändern. Das Zeugnis der Frauen von ihrer Befreiung wird zur Einladung an die Kirchen: Kehrt um zu Gott – seid fröhlich in Hoffnung.

*

Die ökumenische Dekade hat zu Ostern 1988 begonnen. Die Eröffnung war inspiriert vom Zeugnis der Frauen, die als erste am frühen Morgen des Ostertages dem Auferstandenen begegneten und bezeugten, dass er lebe. Erinnern wir uns an die Geschichte von Maria von Magdala, wie das Johannesevangelium sie erzählt (Joh 20,1–18). Danach war sie allein im Morgengrauen des ersten Tages der Woche zu dem Grab gegangen, in das Jesus am Vorabend des Sabbat nach seiner Kreuzigung gelegt worden war. Sie fand das Grab geöffnet und den Stein weggerollt. Sie wagt nicht, näher zu treten; aber sie weiß, oder ahnt jedenfalls, dass der Leichnam Jesu nicht mehr da ist. So läuft sie alsbald zurück, um Johannes und Petrus von ihrer Entdeckung zu berichten. Die beiden Jünger rennen nun ihrerseits zum Grab, um sich selbst zu überzeugen. Petrus, auch wenn er das Grab nicht als erster erreicht, wagt es, in das Grab hineinzugehen. Er sieht nur die Leichentücher liegen, aber den Leichnam findet er nicht. Ohne ein einziges Wort zu wechseln, kehren die beiden nach Hause zurück

Das Evangelium erzählt uns, dass Maria draußen vor dem Grab blieb und weinte. Sie konnte dieses brutale Ende ihrer sehr persönlichen Beziehung zu Jesus einfach nicht hinnehmen. In ihrer tiefen Trauer hat sie eine Erscheinung von zwei Engeln, die sie ansprechen und sie so zum Reden bringen. Sie kann zwar nur ihre Entdeckung wiederholen; aber das Schweigen ist gebrochen.

Dann fährt die Erzählung fort: „Und als sie das sagte, wandte sie sich um und sieht Jesus stehen und weiß nicht, dass es Jesus ist“ (V. 14). Als sie das sagte, drehte sie sich um – hier haben wir den ersten Schritt der Umkehr. Sie beginnt, aus dem Gefängnis ihres Schweigens auszubrechen, durch einen Schrei, eine Frage, ein Gebet. Und indem sie aus dem Schweigen heraustritt, ihre Trauer überwindet, sich umdreht, entdeckt Maria, dass sie nicht allein ist. Sie erkennt ihn nicht, als er sie fragt: „Frau, was weinst du? Wen suchst du?“ (V. 15). Ihre Antwort lässt einen Funken Hoffnung aufleuchten, dass sie vielleicht doch noch den Leichnam ihres Lehrers und Meisters finden werde. „Herr, hast du ihn weggetragen, so sage mir, wo du ihn hingelegt hast; dann will ich ihn holen“ (V. 15). Und als er sie dann mit ihrem Namen „Maria“ anspricht, wendet sie sich wie in einem Tanz ein zweites Mal um. Als sie ihn erkennt, ruft sie ihn bei dem im Kreis der Jünger und Jüngerinnen vertrauten Namen „Rabbouni“. Unsere Umkehr, unsere Hinwendung zu Gott ist immer erst der zweite Schritt: Er ruft uns bei unserem Namen; er kennt uns, wie wir sind, mit all unseren Zweifeln; er gibt sich zu erkennen, so dass wir uns ihm voll Vertrauen zuwenden können.

*

Maria war die erste unter den Zeugen der Auferstehung. Bis heute ist es für die Kirchen schwierig, diesen (zeitlichen) Vorrang des Zeugnisses der Frauen anzuerkennen oder zuzugeben, dass die Frauen ihr eigenes Zeugnis zum Leben der christlichen Gemeinde beitragen. Allzu oft nehmen sie das Zeugnis der Frauen auch heute noch mit Zögern und ungläubig auf, so wie es die Evangelien von Matthäus und Markus über die Jünger berichten.

Aber auch Maria muss eine schwierige Lektion lernen. Nun, da sie ihren Meister wiedergefunden hat, möchte sie ihn festhalten und das alte, unmittelbare Vertrauensverhältnis wieder herstellen. Das ist auch die Erfahrung aller, die den Auferstandenen als ihren Herrn und Heiland erkannt haben. Sie möchten diesen Augenblick der strahlenden Klarheit festhalten; aber der Prozess der Umkehr kommt erst an sein Ziel, wenn wir uns wieder denen zuwenden, die uns nahe sind und mit denen wir das Leben teilen. Die Freude, welche diejenigen erfüllt, die dem Auferstandenen begegnet sind, muss sich mitteilen. Und so wendet sich auch Maria ein letztes Mal um und kehrt zu den Jüngern zurück, um ihnen zu verkündigen: „Ich habe den Herrn gesehen, und das hat er zu mir gesagt" (V. 18).

Die Ökumenische Dekade Kirchen in Solidarität mit den Frauen hat für viele Frauen das ihnen verordnete Schweigen gebrochen und ihnen Mut gemacht zu ihrem eigenen Zeugnis. Sie haben begonnen, sich selbst und ihre Erfahrungen neu zu sehen im Licht dessen, was die Bibel berichtet über die Begegnung von Frauen mit dem lebendigen Gott. Auch wenn ihnen immer wieder Zurückhaltung und Ungläubigkeit begegnet, wie ihrer Schwester am Ostermorgen, so wissen sie doch, dass ihr Zeugnis nicht der ausdrücklichen kirchlichen Legitimation bedarf, ist es doch vom lebendigen Christus legitimiert. Die Kirche braucht das Zeugnis der Frauen ebenso wie das der Männer, und nur zusammen können sie zu einer Gemeinschaft werden, die fröhlich ist in der Hoffnung und von der Hoffnung für andere ausgeht. So hilft uns die Erfahrung der Ökumenischen Dekade, das Thema der kommenden Vollversammlung in Harare hereinzuziehen in das Leben unserer Kirchen und den Ökumenischen Rat im 50. Jahr seines Bestehens wieder zu einem Instrument der Erneuerung der Kirche werden zu lassen.

8. Verbunden im Gebet

Predigt in Prag, 21. November 1999

Der Besuch bei den Mitgliedskirchen in der Tschechischen Republik sollte den Wunsch des ÖRK zum Ausdruck bringen, nach einer Phase der Entfremdung die Beziehungen zu festigen. Den Text für die Predigt in einer Gemeinde der Kirche der Böhmischen Brüder in Prag habe ich gewählt, um auf den tieferen Grund unserer Verbundenheit zu verweisen.

Mt 6,7–15
7 Und wenn ihr betet, sollt ihr nicht viel plappern wie die Heiden; denn sie meinen, sie werden erhört, wenn sie viele Worte machen.
8 Darum sollt ihr ihnen nicht gleichen. Denn euer Vater weiß, was ihr bedürft, bevor ihr ihn bittet. 9 Darum sollt ihr so beten: Unser Vater im Himmel! Dein Name werde geheiligt. 10 Dein Reich komme. Dein Wille geschehe wie im Himmel so auf Erden. 11 Unser tägliches Brot gib uns heute. 12 Und vergib uns unsere Schuld, wie auch wir vergeben unsern Schuldigern. 13 Und führe uns nicht in Versuchung, sondern erlöse uns von dem Bösen. [Denn dein ist das Reich und die Kraft und die Herrlichkeit in Ewigkeit. Amen.] 14 Denn wenn ihr den Menschen ihre Verfehlungen vergebt, so wird euch euer himmlischer Vater auch vergeben. 15 Wenn ihr aber den Menschen nicht vergebt, so wird euch euer Vater eure Verfehlungen auch nicht vergeben.

Liebe Gemeinde,

Ich freue mich, dass ich am letzten Tag meines Besuches in der Tschechischen Republik und zum Abschluss der Tagung der Synode der Evangelischen Kirche der Böhmischen Brüder diesen Gottesdienst mit Ihnen feiern kann. So bringe ich Ihnen zunächst die herzlichen Grüße des Ökumenischen Rates der Kirchen, dieser Gemeinschaft von über 340 Kirchen aus der ganzen Welt, zu der auch die Evangelische Kirche der Böhmischen Brüder gehört. In den vergangenen Tagen habe ich Gelegenheit gehabt,

Kirchen, kirchliche Einrichtungen und Fakultäten in Ihrem Land zu besuchen, ebenso wie ich in der zweiten Oktoberhälfte Besuche bei Mitgliedskirchen in Kuba, in Costa Rica und Honduras gemacht habe. Ich betrachte solche Besuche bei Mitgliedskirchen als einen wichtigen Teil meiner Aufgabe als Generalsekretär des Ökumenischen Rates. Die ökumenische Gemeinschaft der Kirchen lebt ganz stark in und aus solchen menschlichen Verbindungen.

In den Beziehungen Ihrer Kirche zu den ökumenischen Organisationen hat es in der Zeit nach 1989 eine längere Phase der Entfremdung und von Verstehensschwierigkeiten gegeben. Ähnliche Schwierigkeiten gab und gibt es noch heute auch mit anderen Kirchen in Mittel- und Osteuropa. Ich bin vor meinem Amtsantritt 1992 zweimal für kurze Zeit in Prag gewesen und habe in den letzten Jahren viele der Kirchen in Mittel- und Osteuropa besucht. Es ist meine Hoffnung, dass dieser Besuch und die vielen Gelegenheiten zu Gesprächen dazu beitragen werden, die Beziehungen zu klären und wieder zu vertiefen.

Bei der Vorbereitung dieser Predigt hat mich die Frage bewegt, was die Gemeinschaft der Kirchen in der ökumenischen Bewegung zusammenhält. Auf diese Frage kann man verschiedene Antworten geben, und darin werden sich jeweils die unterschiedlichen Erwartungen und Erfahrungen der Kirchen und ihrer Mitglieder niederschlagen. Ich will mich auf eine Antwort konzentrieren, die Sie in ihrer Schlichtheit vielleicht erstaunen mag. Am Ende der Botschaft der achten Vollversammlung des Ökumenischen Rates in Harare stehen einige Absätze aus dem Text der ökumenischen Vision für das 21. Jahrhundert. Sie schließen mit den folgenden Worten: „Wir sind unterwegs als Volk, das aus dem Gebet lebt. Inmitten von Verwirrung und Identitätsverlust erkennen wir Zeichen der Verwirklichung von Gottes Plan und erwarten sein kommendes Reich." Ich glaube in der Tat, dass eines der entscheidenden Bindeglieder der ökumenischen Gemeinschaft das Gebet miteinander und füreinander ist. Deshalb möchte ich mich in meiner Predigt heute konzentrieren auf eine kurze Auslegung des Vaterunsers.

Das Vaterunser ist das zentrale Gebet, das Jesus seine Jünger gelehrt hat. Es ist eines der kostbarsten Stücke unserer biblischen Tradition und eine der geheimen Kraftquellen, welche die Kirche am Leben und in allen Konflikten und Gegensätzen beieinander gehalten hat. In großen ökumenischen

Gottesdiensten, wie z.B. bei der Vollversammlung in Harare, war und ist für mich das gemeinsame Gebet des Vaterunser in allen nur denkbaren Sprachen immer wieder einer der bewegendsten Momente. Wie ein schwebender Schleier steigt das Gebet auf; ich verstehe oft keine der Sprachen, in denen um mich herum gebetet wird, und doch weiß ich mich getragen von der gemeinsamen Kraft des Gebetes. Mein Gebet wird leicht, wird mitgezogen hin auf den, den Jesus uns gelehrt hat, als „unser Vater" anzureden.

Manchmal denke ich darüber nach, was es bedeutet, dass dieses Gebet mehr als irgendein anderes Element unserer liturgischen oder unserer geistlichen Traditionen die Kirche zu allen Zeiten und an allen Orten verbunden hat und verbindet. Seit zweitausend Jahren sprechen Christen und Christinnen dieses Gebet, als persönliches Gebet am Anfang oder am Ende des Tages, als Tischgebet oder als gemeinsames Gebet der Gemeinde. Es ist die schlichteste Äußerung unseres Glaubens, und es verbindet auch die, die durch Konflikte, Lehrverurteilungen oder Fremdheit der Traditionen voneinander getrennt sind. Das Vaterunser hebt uns über alle Gegensätze hinweg. Es stellt uns als einander gleiche Kinder Gottes vor den Vater.

Die Anrede „Vater unser" oder schlicht „Vater", wie in der Fassung des Lukasevangeliums, ermutigt uns, wie Jesus selbst voller Vertrauen zu Gott zu beten. Auch Jesus empfand die Analogie zur irdischen Vaterrolle als zweideutig: Er lehrte seine Jünger – ganz antiautoritär – niemand Vater zu nennen außer Gott allein. Und schon gar ein exklusiv männliches Gottesbild war ihm fremd. Um die von allen Hintergedanken freie Haltung des Vertrauens eines Kindes zu seinen Eltern ging es ihm, ohne Unterwürfigkeit oder Allmachtsprojektionen, wie sie sich in vielen unserer liturgischen Gebetsanreden finden. Eine Ermutigung zur Freiheit im Verhältnis zu Gott ist diese Anrede.

Die ersten drei Bitten, „Dein Name werde geheiligt, Dein Reich komme, Dein Wille geschehe" haben eine gemeinsame Ausrichtung: Gott möge sich wirklich als Gott erweisen. Warum sollten wir Gott darum bitten? Diese Bitten nehmen das erste Gebot ernst: Du sollst keine anderen Götter haben neben mir – und sie sind Ausdruck der Erfahrung, dass wir als Menschen immer wieder in Versuchung sind, uns Ersatzgötter zu schaffen: die Nation, das Volk, den Markt, die Familie, die eigene Karriere, den Erfolg, denen wir willig Opfer bringen und so unsere Menschlichkeit und Freiheit

aufs Spiel setzen. Ohne Gottes Hilfe sind wir schutzlos und ausgeliefert an die Selbstgerechtigkeit unserer Moralität, an die Arroganz der Macht und die Überheblichkeit absoluter Wahrheitsansprüche.
Indem wir Gott selbst bitten um die Heiligung seines Namens, das Kommen seines Reiches, die Erfüllung seines Willens für die Welt, beanspruchen wir Gott als Partner des Bundes, der unser Leben und die Schöpfung erhält, der die *Oikoumene*, d.h. die ganze bewohnte Erde, bewohnbar und lebensfähig bleiben lässt. Der Horizont dieses Gebetes umschließt in der Tat die ganze Ökumene und hebt die gefährliche Übersteigerung unserer Unterschiede auf. Im Geist dieser Vaterunser-Bitte formulierte vor zehn Jahren die Basler Ökumenische Versammlung: „Ihm unserem Gott sind wir zur vorrangigen Treue verpflichtet. Alle anderen Loyalitäten (gegenüber Staat, Kultur oder sozialer Gruppe) sind demgegenüber zweitrangig. Hier liegt der Grund unseres Eintretens für Gerechtigkeit, Frieden und die Bewahrung der Schöpfung." Darum ist das Vaterunser *das* Gebet der Ökumene.
Die zweite Reihe der Bitten richtet sich auf das, was wir als Menschen zum Leben brauchen. Die Fassung des Lukasevangeliums konzentriert das Gebet auf die zwei Dinge, die notwendig sind: das Brot, die Nahrung für jeden Tag, und die Vergebung, die Befreiung von Schuld. Durch nichts sonst wird uns die Bedürftigkeit und der im Kern ungesicherte Charakter unseres menschlichen Lebens so bewusst wie durch Hunger und Unfrieden in den Beziehungen zu anderen Menschen. Wir können auf das meiste verzichten, womit wir uns umgeben haben, aber unser Körper braucht Nahrung, und wir brauchen unbelastete Beziehungen zu den Menschen in unserer Nähe. Beides, die Erhaltung unserer körperlichen Kräfte und der Beziehungen zu den Mitmenschen, sind der Ursprung von Sorge, Unruhe und Ängsten. Um die Befreiung von dieser urmenschlichen Sorge und Unruhe geht es in diesen Bitten. Wir laden diese Sorge bei Gott ab – denn er, der Vater, sorgt für uns.
Das Matthäusevangelium fügt noch eine dritte Bitte an: „Und führe uns nicht in Versuchung, sondern erlöse uns von dem Bösen." Gerade weil wir unsicher und in Sorge sind über die Erhaltung unseres Lebens, sind wir ständig Versuchungen ausgesetzt, sind wir in Gefahr, uns von Gott abwenden zu lassen. Die Geschichte von der Versuchung Jesu durch den Teufel weist uns hin auf unsere menschliche Verwundbarkeit und Empfänglich-

keit für die Versuchungen der Selbstüberschätzung und der Macht. Gott allein kann uns davor bewahren, auf Irrwege geführt zu werden.
Aber gerade wenn wir so beten um unser tägliches Brot und die Befreiung von Schuld als Gabe Gottes empfangen, werden uns die Augen geöffnet für diejenigen, die nicht wissen, was sie heute und morgen essen sollen, die ums bloße Überleben kämpfen und die unserer Vergebung bedürfen, um in Frieden leben zu können.
Das Erlassjahr, das hinter dem Thema der Vollversammlung des Ökumenischen Rates in Harare stand, ist die biblische Vision einer Korrektur der Verzerrungen in den Gemeinschaftsbeziehungen, um eine Ordnung von Gerechtigkeit und Frieden zu schaffen, eine Ordnung, in der alle Menschen das Lebensnotwendige haben und frei von Sorge und Angst leben können. Jesus selbst hat die Vision des Erlassjahres aufgenommen, um seine Verkündigung vom kommenden Reich Gottes zu verdeutlichen. Das Vaterunser ist ein Gebet im Geist des Erlassjahres. Es nimmt Jesu vollmächtige Verkündigung der guten Botschaft für die Armen und Gefangenen ernst. Wenn wir es beten, dann stellen wir uns selbst unter diesen Anspruch, mit den Armen und Hungernden zu teilen und Vergebung zu gewähren. Wir beten nicht allein für uns selbst, sondern mit allen und zugleich für alle, die wie wir Gott anrufen. So weist uns das Vaterunser ein in die Praxis ökumenischer Solidarität. Möge Gott selbst unser Beten segnen. Amen.

Leben unter dem Zeichen des Kreuzes

9. Solidarität des Mitleidens

Predigt im Universitätsgottesdienst in Bochum am 16.11.1986 (Volkstrauertag)

Die Bochumer Universitätsgottesdienste finden in der Apostelkirche im Uni-Zentrum in Bochum-Querenburg statt. Sie werden einmal im Monat zur Zeit und an Stelle des normalen Gemeindegottesdienstes gehalten. Prediger und Liturgen sind Mitglieder der Evangelisch-Theologischen Fakultät der Ruhr-Universität Bochum. Die Gottesdienstgemeinde setzt sich zusammen aus Mitgliedern der Querenburger Ortsgemeinde, Studierenden und anderen Universitätsangehörigen. Hin und wieder wirken Studierende der Fakultät bei der Gestaltung des Gottesdienstes mit; im Vordergrund steht jedoch der Charakter eines normalen Gemeindegottesdienstes. Ich habe diese Aufgabe immer gerne übernommen.

> Röm 8,18–25
> *18 Denn ich bin überzeugt, dass dieser Zeit Leiden nicht ins Gewicht fallen gegenüber der Herrlichkeit, die an uns offenbart werden soll. 19 Denn das ängstliche Harren der Kreatur wartet darauf, dass die Kinder Gottes offenbar werden. 20 Die Schöpfung ist ja unterworfen der Vergänglichkeit – ohne ihren Willen, sondern durch den, der sie unterworfen hat –, doch auf Hoffnung; 21 denn auch die Schöpfung wird frei werden von der Knechtschaft der Vergänglichkeit zu der herrlichen Freiheit der Kinder Gottes. 22 Denn wir wissen, dass die ganze Schöpfung bis zu diesem Augenblick mit uns seufzt und sich ängstet. 23 Nicht allein aber sie, sondern auch wir selbst, die wir den Geist als Erstlingsgabe haben, seufzen in uns selbst und sehnen uns nach der Kindschaft, der Erlösung unseres Leibes. 24 Denn wir sind zwar gerettet, doch auf Hoffnung. Die Hoffnung aber, die man sieht, ist nicht Hoffnung; denn wie kann man auf das hoffen, was man sieht? 25 Wenn wir*

aber auf das hoffen, was wir nicht sehen, so warten wir darauf in Geduld.

Liebe Gemeinde,

Wir hören diesen alten, vertrauten und zugleich fremden Text heute mit neuen Ohren. Das Seufzen und angstvolle Warten der Schöpfung – nach der Giftkatastrophe im Rhein ist das nicht länger nur dichterische und mythologische Sprache. Und den meisten von uns ist mittlerweile das unheimliche Gefühl nur zu vertraut, wenn man selbst dem unschuldigen Schluck Wasser oder dem Blatt Salat nicht mehr trauen kann. Unerwartet sind wir durch die Ereignisse dieses Jahres daran erinnert worden, wie stark unser Leben eingebunden ist in die Schöpfung und wie nah wir bereits dem gefährlichen Punkt sind, wo wir als Menschen durch unser eigenes Verhalten uns selbst und der ganzen Schöpfung die Lebensgrundlage entziehen.
Nun ist Paulus hier im Römerbrief freilich nicht in erster Linie an der Schöpfung um ihrer selbst willen interessiert. So sehr dieser Abschnitt unserem noch immer schwachen ökologischen Bewusstsein zu entsprechen scheint – im Zentrum steht für Paulus in diesem achten Kapitel des Römerbriefes die neue Wirklichkeit des Lebens aus dem Geist. Durch den Geist werden wir in den Stand der Kindschaft versetzt. Der Geist gibt uns den Mut, den uns fernen Gott voller Vertrauen als *Abba*, lieber Vater anzusprechen. Durch den Geist werden wir, die Kinder Gottes, so mit Christus, dem Sohn Gottes verbunden, dass wir an seiner Auferstehung teilhaben werden, so gewiss wir jetzt auch mit ihm leiden.
Es war für die römische Gemeinde vermutlich leichter als für uns, Paulus bis hierher zu folgen. Wie alle jungen christlichen Gemeinden im Römischen Reich waren sie durchdrungen von der Erfahrung des neuen Lebens aus dem Geist Gottes. Was für sie erfahrungsbezogene Sprache war, ist für uns zur schwer zugänglichen theologischen Rede geworden.
Aber auch für sie war da ein widerständiger Haken, und da werden wir ebenso hellhörig: Wie ist das mit dem Leiden? Widerspricht nicht die Erfahrung von menschlichem Leiden dieser enthusiastischen Rede vom neuen Leben aus dem Geist? Lässt sich wirklich alles Leiden in dieser

Welt, auch das sinnlose Verhungern von Kindern, das Zerbrechen von Menschen unter der Folter, das Leiden von Auschwitz und Hiroshima als Teilhabe am Kreuzesleiden Jesu Christi verstehen, um so schon jetzt in den Glanz der Auferstehungsherrlichkeit erhoben zu werden? Oder ist das Leiden nur eine unvermeidliche Durchgangsstufe – unvermeidlich, weil wir einen sterblichen und so dem Leiden ausgesetzten Körper haben?

*

Paulus scheint solche oder ähnliche Fragen gespürt zu haben. Denn er hält plötzlich in seiner Rede vom Geist inne und stellt sehr entschieden fest: *Ich bin überzeugt – es wird nicht einfach nur einen Ausgleich geben zwischen den Leiden dieser Zeit und der kommenden Herrlichkeit, die an uns offenbar werden soll* (V. 18). Das neue Leben, die neue Wirklichkeit ist nicht einfach eine Kompensation für jetzt erfahrenes Leiden. An diese Hoffnung auf Wiedergutmachung hat Karl Marx gedacht, als er die Religion das „Opium des Volkes" nannte. Diesem Schema folgen oft auch unsere Versuche, Leidende zu trösten. Aber so wird ja gerade das Leiden nicht ernst genommen. Was für die Leidenden eine intensive, aktive Erfahrung ist, wird zum bloßen Passiv-Saldo in einer göttlichen Buchführung, die am Ende ausgeglichen wird. Was als Trost gemeint ist, verkehrt sich leicht in Unbarmherzigkeit gegenüber den Leidenden.
Um diesem Ausgleichs- und Wiedergutmachungsdenken zu widerstehen, muss Paulus weiter ausholen. Darum spricht er vom Seufzen und dem ängstlichen Harren der Kreatur. Darum spürt er in der vergänglichen Schöpfung die Kraft der Hoffnung auf. Dies ist nicht passives Er-Leiden. Alles ist hier voller Drängen, voller Bewegung. Paulus sieht die Schöpfung gleichsam in Wehen liegen. Das Seufzen ist das sichere Anzeichen der bevorstehenden Geburt einer neuen Wirklichkeit, einer neuen Schöpfung. Denn die Schöpfung als Ganze wird befreit werden aus der Sklaverei der Vergänglichkeit hinein in die herrliche Freiheit der Kinder Gottes.

*

Aber was hat die Verwandlung der Schöpfung mit der Freiheit der Kinder Gottes zu tun? Hier stoßen wir vor zum Kern des Gedankenganges bei Paulus, der sich erneut als sehr aktuell erweist.

Die Schöpfung leidet als Opfer; sie ist der Vergänglichkeit unterworfen worden (V. 20). Paulus denkt hier an den Konflikt, den menschliche Selbstüberschätzung nach der biblischen Urgeschichte in Gottes gute Schöpfung hinein getragen hat. Aber wir brauchen kaum die Bildersprache der Urgeschichte von Schöpfung, Fall und Sintflut zu bemühen, um zu verstehen, dass die Schöpfung Opfer des Menschen geworden ist. Ohne Befreiung des Menschen aus seiner Verirrung und Entfremdung, ohne Verwandlung seines gewalttätigen Herrschaftsanspruchs in die Haltung der achtsamen Selbstbeschränkung, seines rücksichtslosen Strebens nach Freiheit und Autonomie in die neue Bezogenheit des Kindes zum Vater und des Geschöpfes zu allen Mitgeschöpfen wird es auch keine Befreiung der Schöpfung geben. Deshalb wartet die Schöpfung sehnsüchtig auf die Verwandlung der Herrenmenschen zu Kindern Gottes, auf das Ende des Konflikts zwischen Mensch und Schöpfung durch den Anbruch der Friedensherrschaft Gottes.

Aber nicht nur die Schöpfung – auch wir selbst, die den Geist gleichsam als Vorauszahlung auf das versprochene Erbe empfangen haben, seufzen in unserem Inneren und warten gespannt darauf, dass die neue Wirklichkeit kommt, die kindliche Gemeinschaft mit Gott und die Erlösung unseres Leibes (V. 23). Denn auch wir leben wie die Schöpfung aus der Kraft der Hoffnung. Auch die Gabe des Geistes löst uns nicht aus der Gemeinschaft mit der ganzen Schöpfung heraus. Menschen leiden, eben weil sie Geschöpfe aus Fleisch und Blut, sterbliche Lebewesen mit Leib und Seele sind. Und eben deshalb kann die verheißene herrliche Freiheit der Kinder Gottes, die neue Wirklichkeit, nicht einfach eine Wiedergutmachung für irdisches Leiden sein. Nichts weniger als die Verwandlung der ganzen Schöpfung kann Inhalt der Hoffnung des Glaubens sein.

*

Diese Einsicht in die tiefe Solidarität zwischen Mensch und Schöpfung überspielt nun nicht einfach die frühere Erkenntnis, dass die Schöpfung am Konflikt mit dem Menschen leidet. Denn die menschliche Zerstörung der Schöpfung ist zugleich die Selbstzerstörung des Menschen. Darum kann auch die Wahrnehmung des Seufzens der Schöpfung, ihres aktiven Leidens auf Hoffnung hin, die Solidarität des Mitleidens zu einem neuen Verständ-

nis menschlichen Leidens führen: Leiden als vorweggenommenes Zeugnis, als Voraussignal für die noch ausstehende Verwandlung.
Im Licht der neuen Wirklichkeit des Geistes muss das Leiden nicht verdrängt werden. Wir müssen und dürfen uns nicht zufrieden geben mit einer Umweltpolitik der Schadensbegrenzung, mit einer Friedenssicherung nach der Logik der Abschreckung, mit einer Praxis sozialer Gerechtigkeit nach der Logik der Leistung. Die im Mitleiden mit der Schöpfung geweckte aktive Leidensfähigkeit muss übersetzt werden in die Selbstbegrenzung menschlicher Macht gegenüber der Schöpfung, in ein Verhalten der Entfeindung und in der Praxis der Solidarität mit den Armen. All dies sind aktive Formen des Mitleidens mit Gottes Geschöpfen. Hier wird das Mitleiden zum *Pro-Test*, zum vorweggenommenen Zeugnis für die neue Schöpfung, für das Reich des Friedens, den neuen Himmel und die neue Erde, in denen Gerechtigkeit wohnt. Dazu möge Gottes Geist uns den Mut geben.

10. Ostern – Widerspruch gegen das Umsonst

Predigt in Hermannstadt, Rumänien, am 19.4.1992 (Ostersonntag)

Die folgende Predigt wurde während eines Besuchs in Siebenbürgen auf Einladung des lutherischen Bischofs Dr. Christoph Klein in der Stadtkirche in Hermannstadt gehalten. Meine Frau und ich waren zu einer privaten Reise nach Ungarn, Rumänien und Bulgarien aufgebrochen. Wir wollten nach der politischen Wende diese uns bislang nur schwer zugänglichen Länder in Südosteuropa kennen lernen und kirchlich-ökumenische Freunde und Partner besuchen. Es traf sich, dass unsere Reise uns zum Ostersonntag nach Hermannstadt führte, und ich nahm gerne die Einladung an, im Ostergottesdienst die Predigt zu halten. An den Gottesdienst schloss sich eine sehr lebendige Begegnung mit Gemeindegliedern auf dem großen Vorplatz der Stadtkirche an.

Liebe Gemeinde,

Der Herr ist auferstanden – er ist wahrhaftig auferstanden! Diesen alten christlichen Gruß am Ostermorgen möchte ich Ihnen heute zurufen, so wie es bei Ihren orthodoxen Nachbarn bis heute Sitte ist. Er soll zugleich meine Freude ausdrücken, dass ich zusammen mit meiner Frau dieses Osterfest hier in Hermannstadt in Ihrer Mitte feiern kann. Sehr gern habe ich die Einladung Ihres verehrten Bischofs, Bruder Klein, angenommen, in diesem Gottesdienst die Predigt zu halten. Ich betrachte meinen Verkündigungsdienst hier zugleich als Zeichen der Verbundenheit zwischen Ihnen und den evangelischen Christen und Kirchen in Deutschland.
Der für diesen Ostersonntag vorgeschlagene Predigttext steht im 1. Korintherbrief, Kapitel 15,1–11.

> 1Kor 15,1–11
> *1 Ich erinnere euch aber, liebe Brüder, an das Evangelium, das ich euch verkündigt habe, das ihr auch angenommen habt, in dem ihr auch fest steht, 2 durch das ihr auch selig werdet, wenn ihr's festhaltet in der Gestalt, in der ich es euch verkündigt habe; es sei denn, dass ihr umsonst gläubig geworden wärt. 3 Denn als erstes habe ich euch weitergegeben, was ich auch empfangen habe: Dass Christus gestorben ist für unsre Sünden nach der Schrift; 4 und dass er begraben worden ist; und dass er auferstanden ist am dritten Tage nach der Schrift; 5 und dass er gesehen worden ist von Kephas, danach von den Zwölfen. 6 Danach ist er gesehen worden von mehr als fünfhundert Brüdern auf einmal, von denen die meisten noch heute leben, einige aber sind entschlafen. 7 Danach ist er gesehen worden von Jakobus, danach von allen Aposteln. 8 Zuletzt von allen ist er auch von mir als einer unzeitigen Geburt gesehen worden. 9 Denn ich bin der geringste unter den Aposteln, der ich nicht wert bin, dass ich ein Apostel heiße, weil ich die Gemeinde Gottes verfolgt habe. 10 Aber durch Gottes Gnade bin ich, was ich bin. Und seine Gnade an mir ist nicht vergeblich gewesen, sondern ich habe viel mehr gearbeitet als sie alle; nicht aber ich, sondern Gottes Gnade, die mit mir ist. 11 Es sei nun ich oder jene: so predigen wir, und so habt ihr geglaubt.*

Den meisten unter Ihnen wird dieser Abschnitt vertraut sein. Er ist wahrscheinlich die älteste Fassung des Osterzeugnisses, die uns im Neuen Testament überliefert ist. Auch Paulus beruft sich bereits auf ein älteres Bekenntnis, um die Korinther an den Grund und Anfang ihres Glaubens zu erinnern. Denn das Zeugnis von der Auferstehung ist das Herzstück des Evangeliums, das er empfangen hat und nun weiter verkündigt. Das führt uns zu einer *ersten* Einsicht, die wir bedenken wollen:

Unser Glaube wurzelt in der immer neuen Vergegenwärtigung der Auferstehung Jesu Christi.

Paulus schreibt: „Ich erinnere euch aber, liebe Brüder (und Schwestern), an das Evangelium, das ich euch verkündigt habe, welches ihr auch angenommen habt, in welchem ihr auch steht, …; es wäre denn, dass ihr umsonst gläubig geworden wäret“ (V. 1–2). Paulus lädt die Korinther zu einer Selbstrechenschaft über ihren Glauben ein. Auch wir brauchen solche Erinnerung, denn auf weite Strecken unseres alltäglichen Lebens sind uns die Wurzeln unseres Glaubens nicht bewusst. Es ist wie bei den Pflanzen, deren Wurzeln im winterlichen Boden stecken. Ihre lebendige Kraft ist tief innen verborgen.

Wenn wir der Einladung zur Selbstrechenschaft folgen, erkennen wir zunächst wie Paulus: Unser eigener Glaube ist entstanden durch das Zeugnis von Menschen, die vor uns geglaubt haben. Wir stehen in einer lebendigen Kette von Bezeugungen des Evangeliums, wir sind umgeben von einer „Wolke von Zeugen“, wie der Hebräerbrief sagt. Diese Kette reicht zurück bis zum ersten Bekenntnis am Ostermorgen: Der Herr ist auferstanden! Unser Glaube ist keine Privatangelegenheit; wir können dem Evangelium nur in der Gemeinschaft mit anderen glauben. Wir bezeugen uns wechselseitig die Wahrheit unseres Glaubens, und auch unser kleiner Glaube ist in dieser Gemeinschaft aufgehoben.

Glauben heißt auch, wie Paulus sagt, dieses empfangene Zeugnis festhalten, es annehmen und unverändert bewahren. Von dieser Treue zum Glauben der vorangegangenen Generationen wissen Sie als evangelische Christen in Siebenbürgen wahrscheinlich mehr als die meisten Mitglieder unserer Großkirchen. Diese Treue ist eine Kraft, gerade in Zeiten des Umbruchs. Aber sie kann auch zu einer Quelle von Konflikten werden, wenn die eigene Tradition gegenüber der anderer Kirchen absolut gesetzt wird. So fordert diese Rechenschaft von uns, zusammen mit unseren römisch-katholischen und orthodoxen Brüdern und Schwestern immer wieder zurückzukehren zu dem Ursprung unseres Glaubens im urchristlichen Osterzeugnis. Je näher wir unserem gekreuzigten und auferstandenen Herrn kommen, desto näher kommen wir einander.

Und noch etwas wird bei dieser Rechenschaft deutlich: Das Evangelium, das wir empfangen und angenommen haben, ist nicht eine zeitlose Aussage über das Ereignis der Auferstehung. Es ist, wie Paulus im Römerbrief sagt, „eine Kraft Gottes, die selig macht alle, die daran glauben" (Röm 1,18), d.h. es will Gestalt gewinnen in unserem Leben als Kraft der Hoffnung, als Quelle von Lebensmut, gerade dort, wo die Verhältnisse wenig Anlass zur Hoffnung geben. Wo dies nicht geschieht, da bleibt auch unser Zeugnis stumm, da ist, wie Paulus sagt, unser Glaube „umsonst", vergebens, folgenlos. Die bloße Bewahrung der Tradition reicht also nicht aus. Wo sie nicht in das eigene Leben eingeht, da verliert sie ihre Kraft.

Die evangelischen Christen in Siebenbürgen und Rumänien ringen um die Kraft ihres Zeugnisses in einer Situation, in der die Hoffnung auf wirkliche Veränderung schwächer geworden ist. Viele sind nach Deutschland ausgewandert. Resignation macht sich breit. Ist alles umsonst gewesen?

Dieser Neigung zur Mutlosigkeit, zur Resignation stellt Paulus sein Osterzeugnis entgegen. Das führt uns zu der *zweiten* wichtigen Einsicht:

Unser Glaube, der in der Vergegenwärtigung der Auferstehung Jesu Christi wurzelt, ist der lebendige Widerspruch gegen das Umsonst.

Das von Paulus wiedergegebene alte Osterbekenntnis führt uns zurück in die Situation der Jünger auf dem Weg nach Emmaus. Die menschliche Reaktion auf den Tod Jesu am Kreuz war die Resignation des „umsonst". Sie hatten gehofft, dass er es sei, der Israel erlösen werde. Sein Tod hatte diese Hoffnung zerstört. Immer wieder geraten unsere Hoffnungen an solche Grenzen, die wir nicht überwinden können.

In diese Erfahrung menschlicher Ohnmacht, die uns in jedem Tod, jedem Sterben begegnet, bricht die Offenbarung göttlicher Macht am Ostermorgen ein. An keiner Stelle im Neuen Testament wird die Auferstehung Jesu von den Toten als ein Ereignis beschrieben. Paulus spricht mit den Worten des alten Bekenntnisses davon, dass der, der gestorben und begraben war, „gesehen worden ist". So redet die Sprache der Bibel, wenn sie von einer Erfahrung spricht, deren Urheber Gott selber ist. In diesen Erscheinungen

begegneten die Jünger Jesus als lebendigem Gegenüber, aber in einer Weise, die sich menschlicher Beschreibung entzieht.
Alles Osterzeugnis kommt von dieser Begegnung mit dem lebendigen Jesus her und versucht auszusagen, was doch die Grenzen unseres menschlichen Verstehens überschreitet. Alle diese Zeugnisse stimmen jedoch darin überein, dass es um ein Geschehen geht, das nicht nur Jesus allein in lange zurückliegender Zeit betraf, sondern dass damit eine grundlegende Verwandlung unserer menschlichen Lebenswelt geschehen ist.
Zwei solche Deutungen enthält das von Paulus überlieferte Bekenntnis.
Einmal: Der Tod Jesu am Kreuz war nicht sinnlos, sein Leben damit nicht umsonst, vergeblich. Von Ostern her fällt ein neues Licht auf sein Leben und seinen Tod. Den Emmausjüngern werden die Augen aufgetan. Sie erkennen in ihm die Gestalt des leidenden Gottesknechtes, der „um unserer Sünde willen zerschlagen ist" (Jes 53,5). So bekennen sie, „dass Christus gestorben ist für unsere Sünden nach der Schrift" (V. 3). Aber nun sehen sie auch, dass sein Weg ans Kreuz nur die letzte Konsequenz seiner Zuwendung zu den Sündern war, d.h. zu denen, die aus der Gemeinschaft des heiligen Gottesvolkes ausgeschlossen waren, weil sie nicht nach dem Gesetz leben konnten, wie z.B. die Hirten oder die Steuereinnehmer. Ihnen hat er die Sünden vergeben, sie in die Gemeinschaft mit Gott einbezogen, ihnen Hoffnung und Lebensmut gegeben. In seinem Tod hat er sich ganz in diese menschliche Grundsituation vor Gott, d.h. die Gottesferne und Hoffnungslosigkeit hineinbegeben. Aber was für uns als das Ende erscheint, war für ihn der Anfang neuen Lebens. Für uns ist er diesen Weg gegangen und hat so die Grenze der Gottesferne, des Umsonst durchbrochen.
Die *zweite* Deutung ist enthalten in dem knappen Bekenntnis, „dass er auferstanden ist am dritten Tage nach der Schrift" (V. 4). Die Hoffnung auf eine Auferstehung der Toten findet sich an den Rändern des Alten Testaments, der Bibel Jesu und seiner Jünger. Es war eine Hoffnung von unten, aus der alltäglichen Todeserfahrung heraus; Gott wird den Gerechten erretten, den Rechtlosen Recht schaffen und neues Leben eröffnen, das nicht umsonst ist. Er wird den Tod verschlingen auf ewig (Jes 25,8). Die Sprache dieser Hoffnung nehmen die Jünger auf, um ihre Begegnung mit dem lebendigen Christus zu verstehen und auszudrücken. „Der Herr ist wahrhaftig auferstanden!" so bekennen sie und sagen damit zugleich, dass er der Bürge ist für die Auferstehung der Toten. Wie sein Tod, so ist auch seine

Auferstehung für uns der Anfang eines neuen Lebens, das nicht an der Grenze des Todes, des endgültigen Umsonst aufhört, weil es ein Leben aus der Kraft Gottes ist.
Und so schließt Paulus den Abschnitt ab mit den Worten: „Durch Gottes Gnade bin ich, was ich bin, und seine Gnade an mir ist nicht vergeblich gewesen" (V. 10). Paulus hat Gottes Kraft in seiner menschlichen Schwachheit erfahren und hat gelernt, auf Gottes Gnade zu vertrauen. Wenn wir unser Leben im Licht des Ostermorgens ansehen, dann können wir alle solche Erweise der Gnade Gottes, solche kleinen Auferstehungserfahrungen erkennen, wo uns Hoffnung und Lebensmut neu geschenkt worden sind in einer scheinbar ausweglosen Situation.
Darum glauben wir, und dieser Glaube, der ein lebendiger Widerspruch gegen die Resignation und das menschliche Umsonst ist, wurzelt in dem alten Zeugnis von der Auferstehung Jesu Christi. Von den Toten. Lasst uns darum einstimmen in den alten Ostergruß: „Der Herr ist auferstanden – Er ist wahrhaftig auferstanden." Hallelujah.

11. Leben unter dem Zeichen des Kreuzes

Predigt in einem ökumenischen Gottesdienst in Toronto am 26.3.1994

Auf dem Rückweg von einer ökumenischen Besuchsreise bei den Kirchen der Karibik und vor der Teilnahme an der Jahreskonferenz der US-amerikanischen Mitgliedskirchen des ÖRK in Chicago besuchte ich für einige Tage die Mitgliedskirchen in Kanada. Aus Anlass dieses Besuches hatte der gemeinsame Ausschuss der Mitgliedskirchen zu einem ökumenischen Gottesdienst eingeladen. Nachdem der Zentralausschuss des ÖRK im Januar desselben Jahres das Thema der achten Vollversammlung vorgeschlagen hatte („Kehrt um zu Gott – Seid fröhlich in Hoffnung"), legte es sich nahe, das christliche Zeugnis von der Hoffnung als thematischen Schwerpunkt meiner Predigt zu wählen. Dem liturgischen Charakter der Passionszeit entsprechend nahm ich als biblischen Bezugspunkt den Abschnitt im Johannesevangelium, Kap. 12,23–33, über den viele ökumenische Predigten gehalten worden sind.

Joh 12,23–33

*23 Jesus aber antwortete ihnen und sprach: Die Zeit ist gekom-
men, dass der Menschensohn verherrlicht werde. 24 Wahrlich,
wahrlich, ich sage euch: Wenn das Weizenkorn nicht in die Erde
fällt und erstirbt, bleibt es allein; wenn es aber erstirbt, bringt es
viel Frucht. 25 Wer sein Leben lieb hat, der wird's verlieren; und
wer sein Leben auf dieser Welt hasst, der wird's erhalten zum ewi-
gen Leben. 26 Wer mir dienen will, der folge mir nach; und wo
ich bin, da soll mein Diener auch sein. Und wer mir dienen wird,
den wird mein Vater ehren. 27 Jetzt ist meine Seele betrübt. Und
was soll ich sagen? Vater, hilf mir aus dieser Stunde? Doch darum
bin ich in diese Stunde gekommen. 28 Vater, verherrliche deinen
Namen! Da kam eine Stimme vom Himmel: Ich habe ihn verherr-
licht und will ihn abermals verherrlichen. 29 Da sprach das Volk,
das dabeistand und zuhörte: Es hat gedonnert. Die andern spra-
chen: Ein Engel hat mit ihm geredet. 30 Jesus antwortete und
sprach: Diese Stimme ist nicht um meinetwillen geschehen, son-
dern cum euretwillen. 31 Jetzt ergeht das Gericht über diese Welt;
nun wird der Fürst dieser Welt ausgestoßen werden. 32 Und ich,
wenn ich erhöht werde von der Erde, so will ich alle zu mir ziehen.
33 Das sagte er aber, um anzuzeigen, welchen Todes er sterben
würde.*

Liebe ökumenische Freundinnen und Freunde,

Unsere christliche Botschaft ist eine Botschaft der Hoffnung. Hoffen heißt, lebendig zu sein, und lebendig sein heißt, zu hoffen. Dies lässt sich leicht sagen, wenn es keinen Grund zur Sorge gibt, wenn wir realistisch erwarten können, dass unser Leben normal weitergeht, dass wir Pläne machen und unser Leben in der Familie oder mit Freunden genießen können. Und unser christlicher Glaube gibt uns die innere Gewissheit, die uns hilft, auch schwierige Perioden oder Zeiten des Zweifels zu bestehen.

Für Millionen von Menschen freilich ist diese Beziehung zwischen hoffen und lebendig sein alles andere als selbstverständlich und zugleich von lebensentscheidender Bedeutung. Ich komme gerade zurück von einer Be-

suchsreise in die Karibik und nach Zentralamerika. In allen Gesprächen mit leitenden Kirchenvertretern in der Karibik wurde die tragische Situation in Haiti erwähnt. Ich traf den Superintendenten der methodistischen Kirche in Haiti, der davon berichtete, wie Polizei und Militär in Haiti brutal in die Häuser einbrechen, ganze Siedlungen niederbrennen und Menschen abschießen, als seien sie Kaninchen oder Vögel – und all dies, um jede Regung von Opposition oder Widerstand im Keim zu ersticken.
In solchen Situationen kann Hoffnung manchmal nur auf verdeckte Weise zum Ausdruck kommen – so z.B., wenn derselbe methodistische Bruder auf die Frage nach dem noch vorhandenen Oppositionspotential antwortet: „Was hätte es für einen Sinn, wenn ich mich von ihnen umbringen ließe? Wenn ich mein Leben hingeben muss, dann möchte ich, dass derjenige, der mich tötet, sich dessen bewusst ist, was er tut." In einer solchen Situation wird *Überleben* zu einem anderen Namen für Hoffnung.
Einige Tage danach besuchte ich Guatemala. Mehr als zwei Drittel der Bevölkerung sind Mayas. Sie waren das Hauptziel und die vorrangigen Opfer der brutalen Unterdrückungspolitik in den späten 70er und den frühen 80er Jahren. Aber sie sind nicht zerbrochen unter der Unterdrückung. In der gleichen Zeit hat sich vielmehr ein vielfältiges und weit verzweigtes Netz von Widerstands- und Basis-Gruppen entwickelt, vor allem unter den Witwen von umgebrachten Männern, unter gewaltsam über die Grenze nach Mexiko vertriebenen Dorfgemeinschaften, unter den Angehörigen von spurlos beseitigten oder gefolterten Menschen. Sie haben die christliche Hoffnung wieder entdeckt als eine Widerstandsbewegung gegen Fatalismus und Resignation. Sie haben ihre eigene Stimme wieder gefunden, um das Schweigen der Unterdrückung zu durchbrechen; sie haben ein Gewebe von zivilgesellschaftlichen Bindungen geschaffen als Gegenkraft gegen das Gewebe der Unterdrückung mit seinem Rassismus, Sexismus und seiner Klassenideologie.
Einem sehr schönen Beispiel dieser Hoffnung als Widerstandskraft begegnete ich beim Besuch einer kleinen methodistischen Gemeinde in Chitzaltenango im Nordwesten Guatemalas. Die methodistische Kirche war weitgehend von Missionaren aus den USA geleitet worden. Als die Unterdrückung unerträglich zu werden begann, verließen alle Missionare mit ihren Familien Guatemala. Die einheimischen Maya-Ältesten beschlossen – als Akt des öffentlichen Widerspruchs – nicht zuzulassen, dass auch nur eine

ihrer Kirchen geschlossen wurde; und sie hatten Erfolg, mit Ausnahme einer Kirche, die vom Militär zerstört, aber sofort wieder aufgebaut wurde.
Aus solchen Situationen – und es ließen sich viele andere Beispiele anfügen – hat die weltweite ökumenische Gemeinschaft die stärksten und dichtesten Zeugnisse christlicher Hoffnung empfangen. Die, welche in Situationen leben, wo Hoffnung entgegen aller Hoffnung lebendig erhalten werden muss, haben sich als Seelsorger an uns erwiesen, deren Hoffnung oft so zusammengeschrumpft ist, dass wir uns nur noch ans Nächstliegende klammern. Sie sind zu „Gehilfen unserer Hoffnung" geworden und haben unseren Blick geweitet, sodass wir wieder Träume träumen können.

*

Woher kommt die Kraft dieser Hoffnung, was ist ihre Quelle? Unsere Hoffnung ist Jesus Christus, der Gekreuzigte und Auferstandene! – so sagte die zweite Vollversammlung des ÖRK in Evanston 1954. Aber wir sind zugleich Erben einer ökumenischen Denktradition, die Jesus Christus erhöht hat auf die unerreichbare Ebene des Herrn der Geschichte, des Herrn der Kirche und der Welt. Gewiss haben Generationen von Christen, vor allem unter den Ausgestoßenen und Sklaven, ihre Hoffnung genährt durch die Überzeugung: Er hält die ganze Welt in seiner Hand! Aber diese Sprache mit ihrem universalen Anspruch scheint immer weniger in der Lage zu sein, in die wirklichen Tiefen des alltäglichen Lebens hineinzureichen, wo das schiere Überleben auf dem Spiel steht. Es ist bezeichnend, dass viele der zeitgenössischen Formulierungen christlicher Hoffnung sich nicht mehr am Bild des Pantokrator, des allmächtigen Herrschers des Weltalls, ausrichten, sondern an der menschlichen Gestalt Jesu von Nazareth, an seinem Leben und Leiden, und gerade auch an seinem Tod am Kreuz als Erweis des Mitleidens und der Solidarität Gottes mit den Opfern von Unterdrückung.
Hier wird das Kreuz von neuem entdeckt als ein Symbol des Lebens, wie etwa in dem begrünten Kreuz der Mayas, das die vier Dimensionen der Lebenswelt zusammenhält. Hier wird Leiden nicht in erster Linie als das Einbrechen dunkler Mächte in das Leben erfahren, sondern als Ursprungsort und Bewährungsfeld für die Hoffnung.

Dies kommt sehr schön in dem Gleichnis vom Weizenkorn zum Ausdruck, das im Zentrum des ersten Teils des Predigtabschnitts steht: „Wenn das Weizenkorn nicht in die Erde fällt und erstirbt, so bleibt's allein; wenn es aber erstirbt, so bringt es viel Frucht" (Joh 12,24). Jede Mutter, ja eigentlich jede Frau weiß, dass das Gebären von Leben mit Leiden verbunden ist, mit einem ‚kleinen Tod'. Wir haben in den letzten Monaten sehen können, wie die Beerdigungen in Südafrika zu Ereignissen geworden sind, welche Hoffnung erneuert haben, wo Menschen Mut gewonnen haben, Angst und Resignation zu überwinden und ihrem Kampf einen neuen Sinn zu geben.

*

Das Kreuz, die Kreuzigung Jesu – nicht als Symbol einer Niederlage, sondern als Zeichen für den Sieg des Lebens – dies kommt sehr eindrücklich in der Sprache des Johannesevangeliums zum Ausdruck, wo Jesus sagt: „Wenn ich erhöht werde von der Erde, so will ich sie alle zu mir ziehen" (Joh 12,32). Dies klingt wie ein Echo des Magnifikat, das im Zentrum der Liturgie dieses Gottesdienstes steht: „Er … zerstreut, die hoffärtig sind in ihres Herzens Sinn. Er stößt die Gewaltigen vom Thron und erhöht die Niedrigen" (Lk 1,51f).

Jesus wurde zwischen zwei Verbrechern gekreuzigt. Sein Tod sollte die äußerste Demütigung sein für den, der für den Messias, den König der Juden gehalten worden war. Zugleich sollte er als Abschreckung für alle dienen, die ihm nachgefolgt waren. Und Jesus hatte sie gewarnt, dass die Stunde kommen werde, wo sie alle zerstreut würden und ihn einem einsamen Tod überlassen würden. Seine Kreuzigung sollte eine Machtdemonstration sein; Pilatus hatte zu ihm gesagt: „Weißt du nicht, dass ich Macht habe, dich loszugeben, und Macht habe, dich zu kreuzigen?" Aber Jesus antwortete ihm: „Du hättest keine Macht über mich, wenn sie dir nicht wäre von oben her gegeben" (Joh 19,10f).

Gegen alle diese Absichten der Stolzen und Machtbewussten steht das Kreuz Jesu als Zeichen dafür, dass Gott die Niedrigen erhöht hat und immer neu erhöht. Und wo Gott sich so ausstreckt zu denen auf der Unterseite oder an den Rändern der menschlichen Geschichte, da wird Gottes Name verherrlicht, da wird Gottes wahres Wesen erkennbar.

Aber unser Evangelienabschnitt geht noch hinaus über diese Umkehr aller menschlichen Rangordnungen von Macht, wie sie im Magnifikat anklingt. Denn Jesus bleibt nicht allein in seiner Erhöhung von der Erde. Jesus ist nie ohne die Seinen, die ihm der Vater anvertraut hat. Und so wird er zum Ursprung einer Bewegung, in der er alle Menschen zu sich zieht, hineinzieht in die Gemeinschaft mit ihm, in seine Gegenwart und in die Gemeinschaft mit Gott. Wenn wir das Kreuz Jesu Christi anblicken und darüber meditieren, wird unser Sinn und unsere Aufmerksamkeit von uns selber, von unseren Ängsten und Sorgen, unseren Wünschen und unserer zerbrechlichen Hoffnung weggelenkt und wir wieder offen für die Quelle alles Lebens und aller Hoffnung.
Wenn wir so zum gekreuzigten Christus hingezogen werden und mit ihm zusammen zum Vater, dann werden wir zugleich aufeinander zu bewegt. So erklärte die erste Weltkirchenkonferenz in Stockholm 1925: „Je näher wir dem gekreuzigten Christus kommen, umso näher kommen wir einander. Unter dem Kreuz Christi strecken wir die Hände zueinander aus."
Von dieser Dynamik ist die ökumenische Bewegung seit ihren Anfängen inspiriert worden. Wir bewegen uns auf das Ende eines Jahrhunderts, ja eines Jahrtausends zu, und der Ökumenische Rat wird im Jahr 1998 sein 50-jähriges Jubiläum begehen. Die achte Vollversammlung, die in Harare/Simbabwe stattfinden soll, wird ein Anlass sein zur Bestandsaufnahme und zur Neuausrichtung des ökumenischen Weges. Das Thema dieser Vollversammlung liegt noch nicht endgültig fest; aber die z.Zt. erwogene Formulierung nimmt diesen Bewegungsimpuls gut auf und kann als Zusammenfassung dieser Meditation über die christliche Hoffnung dienen: „Kehrt um zu Gott – Seid fröhlich in Hoffnung".
„Der Gott aber der Hoffnung erfülle euch mit aller Freude und Frieden im Glauben, dass ihr völlige Hoffnung habt durch die Kraft des heiligen Geistes" (Röm 15,13). Amen.

12. Immer noch Opfer – warum?

Predigt in der Fourth Presbyterian Church in Chicago am 29.3.1994

Aus Anlass der Jahreskonferenz der US-amerikanischen Mitgliedskirchen des Ökumenischen Rates im März 1994 in Chicago fand in der Fourth Presbyterian Church ein ökumenischer Gottesdienst statt, der dem Gedenken an 34 Jahre Kampf gegen den Rassismus in Südafrika seit dem Massaker in Sharpeville gewidmet war. Außer den Teilnehmern der Konferenz und Gemeindegliedern nahmen an dem Gottesdienst ökumenisch engagierte Christen aus dem Großraum Chicago teil. Die Fourth Presbyterian Church ist eine der alten protestantischen Kirchen in der Innenstadt von Chicago, die seit Jahren durch ein intensives soziales und ökumenisches Engagement bekannt geworden war. Als Text für die Predigt schlug ich Joh 11,46–52 vor.

> Joh 11,46–52
> *46 Einige aber von ihnen gingen hin zu den Pharisäern und sagten ihnen, was Jesus getan hatte. 47 Da versammelten die Hohenpriester und die Pharisäer den Hohen Rat und sprachen: Was tun wir? Dieser Mensch tut viele Zeichen. 48 Lassen wir ihn so, dann werden sie alle an ihn glauben, und dann kommen die Römer und nehmen uns Land und Leute. 49 Einer aber von ihnen, Kaiphas, der in dem Jahr Hoherpriester war, sprach zu ihnen: Ihr wisst nichts; 50 ihr bedenkt auch nicht: Es ist besser für euch, ein Mensch sterbe für das Volk, als dass das ganze Volk verderbe. 51 Das sagte er aber nicht von sich aus, sondern weil er in dem Jahr Hoherpriester war, weissagte er. Denn Jesus sollte sterben für das Volk, 52 und nicht für das Volk allein, sondern auch, um die verstreuten Kinder Gottes zusammenzubringen.*

Liebe ökumenische Freunde und Freundinnen,

Wir feiern diesen Gottesdienst als Ausdruck unserer ökumenischen Solidarität mit Südafrika. In fünf Wochen werden die Südafrikaner aller Rassen ihr erstes, nicht rassistisches, demokratisches Parlament wählen. Damit wird der endgültige Sieg über die Apartheid besiegelt. Dies ist ein bedeutsamer Augenblick – nicht nur für die Menschen in Südafrika, sondern auch für alle ökumenisch engagierten Christen in der ganzen Welt. Während der letzten 25 Jahre ist der Kampf gegen die Apartheid zum Symbol für praktische ökumenische Solidarität geworden, zum Zeugnis für Gerechtigkeit und für die Wahrheit, die uns frei macht. Auch wenn der Kampf noch nicht ganz vorüber ist, so können und sollen wir doch Gott danken, der das Elend seines Volkes gesehen und ihre Bitte um Befreiung vom Joch der Apartheid gehört hat. Vor allem für die Schwarzen überall in der Welt ist der Kampf gegen die Apartheid zu einer Quelle wechselseitiger Ermutigung geworden; sie haben in allen Gesellschaften begonnen, ihre schwarze Identität auszuleben, sei es in England, den USA oder den karibischen Inseln.

Aber wir sollten uns nicht blenden lassen: Der Kampf hat große Opfer gefordert, und es waren und sind nach wie vor die Menschen der schwarzen Mehrheit in Südafrika, die den Preis dafür bezahlen. Vor 34 Jahren ereignete sich das Massaker von Sharpeville. 61 Menschen kamen damals ums Leben, als die Polizei das Feuer eröffnete gegen eine wehrlose Menge, die gegen die Passgesetze demonstrierte. Mit der Tragödie von Sharpeville begann die militante Phase des Kampfes gegen die Apartheid. Noch im selben Jahr 1960 fand die ökumenische Konsultation in Cottesloe statt, in deren Folge die weiße Niederländisch-Reformierte Kirche beschloss, die Gemeinschaft des Ökumenischen Rates zu verlassen aus Protest gegen die Cottesloe-Erklärung, welche die Forderung der Schwarzen in Südafrika nach Anerkennung ihrer Bürgerrechte unterstützte. Bald nach Sharpeville und Cottesloe wurde Nelson Mandela zu lebenslanger Haft verurteilt und nach Robben Island verbannt. Erst 27 Jahre später kam er von dort zurück. Millionen von schwarzen Südafrikanern sind von ihrem Land vertrieben und in künstlich geschaffene Bantustans eingewiesen worden. Tausende sind ins Exil getrieben worden, vor allem junge Schwarze nach dem Soweto-Aufstand von Schülern und Studenten im Jahr 1976. Und wer wird jemals die Namen derer nennen können, die bei Demonstrationen erschossen oder in den Gefängnissen umgebracht wurden, die an den Folgen der Folter starben oder deren Leben aufgrund von Gewalttaten der Polizei zerstört wurde? In Südafrika hat sich eine regelrechte Kultur der Gewalt ausgebreitet. Je näher das Datum der Wahlen rückt, desto mehr Menschen fallen der Gewalt zum Opfer. Am vergangenen Wochenende sind allein in Natal 44 Menschen umgekommen bei gewaltsamen Zusammenstößen während Wahlversammlungen. Mit unserem Dank muss sich daher die Trauer verbinden über so viel menschliches Leid und Sterben.

*

Warum müssen alle diese Menschen sterben? Und – *müssen* sie wirklich sterben? Gibt es eine schicksalhafte Notwendigkeit, die das Opfer menschlichen Lebens verlangt als Preis für die Verwirklichung von Gerechtigkeit? Ist dieser Preis nicht zu hoch? Jedes menschliche Leben ist kostbar, ist von Gott geschaffen. Gibt es irgendeinen Grund, der das Opfer menschlichen Lebens rechtfertigt?

Es gibt die heroische Antwort aller strukturell gewalttätigen Kulturen, die das Töten von Menschen rechtfertigen, wenn es darum geht, Ehre wiederherzustellen, der Nation und ihrer Überlegenheit zu dienen, für die eigene Wahrheit einzutreten oder auch einfach Rache zu nehmen. Die Römer kannten den Ausspruch: „Es ist süß, für das Vaterland zu sterben," und wir haben im früheren Jugoslawien, in Angola oder im Sudan die schrecklichen Konsequenzen dieser kulturellen Prägung gesehen, die bereit ist, menschliches Leben für angeblich höhere Ziele zu opfern.

Dann gibt es die Antwort der Verteidiger von Recht und Ordnung, die das Töten von Menschen rechtfertigt, um Gerechtigkeit herzustellen oder größeres Übel abzuwenden. Die meisten Soldaten, Polizisten oder Richter, die in Situationen geraten, wo sie über Leben oder Tod von Menschen entscheiden müssen, haben keine heroischen Gefühle bei ihrem Handeln. Sie spüren die Last in ihrem Gewissen und können damit nur leben unter Verweis auf die Notwendigkeit, Gerechtigkeit, Recht und Ordnung aufrechtzuerhalten. Es ist die Wahl des geringeren Übels.

Schließlich gibt es die Antwort des Opfertodes, um das Leben anderer Menschen zu retten oder die Götter zu besänftigen. Wir haben – zum Glück – die Praxis von Menschenopfern überwunden; aber die Idole unserer Zeit: Wachstum, Geschwindigkeit, Effizienz, wissenschaftlicher Erfolg und Sicherheit verlangen nach Opfern – oft unsichtbar, aber nicht weniger gewalttätig.

Was hätte es den Menschen, die Opfer eines gewaltsamen Todes wurden, geholfen – oder hätte es ihnen überhaupt geholfen – den Grund zu kennen, warum sie sterben mussten? In einigen Fällen vielleicht; und jedenfalls ist es am schwersten, einen völlig sinnlosen, vorzeitigen Tod zu akzeptieren. Nach jedem Tod eines Menschen taucht die Frage auf: Warum? Und es ist jedenfalls für die Hinterbliebenen eine Hilfe, wenn es eine Antwort auf die Frage gibt. In einem Gespräch, das ich vor kurzem mit einem Pfarrer-Kollegen aus Haiti über die Möglichkeiten öffentlichen Protestes führte, sagte er: Was für einen Sinn würde es machen, sich von Menschen erschießen zu lassen, für die menschliches Leben ohne Wert ist, die auf Menschen schießen, so wie sie Kaninchen oder Vögel abschießen? In jedem Fall kann kein „höheres Ziel" die Tragödie verdecken, wenn Menschen getötet werden, sei es in Südafrika oder anderswo, und wir sollten uns zurückhalten damit, die Opfer der Apartheid zu Helden oder unfreiwilligen Märtyrern zu erklären.

*

Wir feiern diesen Gottesdienst in der Passionszeit, in der wir jedes Jahr den Weg Jesu zu seinem Tod am Kreuz auf Golgatha mitgehen und bedenken. Seine Jünger waren über dieses ganz und gar unheroische Sterben zutiefst erschüttert. Das Nachdenken über den Sinn und die Bedeutung seines Todes hat zu unterschiedlichen Antworten auf die Frage nach dem „warum" geführt. In der westlichen christlichen Tradition war es die Sühnopferlehre, die half, den Sinn des Todes Jesu zu begreifen: Er starb zur Sühne für unsere Sünden; er bezahlte den Preis für unsere Übertretungen des göttlichen Gebotes; er ist das Lamm, das geopfert wurde, um den Zorn Gottes zu besänftigen. Diese Lehre ist immer schwerer zugänglich geworden, nicht zuletzt für Frauen, scheint sie doch vorauszusetzen, dass Gott ein solches Opfer verlangte.

Die östliche Kirche war sehr zurückhaltend darin, die Bedeutung des Todes Jesu gedanklich zu erklären. Die Orthodoxie hat das ganze Gewicht auf die Auferstehung Jesus Christi gelegt, den Sieg über den Tod und die Mächte dieser Welt. Er starb, um uns von der Knechtschaft unter Vergänglichkeit und Tod zu befreien, sodass wir das Leben in seiner ganzen Fülle haben.

Im Ringen um ein gegenwärtiges Zeugnis für Leben und Gerechtigkeit ist das Verständnis des Todes Jesu als Akt lebensbejahender Liebe zu einem wichtigen Kristallisationspunkt geworden. Größere Liebe kann niemand zeigen als der, der sein Leben hingibt für seine Freunde (Joh 15,13).
In dem zu Beginn verlesenen Abschnitt aus dem Johannesevangelium findet sich eine Interpretation, die mir nachgeht, seit ich sie zum ersten Mal bewusst wahrgenommen habe: „Jesus sollte sterben für das Volk, und nicht für das Volk allein, sondern damit er auch die Kinder Gottes, die zerstreut waren, zusammenbrächte“ (Joh 11,51f). Was ist der Zusammenhang? Jesus hatte seinen Freund Lazarus wieder zum Leben erweckt. Wegen dieses Erweises seiner Macht folgten ihm viele Menschen. Die jüdischen Autoritäten sahen sich vor einem Dilemma. Eine Volksbewegung, die Jesus zum Messias erklärte, würde eine harte Reaktion der römischen Besatzungsmacht provozieren: Sie könnten den Tempel oder gar die Existenz des jüdischen Volkes zerstören. Andererseits: Jesus hatte sich keines Vergehens schuldig gemacht, das seine Beseitigung rechtfertigen könnte.
Der Rat des Hohenpriesters Kaiphas folgt der klassischen Logik des geringeren Übels, wie alles Denken in den Kategorien von Recht und Ordnung: „Es ist euch besser, *ein* Mensch sterbe für das Volk, als dass das ganze Volk verderbe“ (V. 50). Um die Lebensfähigkeit der Nation zu erhalten, ist der Preis eines Menschenlebens nicht zu hoch. Aufgrund der gleichen Logik hat später die christliche Kirche Häretiker verurteilt und sie auf dem Scheiterhaufen verbrannt oder auf andere Weise umgebracht. Das Fremde, Beunruhigende und Regelwidrige muss eliminiert werden, um die Reinheit, Lebensfähigkeit und den inneren Zusammenhalt der „Volksgemeinschaft“ zu erhalten. Dies ist auch die Logik der Apartheid, die schon jahrhundertelang praktiziert wurde, bevor man sie in Südafrika zu einer offiziellen Politik machte.
Aber – und das ist die überraschende Wendung in diesem Abschnitt – diese Logik widerlegt sich auf die Länge selbst und kann so einem anderen, ja sogar dem entgegengesetzten Ziel dienen. Wir haben dies in Südafrika gesehen, wo die zunehmende Verhärtung des Apartheid-Regimes den Boden für seine endgültige Auflösung vorbereitete.
So hat auch der Tod Jesu seine Stimme der Liebe und seine Botschaft der guten Nachricht für die Armen und der Befreiung für die Unterdrückten nicht zum Schweigen zu bringen vermocht. Sein Tod am Kreuz wurde in

der Tat zu dem Ereignis, das Menschen aus allen Nationen, Kulturen, Klassen und Sprachen zusammenbrachte in der weltweiten Familie der Kinder Gottes. Die erste große Weltkirchenkonferenz in Stockholm 1925 sagte in ihrer Botschaft: „Je näher wir dem Kreuz Christi kommen, desto näher kommen wir einander. Unter dem Kreuz Christ strecken wir die Hände zueinander aus.“ Das Kreuz, das das Zeichen der endgültigen Ausgrenzung sein sollte, wurde zum Symbol des Sieges über alle Mächte und Ideologien, durch die Menschen diejenigen ausgrenzen, zum Schweigen bringen, foltern oder umbringen, die als Bedrohung erscheinen. Jesu Tod am Kreuz hat die Vergötzungen von Nationalismus, Rassismus, Sexismus und Klassenkampf entlarvt und ist so zum Zentrum des Magnetfeldes geworden, das die verstreuten Kinder Gottes zusammenführt – in Südafrika und wo immer sonst sie durch menschliche Angst oder Selbstherrlichkeit voneinander getrennt waren.
Und so wollen wir uns demütig verneigen vor dem Kreuz Jesu Christi und vor dem Sterben all derer, die zu Opfern von Apartheid, Ausgrenzung und Unterdrückung geworden sind, sodass wir selbst zu glaubwürdigen Zeugen der Gemeinschaft des Volkes Gottes werden, der Gemeinschaft, in der alle Platz haben. Amen.

13. Gottes Wege und unsere Wege

Predigt in Malmö am 5.3.1995

Im Rahmen eines ökumenischen Kirchenbesuches in Schweden war ich eingeladen, in einer Gemeinde in Malmö im Sonntagsgottesdienst die Predigt zu halten. Schweden hat in den vergangenen Jahren eine große Zahl von Flüchtlingen, Asylanten und Migranten aufgenommen. Dadurch hat sich für die christlichen Kirchen in Schweden das Problem inter-kulturellen Zusammenlebens und inter-religiöser Beziehungen als neue Aufgabe gestellt, der sich Gemeinden und ökumenische Gruppen zuwenden. Der Gottesdienst in Malmö fand in einer Vorstadtgemeinde mit einer schönen, modernen Kirche statt und hatte mehr den Charakter eines Gesprächsgottesdienstes. Als Thema für die Predigt war mir die Frage an die Hand gegeben worden: „Dialog und Freundschaft zwischen Religionen – Was sind die Folgerungen für christliche Theologie?“ Ich kannte die Gemeinde und den Hintergrund der thematischen Frage nicht. Über das Predigtnachgespräch habe ich leider keine Notizen.

Mt 16,21–23
21 Seit der Zeit fing Jesus an, seinen Jüngern zu zeigen, wie er nach Jerusalem gehen und viel leiden müsse von den Ältesten und Hohenpriestern und Schriftgelehrten und getötet werden und am dritten Tage auferstehen. 22 Und Petrus nahm ihn beiseite und fuhr ihn an und sprach: Gott bewahre dich, Herr! Das widerfahre dir nur nicht! 23 Er aber wandte sich um und sprach zu Petrus: Geh weg von mir, Satan! Du bist mir ein Ärgernis; denn du meinst nicht, was göttlich, sondern was menschlich ist.

Liebe Gemeinde,

Mit diesem Sonntag beginnt im Kirchenjahr die Passionszeit. Die Evangelienlesungen für diesen und die folgenden fünf Sonntage laden uns ein, den Weg Jesu nach Golgatha mitzugehen. Unser heutiger Predigttext aus dem Matthäusevangelium ist die erste Leidensankündigung Jesu vor seinen Jüngern. Sie hat ihren Ort zwischen dem Bekenntnis des Petrus: „Du bist Christus, des lebendigen Gottes Sohn!“ (V. 16) und der Geschichte der Verklärung, als eine himmlische Stimme erklärt: „Dies ist mein lieber Sohn, an welchem ich Wohlgefallen habe; den sollt ihr hören!“ (17,5)
Es konnte daher kein Zweifel bestehen an der wahren Identität Jesu als Messias, jedenfalls nach dem Matthäusevangelium. Als Petrus mit der Ankündigung Jesu von seinem bevorstehenden Leiden konfrontiert wurde, war seine Reaktion daher mehr als verständlich: „Herr, das verhüte Gott! Das widerfahre dir nur nicht!“ (V. 22). Umso mehr musste es ihn schockieren, die Antwort Jesu zu hören: „Hebe dich, Satan, von mir! Du bist mir ein Ärgernis; denn du meinst nicht, was göttlich, sondern was menschlich ist“ (V. 23).
Wie Petrus sind wir immer wieder in Versuchung, Gottes Willen an unsere menschlichen Pläne und Absichten anzupassen, uns zu vergewissern, dass

Gott auf unserer Seite ist. Wie viel schwieriger ist es, den ganzen Weg Jesu nach Gethsemane mitzugehen und mit ihm zu beten: „Mein Vater, ist's möglich, so gehe dieser Kelch an mir vorüber; doch nicht wie ich will, sondern wie du willst!" (26,39). Wir erinnern uns daran, dass Petrus und die zwei Jünger, die Jesus gebeten hatte, mit ihm zu wachen und zu beten, vom Schlaf übermannt wurden.

*

Ich denke, dass diese Szenen uns als kritische Erinnerung dienen können, wenn wir nach Ihrem Vorschlag gemeinsam darüber nachdenken, welche Folgerungen christliche Theologie aus dem Beginn von Dialog und Freundschaft zwischen Religionen ziehen sollte. Die Frage nach dem Verhältnis der christlichen Kirchen zu anderen Religionen ist ja heute zu einem ökumenisch und theologisch höchst kontroversen Problem geworden. Da sind auf der einen Seite diejenigen, die Jesus Christus als ihren persönlichen Heiland angenommen haben und die mit voller Überzeugung sagen: „In keinem anderen ist das Heil, ist auch kein anderer Name unter dem Himmel den Menschen gegeben, darin wir sollen selig werden" (Apg 4,12). Sie halten es für ihre heilige Verpflichtung, dieses Heil in Christus möglichst vielen Menschen aus anderen Religionen zu erschließen. Dialog und Freundschaft – vielleicht, aber nur, um die Einladung zur Bekehrung vorzubereiten. Viele halten eine dialogische Begegnung mit Menschen anderer religiöser Traditionen für gefährlich, weil sie zu einer Abschwächung des christlichen Wahrheitsanspruchs führen könnte oder zu einer Vermischung des christlichen Glaubens mit Elementen aus anderen Religionen.

Ihnen stehen auf der anderen Seite diejenigen gegenüber, für die Dialog und Freundschaft mit Menschen anderen Glaubens ein Ausdruck des zentralen Liebesgebots sind, das uns dazu aufruft, andere Menschen so anzunehmen, wie sie sind, d.h. auch mit ihren religiösen Überzeugungen, und ihnen gegenüber die Liebe zu zeigen, mit der Gott die Welt geliebt hat und die nicht beschränkt ist auf die, welche Jesus im Glauben als den Christus angenommen haben. Ja, manche würden noch weiter gehen und sagen: Es hieße menschlich von Gott zu denken, wenn wir die Reichweite des Heilshandelns Gottes auf die beschränken wollten, die an Jesus Christus glauben. Gott ist unter den Menschen aller Glaubensweisen gegenwärtig und am Werk, auch wenn wir die Zeichen göttlicher Gegenwart nicht eindeutig erkennen und benennen können.

*

Wir leben in einer Zeit, wo religiöse Pluralität infolge von Migration zu einer weltweiten Tatsache geworden ist. Gleichzeitig erleben wir, dass religiöser Fundamentalismus und sektiererischer Fanatismus immer wieder Konflikte anfachen. In dieser Situation ist die Frage nach unserer Haltung als Christen in der Begegnung mit Menschen anderen Glaubens nicht mehr länger ein theoretisches Problem. Vielmehr fordert sie unseren eigenen Glauben in seinem Zentrum heraus.

Petrus wurde von Jesus zurückgewiesen, weil er menschlich über Jesus als den Messias dachte. Er wollte, dass die Herrschaft Gottes jetzt sichtbar werde. Es war für ihn unvorstellbar, dass derjenige, den er als Messias bekannt hatte und der danach öffentlich als der Retter des Volkes Gottes proklamiert werden sollte, nun sollte sterben müssen. Man mag sich fragen, in welchem Maß dieser sehr natürliche Eifer auch die missionarische Einstellung von Christen zu Menschen anderer religiöser Traditionen geprägt hat. Sollten wir nicht in der Tat wünschen, dass alle Menschen Jesus als Heiland annehmen, damit so der Weg für das Kommen der Gottesherrschaft bereitet wird?

Aber Gottes Wege sind anders als unsere menschlichen Wege. Gott wirkt auf verborgene Weise für das Heil der Welt, nicht durch Siege und Erfolge – sei es im Zuge von Kirchenwachstum oder durch die Schaffung christlicher Kulturen. Gott wirkt weiterhin, auch heute, unter der Maske der leidenden Liebe, unter dem Widerspruchszeichen des Kreuzes. Gott machte sich verletzlich und wehrlos im leidenden und gekreuzigten Jesus, sodass Gottes Liebe auch die tiefsten, dunkelsten und ohnmächtigsten Orte menschlicher Existenz erreichen und uns aufrichten kann.

Wir können die Zurückweisung des Petrus durch Jesus nicht hören, ohne uns der Herausforderung an uns selbst zu stellen, uns aller menschlichen und theologischen Überlegenheitsansprüche zu entledigen, aller Versuche, die absolute Wahrheit unseres Glaubens gegenüber anderen Religionen zu verteidigen oder zu beweisen. Dies hieße, unseren Sinn nicht auf das zu richten, was Gottes Sache ist, sondern auf menschliche Ziele.

Aber wie können wir dann diejenigen unter unseren christlichen Brüdern und Schwestern ernst nehmen und ihnen Rede und Antwort stehen, die befürchten, dass die Haltung von Dialog und Freundschaft gegenüber anderen Religionen letztlich zu einer Relativierung aller Wahrheitsansprüche führen werde; dass die Folge lediglich eine tolerante Koexistenz sein werde, welche die Frage nach der Wahrheit ausklammert und allen erlaubt, ihrer jeweiligen religiösen Überzeugung zu folgen?
Die Antwort liegt gerade nicht in einer theoretischen Argumentation, sondern in der Bereitschaft, sich der Erfahrung wirklichen Dialogs auszusetzen. Dialog ist – wie Martin Buber sagte – eine Begegnung von Leben mit Leben und nicht nur ein vergleichender Austausch über religiöse Wahrheiten. Wenn in Dialog und Freundschaft der Geist wirklicher Liebe zum Ausdruck kommt, dann bleibt die Begegnung nicht dabei stehen, die anderen in ihrer Integrität zu akzeptieren; vielmehr sucht solche Begegnung nach Wegen, den anderen die inneren Quellen des eigenen Lebens und Glaubens zu erschließen. Wahrer Dialog ist geprägt von der Bereitschaft, Wahrheit in Liebe auszusprechen, die Wahrheit zu bezeugen, die ich selbst ergriffen habe – nicht um sie den Dialogpartnern aufzunötigen, sondern um sie in all ihrer Verletzlichkeit mit ihnen zu teilen und ebenso auf ihre Wahrheitserkenntnis zu hören.
Dies mag sehr idealistisch klingen, und es scheint jene Situationen nicht ernst zu nehmen, wo Christen sich militanten und exklusiven Ansprüchen anderer Religionen gegenüber sehen, vor allem in Ländern mit muslimischer Mehrheit. Aber auch dort – und gerade dort – sind wir eingeladen, Jesus auf seinem Weg nach Gethsemane zu folgen, mit ihm zu wachen und zu beten. Denn Gottes Wege zum menschlichen Herzen sind nicht unsere Wege. – Und der Friede Gottes, der unser menschliches Begreifen übersteigt, erfülle Eure Herzen und Sinne in Christus Jesus. Amen.

14. Gewalt überwinden

Gottesdienst in der deutschsprachigen lutherischen Gemeinde in Genf am 9.7.1995

In der deutschsprachigen lutherischen Gemeinde, der ich mich zugehörig fühle, obwohl ich zugleich Mitglied der Protestantischen Kirche von Genf bin, habe ich häufiger Gottesdienstvertretungen übernommen. Es ist eine der vielen Auslandsgemeinden in Genf, allerdings mit dem Unterschied, dass sie eine große Zahl von ständig oder langfristig in Genf lebenden Gemeindegliedern hat. Sie hat daher den Charakter einer wirklichen Ortsgemeinde. Der Gottesdienst folgt normalerweise der nur leicht abgewandelten Agende I in den deutschen lutherischen Kirchen. Für die Auswahl des Predigttextes folge ich in der Regel der Perikopenordnung; Gebete formuliere ich selber oder passe eine Vorlage an.

Gottesdienstordnung

Begrüßung mit Wochenspruch: Einer trage des anderen Last, so werdet ihr das Gesetz Christi erfüllen.
Eingangslied: Gott des Himmels und der Erden EG 445, 1.2.4.5
Psalmgebet: Ps 27,1–5 u. 13ff
Kyrie und Gloria
Kollektengebet:

> Geist der Wahrheit und des Urteils
> Du allein kannst die Mächte in die Schranken weisen,
> die die Herrschaft der Welt an sich gerissen haben.
> In der Verwirrung unserer Zeit
> gib uns deine Unterscheidungskraft,
> damit wir das, was schädlich ist, erkennen können
> und den Weg finden, der zum Frieden führt,
> durch Jesus Christus. Amen.

Epistellesung: Röm 14,10–13
Wochenlied: O komm du Geist der Wahrheit EG 136, 1–4
Evangelienlesung: Lk 6,36–42
Laudate omnes gentes

Glaubensbekenntnis
Lied vor der Predigt: Ist Gott für mich, so trete EG 351, 1–3.6
Predigt zu Joh 8,3–11
Orgelmusik und Abkündigungen
Lied nach der Predigt: EG 351, 7–9
Fürbittengebet: Frei formulierte Fürbitten nach dem ökumenischen Fürbittkalender für die Kirchen in Burma und in Thailand:

Gott, du Quelle der Liebe, der Kraft, der Gerechtigkeit,
der du dich der Menschen annimmst,
besonders der Geringsten und der zu Opfern Gemachten,
der Leidenden und der Armen.
Schenke uns deine Weisheit,
damit wir die Not der Menschen
und auch unsere eigene Schwäche erkennen.
Gib uns Mut und Gehorsam,
damit wir dir in allem folgen zur rechten Zeit.
Hilf uns, Zeugen zu sein für die Liebe deines Sohnes,
unseres Herrn Jesus Christus,
der allein der Grund unserer Hoffnung ist.

Vater Unser …

Segen: Geht in der Kraft, die euch gegeben ist;
geht einfach,
geht mit leichten Schritten,
geht aufrecht;
und der Segen Gottes geleite euch.
Es segne euch Gott, der Vater, der Sohn und der Heilige Geist.

Schlusslied: Brunn alles Heils EG 140, 1–5

Joh 8,3–11
3 Aber die Schriftgelehrten und Pharisäer brachten eine Frau, beim Ehebruch ergriffen, und stellten sie in die Mitte 4 und sprachen zu ihm: Meister, diese Frau ist auf frischer Tat beim Ehebruch ergriffen worden. 5 Mose aber hat uns im Gesetz geboten, solche Frauen zu steinigen. Was sagst du? 6 Das sagten sie aber,

ihn zu versuchen, damit sie ihn verklagen könnten. Aber Jesus bückte sich und schrieb mit dem Finger auf die Erde. 7 Als sie nun fortfuhren, ihn zu fragen, richtete er sich auf und sprach zu ihnen: Wer unter euch ohne Sünde ist, der werfe den ersten Stein auf sie.
8 Und er bückte sich wieder und schrieb auf die Erde. 9 Als sie aber das hörten, gingen sie weg, einer nach dem andern, die Ältesten zuerst; und Jesus blieb allein mit der Frau, die in der Mitte stand. 10 Jesus aber richtete sich auf und fragte sie: Wo sind sie, Frau? Hat dich niemand verdammt? 11 Sie antwortete: Niemand, Herr. Und Jesus sprach: So verdamme ich dich auch nicht; geh hin und sündige hinfort nicht mehr.

Liebe Gemeinde,

Eine bedrohliche Szene hatte sich da aufgebaut im Tempelbezirk in Jerusalem. Man feierte das Laubhüttenfest, und es waren viele Menschen nach Jerusalem gekommen. Jesus hatte sich wie schon oft an die Stelle begeben, wo die jüdischen Lehrer das Gesetz auslegten und auf Fragen antworteten. Die Auslegung und Anwendung des Gesetzes stand ja nicht einfach fest. Vielmehr gab es eine lebendige Diskussion über das rechte Verständnis von Gottes Geboten und über die Lebenspraxis, die diesen Geboten entsprach. Da konnte es auch zu Streitgesprächen unter den Gesetzeslehrern kommen. Jesus war wegen seiner unkonventionellen Auslegungsweise schon oft in solche Streitgespräche verwickelt worden, und es hatte sich vor allem unter den einflussreichen Gesetzeslehrern eine scharfe Gegnerschaft entwickelt. Sie wollten ihn mundtot machen und aus dem Weg schaffen, diesen ärgerlichen Propheten aus Galiläa. Aber die Zahl seiner Anhänger wuchs.
Die Schlussverse des vorangegangenen Kapitels im Johannesevangelium schildern den sich aufbauenden Konflikt. Es lag etwas in der Luft – aber Jesus kümmert sich nicht darum, sondern sitzt und lehrt. Da wird die Ruhe plötzlich gestört. Eine Gruppe von Männern, Schriftgelehrte und Pharisäer, zerren eine Frau in die Mitte. Noch atemlos konfrontieren sie Jesus mit der Anklage: „Meister, die Frau ist auf frischer Tat beim Ehebruch ergriffen

worden. Mose aber hat uns im Gesetz geboten, solche Frauen zu steinigen. Was sagst du?“ (V. 5). Der folgende Vers gibt uns zu verstehen, dass sie Jesus eine Falle stellen wollten, um ihn der Missachtung des Gesetzes zu überführen.

Die Szene ist in mehrfacher Hinsicht ein Beispiel dafür, wie sich Gewaltbereitschaft aufbaut und selbst legitimiert. Da sind zunächst die Gegner Jesu. Statt den Streit über das Verständnis und die Auslegung des Gesetzes mit Argumenten auszutragen, entwickeln sie ein Feindbild und suchen Beweise, um ihre Absicht zu rechtfertigen, Jesus mundtot zu machen. Ihr Urteil steht bereits fest. So sind Feindbilder!

Ihr eigene, gewalttätige Absicht verstecken sie aber hinter der Anklage gegen die Frau, die zum bloßen Objekt ihrer Strategie wird. Sie berufen sich auf die Prozessregeln. Aber – indem sie ihre Gewaltbereitschaft auf die Frau projizieren, manipulieren sie den Wortlaut des Gesetzes. Die Gesetze, auf welche sie sich berufen, kennen zwar die Todesstrafe durch Steinigung bei Ehebruch. Aber diese Strafe gilt für beide, die Frau und den Mann, und nur in präzise beschriebenen Fällen. Zudem bedurfte es der Aussage von wenigstens zwei Zeugen, und in der Praxis der Rechtsprechung war diese strenge Auslegung unter den Lehrern sehr umstritten: Die Todesstrafe konnte während der römischen Besatzungszeit ohnedies nicht vollzogen werden. Sie aber hatten die Frau – und damit auch Jesus – bereits verurteilt. Wortlaut, Sinn und Praxis der Auslegung spielten da keine Rolle mehr.

Man bekommt der deutlichen Eindruck einer konstruierten und bewusst zugespitzten Szene. Da verwundert es nicht, wenn unsere Bibelausgaben uns erklären, dass dieser ganze Abschnitt in den ältesten Handschriften des Neuen Testaments fehlt. Seine Glaubwürdigkeit ist schlecht bezeugt. Es handelt sich wahrscheinlich um einen Textabschnitt, in dem sich die spätere scharfe Gegnerschaft und Abgrenzung der christlichen von der jüdischen Gemeinde niedergeschlagen hat. So ist die Komposition selbst ein Beispiel für die sich aufbauende Gewaltbereitschaft. Der glaubwürdig bezeugte Konflikt zwischen Jesus und den anderen Gesetzeslehrern wiederholt sich zwischen christlicher und jüdischer Gemeinde. Er wird in dieser Geschichte bewusst zugespitzt, indem ein verzerrtes Beispiel für die Position der Gegner gegeben wird, um auf diese Weise die Ablehnung und Abgrenzung rechtfertigen zu können. So wie in der Geschichte die Gegner

Jesu ihre Gewaltbereitschaft auf die Frau projizieren, so kehrt sich in der Einfügung dieses Abschnittes in das Johannesevangelium die Gewaltprojektion um, und die Gegner Jesu sollen bloßgestellt werden. Selbstgerechtigkeit braucht Feindbilder. Die eigene Schwäche wird um der Abgrenzung willen auf andere projiziert.

Und doch bleibt diese Geschichte ein Teil des Evangeliums, gerade weil sie die verborgenen Strukturen der Gewalt aufdeckt, in diesem Fall der Gewalt gegen eine Frau. Zu dieser Aufdeckung verhilft das Verhalten Jesu, auf das die Geschichte als ihre Mitte zuläuft.

Zunächst fällt der Kontrast auf: Hier die eifernden, anklagenden Männer, unruhig auf die Antwort Jesu lauernd – dort in der Mitte Jesus, der sie nicht einmal ansieht; er ist gebückt, malt in den Sand, man weiß nicht, ob aus Verlegenheit oder Nachdenklichkeit. Jedenfalls lässt er sie warten; das Tempo verlangsamt sich fast bis zum Stillstand. Und dann gibt er, der gestellt werden sollte, die Entscheidungsfrage zurück. Er nimmt die Herausforderung nicht an, sondern kehrt sie um. Er erkennt die geheime Schwäche hinter der Selbstsicherheit und nötigt die Gegner, sich selbst zu prüfen: „Wer unter euch ohne Sünde ist, der werfe den ersten Stein auf sie" (V. 7). Nur dieser Satz – und dann bückt er sich wieder und malt weiter Figuren in den Sand. Der entwaffnende Satz ist die Umkehrung, und sie gehen alle weg, einer nach dem anderen; kein Angriff, keine Widerlegung, kein Argument. Er liefert sich und die Frau an die Gegner, an ihr Gewissen, ihre Selbsterkenntnis aus. Er holt sie zurück aus ihren Vorurteilen und Vorverurteilungen und deckt ihre Selbstgerechtigkeit auf. Ein gefährliches Spiel – aber immer wieder neu der entscheidende Schritt zur Überwindung von Gewalt.

Erst nachdem der Zirkel der Gewaltbereitschaft durchbrochen ist, wendet sich Jesus der Frau zu. Bis dahin war sie nur Demonstrationsobjekt. Nun wird sie zur Person, zum Gegenüber. Wie aus tiefem Nachdenken auftauchend fragt Jesus sie: „Frau, wo sind sie, deine Verkläger? Hat dich niemand verdammt? Sie antwortet ihm: Niemand, Herr" (V. 10f). Wo kein Ankläger ist, da ist auch kein Richter. Da entgegnet Jesus: „So verdamme ich dich auch nicht; geh hin und sündige hinfort nicht mehr" (V. 11).

Eben noch hatte sie in der Gefahr geschwebt, als Opfer eines Konflikts unter Männern um die richtige Gesetzesauslegung gesteinigt zu werden – nun ist sie freigesetzt und in die Selbstverantwortung entlassen. Ihre Tat, was immer sie gewesen sein mag, spielt keine Rolle mehr. Sie darf gehen, nicht mehr Opfer, sondern Person und frei. Ihre Schwäche, ihre wirkliche oder die ihr angelastete Sünde wird in Stärke verwandelt. Jesus beurteilt oder verurteilt sie nicht; er stellt sich nicht über oder gegen sie, sondern neben sie und gibt ihr neuen Lebensmut.

Trotz ihrer schlechten Bezeugung und ihres anti-jüdischen Vorurteils ist diese kleine Szene eine Lehrgeschichte für die große Umkehrung der Beziehungen, von der das Evangelium in vielen verschiedenen Beispielen spricht. Die Einzelfragen der Gesetzesauslegung, an denen sich der Konflikt immer neu entzündete, lassen sich nicht direkt in unsere Zeit übertragen: Jesu Übertretung des Sabbatgebotes, seine Gemeinschaft mit Sündern, Zöllnern und Prostituierten. Aber entscheidend ist die Ermutigung zum Leben und die Durchbrechung des Zirkels von Selbstgerechtigkeit, Vorurteil, Verurteilung und Gewaltbereitschaft, die sich in all diesen Szenen zeigt. Wie oft verbirgt sich hinter der Verurteilung anderer bis hin zur Gewaltanwendung die Nötigung, eigene Schwächen zu verbergen oder zu überdecken: Sie wird in oder auf das Opfer projiziert.

Jesus verweigert sich der Verurteilung, und der Versuch, ihn durch versteckte Drohung in die schwache Stellung des Opfers zu drängen, läuft ins Leere. Er hat seinen Grund, steht fest, ohne Angst und ohne Notwendigkeit, sich zu verteidigen. Statt dessen nimmt er sich derer an, die zu Opfern gemacht und zu ‚Sündern' gestempelt wurden. Ihnen will er zum Leben helfen, sie aus der Opferrolle befreien. Die Ankläger werden mit ihrem Gewissen, ihrer uneingestandenen eigenen Schwäche konfrontiert. So eröffnet Jesus auch ihnen den Weg zum Leben und erweist sich gerade darin als der überlegene Ausleger des Gesetzes.

Wir sind meistens beides zugleich: Ankläger und Opfer. Der entscheidende Weg zur Überwindung von Gewalt ist die innere Befreiung, die Jesus vorlebt und eröffnet. Diesen Weg wollen wir suchen und gehen! Amen.

15. Die Umwertung der Maßstäbe

Gottesdienst in der deutschsprachigen lutherischen Kirche in Genf am 7.3.1999

Auch die folgende Predigt wurde in einem der normalen Sonntagsgottesdienste der Genfer lutherischen Gemeinde gehalten, in Vertretung des Gemeindepfarrers. Wie immer am ersten Sonntag im Monat wurde in diesem Gottesdienst das Abendmahl gefeiert. Die Abendmahlsliturgie folgt ebenfalls in der Struktur der lutherischen Agende; die Gebete habe ich, unter Verwendung von Vorlagen, selber formuliert.

Gottesdienstordnung

Begrüßung
Eingangslied: EG 275, 1.2.4.6.7
Psalmgebet im Wechsel: Psalm 34 EG 718
Eingangsgebet:

Großer und gütiger Gott.
Wir sind zusammen, um dir die Ehre zu geben
und dein Wort zu hören.
Lass keinen und keine von uns
ohne die Gewissheit deiner Nähe,
ohne Freude an dir
und ohne die stärkende Gemeinschaft
aus diesem Gottesdienst gehen.
Gott, wir brauchen deine Nähe und die Gewissheit,
die nur du uns schenken kannst.
Darum bitten wir dich:
Segne diesen Gottesdienst mit deinem Geist
um Jesu Christi willen. Amen.

Kyrie und Gloria
Lesung: 1. Kön 17,8–16
Lied: EG 96, 1–6
Lesung: Mk 12,41–44
Glaubensbekenntnis

Lied: EG 389, 1–5
Predigt
Lied: EG 369, 1–4.7
Abendmahlsliturgie:

Die Herzen in die Höhe …
Wahrhaft würdig und recht ist es
dir Lob zu singen und dir zu danken.
Du bist der Anfang und das Ende,
der Ursprung des Lebens vor aller Zeit
und über allem, was ist.
Voll Dankbarkeit stimmen wir gemeinsam ein
in den unendlichen Lobgesang der Engel
und singen dir mit allen,
die deinen Namen preisen
auf Erden und im Himmel

Heilig, heilig …

Gütiger Gott,
du hast uns an deinen Tisch geladen.
Wir bitten dich um den Geist Jesu Christi,
der vergab,
indem er Gemeinschaft herstellte mit den Sündern,
der sein Leben hingab,
und so Versöhnung brachte.
Denn er, unser Herr Jesus Christus,
in der Nacht, in der er verraten wurde …

Fürbittengebet:

Darum, barmherziger Gott, lass uns erkennen,
dass wir alle leben von dem, was du uns gibst,
sodass auch wir miteinander teilen, was wir haben.
So bitten wir für die Menschen,
die niemand an ihrer Seite haben:
Steh du ihnen bei! Kyrie …

Wir bitten dich für alle,
die sich mit Krankheit quälen.
Steh du ihnen bei! Kyrie …

Wir bitten dich für die Menschen,
die aus der Bahn ihres Lebens geworfen wurden.
Steh du ihnen bei! Kyrie …

Wir bitten dich für die jungen Menschen,
die keine Zukunft sehen und sich treiben lassen.
Steh du ihnen bei! Kyrie …

Wir bitten dich für die Einsamen,
die sich nach menschlicher Nähe sehnen.
Steh du ihnen bei! Kyrie …

Großer und guter Gott,
du bist nah allen, die dich anrufen.
Und so beten wir gemeinsam:
Vater unser …

Friedensgruß
Christe, du Lamm Gottes
Austeilung
Gebet: Barmherziger Gott,
wir danken dir für das Licht der Welt,
das Wort der Gnade,
das Brot des Lebens,
den Kelch des Heils.
Wir danken dir für die Gemeinschaft an deinem Tisch.
Wir bitten um die bleibende Gewissheit deiner Gegenwart,
die wir erfahren haben in diesem Mahl.
Dir befehlen wir alles,
was in der neuen Woche auf uns zukommt;
bleibe bei uns
durch Jesus Christus, unseren Herrn. Amen.

Sendung und Segen
Schlusslied: EG 171, 1–4

Mk 12,41–44
41 Und Jesus setzte sich dem Gotteskasten gegenüber und sah zu, wie das Volk Geld einlegte in den Gotteskasten. Und viele Reiche legten viel ein. 42 Und es kam eine arme Witwe und legte zwei Scherflein ein; das macht zusammen einen Pfennig. 43 Und er rief seine Jünger zu sich und sprach zu ihnen: Wahrlich, ich sage euch: Diese arme Witwe hat mehr in den Gotteskasten gelegt als alle, die etwas eingelegt haben. 44 Denn sie haben alle etwas von ihrem Überfluss eingelegt; diese aber hat von ihrer Armut ihre ganze Habe eingelegt, alles, was sie zum Leben hatte.

Liebe Gemeinde,

Dieser Sonntag Okuli markiert die Mitte der Passions- oder Fastenzeit. Sieben Wochen der Besinnung, der innerlichen Nachfolge auf dem Weg Jesu nach Jerusalem. Die biblischen Lesungen für diese Wochen und Sonntage wollen uns helfen, einzudringen in das zentrale Geheimnis unseres Glaubens: dass das Kreuz, das Zeichen der Gewalt und des schändlichen Todes zum Symbol der Versöhnung und des neuen Lebens wird. Hier vollzieht sich eine radikale Umwertung aller Maßstäbe.
In unseren Breiten fällt die Passionszeit in die Periode des Frühlingsanfangs. Die tödliche Gewalt der Natur im Winter ist uns in diesem Jahr besonders erschreckend vor Augen geführt worden. Erst zwei Wochen liegen die Lawinen von Evolène und Galtür zurück, und jetzt spüren wir die ersten Zeichen des Erwachens von neuem Leben in der Natur. Wir sind machtlos gegenüber der Gewalt des Todes, und dennoch wird uns das Leben immer neu geschenkt.
Diese Spannung durchzieht auch die biblischen Lesungen in der Passionszeit. Unsere menschlichen Maßstäbe sind auf Sicherheit, Berechenbarkeit, Festhalten und Gewinnen ausgerichtet. Der Weg Jesu ans Kreuz ist ein Weg, der durch Unsicherheit, demütige Annahme, Loslassen und Verlassensein zum Sieg über den Tod führt.

*

Das Markusevangelium verleiht dieser Spannung, dieser Umwertung der Maßstäbe durch seinen Aufbau dramatischen Ausdruck. Diese älteste Komposition der Passionsgeschichte beginnt mit dem Einzug Jesu in Jerusalem. Aber zwischen die Hosiannah-Rufe und den eigentlichen Beginn der Leidensgeschichte sind in Kapitel 12 und 13 Streitgespräche und Reden Jesu eingefügt, die uns auf das Mitgehen des Weges nach Golgatha vorbereiten sollen und uns hinführen zum Verständnis dieses umwälzenden Geschehens.

In allen Abschnitten des Kapitels 12, aus dem auch unser Predigttext stammt, geht es um diese unerwartete Umwertung der Maßstäbe. Das Gleichnis von den Weingärtnern endet mit der Erklärung, dass der Stein, den die Bauleute verworfen haben, zum Eckstein geworden ist. Auf die Fangfrage der Pharisäer, ob man dem Kaiser Steuern zahlen solle, antwortet Jesus: „Gebt dem Kaiser, was des Kaisers ist, und Gott, was Gottes ist" (12,17). Auf die spitzfindige Argumentation, dass eine leibliche Auferstehung der Toten nicht denkbar sei, heißt die Antwort: „Gott ist ein Gott der Lebenden und nicht der Toten" (V. 27).

Gegenüber all diesen berechnenden, auf Sicherheit angelegten Fragen, die um die Beziehung der Menschen zu Gott kreisen, verweist Jesus auf die radikale Einfachheit des Willens Gottes: Gott erwartet nicht mehr von uns, als dass wir ihn über alle Dinge lieben und ihm vertrauen (V. 30f). Alle religiösen Gebote und Übungen, alle theologischen Weisheiten der Schriftgelehrten verlieren ihre Bedeutung angesichts dieser einfachen Wahrheit, die doch unseren menschlichen Maßstäben so sehr widerspricht: Die Zuwendung der Liebe ist das einzige, was wir Gott geben können, was Gott von uns erwartet.

*

Vor diesem Hintergrund gewinnt unsere kleine Geschichte ihre Konturen. Jesus, gerade noch in Streitgesprächen mit den religiösen Autoritäten seines Volkes, setzt sich ziemlich provozierend im Tempel hin gegenüber dem Opferstock und sieht zu, wie die Menschen ihre freien Gaben einwerfen. Der Besuch des Tempels war mit bestimmten Gebühren verbunden:

der Bezahlung einer Tempelsteuer – gleichsam der Kirchensteuer – und festen Beträgen für bestimmte, von den Priestern zu vollziehende Handlungen. Man musste etwas einsetzen, um sich Gott nähern zu können und etwas von Gott zu erbitten. Dieser Maßstab der Wechselseitigkeit im Verhältnis von Gott und Menschen ist tief in den religiösen Traditionen der Menschheit verwurzelt.
Aber neben den festen Gebühren gab es noch den Opferkasten für die freiwilligen Gaben als Ausdruck besonderer Frömmigkeit. Wir gehen mit unseren Kollekten im Gottesdienst normalerweise sehr diskret um. In vielen afrikanischen Kirchen wird daraus ein offener und fröhlicher Wettbewerb gemacht. Entweder werden die Gemeindeglieder aufgefordert, ihre Opfer für alle sichtbar auf den Altar zu legen. Oder das Opfer wird nach Sitzreihen abschnittsweise eingesammelt und – während die übrige Gemeinde singt – alsbald gezählt als Ansporn für die nächsten, noch mehr zu geben.

*

Jesus kennt die berechnende Logik in unserem religiösen Verhalten. Er weiß, dass auch das Opfern zu einer Sache des religiösen Prestiges werden kann, zum Ausdruck innerer oder auch offen zur Schau getragener Selbstgerechtigkeit. Er schaut zu, wie die Tempelbesucher ihr freiwilliges Opfer einlegen, und erlaubt sich sogar, ihr Verhalten zu kommentieren.
Viele Reiche legten viel Geld in den Opferkasten. Das ist natürlich erfreulich, denn wer viel hat, der sollte auch viel geben. Und dann kommt einen arme Witwe und legt zwei Pfennige hinein. Das ist kaum der Rede wert. Erstaunlich nur, dass sie überhaupt etwas gibt und nicht schamvoll vorübergeht, zumal Jesus zusieht.
Jesus muss sie wohl angesprochen haben oder auch sie ihn. Jedenfalls ruft er dann seine Jünger zu sich und erklärt ihnen: „Wahrlich, ich sage euch: Diese arme Witwe hat mehr in den Gotteskasten gelegt als alle, die eingelegt haben. Denn sie alle haben von ihrem Überfluss eingelegt; diese aber hat von ihrer Armut alles, wovon sie lebte, ihre ganze Habe eingelegt“ (V. 43f).
Hier kommt die Umwertung der Maßstäbe am schärfsten zum Ausdruck. Die einen haben von ihrem Überfluss gegeben, und obwohl es viel Geld war, ist es doch in den Augen Gottes fast nichts im Vergleich zum Opfer

der armen Witwe, die das letzte gab, was sie zum Leben hatte. Sie schämt sich nicht, nur die zwei Scherflein einzuwerfen; sie zählte nicht nach, ob ihr noch etwas zum Leben blieb. Ihr Verhalten war ein ganz schlichter Ausdruck dessen, was Jesus als das höchste Gebot bezeichnet hatte: Gott von ganzem Herzen, von ganzer Seele und mit allen Kräften zu lieben. Sie kam mit leeren Händen, um Gott zu geben, was Gottes ist: liebende Zuwendung und Anbetung.

*

Die oft so irritierende Wahrheit, in die wir in der Passionszeit einzudringen versuchen, liegt darin, dass das Loslassen reich macht, dass die wirklichen Werte sich in der Umkehrung unserer Maßstäbe erschließen, dass das Annehmen von Schwachheit, ja der Gewissheit des Sterbens der Weg zum Leben ist. Dann wird auch das Fasten zu einer Praxis der Befreiung und zu einer Quelle innerer Freude. Möge uns Gott auf diesem Weg, der unserem Verständnis so oft widerspricht und unsere Vernunft übersteigt, behutsam voranführen.

16. Ich bin euer Tröster

Predigt im Dom zu Berlin am 28. Januar 2001

Vom 25. Januar bis 6. Februar 2001 tagten die Leitungsgremien des ÖRK in Berlin und Potsdam. Zwischen den Sitzungen des Exekutiv- und des Zentralausschusses lag der Sonntag, 28. Januar. Dieser Tag bot Gelegenheit zu Besuchen in Berliner Gemeinden. Ich wurde eingeladen, im Berliner Dom zu predigen. Der Predigttext war mir vorgegeben.

> Jes 51,9–16
> *9 Wach auf, wach auf, zieh Macht an, du Arm des HERRN! Wach*
> *auf, wie vor alters zu Anbeginn der Welt! Warst du es nicht, der*
> *Rahab zerhauen und den Drachen durchbohrt hat? 10 Warst du*
> *es nicht, der das Meer austrocknete, die Wasser der großen Tiefe,*

der den Grund des Meeres zum Wege machte, dass die Erlösten hindurchgingen? 11 So werden die Erlösten des HERRN heimkehren und nach Zion kommen mit Jauchzen, und ewige Freude wird auf ihrem Haupte sein. Wonne und Freude werden sie ergreifen, aber Trauern und Seufzen wird von ihnen fliehen. 12 Ich, ich bin euer Tröster! Wer bist du denn, dass du dich vor Menschen gefürchtet hast, die doch sterben, und vor Menschenkindern, die wie Gras vergehen, 13 und hast des HERRN vergessen, der dich gemacht hat, der den Himmel ausgebreitet und die Erde gegründet hat, und hast dich ständig gefürchtet den ganzen Tag vor dem Grimm des Bedrängers, als er sich vornahm, dich zu verderben? Wo ist nun der Grimm des Bedrängers? 14 Der Gefangene wird eilends losgegeben, dass er nicht sterbe und begraben werde und dass er keinen Mangel an Brot habe. 15 Denn ich bin der HERR, dein Gott, der das Meer erregt, dass seine Wellen wüten – sein Name heißt HERR Zebaoth –; 16 ich habe mein Wort in deinen Mund gelegt und habe dich unter dem Schatten meiner Hände geborgen, auf dass ich den Himmel von neuem ausbreite und die Erde gründe und zu Zion spreche: Du bist mein Volk.

Liebe Gemeinde,

Zunächst möchte ich Ihnen die herzlichen Grüße des Ökumenischen Rates der Kirchen überbringen, dessen Leitungsgremien in diesen Tagen in Berlin und Potsdam zusammenkommen. Der Ökumenische Rat hat dankbar die Einladung der Evangelischen Kirche in Berlin und Brandenburg und der Evangelischen Kirche in Deutschland angenommen, seine Sitzungen an diesem Ort im vereinigten Deutschland durchzuführen. Viele Mitglieder des Exekutivausschusses sind heute in Berliner Gemeinden zu Gast als Prediger oder um Grußworte zu sprechen. Ich freue mich, dass ich diesen Gottesdienst mit Ihnen hier im Berliner Dom feiern und so die Zugehörigkeit der Berliner Kirche zur weltweiten ökumenischen Familie deutlich machen kann.

*

„Tröstet, tröstet mein Volk“ – so beginnt der zweite Teil des Jesajabuches, aus dem auch unser Predigtabschnitt genommen ist. Tröstet mein Volk: Das ist ein ungewöhnlicher Auftrag an einen Propheten. Wir kennen die Propheten von Amos bis zu Jeremia als die großen Ankläger der Ungerechtigkeit, die Gottes Gericht über sein treuloses Volk verkündigen. Gewiss, es gab auch Heilspropheten, die den Frieden ankündigten, die den Königen den Segen Gottes zusprachen; aber ihre Stimme wurde von den geschichtlichen Ereignissen verschlungen; ihre Spur hat sich verloren.
Nun am Ende des babylonischen Exils, in das große Teile des Volkes Israel nach der Zerstörung Jerusalems verschleppt worden waren, tritt ein unbekannter Prophet in der Nachfolge des großen Jesaja auf mit dem programmatischen Ruf: „Tröstet, tröstet mein Volk; redet zu Jerusalem freundlich und predigt ihr, dass ihre Knechtschaft ein Ende hat“ (Jes 40,1–2).
Die Propheten waren immer Dissidenten, die gegen den Strom schwammen. Sie forderten die herrschende Meinung heraus. Solange Israel und seine Könige versuchten, selbstbewusste Großmachtpolitik zu betreiben, waren die Propheten Ankläger im Namen Gottes. Auch dieser Prophet ist ein Dissident, der der vorherrschenden Hoffnungslosigkeit widerspricht. Er weiß sich bevollmächtigt, das bevorstehende Ende der Gefangenschaft, den neuen Auszug aus dem Haus der Knechtschaft anzukündigen. Ein gewagtes Unterfangen; wie leicht konnte der Gang der Geschichte ihn widerlegen. Aber hier wird der Prophet plötzlich zum Priester, zum Seelsorger und Tröster seines Volkes.

*

Trösten und Trost spenden stehen bei uns nicht hoch im Kurs. Trost, das ist der Zuspruch, den wir Traurigen, Trauernden, Leidenden und Hoffnungslosen geben. Unsere auf Gesundheit, Vitalität und Aktivität ausgerichtete Zeit hat wenig Geduld mit denen, deren Lebenskraft erschöpft oder gelähmt ist, sei es durch die Erfahrung von Verlust und Hilflosigkeit, sei es durch Krankheit und Behinderung. Trösten erscheint leicht als eine eher weiche und schwächliche Reaktion, die sich nicht wirklich mit den Ursachen des Leidens auseinandersetzt. Es gerät dann in die Nähe des abschätzigen „vertrösten“ im Sinn von beschwichtigen, hinhalten, auf später hoffen lassen. In diesem Sinn ist auch die christliche Verkündigung immer

wieder als schwacher oder billiger Trost gekennzeichnet worden, weil sie zur Annahme des Leidens mahne mit dem Versprechen späterer Erlösung. Viele Menschen in Lebenskrisen sind auf der Suche nach Hilfe durch solchen Trost enttäuscht worden. Sie haben sich in ihrer schmerzlichen Lage und Ausweglosigkeit nicht ernst genommen gefühlt. Sie wurden mit einem Trost abgespeist, der den Schmerz zudeckte. Solcher Trost verdammt die Hilflosen, Trauernden und Leidenden zur Passivität und weicht der Begegnung und Auseinandersetzung mit ihrer Erfahrung aus.
Freilich, es ist nicht leicht, mitzuleiden mit den Leidenden, dem Schmerz nicht auszuweichen, sondern die Last mitzutragen und gerade so neue Lebenskraft zu wecken. Aber gerade darum geht es beim Trösten. Unser deutsches Wort „Trost" ist eng verwandt mit dem „Vertrauen" und verweist, wie auch die entsprechenden Worte in den alten biblischen Sprachen, auf die Erfahrung, dass schwaches, zerbrochenes, gelähmtes Leben gestärkt wird, neue Kraft bekommt, eine feste und verlässliche Grundlage erhält. In diesem ursprünglichen Verständnis ist der Trost und das Trösten gerade kein weiches, schwächliches Verhalten, sondern bedeutet, anderen Menschen neue Lebenskraft mitzuteilen, sie zu neuem Lebensmut zu befähigen, der über die resignative Annahme des eigenen Schicksals hinausgeht.

*

In unserem Predigtabschnitt werden wir Zcugen einer Auseinandersetzung des Propheten mit dem Leiden und der Hoffnungslosigkeit seines Volkes und seiner Bemühung, Trost zu spenden. Diese Verse aus dem 51. Kapitel des Jesajabuches bilden den Anfang einer dreiteiligen Komposition, die bis in die Mitte des nächsten Kapitels reicht. Jeder der drei Teile beginnt mit einem Weckruf: wach auf, werde wach! Als Auftakt für einen tröstenden Zuspruch ist dies sicherlich ungewöhnlich.
Der Prophet lebt unter Menschen, die sich ausgeliefert fühlen an eine feindliche Macht, die Angst haben um ihre eigene Zukunft und die ihrer Kinder. Nach mehreren Jahrzehnten der Verbannung haben sie die Hoffnung auf Veränderung aufgegeben. Bei manchen unter Ihnen mag dies eigene Empfindungen in noch nicht allzu ferner Vergangenheit in Erinnerung rufen. Und dasselbe ist heute die Erfahrung von Menschen und Völkern in vielen Teilen der Welt. Denken Sie an die Menschen in den palästi-

nensischen Flüchtlingslagern, in Tschetschenien, in Nordkorea, im Sudan oder in Burma. Gibt es in dieser Situation die Möglichkeit eines vollmächtigen Trostes? Diese Frage begegnet uns ständig in unserer Arbeit im Ökumenischen Rat der Kirchen. Wie können wir in solchen Situationen trösten, Lebensmut und Hoffnung wecken, ohne uns dem Vorwurf der Verharmlosung auszusetzen?

Der Prophet wird zum Sprachrohr, zum Anwalt der Klage seines Volkes. Er nimmt die Situation der Ausweglosigkeit ernst; er setzt sich ihr aus; er setzt sich mit ihr auseinander. Sein erster Weckruf „wach auf" richtet sich an Gott. Der Prophet wird zum Mund des Volkes vor Gott: „Wach auf, zieh Macht an, du Arm des Herrn! Wach auf, wie vor alters zu Anbeginn der Welt!" Aus vielen Teilen des Alten Testaments, besonders den Psalmen, ist uns diese Form der Volksklage bekannt. Die Klage breitet das Leiden und die Hoffnungslosigkeit vor Gott aus. Sie erinnert Gott an seine Treue, an sein Versprechen. Sie nimmt Gott als den Schöpfer und Bewahrer alles Lebens radikal ernst. „Warst du es nicht, der Rahab zerhauen und den Drachen durchbohrt hat? Warst du es nicht, der das Meer austrocknete, die Wasser der großen Tiefe?" Die klagende Frage erinnert Gott nicht so sehr an die Verheißung seines Treuebundes mit Israel, sondern an den Akt der Schöpfung der Welt, an die Eindämmung des Chaos, der Wasserfluten aus der Tiefe, an die Schaffung des bewohnbaren Raumes für alles Leben. Und war es nicht Gott, der das Volk beim Auszug aus Ägypten trockenen Fußes durch das Schilfmeer geleitete? Wir haben uns daran gewöhnt, die Schöpfung im Sinne eines Handelns Gottes am Anfang der Welt als Glaubenssatz anzunehmen. Hier freilich wird Gottes schöpferisches Handeln von Anfang an und bis heute als fortwährende Bewahrung und Erlösung vor den Kräften der Zerstörung verstanden.

*

Und so wie in der Liturgie der Volksklage auf die Schilderung der Not und die Erinnerung an Gottes schützendes und bewahrendes Handeln in der Geschichte der vollmächtige Zuspruch des Trostes folgt mit den Worten „Fürchte dich nicht", so wird nun der Prophet zum Mund Gottes. „Ich, ja ich bin euer Tröster." Der, dessen große Macht die Klage beschworen hatte, stellt sich als Tröster seinem Volke vor, stellt sich an seine Seite.

Aber es ist ein ungewöhnlicher Akt des Trostes. Denn auf die klagende Frage „Warst du es nicht …?“ folgt die Gegenfrage „Wer bist du denn, dass du dich vor Menschen gefürchtet hast, die doch sterben, und vor Menschenkindern, die wie Gras vergehen, und hast des Herrn vergessen, der dich gemacht hat, der den Himmel ausgebreitet und die Erde gegründet hat, und hast dich ständig gefürchtet den ganzen Tag vor dem Grimm des Bedrängers, als er sich vornahm, dich zu verderben?“

Der Zuspruch „Fürchte dich nicht“, der sich wie ein Refrain durch dieses ganze Prophetenbuch hindurchzieht, könnte noch als „billiger Trost“ verstanden und abgetan werden. Aber hier wagt der Prophet im Namen Gottes die Auseinandersetzung: „Wer bist du denn, wer seid ihr denn, dass ihr euch so fürchtet?“ Er geht der Angst, der Hoffnungslosigkeit auf den Grund. Er nimmt sie ernst, aber er nimmt zugleich den Gott ernst, an dessen Macht die Klage erinnert hat. Vor Gott, dem Schöpfer der Welt, der den Himmel ausgebreitet und die Erde gegründet hat, sind auch die Mächtigen und Herrschenden dieser Welt nur Menschen. Ihre Macht ist nicht unbegrenzt; denn sie sterben wie alle Menschen, und ihre Macht zerfällt wie trockenes Gras. Die auf Gewalt gegründete Macht lebt von der Angst der Beherrschten. Ihre Schwäche wird offenbar in dem Moment, wo die Unterdrückten ihre Angst verlieren. „Wo ist nun der Grimm des Bedrängers?“ Wir haben Beispiele aus der eigenen Erfahrung vor Augen, in Leipzig, Berlin und Prag, in Belgrad und Manila, wie angemaßte Macht zerfällt, wenn ihr die Anerkennung durch Angst und Furcht verweigert wird.

Diese tröstende Zuwendung Gottes durch den Mund des Propheten stellt das durch Furcht gebeugte Volk wieder auf die eigenen Füße, lässt sie aufrecht gehen. Denn Gottes Macht gründet nicht auf Gewalt und Unterdrückung. Gottes Macht ist auch nicht einfach nur eine Weltordnung, eine Gesetzmäßigkeit, der wir uns fügen müssten. Diese Macht ist ein Ich, das angeredet werden kann und das antwortet. Sie ist nicht auf die Verteidigung des eigenen Machtanspruches ausgerichtet, sondern teilt sich mit und wird so zur Befähigung und Ermächtigung zum Leben: Die Gefangenen sollen freikommen und nicht sterben, und sie sollen Brot zum Leben haben. „Denn ich bin der Herr, dein Gott … Ich habe mein Wort in deinen Mund gelegt und habe dich unter dem Schatten meiner Hände geborgen, auf dass ich den Himmel von neuem ausbreite und die Erde gründe und zu Zion spreche: Du bist mein Volk.“

*

Wir wissen nicht, wie die Verbannten in Babylon auf diese engagierte Trostrede reagiert haben. Später richtet der Prophet seinen Weckruf direkt an das Volk: „Zieht aus von dort; geht weg aus ihrer Mitte.“ Und wir wissen, dass ein Edikt des Perserkönigs Kyros im Jahr 538 v.Chr. das Exil beendete. Es war zwar kein Auszug mit Jauchzen; aber der Dissident hatte Recht behalten.

Was daran für uns wichtig bleibt, ist die Begegnung mit dieser starken Form des Trostes, der es wagt, sich dem Leiden und der Angst zu stellen und gerade so den Bann zu brechen. Er öffnet den Blick auf die Kraftquelle des Lebens, auf Gottes schützende und bewahrende Macht. Gott, der Tröster, sagt durch Christus den Leidenden und Hoffnungslosen: „Ich lebe, und ihr sollt auch leben“ (Joh 14,19). Und darum gilt auch der Segensspruch der Bergpredigt: „Selig sind die Leidtragenden, denn sie sollen getröstet werden“ (Mt 5,4). Wir brauchen unsere Angst und Ausweglosigkeit vor Gott nicht zu verstecken. Gottes Zusage: Ich, ja ich bin euer Tröster! gilt auch für uns. Ihm wollen wir uns anvertrauen.

Haltet fest die Einigkeit im Geist

17. „Jesus Christus als Gemeinde existierend"

Predigt in einem Dankgottesdienst aus Anlass des 25-jährigen Bestehens der Irish School of Ecumenics in Dublin, April 1995

Die Irish School of Ecumenics (ISE) wurde 1970 von Pater Michael Hurley SJ gegründet als eine gezielte Antwort auf die Situation des irischen Konflikts. Gleichzeitig sollte sie der Umsetzung der Impulse des II. Vatikanischen Konzils in Irland dienen. Zu den Dozenten und Studierenden gehörten daher von Anfang an Angehörige der römisch-katholischen wie auch der verschiedenen protestantischen Kirchen. Das Lehrprogramm der ISE hat zwei Schwerpunkte: Frieden und Konfliktbearbeitung sowie zwischenkirchlicher, ökumenischer wie auch interreligiöser Dialog. In den letzten mehr als 25 Jahren ist die ISE zu einem wichtigen Impulszentrum für die ökumenische Bewegung geworden. Ich habe daher gern die Einladung angenommen, in einem festlichen Gottesdienst in der Kathedrale von Dublin in Anwesenheit der irischen Staatspräsidentin Dr. Mary Robinson die Predigt zu halten. Als Predigttext habe ich den Abschnitt 1Kor 12,12–27 gewählt.

1Kor 12,12–27
12 Denn wie der Leib „einer" ist und doch viele Glieder hat, alle
Glieder des Leibes aber, obwohl sie viele sind, doch „ein" Leib
sind: so auch Christus. 13 Denn wir sind durch „einen" Geist alle
zu „einem" Leib getauft, wir seien Juden oder Griechen, Sklaven
oder Freie, und sind alle mit „einem" Geist getränkt. 14 Denn
auch der Leib ist nicht „ein" Glied, sondern viele. 15 Wenn aber
der Fuß spräche: Ich bin keine Hand, darum bin ich nicht Glied
des Leibes, sollte er deshalb nicht Glied des Leibes sein? 16 Und
wenn das Ohr spräche: Ich bin kein Auge, darum bin ich nicht
Glied des Leibes, sollte es deshalb nicht Glied des Leibes sein? 17
Wenn der ganze Leib Auge wäre, wo bliebe das Gehör? Wenn er

ganz Gehör wäre, wo bliebe der Geruch? 18 Nun aber hat Gott die Glieder eingesetzt, ein jedes von ihnen im Leib, so wie er gewollt hat. 19 Wenn aber alle Glieder „ein" Glied wären, wo bliebe der Leib? 20 Nun aber sind es viele Glieder, aber der Leib ist „einer". 21 Das Auge kann nicht sagen zu der Hand: Ich brauche dich nicht; oder auch das Haupt zu den Füßen: Ich brauche euch nicht. 22 Vielmehr sind die Glieder des Leibes, die uns die schwächsten zu sein scheinen, die nötigsten; 23 und die uns am wenigsten ehrbar zu sein scheinen, die umkleiden wir mit besonderer Ehre; und bei den unanständigen achten wir besonders auf Anstand; 24 denn die anständigen brauchen's nicht. Aber Gott hat den Leib zusammengefügt und dem geringeren Glied höhere Ehre gegeben, 25 damit im Leib keine Spaltung sei, sondern die Glieder in gleicher Weise füreinander sorgen. 26 Und wenn „ein" Glied leidet, so leiden alle Glieder mit, und wenn „ein" Glied geehrt wird, so freuen sich alle Glieder mit. 27 Ihr aber seid der Leib Christi und jeder von euch ein Glied.

Liebe Schwestern und Brüder in Christus,

Wir feiern heute das 25-jährige Jubiläum der Irish School of Ecumenics. Wir blicken gemeinsam zurück auf 25 Jahre im Dienst der Versöhnung zwischen Kirchen und zwischen verfeindeten Gemeinschaften in Irland. Dies ist für uns ein Anlass, Gott zu danken, der die Arbeit, die vor 25 Jahren von Pater Michael Hurley begonnen wurde, sichtbar gesegnet hat. Diese Arbeit ist seither von Pater Hurleys Nachfolgern im gleichen Geist und mit dem gleichen Engagement für die christliche Einheit und die Aufgabe der Versöhnung fortgesetzt worden. Als Generalsekretär des Ökumenischen Rates der Kirchen möchte ich mich dem Dank an Gott anschließen für das sehr besondere Zeugnis der Irish School of Ecumenics während dieser Jahre; zugleich möchte ich im Namen des Ökumenischen Rates unsere aufrichtigen guten Wünsche für die weitere Arbeit des Instituts überbringen.

Ein solches Jubiläum ist nicht nur ein Anlass, um zu feiern und Gott zu danken; es schließt zugleich die Einladung ein, das Engagement und die

Verpflichtung zu erneuern, die die Irish School of Ecumenics seit ihren Anfängen getragen haben. Wir feiern dieses Jubiläum zu einem Zeitpunkt, da im irischen Konflikt, der gerade ein Jahr vor der Gründung der ISE offen ausbrach, ein entscheidender Schritt getan worden ist. Die Konfliktparteien sind übereingekommen, an die Stelle der Logik der Gewalt und Gegen-Gewalt die Logik der friedlichen Konfliktlösung treten zu lassen. Damit ist eine neue Phase der Suche nach einer politischen Lösung eröffnet worden. Die Aufgabe der Versöhnung ist noch nicht erfüllt; aber die Anwälte der Versöhnung können sich mit neuer Hoffnung der Herausforderung stellen.

Die Ursachen, die den Konflikt ausgelöst haben, sind ja keineswegs beseitigt. Ihre Wurzeln gehen weit zurück in die irische Geschichte und die Geschichte der Beziehungen zwischen England und Irland. Die Irish School of Ecumenics hat dazu beigetragen, dass ein ernsthafter Dialog und Reflexionsprozess darüber begonnen hat, wie gegensätzliche Erinnerungen miteinander versöhnt werden können. Aber auch wo es gelingt, konfliktträchtige Geschichtsabschnitte neu zu verstehen, lassen sich die Ereignisse, an denen sich die gegensätzlichen Erinnerungen kristallisieren, nicht einfach ungeschehen machen. Die Aufgabe besteht vielmehr darin, die Gefühle von Verletzung und Scham in eine neues Bewusstsein zu integrieren und Identitäten, die durch Konfrontation geprägt worden sind, zu verwandeln in ein Selbstverständnis in Beziehung.

Angesichts der religiösen Dimension des Konfliktes stellt sich nach den politischen Veränderungen auch für die Kirchen und die christlichen Gemeinschaften eine neue Aufgabe. Sie sehen sich jetzt mit der Erwartung konfrontiert, zu einem neuen Bewusstsein der menschlichen und sozialen Beziehungen in Irland beizutragen. Noch immer gibt es die tief verwurzelten Ängste davor, beherrscht zu werden. Von den Kirchen wird erwartet, dass sie den Menschen helfen, diese Ängste zu überwinden und sich aus der instinktiven Abwehrreaktion zu lösen, die mit der Minderheitserfahrung verbunden ist.

*

Ökumenische Diskussionen haben in jüngster Zeit zu einem neuen Verständnis der Suche nach der sichtbaren Einheit der Kirche im Sinn der

Schaffung von Communio / Koinonia geführt. Während die klassische Vorstellung von Einheit an einen idealen Zustand denken ließ, verweist Koinonia eher auf einen lebendigen Prozess, auf den dynamischen Vorgang des Lernens, mit Gegensätzen und Spannungen zu leben und Konflikte so zu lösen, dass am Ende nicht Gewinner und Verlierer dastehen, sondern die Gemeinschaftsbeziehungen gestärkt werden.
Das aufschlussreichste biblische Beispiel für diesen Prozess ist die Korrespondenz zwischen dem Apostel Paulus und der christlichen Gemeinde in Korinth. Im Neuen Testament sind uns zwei Briefe von Paulus an diese Gemeinde überliefert. Sie sind möglicherweise die Zusammenstellung dessen, was erhalten geblieben ist von seinen Briefen an die Christen in Korinth, denen er sich sehr verbunden fühlte. Vor allem aus dem ersten Brief an die Kirche in Korinth ergibt sich der Eindruck, dass diese Gemeinde zerstritten war über eine Vielzahl von Fragen, denen sich Paulus nacheinander zuwendet. Dabei ging es z.B. um die bleibende Gültigkeit der jüdischen Gebote, den Ort von Frauen in der Gemeinde, besonders im Gottesdienst, und um die Feier des Herrenmahls. Es scheint sogar Fraktionen in der Gemeinde gegeben zu haben, die sich jeweils um einen geistlichen Leiter scharten; darunter war auch eine Gruppe, die sich auf Paulus berief. Der Apostel erteilt detaillierten Rat und gibt Anweisungen, wie die Konflikte zu lösen seien. Sein Rat und sogar seine Autorität scheinen zwar in der Gemeinde angefochten gewesen zu sein. Paulus vertraut jedoch auf die versöhnende Kraft des Geistes Jesu Christi, und in seinem zweiten Brief spricht er sogar von einem „Dienst der Versöhnung“, der denen aufgetragen ist, die in Christus mit Gott versöhnt worden sind.
Nachdem er die verschiedenen Konfliktfelder angesprochen hat, erläutert der Apostel die Grundelemente seines Verständnisses der Beziehungen in der christlichen Koinonia. Paulus sucht nach einem Weg, wie legitime Vielfalt und die grundlegende Einheit der Kirche miteinander verbunden werden können. An dieser Stelle greift er in seiner Darlegung die Metapher vom Leib auf.
In der sozialen und politischen Philosophie seiner Zeit war dies eine geläufige Denkfigur. Sie wurde oft dazu benutzt zu begründen, dass eine gesellschaftliche Ordnung nur so lange tragfähig bleibt, als die Glieder der Gesellschaft sich in die vorgegebene Ordnung einfügen und ihre jeweiligen Aufgaben und Verantwortungen wahrnehmen. Der Apostel Paulus folgt

jedoch nicht dieser traditionellen Verwendung der Leib-Metapher mit ihrer Betonung der gesellschaftlichen Ordnung. Er geht auch über den geläufigen Ansatz bei der Spannung zwischen Vielfalt und Einheit hinaus, indem er eine grundlegende christologische Aussage an den Anfang stellt: „Denn wie der Leib einer ist und doch viele Glieder hat … so auch Christus“ (V. 12). Paulus sagt gerade nicht: Die christliche Gemeinde kann mit einem Leib verglichen werden; stattdessen sagt er: Die lebendige Gegenwart des auferstandenen Christus hat leibliche Qualität. Jesus Christus ist nicht allein eine historische Gestalt der Vergangenheit, sondern der auferstandene Christus ist eine „Kollektiv-Person“ (*corporate personality*). Sein gekreuzigter Leib ist durch die Auferweckung von den Toten zu einem geistlichen und zugleich sozialen Leib geworden. Wenn die Kirche der „Leib Christi“ genannt wird, so ist das nicht nur ein Name, mit dem sie von anderen religiösen Körperschaften unterschieden werden kann. Die Intention von Paulus' Aussage ist von Dietrich Bonhoeffer sehr klar wiedergegeben worden, wenn er von der Kirche sagt, sie sei „Jesus Christus als Gemeinde existierend“.

Wenn wir die Gegenwart des lebendigen Christus in Gestalt eines Leibes, und d.h. einer Gemeinschaft, zu denken versuchen, dann hat das weitreichende Konsequenzen. Es versperrt allen Versuchen den Weg, die Beziehung zu Christus zu spiritualisieren oder zu individualisieren. Wir können keine wirkliche Beziehung zu Christus haben unabhängig vom Leben in der Gemeinschaft. Ein lebendiger Leib wächst, bewegt sich, empfindet Schmerz und steht in ständigem Austausch mit seiner Umwelt. Die Gegenwart Christi wird Teil unserer menschlichen, sozialen und geschichtlichen Wirklichkeit unter Einschluss der Spannungen und Konflikte in menschlicher Geschichte. Der Leib Christi besteht nicht aus einer Vereinigung von lauter gleichgesinnten Christen. Durch den Geist werden vielmehr alle getauft und eingegliedert in einen Leib, der die Gegebenheiten jedes besonderen Kontextes in Raum und Zeit übergreift. Alle real existierenden Unterschiede von Kultur, Rasse, Geschlecht, Klasse und Tradition werden in den einen Leib eingefügt.

Weil jeder Leib eine Einheit ist und zugleich viele Glieder hat, sind Einheit und Vielfalt gleichermaßen konstitutiv für den Leib Christi. Der Leib wird zusammengehalten durch den lebensspendenden Geist Christi, den wir in der Taufe empfangen. Aber wie jeder lebendige Leib bleibt auch der Leib

Christi nur im Zusammenwirken aller seiner Glieder am Leben. „Denn auch der Leib ist nicht ein Glied, sondern viele … Wenn aber alle Glieder ein Glied wären, wo bliebe der Leib? Nun aber sind es viele Glieder, aber der Leib ist einer … Ihr aber seid der Leib Christi und jeder von euch ein Glied“ (V. 14,19–20,27).

*

Dieser Versuch, Paulus zu interpretieren, mag sich bisher als ein ziemlich abstrakter Gedankengang anhören. Aber Paulus geht es um die konkreten Konsequenzen für das Leben der Gemeinde. Einheit und Vielfalt sind für ihn nicht in erster Linie Fragen der kirchlichen Ordnung und Disziplin, sondern hier geht es um die Integrität und Ganzheit des lebendigen Leibes Christi. Die Bemühung um die Ganzheit des Leibes betrifft nicht nur sein Innenleben, sondern auch seine Beziehungen zur Umwelt. Paulus freilich konzentriert sich auf den Binnenaspekt. Der Zusammenhalt des Leibes ist für ihn ein Werk des Geistes Christi. Keines der Glieder kann den anderen die Bedingungen der Einheit vorschreiben, da sie alle in wechselseitiger Abhängigkeit aufeinander bezogen sind. „Wenn ein Glied leidet, so leiden alle Glieder mit, und wenn ein Glied geehrt wird, so freuen sich alle Glieder mit“ (V. 26). Für Paulus ist das nicht so sehr eine Aufforderung, sondern eine Feststellung. Wenn ein Teil des Leibes versuchen würde, sein Wohlergehen und seine Identität dadurch abzusichern, dass er sich abkapselt, so stünde die Überlebensfähigkeit des ganzen Leibes auf dem Spiel. Das Gleiche gilt analog auch von der Beziehung des Leibes zu seiner Umwelt: Während jeder Leib seine äußere Begrenzung wahren muss und so unterscheidbar wird, ist er doch zugleich für sein Überleben abhängig von vielfältigen Austauschprozessen mit seiner Umwelt. Jeder Versuch, die Ganzheit und Einheit des Leibes zu bewahren, indem er geschützt wird vor jedem Kontakt oder jedem Einfluss von außen, bedroht seine Lebensfähigkeit.

Konflikte innerhalb des Leibes Christi können daher verstanden werden als Anzeichen einer Schwächung seiner Gesundheit. Sie können Ausdruck einer Wachstumskrise oder eines Veränderungsprozesses sein und darauf hindeuten, dass der Leib ein neues Bewusstsein von Ganzheit und Integrität entwickeln muss und zugleich bedroht ist von der Möglichkeit von

Desintegration oder Regression. Solche Konflikte können auch signalisieren, dass der innere Austausch zwischen den verschiedenen Teilen des Leibes gestört ist mit der Folge, dass einige Teile nicht die Nahrung empfangen, die sie brauchen, um lebendig zu bleiben. Schließlich können Konflikte Anzeichen einer Krankheit sein; dann muss der Leib mit allen verfügbaren Kräften gegen die Quelle der Infektion ankämpfen. Natürlich können auch die äußeren Verhältnisse der Gesundheit des Leibes schaden.

*

Was ergibt sich daraus für die neue Herausforderung, vor der die Kirchen in Irland in ihrem Dienst der Versöhnung stehen? Was heißt es vor allem, wenn wir die Worte von Paulus an die Gemeinde in Korinth auf die Kirchen und Gemeinden in Irland beziehen: Ihr seid der Leib Christi? Damit erhalten die christlichen Gemeinden in Irland eine gemeinsame Identität, die nicht in den heutigen ökumenischen Gegebenheiten wurzelt, sondern in einem neuen Verständnis davon, was es heißt, Kirche zu sein. Wir haben gelernt, von der „wirklichen, wenn auch unvollkommenen Gemeinschaft" zu sprechen, die zwischen denen besteht, die aufgrund ihrer Taufe und ihres Christusbekenntnisses in den weltweiten Leib Christi eingegliedert worden sind. In der Tat haben sich die Beziehungen zwischen den Kirchen während der letzten 25 Jahre in vieler Hinsicht verändert. Dennoch sind wir noch immer weit davon entfernt, uns zueinander wie Glieder desselben Leibes zu verhalten. In Wirklichkeit stehen sich die Kirchen nach wie vor als eigenständige Körperschaften gegenüber, die zwischenkirchliche Beziehungen unterhalten. Die wirkliche Herausforderung besteht darin, zu erkennen, dass keine unserer Kirchen im vollen Sinn Kirche Christi sein kann in Isolation und unabhängig von den anderen Kirchen. Wenn wir lernen wollen, als Koinonia zu leben, so muss dies in Prozessen des Teilens, der Solidarität und in wechselseitiger Verantwortung zum Ausdruck kommen.

Ich habe zuvor die paulinischen Aussagen in dem Sinn interpretiert, dass die lebendige Gegenwart Christi die Gestalt eines Leibes annimmt und damit zu einer sozialen Wirklichkeit wird, sodass wir davon sprechen können, dass Jesus Christus als Gemeinde existiert. Wenn dies zutrifft, dann müssen wir fragen: Wo ist Jesus Christus in der irischen Situation? Nur so können wir Kirche als der Leib Christi sein.

Dies war die Frage Dietrich Bonhoeffers in der Situation politischer und kirchlicher Konflikte in Deutschland vor 50 Jahren. In seiner Antwort hat er wieder bewusst gemacht, dass Jesus Christus nach dem Evangelium nicht an den geschützten Orten öffentlicher Privilegien zu finden ist, sondern vielmehr bei denen, die oft ausgeschlossen und vergessen werden, bei den Opfern oder Verlierern gesellschaftlicher Konflikte. Christus stellte sich selbst an die Bruchstellen der menschlichen Situation. Durch seine liebende Selbsthingabe hat er die Möglichkeit der Versöhnung und Vergebung erschlossen, den Weg der Liebe als der Quelle, aus der alle menschliche Gemeinschaft ihre Kraft gewinnt.

Das Vertrauen, dass Jesus Christus durch den Heiligen Geist immer bei uns ist, lässt den Leib lebendig bleiben und bewahrt seine Ganzheit. Die Stockholmer Weltkonferenz für Praktisches Christentum (1925) sagte in ihrer Botschaft: „Je näher wir dem gekreuzigten Christus kommen, umso näher kommen wie einander.“ Dies ist die Quelle der Lebenskraft und der Ganzheit des Leibes Christi, und diese Quelle entzieht sich unserer Kontrolle. Wir werden durch den Heiligen Geist zu dieser Quelle hingezogen. Paulus drückt dies am Anfang desselben Kapitels im 1. Korintherbrief so aus: „Darum tue ich euch kund, dass niemand Jesus verflucht, der durch den Geist Gottes redet; und niemand kann Jesus den Herrn heißen, ohne durch den Heiligen Geist“ (V. 2). Dieses Vertrauen in die aktive Gegenwart des Heiligen Geistes als Ursprung unserer Einheit wie auch der Vielfalt aufeinander bezogener Gaben ist das wirksamste Mittel gegen Sorge und Angst. Denn solcher Glaube und solches Vertrauen lassen Hoffnung wachsen, und Hoffnung schafft Raum für die Liebe. Dies ist der „köstlichere Weg“, von dem Paulus im folgenden Kapitel spricht Denn die Liebe ist in der Tat die geheimnisvolle Kraft, die den Leib Christi zusammenhält. „Nun aber bleibt Glaube, Hoffnung, Liebe, diese drei; aber die Liebe ist die größte unter ihnen“ (13,13).

18. „Bereitet dem Herrn den Weg“

Predigt in Paris am 3. Advent, 11. Dezember 1994, in einem Festgottesdienst aus Anlass 100 Jahre Deutsche Christuskirche Paris

Die Einladung an mich als Generalsekretär des ÖRK, in dem Festgottesdienst zum 100-jährigen Bestehen der Deutschen Christuskirche in Paris die Predigt zu halten, erklärt sich aus der auch ökumenisch bedeutsamen Geschichte der Kirche und Gemeinde. Zweimal, 1914 und 1939, musste die Kirche wegen des Kriegsausbruchs geschlossen werden. Im ersten Fall wurde sie beschlagnahmt und erst 1927 neu eröffnet. 1939, und dann erneut 1944, wurde die Kirche der Obhut der Fédération Protestante de France und ihres Präsidenten Pasteur Marc Boegner übergeben, der auch eine wichtige Rolle in der Gründungsphase des ÖRK spielte. Von 1944 bis 1958 war das Gebäude in der Rue Blanche die Zentrale der CIMADE, des französischen protestantischen Flüchtlingshilfswerks und anderer kirchlicher Hilfswerke. Als Ausdruck des neuen Geistes ökumenischer Verbundenheit nahmen an dem Gottesdienst auch der damalige Präsident der Fédération, Pasteur Jacques Maury, und die Generalsekretärin der CIMADE, Geneviève Jacques, teil.

Jes 40,1–8
1 Tröstet, tröstet mein Volk! spricht euer Gott. 2 Redet mit Jeru-
salem freundlich und prediget ihr, dass ihre Knechtschaft ein Ende
hat, dass ihre Schuld vergeben ist; denn sie hat doppelte Strafe
empfangen von der Hand des HERRN für alle ihre Sünden. 3 Es
ruft eine Stimme: In der Wüste bereitet dem HERRN den Weg,
macht in der Steppe eine ebene Bahn unserm Gott! 4 Alle Täler
sollen erhöht werden, und alle Berge und Hügel sollen erniedrigt
werden, und was uneben ist, soll gerade, und was hügelig ist, soll
eben werden; 5 denn die Herrlichkeit des HERRN soll offenbart
werden, und alles Fleisch miteinander wird es sehen; denn des
HERRN Mund hat's geredet. 6 Es spricht eine Stimme: Predige!,
und ich sprach: Was soll ich predigen? Alles Fleisch ist Gras, und
alle seine Güte ist wie eine Blume auf dem Felde. 7 Das Gras ver-
dorrt, die Blume verwelkt; denn des HERRN Odem bläst darein.

Ja, Gras ist das Volk! 8 Das Gras verdorrt, die Blume verwelkt, aber das Wort unseres Gottes bleibt ewiglich.

Liebe Gemeinde,

Vor 100 Jahren ist diese Christuskirche in Paris eingeweiht worden. Es war auch ein Adventssonntag, damals der zweite Advent. Advent: eine Zeit der Besinnung und Erwartung! Für Sie als Gemeinde steht im Vordergrund die nachdenkliche Besinnung auf hundert Jahre einer wechselvollen Geschichte, wie sie in der Festschrift dokumentiert ist. Sie haben Grund zum Dank dafür, dass die Kirche und Gemeinde heute ihren eigenen Ort in Paris und unter den protestantischen Kirchen in Frankreich gefunden haben. Ihre Erwartungen für diese Kirche und Gemeinde sind vermutlich nüchtern und vor allem darauf gerichtet, dass sich das Leben der Gemeinde stetig entwickeln und der bevorstehende Pfarrwechsel gut gelingen möge. Zu alledem bringe ich Ihnen herzliche Grüße und gute Wünsche im Namen des Ökumenischen Rates der Kirchen und der Genfer Schwestergemeinde.

So gewichtig und vielfach belastet diese 100 Jahre Christuskirche waren – es ist eine kurze Zeit angesichts der Geschichte Gottes mit seinem Volk und mit seiner Kirche. Dieses Empfinden wird verstärkt durch den Predigttext aus dem Alten Testament. Es ist ein gewaltiger Text, dieser Prolog des zweiten Jesajabuches, das viel später verfasst wurde als die vorhergehenden Kapitel. Seine Sprache erscheint für uns heute wie aus Stein gemeißelt. Manchen mag es auch gehen wie mir bei der Vorbereitung dieser Predigt. Ständig hörte ich im Ohr die Musik, mit der Heinrich Schütz, Georg Friedrich Händel oder Johannes Brahms Teile dieser Worte vertont haben.
Auch hier geht es um Besinnung; aber noch stärker ist der Ton der Erwartung, ja der Verheißung des radikal Neuen. Diese Worte sind für zahllose Generationen über alle Wechsel der Zeiten hinweg zur gültigen Verheißungssprache geworden:

Tröstet, tröstet mein Volk!
Die Schuld ist vergeben!

Bereitet dem Herrn den Weg!
Die Herrlichkeit des Herrn soll offenbar werden, und alles Fleisch miteinander wird es sehen!
Alles Fleisch ist wie Gras. Das Gras verdorrt, die Blume verwelkt, aber das Wort unseres Gottes bleibt ewig!

So überwältigend wahr, so eindringlich und zugleich unnahbar müssen diese Worte des Propheten auch in den Ohren derer geklungen haben, die sie zuerst hörten. Immer, in den 2500 Jahren seither, standen sie im Kontrast zur Wirklichkeit menschlicher Erfahrung.
Blicken wir kurz zurück in die Ursprungssituation des Abschnittes. Der Prophet lebte unter den nach Babylon verbannten Juden. Wir wissen aus anderen Teilen des Alten Testaments, z.B. dem Psalm 137 (an den Wassern zu Babel saßen wir und weinten) oder dem Brief des Propheten Jeremia an die nach Babylon Verbannten, dass sie schwankten zwischen Resignation und Anpassung. Sie sind gefangen in einem Gefühl von Ohnmacht angesichts der Großmacht Babylon. Doch dann gibt es geschichtliche Bewegung. Der Prophet wagt es, den Regierungsantritt des Perserkönigs Kyros als Anzeichen einer entscheidenden Wende zu interpretieren; ja, er sieht in Kyros ein Werkzeug Gottes zur Befreiung seines Volkes aus dem Exil.
Aber er hält sich nicht lange bei einer prophetischen Deutung der Zeichen der Zeit auf. Wichtiger ist ihm die Gewissheit: Gott selbst kehrt um zu seinem Volk. Die Schuld ist vergeben, der Weg ist frei, der Weg durch die Wüste! Und immer in der Geschichte des Gottesvolkes war es die Wüste, wo die entscheidenden Gottesbegegnungen stattfanden. – Die verheißene Rückkehr ist geschehen, nur wenig später. Aber der große Machterweis Gottes blieb aus. Nur das „Wort“, die Verheißung Gottes, blieb lebendig – bis zu uns!
Als ein bleibend gültiges Verheißungswort hat auch die christliche Gemeinde diesen Text verstanden seit ihren ersten Anfängen. Dieser 2. Jesaja ist für die christliche Tradition der Prophet der Verheißung par excellence geworden, der Verheißung, die in Jesus Christus ihre Erfüllung gefunden hat. Da die griechische Übersetzung des Alten Testaments den Vers 3 übersetzt hat: „Es ist eine rufende Stimme in der Wüste: Bereitet dem Herrn den Weg“, haben die ersten Christen, deren Bibel das Alte Testament war, diesen Text auf Johannes den Täufer gedeutet, den Vorläufer

Jesu Christi. Und so wurde er zum Predigttext für diesen dritten Adventssonntag. Johannes kündigt das Kommen des Messias an; aber er kam anders als erwartet, und sein Weg führte ans Kreuz. Er war das Licht der Welt, wie Johannes sagt, aber die Welt erkannte ihn nicht.

Es bleibt der Widerspruch der Wirklichkeit – und doch, Gottes Verheißung reicht über den Widerspruch hinaus.

Wir sind noch immer Wartende unter der Verheißung: Tröstet, tröstet mein Volk! Aber dürfen wir als Christen heute, als eine deutschsprachige Gemeinde in Frankreich, diese Worte auch auf uns beziehen? In der Geschichte dieser Christuskirche spiegelt sich die bewegte Geschichte unseres Volkes und besonders der Beziehungen zwischen Deutschland und Frankreich. Es gab Perioden in der Geschichte der Christuskirche, die die Erinnerung beschwerlich machen. Die ersten 50 Jahre der Kirche standen im Zeichen von drei deutsch-französischen Kriegen und dem Erbe, das sie hinterlassen haben. Aus nationalen Motiven ist die Verbindung von deutschen und französischen lutherischen Christen in einer Kirche aufgehoben worden. Wir sind heute zurückhaltend geworden gegenüber den Versuchungen falscher Prophetie. Zwar ist die zweite Hälfte der Geschichte dieser Kirche die Zeit der beginnenden Aussöhnung. Wir haben als Deutsche die Erfahrung von Wiederaufbau und Rückkehr in die Gemeinschaft der Völker in Europa und weltweit gemacht. Aber die Geschichte der Schuld bleibt, und die lösende Vergebung können wir uns selber nicht zusprechen.

Wie hören wir, und was erwarten wir heute von diesem Zuspruch: Tröstet, tröstet mein Volk!? Wir haben die große Verheißungssprache der Bibel meist ins Private zurückgenommen; zu verborgen ist uns die Hand Gottes in der Geschichte. Was um uns herum geschieht, schreit zwar nach Trost, nach Versöhnung und Vergebungsbereitschaft; aber es ist kein wirklicher Trost zu spüren, und die Rat- und Hilflosigkeit führt bei vielen zur Verdrängung. Als Christen können wir uns diesen Ausweg nicht gestatten, aber wir leben mit unserem Glauben, mit der Tradition einer großen Verheißungssprache in einer Randexistenz im Widerspruch zur Wirklichkeit, aber auch zu den Empfindungen unserer Zeitgenossen. Es ist eine Art „Exil“, nicht als Folge von Verbannung oder Unterdrückung, sondern als Ausdruck der scheinbaren Weltfremdheit der großen Verheißungsworte unseres Glaubens.

Das bringt uns freilich der Erfahrung des Propheten und seiner ersten Hörer wieder näher. Er redete vom Kommen Gottes zu den Menschen, die keine Zeichen einer Änderung zum Besseren erkennen konnten. Er sah den Zug der Heimkehrenden, wo menschliches Auge nur Wüste, Steine, Berge und Hindernisse erkennen konnte. Er verkündete die überwältigende Offenbarung Gottes, während seine Hörer sich von der Übermacht geschichtlicher Erfahrungen gelähmt wussten.

Der Kontrast und Widerspruch ist geblieben über 2500 Jahre, aber auch die Kraft der Verheißung. Die entscheidende Botschaft des Propheten ist: Gott selber kommt in diese widersprüchliche Wirklichkeit. Gott beseitigt nicht einfach den Widerspruch von Verheißung und Erfahrung, sondern stellt sich in ihn hinein, ist mitten in diesem Widerspruch gegenwärtig. Gott vergibt Schuld und schafft so Trost, wo kein Ausweg erkennbar ist. Gott will den Teufelskreis des Aufrechnens historischer Schuld durchbrechen, zwischen Deutschen und Franzosen, Deutschen und Polen – aber auch zwischen Kroaten und Serben, zwischen Tutsis und Hutus, zwischen Juden und Palästinensern, zwischen Schwarzen und Weißen. Und wir sind aufgerufen, Gott auf diesem Weg zu folgen.

Gott ist in Jesus Christus in unsere Wirklichkeit eingetreten und bleibt bei uns in seinem lebendigen Wort und seinem Geist für immer, trotz aller Widersprüche und der Vergänglichkeit unseres Lebens und menschlicher Geschichte. Und dies ist dann auch ein würdiger Leitspruch und eine Wegweisung für das 100-jährige Jubiläum einer evangelischen Kirche: Das Wort unseres Gottes bleibt ewiglich! Amen.

19. Der Atem der Hoffnung

Predigt am 28.9.1997 in der Christuskirche in Frankfurt am Main

Die Christuskirche in Frankfurt gehört einer ökumenischen Personalgemeinde innerhalb der Landeskirche. Die Gemeinde hat einer größeren Zahl von ausländischen Gemeinschaften in Frankfurt Gastrecht gewährt, darunter auch einer orthodoxen Gemeinde. Die Kirche ist daher zu einem Ort intensiver ökumenischer Begegnung geworden. Dies wird sehr bewusst gefördert von Pfarrer Konrad Knolle und seiner Frau Flois Knolle-Hicks, die dafür besonders die Möglichkeiten des gemeinsamen ökumenischen Singens nutzt. Der Gottesdienst findet in einer offenen Form, ohne Bindung an eine feste Agende statt.

Ez 37,1–14

1 Des HERRN Hand kam über mich und er führte mich hinaus im Geist des HERRN und stellte mich mitten auf ein weites Feld; das lag voller Totengebeine. 2 Und er führte mich überall hindurch. Und siehe, es lagen sehr viele Gebeine über das Feld hin, und siehe, sie waren ganz verdorrt. 3 Und er sprach zu mir: Du Menschenkind, meinst du wohl, dass diese Gebeine wieder lebendig werden? Und ich sprach: HERR, mein Gott, du weißt es. 4 Und er sprach zu mir: Weissage über diese Gebeine und sprich zu ihnen: Ihr verdorrten Gebeine, höret des HERRN Wort! 5 So spricht Gott der HERR zu diesen Gebeinen: Siehe, ich will Odem in euch bringen, dass ihr wieder lebendig werdet. 6 Ich will euch Sehnen geben und lasse Fleisch über euch wachsen und überziehe euch mit Haut und will euch Odem geben, dass ihr wieder lebendig werdet; und ihr sollt erfahren, dass ich der HERR bin. 7 Und ich weissagte, wie mir befohlen war. Und siehe, da rauschte es, als ich weissagte, und siehe, es regte sich und die Gebeine rückten zusammen, Gebein zu Gebein. 8 Und ich sah, und siehe, es wuchsen Sehnen und Fleisch darauf und sie wurden mit Haut überzogen; es war aber noch kein Odem in ihnen. 9 Und er sprach zu mir: Weissage zum Odem; weissage, du Menschenkind, und sprich zum Odem: So spricht Gott der HERR: Odem, komm herzu von den vier Winden und blase diese Getöteten an, dass sie wieder lebendig werden! 10 Und ich weissagte, wie er mir befohlen hatte. Da kam der Odem in sie und sie wurden wieder lebendig und stellten sich auf ihre Füße, ein überaus großes Heer. 11 Und er sprach zu mir: Du Menschenkind, diese Gebeine sind das ganze Haus Israel. Siehe, jetzt sprechen sie: Unsere Gebeine sind verdorrt und unsere Hoffnung ist verloren und es ist aus mit uns. 12 Darum weissage und sprich zu ihnen: So spricht Gott der HERR: Siehe, ich will eure Gräber auftun und hole euch, mein Volk, aus euren Gräbern herauf und bringe euch ins Land Israels. 13 Und ihr sollt erfahren, dass ich der HERR bin, wenn ich eure Gräber öffne und euch, mein Volk, aus euren Gräbern heraufhole. 14 Und ich will meinen Odem in euch geben, dass ihr wieder leben sollt, und will euch in euer Land setzen, und ihr sollt erfahren, dass ich der HERR bin. Ich rede es und tue es auch, spricht der HERR.

Liebe Gemeinde,

Eigentlich ist es ein grausiges Bild, das hier geschildert wird – dieses Tal voller verdorrter Knochen. Jedenfalls gibt es kaum einen stärkeren Ausdruck der Hoffnungslosigkeit. Der Prophet Hesekiel lebte unter den Israeliten in der Verbannung in Babylon. Was für ihn ein Bild war, ist für uns heute harte Realität. Denken Sie an die Knochenberge, die der Völkermord des Pol Pot-Regimes in Kambodscha hinterlassen hat; an die grausigen Funde in den Massengräbern in Bosnien, Ruanda, in El Salvador, und natürlich auch an die Todesspuren, die der KZ-Terror der Nationalsozialisten in unser Gedächtnis eingegraben hat.
Ausgebleichte Gebeine erinnern an vergangenes, ausgelöschtes Leben. Glücklich die, welche die Gebeine ihrer ermordeten Angehörigen beweinen und bestatten können. Umso schrecklicher die systematisch geplante Auslöschung auch der Erinnerung durch das Verscharren in Massengräbern und durch das Verschwindenlassen oder das Verbrennen in den Öfen der Konzentrationslager.

*

Die Vision des Hesekiel lebt von der Kraft der Erinnerung, in der geheimnisvoll die Erlösung, die Befreiung zu neuem Leben beschlossen liegt. Es gibt die nostalgische, depressive Erinnerung, die uns an das Vergangene fesselt. Und es gibt die Erinnerung der aktiven Trauer, die neue Kraft zum Leben freisetzt. Die nostalgische Erinnerung bestätigt uns immer neu, dass alles aus und verloren ist. Sie sieht keine Zukunft mehr. Immer mehr arbeitslose Menschen geraten in die Fänge dieser Form von Erinnerung. Viele Einwanderer bei uns leben als Gefangene nostalgischer Erinnerung. Sie haben ihren Wurzelboden verloren, klammern sich an alte Traditionen,

ziehen sich zurück. Sie leben aus der Erinnerung, aber ohne wirkliche Hoffnung. Von innen, d.h. mit Willensanstrengung, lässt sich diese lähmende Erinnerung in den meisten Fällen nicht aufbrechen und abschütteln. Es muss schon etwas von außen geschehen – ein vollmächtiges Hoffnungswort kann die Wendung des Blicks nach vorn, in die Zukunft, zum Leben bewirken. Das ist es, was Hesekiel sieht und verkündet: Ihr sollt leben! Gott will, dass ihr lebt!
Für uns wird das Bild zum Sinnbild für den Zustand unserer Kirche, unseres Volkes, vielleicht auch der Ökumene. Die Strukturen sind noch da, aber sie klappern schon wie dürre Knochen. Die Bindekräfte, die Sehnen sind erlahmt, und der Blutkreislauf, der das Fleisch, die Muskeln und die Haut mit Nahrung versorgt und vor dem Verfall bewahrt, ist ins Stocken geraten. Es gibt genug Propheten, die das Ende der klassischen Institutionen unter Einschluss der Kirchen, Parteien und Gewerkschaften voraussagen. Und es breitet sich Resignation aus, die keine wirkliche Änderung mehr für möglich hält.

*

Das Sinnbild löst viele Assoziationen aus. Aber die Anschaulichkeit dieser Vision kann auch in die Irre führen. Wir bleiben hängen bei den Knochen und Sehnen – aber es ist kein Leben darin. Wir klammern uns an Strukturen und Traditionen, an unsere Programme und Aktivitäten – doch es fehlt der Geist, der lebendig macht. Der Geist ist mehr als Initiative, Anstrengung und Willenskraft. Der Geist ist die Lebensenergie, die wir nicht selber erzeugen können; der Atem, der ohne die Steuerung durch unser Bewusstsein unseren Körper lebendig und aufrecht erhält. Der Geist öffnet uns die Augen, erschließt eine neue Sicht und lässt uns das Wirken, die Hand Gottes erkennen. Der Geist erinnert an die Zusage Jesu: Ich lebe und ihr sollt auch leben! (Joh 14,19)
Das ist die Hoffnungsbotschaft unseres Abschnittes. Gottes Geist kann und will die müden Gebeine aufrichten und mit Leben erfüllen. Gottes Geist will in uns wohnen und wirken, will die Gräber der Hoffnungslosigkeit öffnen und Mauern der Fremdheit überwinden. Das Problem sind nicht in erster Linie die anderen oder die Verhältnisse. Das Problem sind meist wir selbst. Wir vergessen bei aller Aktivität und allem Engagement für die Kir-

che und Ökumene zu *atmen*, dem Geist Gottes Raum zu geben. So verblassen unsere Visionen, verdorren unsere Hoffnungen und zum Schluss bleibt uns nur die Sorge um die Strukturen – und das Geld.

*

Wir erleben eine Periode der Dürre in vielen Kirchen und ökumenischen Einrichtungen. Die nostalgische Erinnerung an die Zeiten der lebendigen Bewegung hält uns gefangen. Wir beklagen das Erlahmen von Bereitschaft zur Solidarität. Der Kreis der Gleichgesinnten ist kleiner geworden.
Aber da ist auch die Erinnerung an Gottes Verheißung der neuen Schöpfung; an den Anbruch des Reiches Gottes im Leben, Sterben und Auferstehen Jesu Christi; an die Vision des neuen Himmels und der neuen Erde, in denen Gerechtigkeit wohnt. Diese Erinnerung fesselt nicht an die Vergangenheit, sie greift hinaus über die scheinbar unveränderbaren Verhältnisse.
Es ist Gottes Geist, der diese Erinnerung in uns lebendig erhält. Wir gewinnen Raum zum Atmen, wo immer diese Hoffnungsbilder aufsteigen. Es sind Bilder einer neuen Wirklichkeit, die wir nicht herbeiführen, sondern nur annehmen können. Sie entziehen sich jedem Realitätstest und aller Effektivitätskontrolle. Gerade deshalb haben sie ihre ermutigende Kraft über alle Niederlagen und Krisen, Dürreperioden und Zeiten der Resignation hinweg bewahrt.
Hesekiel sieht, dass das zerstreute und in seinem Lebensmut gebrochene Volk wieder zusammenfindet zu neuer Ganzheit und neuem Leben. Ganzheit und Leben sind Kernworte der ökumenischen Vision für das beginnende 21. Jahrhundert. Es ist eine Vision für das Volk Gottes auf dem Weg; die Vision gibt ein Ziel vor und nimmt zugleich den Selbstzweifel auf, der fragt: Warum sind wir da? Was wollen und was sollen wir?
Daher ein paar Wegweisungen zum Schluss:
- Aktive Erinnerung an die Zukunft braucht Raum und Ruhe. Spiritualität und Solidaritätsarbeit sind keine Gegensätze; sie brauchen einander.
- Gemeinschaft lebt nicht von der Gleichgesinntheit, sondern von den unterschiedlichen Gaben. Aber Gemeinschaft stirbt, wo jedes Glied für sich selber sorgt.

- Leben und Liebe, Freiheit und Macht sind Güter, die sich vermehren, wenn sie geteilt werden. Indem wir teilen, erfahren wir Leben und Ganzheit.
- Es ist nicht viel nötig, um den Atem der Hoffnung zu wecken. Hier liegt die Chance und Berufung jeder Gemeinde und gerade auch der ökumenischen Christuskirchengemeinde.

20. Salz der Erde, Licht der Welt

Predigt im Universitätsgottesdienst in Bern am 30.10.1997

Zu diesem Gottesdienst im Berner Münster hatten aus Anlass des Reformationstages die Evangelisch-Theologische Fakultät und die Studentengemeinde eingeladen. Die Liturgie wurde von Studierenden gestaltet. Als Text für meine Predigt hatte ich den Abschnitt Mt 5,13–16 ausgewählt.

> Mt 5,13–16
> *13 Ihr seid das Salz der Erde. Wenn nun das Salz nicht mehr salzt, womit soll man salzen? Es ist zu nichts mehr nütze, als dass man es wegschüttet und lässt es von den Leuten zertreten. 14 Ihr seid das Licht der Welt. Es kann die Stadt, die auf einem Berge liegt, nicht verborgen sein. 15 Man zündet auch nicht ein Licht an und setzt es unter einen Scheffel, sondern auf einen Leuchter; so leuchtet es allen, die im Hause sind. 16 So lasst euer Licht leuchten vor den Leuten, damit sie eure guten Werke sehen und euren Vater im Himmel preisen.*

Liebe Gemeinde,

Wir feiern diesen Gottesdienst zur Eröffnung des Wintersemesters. Gleichzeitig begehen wir das Reformationsfest zum Gedenken an den Thesenanschlag Martin Luthers an den Türen der Schlosskirche in Wittenberg morgen vor 480 Jahren.

Haben diese mehr zufällig verbundenen Anlässe etwas gemeinsam? Die Reformation war ein Aufbruch in der Suche nach neuen Orientierungen für Leben und Zeugnis der Kirche. Wir leben heute in einer quasi vor-reformatorischen Zeit. Im Vorblick auf das Jahr 2000 suchen viele Menschen nach neuer Orientierung. Als Studierende haben Sie das Privileg, die zahlreichen Angebote der Sinndeutung zu erkunden und auszuprobieren. Aber es fehlt für viele der Kristallisationspunkt, der Impuls zum Aufbruch. Es müsste sich vieles ändern in Kirche, Politik und Gesellschaft; aber der Durchbruch gelingt nicht. Andere leiden darunter, dass die Veränderungen zu schnell gehen. Sie sehen sich ausgeliefert, erkennen keine Richtung und fühlen sich gelähmt.

Wir brauchen Visionen, Bilder, Modelle, an denen unsere Suche sich zu orientieren vermag. Kann die christliche Gemeinde, kann eine Universitätsgemeinde heute ein Modell sein, kann sie zu Visionen inspirieren? Die Reformatoren sprachen von der *ecclesia semper reformanda*, von der sich ständig erneuernden Kirche. Lebt dieser Impuls heute noch weiter? Was heißt es überhaupt, heute Kirche zu sein?

*

Mit solchen Fragen wenden wir uns dem kurzen Abschnitt aus der Bergpredigt mit den beiden bekannten Bildworten vom Salz der Erde und vom Licht der Welt zu. Ohne weitere Erläuterung haben die Aussagen: Ihr seid das Salz der Erde! Ihr seid das Licht der Welt! zunächst etwas Entmutigendes. Das scheint ein Anspruch zu sein, dem unsere Gemeinden wohl kaum entsprechen können. Salz der Erde, Licht der Welt – was immer das heißt, für uns gilt es wohl kaum.

Im Zusammenhang der Bergpredigt des Matthäusevangeliums gelten diese Aussagen der ersten christlichen Gemeinde, der kleinen Schar von Männern und Frauen, die als Minderheit im Judentum ihrer Zeit Jesus nachzufolgen versuchten. Sie hatten erste Erfahrungen von Verfolgung gemacht. Visionen hatten sie vielleicht schon, aber kaum die Möglichkeit, diese einzulösen. Sie kannten die „vor-reformatorische" Erfahrung der Suche nach dem neuen Weg und zugleich die Lähmung beim Aufbruch.

Was mögen sie gehört haben aus diesen Bildworten? Wir müssen uns in eine Zeit versetzen, in der Salz und Licht Symbole waren für das, was

Menschen zum Leben unbedingt brauchen. Salz war so kostbar, dass es in einigen Kulturen sogar als Zahlungsmittel verwendet wurde. In manchen Ländern, z.B. in Osteuropa, wird der Gast noch heute mit einer Gabe von Brot und Salz empfangen. Im alten Israel wurde Salz den Opfergaben beigegeben. Mit Salz wurden Verträge und Bündnisse besiegelt. So wurde Salz zum Symbol für das, was eine Gemeinschaft zusammenhält. Daneben brauchte man Salz zum Konservieren, um verderbliche Nahrungsmittel vor dem Verfall zu bewahren – und auch zum Reinigen und zur Desinfektion.

Hören wir das Bildwort: Ihr seid das Salz der Erde! mit so sensibilisierten Ohren, dann gewinnt es ein neues Profil. Nicht um das Gewürz geht es, das sich auflöst und so einem Gericht Geschmack gibt – die christliche Gemeinde als das religiöse, spirituelle oder auch moralische „Gewürz" in einer säkularisierten Konsumgesellschaft? Nein – die Rolle der christlichen Gemeinde als „Salz der Erde" ist es vielmehr, die Kraft zu sein, die eine menschliche Gemeinschaft zusammenhält und vor dem Verfall, der Desintegration, bewahrt. Sie soll sich gerade nicht auflösen, sich an- und einpassen. Dann verlöre sie ihre Kraft, als Salz zu wirken – und gerade das wurde die Rolle der christlichen Gemeinde in der sich auflösenden Kultur der hellenistischen Welt.

Kirche sein hieße demnach, als Kirche erkennbar zu sein – nicht um der Verteidigung von überkommenen Ordnungen und Traditionen willen, sondern um sichtbar zu machen, wie ein vom Evangelium bestimmtes Leben aussieht. Denn die Salzkraft liegt letztlich nicht in der Gemeinde selbst, sondern in der Botschaft des Evangeliums, die ihr anvertraut ist. Aber das Evangelium will und muss konkret werden, Gestalt gewinnen, um Glauben zu wecken. Sonst bleibt es bloßes Wort ohne Leben, wie das Salz, das kraftlos wird. Es kommt nicht auf die Menge des Salzes an, sondern auf die Erkennbarkeit und Eindeutigkeit der Lebensform. Denken wir an die Rolle der Minderheitsgemeinden im Prozess der Wende in der ehemaligen DDR, an die christlichen Basisgemeinden in Lateinamerika oder auch in Südafrika. Sie haben etwas von der Wahrheit dieser Aussage erkennen lassen: Ihr seid das Salz der Erde!

*

Das andere Bildwort vom Licht der Welt geht in die gleiche Richtung. Für die ersten Hörer oder Leser des Evangeliums klangen dabei die prophetischen Bilder mit vom Volk, das im Finstern wandelt und plötzlich ein großes Licht sieht (Jes 9,1), oder von der Wallfahrt der Völker zum Berg Zion, angezogen vom Licht der Herrlichkeit Gottes (Jes 2,1–5). Im Johannesevangelium spricht Jesus von sich selbst als dem „Licht der Welt" (Joh 8,12).

Licht, wie Salz, ist notwendig zum Leben. So wie der Gottesknecht im Jesajabuch aufgerufen wird, „Licht der Völker" zu sein (Jes 42,7; 49,6), so gilt dieser Aufruf nun der kleinen christlichen Gemeinde. Sie soll durch ihre Ausstrahlung die Menschen anziehen, sie zur Quelle des Lichtes führen, sodass „alle im Haus" sehen können und nicht länger in Finsternis leben müssen. Aber ebenso wie das Salz hat auch das Licht eine kritische Funktion: Es deckt auf, es entlarvt die Lüge, es bringt die Wahrheit an den Tag. Als Licht der Welt wird die christliche Gemeinde zu einer Herausforderung und Bedrohung für die, deren Macht auf Lüge, Verdummung und geheimen Machenschaften beruht.

Menschliches Leben in Gemeinschaft hat nur in der Wahrheit Bestand. Als Licht der Welt ist die christliche Gemeinde berufen, Anwalt der Wahrheit zu sein, nicht aus Rechthaberei oder weil sie sich im Besitz der einzigen Wahrheit wähnt, sondern als durchsichtiger Spiegel der hellen Wahrheit des Evangeliums. Die Erfahrungen von „Wahrheits-Kommissionen" in Südafrika, in El Salvador und Guatemala und das Engagement der Kirchen in diesem Prozess sind ein gegenwärtiges Beispiel für die Bedeutung dieses Bildwortes.

*

Wir feiern diesen Gottesdienst in der Universitätsgemeinde. Die Universität ist in unseren modernen Gesellschaften ein Ort, wo Menschen gemeinsam nach Wahrheit suchen und kritisch die Orientierungen für das Leben der Gesellschaft prüfen können. Die Universität ist in Gefahr, diese Freiheit zu verlieren unter dem Druck, schnell verwertbares Wissen zu vermitteln. Die Instrumentalisierung der akademischen Bildung im Dienst wirtschaftlicher Interessen lähmt beide, die Lehrenden und Lernenden. Darin teilt die Universität die Bedingungen der Gesellschaft insgesamt.

Was heißt es für eine kleine Universitätsgemeinde in dieser Situation, „Salz der Erde“ und „Licht der Welt“ zu sein? Ihre Wirkungsmöglichkeiten und ihre Ausstrahlung sind begrenzt. Aber sie kann für Lernende und Lehrende einen Raum schaffen, in dem sie gemeinsam in einen offenen Lernprozess eintreten können, wo sie nach den Verknüpfungen suchen können, die das spezialisierte Wissen zusammenhalten. Sie können sich gegenseitig stützen, um dem Anpassungsdruck zu widerstehen und alternative Orientierungen zu erkunden. Sie können vor allem kritische Anwälte der Wahrheit und Transparenz, der Aufrichtigkeit und gegebenenfalls des Zweifels sein und nach einer Sprache suchen, in der das Evangelium als gute Nachricht für unsere heutigen Zeitgenossen vernehmbar wird.
Natürlich können Sie versuchen, das alles auch allein zu leisten. Aber Sie werden bald erlahmen ohne den Rückhalt in einer Gemeinde, in der der Geist des Evangeliums lebendig ist. Es mag schwierig sein, in einer völlig säkularen Universität als erkennbare Gemeinde zu leben. Aber das Evangelium schafft sich selber den Raum. Das haben vor bald 500 Jahren die Reformatoren erfahren. Wichtig ist nicht unsere Anstrengung, sondern vielmehr, ob wir uns in Dienst nehmen lassen als Salz und als Licht, sodass durch uns Menschen zur Quelle des Lichtes gelangen und in das Lob Gottes einstimmen.

Und der Friede Gottes, der all unser Wissen und Verstehen übersteigt, bewahre Eure Herzen und Sinne in Christus Jesus. Amen.

21. Eine Vision ökumenischer Gemeinschaft

Predigt in der Peterskirche in Heidelberg am 18.1.1998

Diese Predigt fand auf Einladung des Ökumenischen Instituts der Universität Heidelberg in der Universitätskirche statt. Das 50. Jubiläum des ältesten der deutschen ökumenischen Universitäts-Institute an diesem Wochenende fiel zusammen mit dem Beginn der ökumenischen Gebetswoche für die Einheit der Christen. Die Liturgie in diesem Gottesdienst wurde von

Studierenden der Fakultät übernommen. Der Predigttext Röm 12,9–16 war durch die Ordnung der Gebetswoche vorgegeben.

Röm 12,9–16
9 Die Liebe sei ohne Falsch. Hasst das Böse, hängt dem Guten an.
12 Die brüderliche Liebe untereinander sei herzlich. Einer komme
dem andern mit Ehrerbietung zuvor. 11 Seid nicht träge in dem,
was ihr tun sollt. Seid brennend im Geist. Dient dem Herrn. 12
Seid fröhlich in Hoffnung, geduldig in Trübsal, beharrlich im Ge-
bet. 13 Nehmt euch der Nöte der Heiligen an. Übt Gastfreund-
schaft. 14 Segnet, die euch verfolgen; segnet, und flucht nicht. 15
Freut euch mit den Fröhlichen und weint mit den Weinenden. 16
Seid eines Sinnes untereinander. Trachtet nicht nach hohen Din-
gen, sondern haltet euch herunter zu den geringen. Haltet euch
nicht selbst für klug.

Liebe Gemeinde,

Ein festlicher akademischer Anlass hat mich an diesem Wochenende nach Heidelberg geführt, und so grüße ich Sie zunächst herzlich im Namen des Ökumenischen Rates der Kirchen, dessen Generalsekretär ich seit fünf Jahren bin. Dieser Gottesdienst im Rahmen der Feiern zum 50. Jubiläum des Ökumenischen Instituts der Universität Heidelberg fällt wohl nicht zufällig auf den ersten Tag der traditionellen ökumenischen Gebetswoche für die Einheit der Christen – jedenfalls in den meisten Ländern und Kirchen. Es handelt sich also in doppelter Hinsicht um ein bedeutsames ökumenisches Datum.

Das Thema der Gebetswoche: „Der Geist hilft unserer Schwachheit auf" ist, wie auch unser Predigttext, dem Römerbrief entnommen. Es könnte uns den Einstieg zur Auslegung dieser Verse aus dem Römerbrief geben. Dazu kommt schließlich noch ein besonderer Anknüpfungspunkt. Der Ökumenische Rat der Kirchen feiert in diesem Jahr ebenfalls sein 50-jähriges Bestehen. Die achte Vollversammlung am Ende dieses Jahres in Harare, bei der das Jubiläum offiziell begangen wird, steht unter dem Thema: „Kehrt um zu Gott – Seid fröhlich in Hoffnung". Der zweite Teil dieses Themas ist ein Zitat aus den eben verlesenen Versen unseres Predigttextes. Eine vielfältige Einladung also, ökumenische Reflexionen in den Mittelpunkt dieser Predigt zu stellen.

*

Doch beginnen wir mit dem Predigttext. Er bietet ein katechetisches Summarium von Aufforderungen zum Leben in und aus der Liebe Christi. In kurzen Sätzen folgt eine Ermahnung auf die andere. Die spontane Reaktion ist wohl bei vielen von uns: Ja, ja, so sollte es sein; wir wissen es – aber die Verhältnisse, die sind nicht so! Wo gibt es unter den Bedingungen unseres Alltag diese vollkommene Gemeinschaft? Paulus zeichnet ein Idealbild, aber es ist unrealistisch – und daher sind diese Ermahnungen eher ärgerlich und jedenfalls nicht sehr hilfreich.

Aber muss sich dann nicht auch der ÖRK mit seinem Vollversammlungsthema diesen Vorwurf gefallen lassen: „Seid fröhlich in Hoffnung!"? Kann man das als Aufforderung einfach stehen lassen? Wohl nicht ohne den ersten Teil: Kehrt um zu Gott! Kehrt um zu der Quelle lebendiger Hoffnung! Wie das Vollversammlungsthema ist auch dieser ganze Abschnitt aus dem Römerbrief eher als eine Einladung zu verstehen, als Konkretisierung dessen, was Paulus als die grundlegende Wandlung des Lebens, als Erneuerung der Sinne, der Fähigkeit zur Wahrnehmung bezeichnet. Wenn ihr anfangt, die Welt, die Menschen, euer eigenes Leben aus der Perspektive Gottes zu sehen, dann entdeckt ihr das gute, das Gott wohlgefällige, das vollkommene Leben als eine realistische Möglichkeit und nicht nur als eine moralische Überforderung.

Denn – und hier greife ich das Thema der Gebetswoche aus dem achten Kapitel des Römerbriefes auf – alle, die sich Gott öffnen, die sich durch Gottes Geist führen lassen, sind Kinder Gottes. Sie sind einbezogen in die neue Wirklichkeit Gottes. Sie werden nicht plötzlich zu Heiligen, zu makellosen Vorbildern der Liebe, die der Realität des menschlichen Lebens enthoben sind. Sie brauchen ihre Schwächen, ihre Fehler, ihre Unzulänglichkeiten nicht zu verstecken; denn der Geist, und d.h. Gott selber, hilft ihrer Schwachheit auf. Darum können sie ohne Hintergedanken teilen, gastfrei sein, ohne sich zu schämen über ihre bescheidenen Möglichkeiten.

Sie können den Teufelskreis der Vergeltung durchbrechen, auch und gerade, wenn sie im Recht sind. Sie können den niederdrückenden, entmutigenden Verhältnissen widerstehen, ohne überheblich zu werden und sich zu verhärten. Denn Gott selbst wirkt durch seinen Geist in ihnen, befreit sie von der Sorge um sich selbst, sodass gleichsam ihr ganzes Leben zum Gottesdienst wird.

*

Aber – ist das nun nicht doch wieder das letztlich lähmende Idealbild, auch wenn die Berufung auf den Geist, der unserer Schwachheit aufhilft, uns vom Druck der Ermahnungen befreit? Gewiss, es bleibt eine Spannung zwischen unserer alltäglichen Erfahrung und diesen Bildern von einer anderen Möglichkeit zu leben. Die Spannung schwingt freilich auch mit in den großen Gleichnissen Jesu, die im Bildwort einladen dazu, die neue Wirklichkeit des anbrechenden Reiches Gottes wahrzunehmen. Die Gemeinde derer, die versuchen, Jesus nachzufolgen, ist in diese Spannung, diesen Widerspruch zwischen Hoffnungsbild und alltäglicher Erfahrung hineingestellt. Die Spannung wird größer in dem Maß, als das Leben aus dem Geist des Evangeliums und die bürgerliche Konvention und Moral wieder deutlicher auseinander treten, wie wir es heute erleben. Wir werden als Christen zwar nicht verfolgt, jedenfalls nicht in diesem Teil der Welt. Aber der Versuch, heute so zu leben, wie Paulus es hier beschreibt, steht offenkundig im Widerspruch zu den Werten der Spaß- und Erlebnisgesellschaft und den Regeln marktkonformen Verhaltens. Und unsere Kirchen können sich im Spiegel dieses Bildes vollkommener Gemeinschaft nur zu ihrer Schwachheit bekennen – und auf die Kraft des Geistes Gottes vertrauen.

*

Bleibt uns also nichts als die Feststellung dieses Widerspruchs und die etwas zaghafte Hoffnung auf den Geist Gottes? Kann man das Wirken des Geistes Gottes nicht doch sehen und erfahren? Sind die Ermahnungen des Apostels hier nicht so etwas wie Beschreibungen der Früchte des Geistes, die daher erfahrbar werden sollten?

Als Kinder Gottes sind wir eingegliedert in die Familie Gottes, in die weltweite Gemeinschaft der Ökumene. In dieser Gemeinschaft gibt es, wie in jeder Kirche und Gemeinde, die Starken und die Schwachen, die Hoffnungsvollen und die Verzweifelten, die Fröhlichen und die, die trauern und weinen. Wir haben in den letzten 50 Jahren dank der ökumenischen Gemeinschaft viele Beispiele des Geistes der geschwisterlichen Liebe und des Miteinander-Teilens, der Gastfreundschaft und der Solidarität erlebt und selber erfahren. Wir haben unsere eigene Hoffnung und unseren Glauben aufgerichtet am Lebenszeugnis, am Widerstand und der geistlichen Kraft von Brüdern und Schwestern aus anderen Kirchen. Sie sind für uns zu „Gehilfen" unserer Freude und unserer Hoffnung geworden. Sie haben die Möglichkeit eines anderen Lebens erfahrbar gemacht. Deshalb brauchen wir die ökumenische Gemeinschaft der Christen und Kirchen, um selber die Spannung und den Widerspruch aushalten zu können.

*

Die ökumenische Bewegung als eine Erneuerungsbewegung der Kirchen und in den Kirchen lebt selbst in der Spannung zwischen ökumenischer Vision und der Wirklichkeit unserer Kirchen. Die Vision gründet in den biblischen Hoffnungsbildern, der Antizipation der neuen Wirklichkeit des Reiches Gottes. Aber sie bedarf der immer neuen Konkretisierung und Verleiblichung.
Darum hat der ÖRK für seine achte Vollversammlung und für sein Jubiläum den Versuch gemacht, die ökumenische Vision für das wandernde Gottesvolk neu zu formulieren. Ich will zum Abschluss einige Abschnitte aus diesem Text zitieren. Er wird bei der Vollversammlung als Gerüst für die Liturgie eines Gottesdienstes der Neu-Verpflichtung der Mitgliedskirchen dienen.

Wir sind unterwegs als Volk, das aus der Vergebung lebt.
Inmitten unserer zerrissenen Welt
verkündigen wir die gute Nachricht von Versöhnung,
Heilung und Gerechtigkeit in Christus.

Wir sind unterwegs als Volk, das aus der Auferstehung lebt.
Inmitten von Ausgrenzung und Verzweiflung
vertrauen wir in Freude und Hoffnung
auf die Verheißung des Lebens in Fülle.

Wir sind unterwegs als Volk, das aus dem Gebet lebt.
Inmitten von Verwirrung und Verlust von Identität
erkennen wir Zeichen der Verwirklichung von Gottes Plan
und erwarten sein kommendes Reich.

Darum sind wir überzeugt, dass das, was uns verbindet, stärker ist als was uns trennt.
Weder fehlender Fortschritt noch Rückschläge,
weder Versagen noch Unsicherheiten,
weder Ängste noch Bedrohungen
können unseren Willen schwächen,
weiterhin auf dem Weg zur Einheit der Kirche zu bleiben,
alle willkommen zu heißen,
die sich uns auf diesem Weg anschließen wollen,
unsere Vision beständig zu erweitern
und neue Formen des gemeinsamen Zeugnisses
und Handelns im Glauben zu entdecken.

Der Geist, der uns zu Kindern Gottes macht, ermächtigt dazu, so zu sprechen. Ihm wollen wir uns auch heute anvertrauen.

22. Einigkeit im Geist

Predigt am 8.2.1998 in Princeton/NJ

Zu dieser Predigt im Sonntagsgottesdienst der First Presbyterian Church in Princeton, New Jersey, war ich eingeladen worden aus Anlass eines Symposions, das an den früheren Generalsekretär des Ökumenischen Rates wie der United Presbyterian Church in den USA, Dr. Eugene Carson Blake, erinnern sollte. Das Symposion fand im Princeton Theological Seminary, der traditionellen Hochburg presbyterianischer Theologie, statt.

Eph 4,1–6

1 So ermahne ich euch nun, ich, der Gefangene in dem Herrn, dass ihr der Berufung würdig lebt, mit der ihr berufen seid, 2 in aller Demut und Sanftmut, in Geduld. Ertragt einer den andern in Liebe 3 und seid darauf bedacht, zu wahren die Einigkeit im Geist durch das Band des Friedens: 4 „ein" Leib und „ein" Geist, wie ihr auch berufen seid zu „einer" Hoffnung eurer Berufung; 5 „ein" Herr, „ein" Glaube, „eine" Taufe; 6 „ein" Gott und Vater aller, der da ist über allen und durch alle und in allen.

Gnade und Friede sei mit euch von Gott, unserem Vater und dem Herrn Jesus Christus!

Liebe Gemeinde,

Ich freue mich, dass ich heute diesen Gottesdienst mit Ihnen hier in Princeton feiern kann. Zu Anfang möchte ich Ihnen Grüße im Namen des Ökumenischen Rates der Kirchen bringen, dieser weltweiten Gemeinschaft von Kirchen, zu der die Presbyterianische Kirche in den USA von Anfang an gehört hat.

*

Als Generalsekretär des ÖRK habe ich die Aufgabe und zugleich das Privileg, die verschiedensten Mitgliedskirchen besuchen zu können und so die Botschaft des Evangeliums in die unterschiedlichsten Kontexte hinein zu verkündigen. So habe ich z.B. am vergangenen Sonntag an einer großen orthodoxen Liturgie teilgenommen. Sie wurde in Anwesenheit des Patriarchen der russisch-orthodoxen Kirche in der ältesten Kathedrale im Moskauer Kreml gefeiert. Am Abend des gleichen Tages wurde ich eingeladen, in einem Jugendgottesdienst in der zentralen baptistischen Kirche in Moskau zu predigen. Nun bin ich nach Princeton gekommen und nehme an einer Konferenz mit presbyterianischen Pfarrern teil, die dem Erbe von Pfarrer Dr. Eugene Carson Blake gewidmet ist, dem langjährigen Generalsekretär der Presbyterianischen Kirche (1951–1966), der anschließend von 1967 bis 1972 einer meiner Vorgänger als Generalsekretär des ÖRK war. Das Thema meiner Predigt „Zu einer Hoffnung berufen" ist einem Abschnitt aus dem Epheserbrief (Kapitel 4) entnommen. Es wurde im Andenken an E.C. Blake gewählt, der einer der großen ökumenischen Pioniere in diesem Jahrhundert war. Sein Name ist sowohl mit dem mutigen Eintreten für rassische Gerechtigkeit und Bürgerrechte verbunden wie mit einem entschiedenen Engagement für die christliche Einheit, für die Überwindung der konfessionellen Spaltungen. Für ihn waren dies nicht – wie man heute manchmal den Eindruck hat – zwei voneinander unabhängige Ziele, sondern vielmehr die zwei Seiten der gemeinsamen Berufung, der die Kirchen durch die ökumenische Bewegung zu entsprechen suchen.

*

Die ersten sechs Verse des vierten Kapitels im Epheserbrief sind einer der klassischen Texte im Neuen Testament über die christliche Einheit. Es gibt heute eine weitverbreitete Neigung, die Frage der christlichen Einheit als eine abstrakte Angelegenheit den theologischen Spezialisten zu überlassen. Blake hätte dem leidenschaftlich widersprochen, und er hätte auf diesen Abschnitt aus dem Epheserbrief verweisen können, wo uns ein anderes Verständnis christlicher Einheit begegnet.

Der Abschnitt eröffnet den zweiten Teil des Briefes, der in erster Linie dem Leben der Christen gewidmet ist. Blake hat als Pfarrer und Prediger oft über die christliche Einheit gesprochen und hat dafür regelmäßig Texte ausgewählt, in denen die christliche Einheit als eine Frage nach dem Leben in rechten Beziehungen verstanden wird. Christliche Einheit ist nicht in erster Linie eine Sache des gelehrten Dialogs und differenzierter Argumentationen über komplizierte Fragen der Lehre oder über die Zusammenführung von unterschiedlichen kirchlichen Strukturen. Vielmehr geht es dabei vor allem um einen alternativen Lebensstil, ein Leben, das den Geist und das Verhalten Jesu Christi zum Ausdruck bringt.

Wie lässt sich dieses Leben im Geist Christi beschreiben? Der Apostel lädt die Gemeinde in Ephesus ein mit den Worten: „... wandelt, wie sich's gebührt eurer Berufung, mit der ihr berufen seid, in aller Demut und Sanftmut, in Geduld; und vertraget einer den anderen in der Liebe und seid fleißig, zu halten die Einigkeit im Geist durch das Band des Friedens …“ (V. 1–3).

Was diesen Lebensstil charakterisiert, ist nicht so sehr ein passives Geschehenlassen, sondern vielmehr eine Haltung aktiver Gewaltfreiheit, die ständige Bemühung um das Verständnis und die Beziehung zu dem, was fremd ist. Demut, Sanftmut und Geduld sind Ausdrucksformen der Liebe, welche die anderen, die Fremden, die sich nicht in unsere Regeln einfügen, als Brüder oder Schwestern in Christus annimmt, als Kinder Gottes wie wir. Es ist eine Haltung und eine Praxis, die nicht darauf besteht, immer Recht zu haben, d.h. das Gegenteil von Selbstgerechtigkeit. Sie ist bereit, auf die Durchsetzung des eigenen Standpunktes oder Rechtes zu verzichten – nicht um Konflikte zu vermeiden, sondern um die Einigkeit im Geist zu bewahren und dem allgemeinen Frieden zu dienen, d.h. dem Wohlergehen aller in der Gemeinschaft.

Dieser Lebensstil steht im Gegensatz zu der heute üblichen Betonung der individuellen Selbstverwirklichung, der Behauptung und Durchsetzung der eigenen Interessen, wenn nötig in aggressivem Wettbewerb. Er könnte daher als ein Ausdruck von Schwäche angesehen werden – und das war möglicherweise schon die Reaktion in Ephesus zur Zeit des Apostels; denn Ephesus war eine quirlige Handelsstadt mit einer Vielzahl von religiösen Angeboten, die miteinander konkurrierten. Das Erstrebenswerte war damals wie heute die Möglichkeit, ein Leben nach der eigenen Wahl führen zu können, frei von Konventionen und Normen, frei vor allem von der Rücksichtnahme auf andere. Aber diese Freiheit kann zu einer Last werden, ja – sie kann selbstzerstörerisch werden. Denn eine Freiheit, die nur auf Kosten des Zusammenlebens mit anderen erhalten werden kann, führt letztlich in die Sinnlosigkeit.

Der alternative Lebensstil, für den der Apostel wirbt, gewinnt seine innere Kraft aus dem Bewusstsein einer Berufung, einer Zielperspektive, die hinausreicht über die vordergründigen Ziele, gesund zu bleiben und im Leben voranzukommen. Eine menschliche Gemeinschaft, in der alle nur auf ihren Vorteil bedacht sind, ist ein Zerrbild dessen, wozu uns Gott als Menschen bestimmt hat, nämlich der Möglichkeit, einander in Liebe wechselseitig zu bereichern und zu stärken.

*

Diese „Einigkeit im Geist durch das Band des Friedens“ zu leben, ist auch in der christlichen Gemeinde alles andere als selbstverständlich. Während meines Besuchs in Russland begegnete ich einer sehr aggressiven Form der dort weitverbreiteten Ablehnung der ökumenischen Bewegung; sie beruft sich darauf, dass allein die orthodoxe Tradition die Wahrheit des Evangeliums unverfälscht bewahrt habe. Sogar orthodoxe Ökumeniker werden dann als Häretiker vorgeführt, und einer der Mönche äußerte Zweifel daran, dass ich jemals die Bibel gelesen oder ernsthaft darüber nachgedacht hätte. Solche fromme Selbstgerechtigkeit, die bereit ist, die Einheit zu opfern im Interesse einer starren Verteidigung traditioneller Wahrheit, ist natürlich nicht auf die Orthodoxie beschränkt. Sie findet sich in allen unseren Kirchen.

Aber dann traf ich gleichzeitig einen Priester, Vater Arkadi, der für mich eine wunderbare Verkörperung dieser Lebensform im Geist des Evangeliums war, von welcher unser Abschnitt spricht. Zusammen mit einer kleinen Schwesternschaft von orthodoxen Frauen hatte er z.B. in einem großen Krankenhaus einen Dienst der selbstlosen Begleitung und Seelsorge für die Kranken aufgebaut, ohne Hintergedanken und ohne nach der religiösen Einstellung der Menschen zu fragen.

Der entscheidende Unterschied zwischen diesen beiden Einstellungen und Verhaltensweisen ist nicht die Verwurzelung in der orthodoxen Tradition. Auch Vater Arkadi ist in seinen theologischen Ansichten eher konservativ. Aber in seinem Dienst der Nächstenliebe kam zum Ausdruck, dass er der Berufung durch Gott zu entsprechen suchte. Er brauchte sich nicht zu rechtfertigen oder das Leben und den Glauben anderer in Frage zu stellen. Er hatte die Großzügigkeit des Herzens, die ihn befähigte, zu den kranken, hilflosen und vergessenen Menschen hinzugehen, zu Frauen, Jugendlichen und Obdachlosen, ohne zu fragen, ob sie den rechten Glauben hatten. Er war bereit, die neue Situation einer Pluralität religiöser Ausdrucksformen in Russland zu akzeptieren; es war ihm wichtiger, aus dem Geist des Evangeliums zu leben und das Evangelium durch seine Arbeit zu bezeugen, als die Orthodoxie anderer Glaubensweisen zu bestreiten.

*

Unser Abschnitt aus dem Epheserbrief eröffnet eine Sicht der christlichen Einheit, die über alle unsere partiellen Darstellungen von Einheit hinausreicht. Sie wurzelt in der Grundaussage: „ein Leib und ein Geist, wie ihr auch berufen seid zu einerlei Hoffnung eurer Berufung" (V. 4). Bei der christlichen Einheit geht es nicht in erster Linie darum, die eine apostolische Tradition zu schützen und zu bewahren, oder die Bibel als die einzige Norm und Richtschnur für christlichen Glauben und Leben zu verteidigen. Dies sind legitime Anliegen, aber sie sind nicht die Grundlage christlicher Einheit. Christliche Einheit sollte auch nicht gleichgesetzt werden mit der Durchsetzung gleichartiger Strukturen oder Gottesdienstformen in allen christlichen Gemeinden. Eine lebendige christliche Gemeinde wird, wie alle menschlichen Gemeinschaften, bereichert durch die Vielfalt der Gaben und Lebensformen.

Christliche Einheit drückt sich vielmehr darin aus, dass unser Leben, Denken und Handeln ausgerichtet ist auf die eine Hoffnung, auf die eine Verheißung, dass das neue Menschsein, das wir in Jesus Christus gesehen haben, vor aller Schöpfung offenbar werden wird. Im zweiten Kapitel dieses Briefes hat uns der Apostel eine Vision dieser wiedergewonnenen Einheit vermittelt: „In Christus Jesus aber seid ihr jetzt, die ihr vormals ferne gewesen seid, nahe geworden durch das Blut Christi. Denn er ist unser Friede, der aus beiden eines gemacht hat und hat abgebrochen den Zaun, der dazwischen war, nämlich die Feindschaft … Er ist gekommen und hat verkündigt im Evangelium den Frieden euch, die ihr ferne wart, und den Frieden denen, die nahe waren. Denn durch ihn haben wir den Zugang alle beide in einem Geist zum Vater. So seid ihr nun nicht mehr Gäste und Fremdlinge, sondern Mitbürger der Heiligen und Gottes Hausgenossen, erbaut auf den Grund der Apostel und Propheten, da Jesus Christus der Ecksein ist, auf welchem der ganze Bau ineinander gefügt wächst zu einem heiligen Tempel in dem Herrn; auf welchem auch ihr miterbaut werdet zu einer Behausung Gottes im Geist" (Kap. 2,13–22).

Aber zugleich stellt der Apostel der Gemeinde ganz zu Anfang seines Briefes vor Augen, dass Gottes Plan, Gottes Vision über die Kirche und die Versöhnung der getrennten Glieder in dem einen Leib hinausreicht. Denn es ist Gottes Wille, „dass alle Dinge zusammengefasst würden in Christus, beides, was im Himmel und auf Erden ist" (Kap. 1,10). Deshalb gilt: „ein

Herr, ein Glaube, eine Taufe; ein Gott und Vater aller, der da ist über allen und durch alle und in allen" (Kap. 4,5).
Ich möchte diese Besinnung über die christliche Einheit abschließen mit dem Gebet und Segenswunsch am Ende des ersten Teils unseres Briefes: „Dem aber, der überschwänglich tun kann über alles, was wir bitten und verstehen, nach der Kraft, die da in uns wirkt, dem sei Ehre in der Gemeinde und in Christus Jesus zu aller Zeit, von Ewigkeit zu Ewigkeit! Amen" (Kap. 3,20f).

23. „Friede sei mit euch"

Predigt in einer presbyterianischen Kirche in Seoul, Südkorea, am 21. April 1999

Die Predigt wurde im Rahmen eines offiziellen Besuches in Südkorea im Abendgottesdienst einer der großen, eher konservativen presbyterianischen Kirchen in Seoul gehalten. Nachdem ich als erster Generalsekretär des ÖRK einen Besuch in Nordkorea gemacht hatte, war ich nach Seoul gekommen, um mit ökumenischen Partnern dort und auch mit dem neu gewählten Präsidenten Kim Dae-Jung über Perspektiven der Aussöhnung zwischen den beiden koreanischen Staaten zu sprechen. Der Besuch fand in der Zeit nach Ostern statt; daher die Wahl des Predigttextes.

Joh 20,19–31
19 Am Abend aber dieses ersten Tages der Woche, als die Jünger versammelt und die Türen verschlossen waren aus Furcht vor den Juden, kam Jesus und trat mitten unter sie und spricht zu ihnen: Friede sei mit euch! 20 Und als er das gesagt hatte, zeigte er ihnen die Hände und seine Seite. Da wurden die Jünger froh, dass sie den Herrn sahen. 21 Da sprach Jesus abermals zu ihnen: Friede sei mit euch! Wie mich der Vater gesandt hat, so sende ich euch. 22 Und als er das gesagt hatte, blies er sie an und spricht zu ihnen: Nehmt hin den heiligen Geist! 23 Welchen ihr die Sünden erlasst, denen sind sie erlassen; und welchen ihr sie behaltet, de-

nen sind sie behalten. 24 Thomas aber, der Zwilling genannt wird, einer der Zwölf, war nicht bei ihnen, als Jesus kam. 25 Da sagten die andern Jünger zu ihm: Wir haben den Herrn gesehen. Er aber sprach zu ihnen: Wenn ich nicht in seinen Händen die Nägelmale sehe und meinen Finger in die Nägelmale lege und meine Hand in seine Seite lege, kann ich's nicht glauben. 26 Und nach acht Tagen waren seine Jünger abermals drinnen versammelt und Thomas war bei ihnen. Kommt Jesus, als die Türen verschlossen waren, und tritt mitten unter sie und spricht: Friede sei mit euch! 27 Danach spricht er zu Thomas: Reiche deinen Finger her und sieh meine Hände, und reiche deine Hand her und lege sie in meine Seite, und sei nicht ungläubig, sondern gläubig! 28 Thomas antwortete und sprach zu ihm: Mein Herr und mein Gott! 29 Spricht Jesus zu ihm: Weil du mich gesehen hast, Thomas, darum glaubst du. Selig sind, die nicht sehen und doch glauben! 30 Noch viele andere Zeichen tat Jesus vor seinen Jüngern, die nicht geschrieben sind in diesem Buch. 31 Diese aber sind geschrieben, damit ihr glaubt, dass Jesus der Christus ist, der Sohn Gottes, und damit ihr durch den Glauben das Leben habt in seinem Namen.

Der Friede des Herrn sei mit Euch allen!

Mit diesen Worten, die uns aus unseren Liturgien bekannt sind, grüße ich Sie im Namen des Ökumenischen Rates der Kirchen. Ich freue mich, wieder einmal in Ihrem Land zu sein; zum dritten Mal bereits, seit ich meine Aufgaben als Generalsekretär des Ökumenischen Rates übernommen habe.
Diesmal bin ich in einer besonderen Friedensmission gekommen, die mich zuerst nach Pyongyang geführt hat. Zusammen mit einer kleinen Delegation bin ich mit der Leitung des Christlichen Bundes Koreas zusammen getroffen und konnte ihnen offiziell eine große Sendung von Hilfs- und Ausrüstungsgütern übergeben, die von der ökumenischen Einrichtung für Katastrophen- und Nothilfe ACT zusammengestellt worden war. Wir haben am Sonntag den Gottesdienst in der Bongsu-Kirche besucht und sind am Montag mit dem Parlamentspräsidenten Kim Yong-Nam zusammen-

getroffen. Unser Besuch sollte als ein Zeichen der Solidarität dienen und dazu ermutigen, die Suche nach Frieden und Versöhnung auf der koreanischen Halbinsel fortzusetzen. In dem gleichen Geist sind wir nun in die Republik Korea gekommen und nehmen mit Ihnen an diesem Gottesdienst teil. Wir sind Gott dafür dankbar, dass der Ökumenische Rat einen kleinen Beitrag hat leisten können zur Verwirklichung des endgültigen Zieles der friedlichen Wiedervereinigung Koreas.
Meine Erinnerung geht heute zurück zum August 1995, als sich der Tag der Befreiung und zugleich der Teilung Koreas zum 50. Mal jährte. Damals waren wir zu einem Gottesdienst in Imgun an der Demarkationslinie zusammengekommen, enttäuscht, dass die beiden Regierungen die Erlaubnis zu einem gemeinsamen Gottesdienst über die Grenze hinweg nicht gegeben hatten. Die Hoffnung auf ein echtes „Jubel-Jahr" hatte sich nicht erfüllt. Aber wir leben weiter in Hoffnung und vertrauen darauf, dass der Friede und die Zukunft Koreas in Gottes Hand liegen.

*

Das Evangelium kann uns stärken für den vielleicht noch langen Weg, der vor uns liegt. Ich denke heute vor allem an die Erscheinungen des auferstanden Christus vor seinen Jüngern, wie sie das Johannesevangelium in Kap. 20,19–31 berichtet.
Der Auferstandene kommt zu den Jüngern mit dem Gruß: „Friede sei mit Euch!" Dreimal wird dieser Gruß in unserem Abschnitt wiederholt. In der ökumenischen Bewegung haben wir diesen Gruß und die Praxis, einander den Frieden durch ein Zeichen weiterzugeben, wiederentdeckt als die nachdrücklichste Bekräftigung unserer Gemeinschaft in der Nachfolge des auferstandenen Christus. Der Friede ist seine Gabe an uns. Sein Friede ist mehr und etwas anderes als bloße Ruhe, Harmonie und die Abwesenheit von Konflikt und Streitigkeiten. Die Bibel hat eine umfassende Vorstellung vom Frieden, die in dem hebräischen Wort „Schalom" zum Ausdruck kommt. Hier geht es um ein Leben in rechten Beziehungen, um das Wohlergehen aller, nicht allein der Menschen, sondern der ganzen Schöpfung: Es soll für alle genug geben von dem, was zum Leben notwendig ist. Das Evangelium ist die Botschaft von einem solchen Leben in Fülle für alle, auch in Nord- und Südkorea. Wenn wir einander mit den Worten unseres

auferstandenen Herrn grüßen: „Friede sei mit Euch!“, dann bekennen wir uns zu dieser Verheißung des Lebens als dem Grund unserer Hoffnung.

*

Aber diese Verheißung ist nicht nur der Grund und der Haftpunkt unserer Hoffnung. Christus gibt uns ein Zeichen, sozusagen eine Vorauszahlung auf das, was uns endgültig verheißen ist: „Nehmt hin den heiligen Geist!“ (V. 22). Es gibt heute viele christliche Gemeinschaften, auch hier in Korea, die in der Gabe des neuen Lebens im Heiligen Geist das Zentrum ihres Bekenntnisses sehen. Sie meinen, in der Gebetsheilung oder der Zungenrede deutliche Beweise für das Wirken des Heiligen Geistes zu erkennen. Viele Menschen erfahren so eine Stärkung ihres Glaubens; andere freilich sind beunruhigt durch die sich ausbreitende pfingstliche Bewegung.
Die koreanische religiöse Tradition kennt viele Geister, und Sie wissen, dass nicht alle Geister von Gott gewirkt sind. Jesus gibt uns darum einen Hinweis zur Unterscheidung der Geister: „Welchen ihr die Sünden erlasst, denen sind sie erlassen; und welchen ihr sie behaltet, denen sind sie behalten“ (V. 23). Die Sündenvergebung ist das Zeichen der Vollmacht, die der Heilige Geist schenkt. Wir erinnern uns an das Vaterunser: Auf die Bitte um das tägliche Brot folgt hier gleich die Bitte um die Vergebung unserer Schuld, um die Befreiung von der Last der Sünde, von all dem, was uns von Gott und voneinander trennt. Sünden, das sind nicht allein moralische Verfehlungen, sondern auch Hass und Feindschaft, welche das Leben und die Beziehungen in der menschlichen Gemeinschaft zerstören. Das tägliche Brot und die offene Beziehung zu Gott und unseren Mitmenschen sind die zwei Grundvoraussetzungen für ein wirklich menschliches Leben.
Es kann darum keinen Frieden, kein Wiedergewinnen des vollen Lebens geben ohne die Möglichkeit der Vergebung. Die christliche Gemeinde als die Gemeinschaft derer, die die Gabe des Heiligen Geistes empfangen haben, hat die Vollmacht zur Sündenvergebung übertragen bekommen. Wie gehen wir mit diesem Auftrag um? Vergebung zu gewähren und sie zu empfangen, ist der Weg zur Versöhnung. Er kann nicht erzwungen werden. Aber uns ist die Vollmacht anvertraut, in der Kraft des Heiligen Geistes zerbrochene Beziehungen zu heilen und zurecht zu bringen. Das gilt auch für die noch immer von Misstrauen und Feindschaft geprägten Beziehun-

gen zwischen Nord- und Südkorea. Durch den auferstandenen Christus sind wir dazu berufen, den Weg zu Versöhnung und Wiedervereinigung zu öffnen – auch angesichts einer militärisch und ideologisch so befestigten Grenze, dass ihre Überwindung nach menschlichem Ermessen kaum möglich erscheint.

*

Aber können wir uns in diesem Auftrag wiedererkennen? Glauben wir wirklich an die Vollmacht der Sündenvergebung? Gleichen wir nicht meistens dem zweifelnden Jünger Thomas, der sich zuerst mit den eigenen Augen überzeugen wollte, bevor er bereit war zu glauben? Aber was bekommt Thomas zu sehen? Was für einen Beweis erhält er? Jesus zeigt ihm seine Wundmale, die sichtbaren Zeichen seines Leidens und seines Todes am Kreuz! Wie Thomas können auch wir uns nur auf den leidenden und gekreuzigten Herrn als den Grund unserer Hoffnung berufen. Auch der Auferstandene ist kein anderer als der Gekreuzigte. Jesus Christus lebt unter uns als der Bruder und Vertraute all derer, die leiden, die hungern und dürsten nach Gerechtigkeit.
Wir mögen zweifeln und uns fragen, ob Jesus Christus wirklich auch in Nordkorea gegenwärtig ist, z.B. in der kleinen Gemeinde, die in der Bongsu-Kirche in Pyongyang Gottesdienst feiert. Wir mögen den starken Ruf verspüren, das Evangelium von Jesus Christus zu den Menschen in Nordkorea zu bringen, die ihm noch nicht begegnet sind. Aber unsere Zweifel werden aufgehoben, wenn wir begreifen, dass er gegenwärtig ist, wo immer Menschen nach einem Leben in Frieden suchen und fragen.
Ja – er ist wirklich von den Toten auferstanden! Aber er lässt uns nicht allein, sondern er bleibt bei uns und schenkt uns seine Gabe des Friedens. „Selig sind, die nicht sehen und doch glauben" (V. 29).

Der Friede Christi sei mit Euch alle Zeit! Amen.

24. Miterbaut zu einer Wohnung Gottes im Geist

Predigt in Kinshasa, Republik Kongo, am 11.7.1999

Im Juli 1999 besuchte eine offizielle Delegation des Ökumenischen Rates der Kirchen und der Gesamtafrikanischen Kirchenkonferenz die Kirchen in der Republik Kongo. Der Besuch sollte dem Ziel dienen, die ökumenischen Beziehungen nach dem Sturz Mobutus neu zu begründen. Zum Abschluss des Besuches fand in der „Cathédrale du Centenaire“, dem geistlichen Zentrum der (vereinigten) Kirche Christi im Kongo, ein ökumenischer Gottesdienst statt, bei dem die folgende Predigt gehalten wurde.

> Eph 2,11–22
> *11 Darum denkt daran, dass ihr, die ihr von Geburt einst Heiden wart und Unbeschnittene genannt wurdet von denen, die äußerlich beschnitten sind, 12 dass ihr zu jener Zeit ohne Christus wart, ausgeschlossen vom Bürgerrecht Israels und Fremde außerhalb des Bundes der Verheißung; daher hattet ihr keine Hoffnung und wart ohne Gott in der Welt. 13 Jetzt aber in Christus Jesus seid ihr, die ihr einst Ferne wart, Nahe geworden durch das Blut Christi. 14 Denn er ist unser Friede, der aus beiden „eines“ gemacht hat und den Zaun abgebrochen hat, der dazwischen war, nämlich die Feindschaft. Durch das Opfer seines Leibes 15 hat er abgetan das Gesetz mit seinen Geboten und Satzungen, damit er in sich selber aus den zweien einen neuen Menschen schaffe und Frieden mache 16 und die beiden versöhne mit Gott in „einem“ Leib durch das Kreuz, indem er die Feindschaft tötete durch sich selbst. 17 Und er ist gekommen und hat im Evangelium Frieden verkündigt euch, die ihr fern wart, und Frieden denen, die nahe waren. 18 Denn durch ihn haben wir alle beide in „einem“ Geist den Zugang zum Vater. 19 So seid ihr nun nicht mehr Gäste und Fremdlinge, sondern Mitbürger der Heiligen und Gottes Hausgenossen, 20 erbaut auf den Grund der Apostel und Propheten, da Jesus Christus der Eckstein ist, 21 auf welchem der ganze Bau ineinandergefügt wächst zu einem heiligen Tempel in dem Herrn. 22 Durch ihn werdet auch ihr miterbaut zu einer Wohnung Gottes im Geist.*

Liebe Schwestern und Brüder in Christus,

Gnade und Friede sei mit Euch von Gott unserem Vater und dem Herrn Jesus Christus!

Ich überbringe Ihnen zunächst die sehr herzlichen und brüderlichen Grüße des Ökumenischen Rates der Kirchen und der Gesamtafrikanischen Kirchenkonferenz. Seit einer Woche haben wir uns unter Ihnen aufgehalten, eine Delegation der beiden ökumenischen Organisationen, um die Beziehungen, die uns in der ökumenischen Bewegung sowohl in Afrika wie weltweit verbinden, zu stärken. Durch unseren Besuch wollten wir auch ein Zeichen ökumenischer Solidarität setzen in dieser für die Zukunft Ihres Landes so entscheidenden Zeit. Zusammen mit Ihnen danken wir Gott für die Vereinbarung eines Waffenstillstandes, die gestern in Lusaka unterzeichnet wurde, und wir bitten Gott darum, dass dieser Hoffnungsschimmer sich verstärken möge. Die Umsetzung dieser Vereinbarung in einen wirklichen Friedensprozess wird die nachhaltige Beteiligung der Kirchen erfordern, und wir sagen Ihnen unsere Unterstützung bei diesen Bemühungen zu.

*

Seit unserer Ankunft in Ihrem Land habe ich darüber nachgedacht, was der Inhalt meiner Botschaft in diesem ökumenischen Gottesdienst sein könnte. Als ich zum ersten Mal diese gewaltige und großartige „Cathédrale du Centenaire“ sah, dachte ich unwillkürlich an das zweite Kapitel des Epheserbriefes, der vom Bau einer „Wohnung Gottes im Geist“ spricht (V. 22). Er nennt Jesus Christus den Eckstein, „auf welchem der ganze Bau ineinandergefügt wächst zu einem heiligen Tempel in dem Herrn“ (V. 21).

Und genau das ist hier geschehen beim Bau dieser Kathedrale als Symbol der Einheit der Gliedkirchen der Kirche Christi im Kongo. Während unseres Besuches in N’kamba haben wir auch die Kirche in dieser heiligen Stadt der Kimbanguisten gesehen, ein eindrucksvoller Bau nicht nur wegen seiner gewaltigen Ausmaße, sondern auch, weil er von kimbanguistischen Gläubigen aus eigener Kraft errichtet worden ist. Ich verstehe das Gefühl

des Stolzes angesichts solcher Kirchenbauten. Das war beim Bau der großen mittelalterlichen Kathedralen in Europa nicht anders.
Aber – sind wir uns so sicher, dass Gott unsere großen Gotteshäuser braucht, um unter uns zu wohnen? Auch die größten Kirchen grenzen unvermeidlich Menschen aus. Ihre Mauern trennen die, welche dazu gehören, von denen, die draußen bleiben. Unsere Kirchenbauten schaffen einen heiligen und geschützten Raum für diejenigen, die eintreten wollen; aber gleichzeitig ist es ein geschlossener Raum. Sie symbolisieren auch unsere Spaltung in verschiedene Denominationen und Traditionen. Der ÖRK hat daher bei seinen Vollversammlungen seit Vancouver (1983) ein großes, offenes Zelt als Ort für die Gottesdienste gewählt. Das Zelt lädt ein, ohne auszugrenzen; die aufgerollten Seitenwände richten keine trennenden Mauern auf.

*

Sie haben eine lange Periode von Konflikten, Spaltungen und Trennungen in Ihrem Land erlebt, die das Leben der ganzen Gesellschaft wie auch der Kirchen geprägt hat. Oft genug haben diese Spannungen und Konflikte zu gewalttätigen Auseinandersetzungen geführt. Natürlich hat es immer wieder Bemühungen um Aussöhnung und Dialog gegeben, und die Kirchen haben versucht, ihre Einheit im gleichen Glauben zum Ausdruck zu bringen und zu bewahren. Dies hat erst kürzlich zur Gründung eines gemeinsamen Kirchenrates geführt unter Beteiligung der Kirche Christi im Kongo, der römisch-katholischen Kirche, der orthodoxen Kirche und der Kirche der Kimbanguisten als Gründungsmitgliedern.
Wenn wir trotzdem immer wieder daran gehindert werden, die Einheit zu verwirklichen, sowohl auf der gesellschaftlichen wie auf der kirchlichen Ebene, dann liegt das an der tief verwurzelten Tendenz, zwischen „wir" und den „anderen" scharf zu trennen. An den Problemen sind fast immer die anderen schuld. Wir wären ja bereit zum Dialog und zur Versöhnung; aber die anderen müssten den ersten Schritt tun. Denn wir befinden uns im Recht und unsere Positionen sind legitim. Die Wahrheit ist auf unserer Seite. … Diese Einstellung kam sehr treffend in einem Sketch zum Ausdruck, den eine Jugendgruppe uns neulich als Kommentar über die Beziehungen zwischen den Kirchen vorführte. Wenn nur die anderen un-

sere Positionen als legitim anerkennen würden, dann gäbe es keine Probleme.
Der Apostel spricht im Epheserbrief über die Beziehung zwischen Judenchristen und solchen heidnischer oder griechischer Herkunft. Aber wir dürfen, denke ich, seine Vision auch auf unsere Situation heute beziehen. Denn auch wir praktizieren diese Trennung zwischen denen, die nah sind, und den Fernen. Die einen sind uns fern aufgrund ihrer ethnischen oder kulturellen Herkunft, die anderen wegen ihrer unterschiedlichen kirchlichen Tradition. Aber der Apostel erinnert uns daran, dass Christus ein für alle Mal die Trennung aufgehoben und den Zaun der Feindschaft abgebrochen hat. Er hat uns alle zu „Mitbürgern der Heiligen" und zu „Gottes Hausgenossen" gemacht. So sind wir nun gleichberechtigte Glieder der einen Familie Gottes; das kirchliche Protokoll ist außer Kraft gesetzt.

*

„Denn er ist unser Friede, der aus beiden eines gemacht hat und den Zaum abgebrochen hat, der dazwischen war, nämlich die Feindschaft. Durch das Opfer seines Leibes hat er abgetan das Gesetz (die Grundlage unserer Selbstrechtfertigungen) ..., damit er in sich selber aus den zweien einen neuen Menschen (und eine neue menschliche Gemeinschaft) schaffe und Frieden mache" (V. 14–15). Er ist es, Jesus Christus, der den ersten Schritt auf uns zu getan hat. Er hat uns mit sich und mit Gott versöhnt und uns zu Botschaftern der Versöhnung berufen. Weil er alles, ja sogar sein eigenes Leben aufs Spiel gesetzt hat, haben wir nichts mehr zu verlieren. Wir sind von Gott bereits als Mitbürger der Heiligen anerkannt, als legitime Glieder der Familie Gottes. Durch ihn sind „wir" aufgerufen, zusammen mit den „anderen" eine neue menschliche Gemeinschaft zu bilden.
Wenn wir die trennenden Mauern aufrecht erhalten oder gar noch neue errichten; wenn wir darauf bestehen, dass die „anderen" den ersten Schritt tun müssen aus Sorge, wir könnten sonst als schwächlich oder inkonsequent erscheinen – dann laufen wir Gefahr, das Versöhnungsangebot Jesu Christi auszuschlagen und unsere Berufung zu verraten.
Jesus Christus hat uns den Frieden gegeben, einen dauerhaften Frieden, der niemanden ausschließt. Aber der Friede fordert seinen Preis: die Aufgabe der eigenen Selbstgerechtigkeit. Und der Friede ist nicht einfach ein Zu-

stand; er muss jeden Tag im Handeln neu begründet werden. In den Monaten und Jahren, die vor uns liegen, wird es hier im Kongo eine gewaltige Aufgabe des Neuaufbaus geben.

Lassen Sie uns Gott darum bitten, dass unsere Bemühungen dazu beitragen mögen, einen gut ineinander gefügten Bau zu errichten, damit der so geschaffene Raum wirklich zur Wohnung Gottes bei seinem Volk wird, ein offener Raum ohne Ausgrenzung und ohne Trennung zwischen „uns“ und den „anderen“. So geben wir Gott die Ehre und bereiten den Weg zum Kommen seines Reiches. Amen.

Zu einer Hoffnung berufen

25. Im Angesicht meiner Feinde

Der folgende Text zu Psalm 23 wurde eigens für diesen Band geschrieben. Er hat daher mehr den Charakter einer theologischen Meditation als der direkten Anrede an die Hörer einer Predigt oder die Teilnehmer an einer Bibelarbeit.

> Ps 23
> *1 Ein Psalm Davids. Der HERR ist mein Hirte, mir wird nichts*
> *mangeln. 2 Er weidet mich auf einer grünen Aue und führet mich*
> *zum frischen Wasser. 3 Er erquicket meine Seele. Er führet mich*
> *auf rechter Straße um seines Namens willen. 4 Und ob ich schon*
> *wanderte im finstern Tal, fürchte ich kein Unglück; denn du bist*
> *bei mir, dein Stecken und Stab trösten mich. 5 Du bereitest vor*
> *mir einen Tisch im Angesicht meiner Feinde. Du salbest mein*
> *Haupt mit Öl und schenkest mir voll ein. 6 Gutes und Barmher-*
> *zigkeit werden mir folgen mein Leben lang, und ich werde bleiben*
> *im Hause des HERRN immerdar.*

Der Psalm gehört ohne Zweifel zu den bekanntesten Stücken der biblischen Literatur. Solange im Konfirmandenunterricht noch auswendig gelernt wurde, gehörte der Psalm 23 zum Grundbestand dessen, was die Kinder sich aneignen mussten. Mit Generationen von kleinen Kindern und an ungezählten Krankenbetten sind diese Verse nachgesprochen und gebetet worden. In frommen Häusern hing der Spruch „der HERR ist mein Hirte", in Holz eingebrannt oder kunstvoll gestickt, an der Wand. Bilderbibeln malten die Szene aus und gaben ihr einen sehr gefühlvollen und recht romantischen Zug.

All das passt nicht mehr in die heutige Zeit. Der Anblick eines Hirten, der seine Herde weidet, ist selten geworden, und auch sonst setzen die Bilder eine Lebenswelt voraus, in die wir uns nur mit Mühe hineinversetzen können. Und dennoch rührt dieser Psalm offenkundig auch Menschen unserer

Zeit nach wie vor an. Die Bilder haben ihre eigene Sprache und laden ein, sich auf die Erfahrung von fraglosem Vertrauen und Geborgenheit einzulassen. So haben viele Ausleger in diesem Psalm den Niederschlag überzeitlicher Glaubenserfahrungen oder auch des menschlichen Lebensweges im Vertrauen auf Gott von der Jugend bis ins hohe Alter sehen wollen, und so verstehen ihn bis heute gerade älter werdende Menschen. So sehr die Bilder zurückverweisen in eine vergangene Zeit, so deutlich sprechen sie ein tiefes inneres Bedürfnis nach Vergewisserung an gerade in einer Situation rasanter Veränderungen, die tief in das persönliche Leben eingreifen. Dies ist die zeitlose Sprache der Frömmigkeit; ihre Symbole sind in das kollektive Gedächtnis eingeprägt und können immer neu mit Leben erfüllt werden.

Aber: War dies auch die ursprüngliche Aussage dieses Psalms? Der Text selbst gibt nichts Eindeutiges zu erkennen über die Lebensumstände, in denen er entstanden ist. Er wird – wie die allermeisten Psalmen – David zugeschrieben. Der ausdrückliche Bezug auf das „Haus des HERRN", d.h. den Tempel, macht das freilich eher unwahrscheinlich: Der Tempel wurde erst unter Davids Sohn und Nachfolger Salomo erbaut. Neuere Auslegungsversuche haben jedoch zu wichtigen Beobachtungen am Text geführt, die es möglich machen, den Psalm in einer sehr konkreten Erfahrungssituation zu verorten und ihm so eine überraschende Aktualität zu geben.

Schon auf den ersten Blick fällt der offensichtliche Bruch zwischen Vers 3 und 4 auf. Die ersten drei Verse sprechen von Gott in der dritten Person als dem fürsorglichen Hirten und nehmen damit ein sehr weit verbreitetes Motiv auf. Von Vers 4 an redet der Psalmist Gott direkt als „Du" an.

Nicht nur in der hebräischen Bibel (vgl. Jes 40,11; Jer 31,10f.; Ez 34,11ff.), sondern auch in der altorientalischen Umwelt galt das Bild des „Hirten" als Inbegriff der Herrschaft eines guten Königs und wird so auch auf Gott als dem himmlischen Herrscher übertragen. Das Neue Testament nimmt in den Gleichnissen Jesu (Lk 15,3–7) und in der Bildrede vom „guten Hirten" (Joh 10) die gleiche Metaphorik auf. Das Bild des Hirten, der seine Herde auf saftige Weide führt, der im trockenen Bergland oder in der Wüste eine Wasserstelle für seine Tiere findet, der sie auf sicheren Wegen geleitet, wird damit zum Maßstab für den weitsichtigen und gerechten Herrscher. Das Gegenbild sind die nachlässigen, eigennützigen Hirten, die ihre

Herde sich selbst und der Gefahr durch wilde Tiere oder Viehdiebe überlassen.

Zum Hirten gehört selbstverständlich die Herde, und das heißt in der normalen Deutung der Metapher das ganze Volk. Der Psalm 23 nimmt diese vorgeprägte Sprache auf, allerdings in eigenwilliger Abwandlung. Die vertrauensvolle Bezeichnung Gottes als „mein Hirte“ ist ebenso ungewöhnlich wie die individualisierende Ausmalung des Bildes: Hier spricht ein Mensch, der Gott in sehr besonderer Weise als fürsorglichen und „gerechten“ Herrn erfahren hat. Er tritt aus der Solidarität des Volkes als „Herde“ heraus und verwandelt so die liturgische Sprache in den Ausdruck sehr persönlicher Geborgenheit. Der Psalm steht darin sprachlich den anderen Vertrauens- oder auch Klagepsalmen sehr nahe, was noch verstärkt wird durch den unvermittelten Übergang in die direkte Anrede an Gott in der zweiten Person von Vers 4 an. Es fehlen jedoch die sonst üblichen formalen Kennzeichen, die es nahe legen würden, dem Psalm einen bestimmten Ort in der damaligen Frömmigkeitspraxis zuzuweisen.

Während Vers 4 noch innerhalb der Hirtenmetaphorik verbleibt – der Hirtenstab als Symbol des Schutzes vor wilden Tieren oder auch Viehdieben – fällt der unvermittelte Wechsel des Bildes in Vers 5 auf. Im Hintergrund mag hier die Szene eines festlichen Gastmahls stehen, wie es Könige den Vornehmen ihres Reiches gaben, einschließlich der Salbung mit köstlichem Öl als Zeichen besonderer Wertschätzung. Aber auch an festliche Mahlzeiten der Volksgemeinde im Anschluss an die Opferliturgie lässt sich denken. Dass Gott seinem Volk den Tisch bereitet, sie zum Mahl in seiner Gegenwart einlädt, ist ein Bild, das sich durch die ganze biblische Tradition zieht und vor allem die endzeitliche messianische Hoffnung bestimmt – hier dann ausgeweitet auf ein Gastmahl für alle Völker (Jes 25,9ff.; Lk 13,29; Mt 22,1–10).

Auch hier fällt die Aufnahme des Bildes aus der vorgeprägten Tradition heraus, und zwar nicht allein durch die Individualisierung einer sonst auf die gottesdienstliche Gemeinde oder die Völker ausgerichteten Bedeutung: Ungewöhnlich ist das Mahl „im Angesicht meiner Feinde“ (Vers 5). Dies ist wohl kaum nur eine bildhafte Erinnerung an die Erfahrung aktiver Bedrohung, die jedoch nun vergangen ist und nur noch nachklingt. Wie aber soll man sich diese Szene vorstellen: ein festliches Mahl im Hause des Herrn, dem die „Feinde“ tatenlos zusehen müssen?

Willy Schottroff hat in seiner Studie zu Psalm 23 (s. Traditionen der Befreiung 1, hg. v. W. Schottroff und W. Stegemann, München-Gelnhausen 1980, 78–113) an die Praxis der Asylgewährung im Tempel erinnert: Menschen, die unvorsätzlich Totschlag begangen hatten, konnten im Tempel Schutz vor Blutrache finden (Ex 21,12f.; Num 35,6–29; Deut 19,4–13). Auch entlaufenen Sklaven, insbesondere Schuldsklaven, konnte im Tempel Asyl gewährt werden, so dass sie vor Verfolgung durch ihre Herren oder Gläubiger sicher waren.

Auf diesem Hintergrund gewinnt die Bildsprache des Psalms und auch ihre individuelle, über die Tradition hinausgehende Zuspitzung einen sehr prägnanten Sinn. Dann haben wir es hier mit dem Dankgebet eines Menschen zu tun, der vor den Nachstellungen seiner Widersacher oder Ankläger im Tempel Zuflucht und Aufnahme gefunden hat. Statt drohenden Unheils und tödlicher Feindschaft (Vers 4) umgeben ihn nun Güte und Treue, und er darf im Haus des Herrn bleiben und sich dort sicher fühlen sein Leben lang. Der Beter hat in seiner exponierten Lebenslage Gott als den ihm persönlich zugewandten Hirten erfahren. Wir wissen nichts über die Umstände, die ihn der lebensbedrohlichen Verfolgung durch seine Feinde ausgesetzt haben, aber er preist Gott als den, der ihn nicht nur sicher geleitet und beschützt hat, sondern ihn als wertgeschätzten Gast in seinem Haus aufgenommen hat. An dieser göttlichen Gastfreundschaft stoßen die Verfolger auf eine heilige Schranke, und sie können dem festlichen Mahl nur ohnmächtig zusehen. Was immer der rechtmäßige Grund der Verfolgung gewesen sein mag, die heilende Gerechtigkeit des göttlichen Hirten zieht der weltlichen Strafverfolgung eine Grenze.

Wenn diese Auslegung zutrifft, dann ist eine gewisse Zurückhaltung geboten gegenüber der Deutung des Psalms im Sinne eines überzeitlichen, allgemein gültigen Ausdrucks von Vertrauen in die göttliche Führung und der entsprechenden allegorischen Übertragung der Bilder. Freilich ist ebenso Vorsicht nötig, den Psalm unmittelbar in die gegenwärtige Auseinandersetzung um das Asylrecht hineinzustellen; die altorientalische Asylpraxis geht von völlig anderen gesellschaftlichen und rechtlichen Voraussetzungen aus, und zudem ist die Asylgewährung im Tempel ja nur der Hintergrund, der die Bilder des Psalms zum Leuchten bringt.

Allerdings ist es diese Erfahrung, dass ihm in einer Situation akuter Bedrohung Schutz zuteil wurde, die den Psalmisten zu seinen ungewöhnlichen

Aussagen über Gott und Gottes Zuwendung zu den Bedrängten führt. Gott ist nicht einfach nur ein guter Hirte, der alles Lebensnotwendige schenkt, der Recht und Ordnung schützt und die Menschen auf den „Weg der Gerechtigkeit" (Vers 3) führt, wie es seinem „Namen", d.h. seinem Gottsein, entspricht. Zu diesem Bild Gottes würde auch gehören, dass er die „Guten" beschützt und die „Bösen" bestraft. Demgegenüber ist der eigentlich provozierende Zug an diesem Psalm die Tatsache, dass die „Feinde" des Beters möglicherweise gerade Verteidiger und Anwälte dieser gerechten Ordnung sind. Sie fühlen sich im Recht und müssen nun mit ansehen, dass im Umfeld von Gottes Güte und Treue die Maßstäbe vertauscht werden: Der, den sie im Namen der Gerechtigkeit verfolgten, findet im Hause Gottes nicht nur Zuflucht, sondern wird der besonderen Anerkennung und Wertschätzung als Gast eines königlichen Mahles gewürdigt.
Wir finden hier die gleiche Umkehrung, die uns in den Gleichnissen Jesu begegnet: Gottes besondere Zuwendung gilt nicht den „Gerechten" und „Guten", sondern den „Sündern", d.h. denen, die aus der Ordnung der Rechtschaffenen herausgefallen sind oder gegen sie verstoßen haben (vgl. Lk 15,1ff.). Gerade den „Verlorenen" geht Gott als Hirte nach und sucht sie, um sie wieder einzugliedern in die Gemeinschaft. Gott ist nicht einfach Garant und Anwalt von Recht und Ordnung um ihrer selbst willen. Gott steht auf der Seite der Menschen, gerade derer, die oft genug durch die Ordnung der Gerechtigkeit erniedrigt und ins Elend gedrängt werden. Gott nimmt sie gegenüber dem Recht in Schutz „um seines Namens willen"; denn die wahre Gerechtigkeit Gottes steht nicht im Gegensatz zu Gottes Barmherzigkeit; sie ist nicht rechthaberisch und unerbittlich, sondern sie bringt zurecht und heilt, was zerbrochen ist. Sie deckt die verborgene Gewalttätigkeit derer auf, die darauf bestehen, dem „Recht" zum Siege zu verhelfen, und sie setzt die Ankläger ins Unrecht, indem sie dem „Sünder", dem Gesetzlosen und Erniedrigten einen Ehrenplatz an der festlichen Tafel zuweist.
So bricht in diesem Psalm die Erkenntnis durch, dass Gott nicht nur ausnahmsweise einmal Gnade vor Recht ergehen lässt, sondern dass es dem „Hirtesein" Gottes entspricht, Anwalt der Elenden und Geringen zu sein. Damit wird das traditionelle Hirtenbild als Symbol verlässlicher Herrschaft umgeprägt und gewinnt die sehr persönlichen Züge der beschützenden Zuwendung. Und der Psalmist ist gewiss, dass er aus diesem Schutz nicht

mehr herausfallen wird. Die Angst vor seinen Verfolgern ist überwunden, denn er hat seinen sicheren Ort im „Hause des Herrn“ gefunden, den ihm auch die Feinde nicht streitig machen können.
Aber diese Erfahrung Gottes hat ihren konkreten Ort und ist nicht einfach übertragbar. Dennoch gibt es Entsprechungen in unserer Zeit. So ist das Gotteshaus wieder entdeckt worden als Ort der Zuflucht für die, denen die Rechtsordnung keinen Schutz gewährt. Das „Kirchenasyl“ hat sich bei uns inzwischen als anerkannte Praxis weitgehend durchgesetzt, auch wenn es dafür keine rechtliche Basis gibt. In der weltweiten ökumenischen Gemeinschaft der Kirchen gibt es viele andere Beispiele, wie etwa die HIV-Infizierten und AIDS-Kranken, die Straßenkinder, die geschlagenen Frauen, die Obdachlosen oder die Landlosen, die im Raum der Kirche Schutz suchen und immer wieder auch finden. Die allermeisten von ihnen werden diesen Psalm nicht kennen und die erfahrene Bewahrung wohl auch nicht in diesen Bildern zum Ausdruck bringen; aber es ist die praktizierte Solidarität mit denen, die zu Opfern der jeweiligen Verhältnisse geworden sind, die uns die Augen öffnet für die Umkehrung der Maßstäbe in diesem Psalm, der Gott preist als den, der sich gerade den Erniedrigten, Drangsalierten, Verachteten zuwendet. Ihre Würde will Gott wieder herstellen, was auch immer der Grund ihrer Verfehlungen oder ihres Scheiterns gewesen sein mag.
So kann dieser Psalm geradezu beunruhigend werden da, wo unser Bedürfnis nach Sicherheit und Geborgenheit auf Kosten anderer geht; wo wir um der Gerechtigkeit willen auf der unerbittlichen Strafverfolgung derer bestehen, die mit dem Recht in Konflikt gekommen sind; wo wir die Ausweisung unerwünschter Flüchtlinge oder Asylanten fordern – da finden wir uns unversehens auf der Seite der „Feinde“, die mit der Großzügigkeit von Gottes Gastfreundschaft konfrontiert werden. Die Feinde dürfen zusehen; sie werden nicht zurechtgewiesen. Ihre Ordnung wird nicht außer Kraft gesetzt, aber sie müssen wahrnehmen, dass Gott auf der anderen Seite steht.
Damit wird das unbefangene Verständnis des Psalms als Ausdruck schlichten Gottvertrauens nicht falsch, denn solches wahrhaftige Gottvertrauen ist gerade nicht exklusiv. Es steht nicht in Gefahr, die dankbare Aussage „der HERR ist mein Hirte“ als Ausdruck einer privilegierten Gotteserfahrung zu verstehen, die andere Menschen ausschließt. Gott ist

„mein Hirte“ nur, weil er sich ebenso denen zuwendet, die es nach unseren Maßstäben gar nicht verdienen, und so werden dann selbst die „Feinde“ einbezogen: Beschämt müssen sie die Menschenfreundlichkeit Gottes zur Kenntnis nehmen, die unsere Maßstäbe in Frage stellt und zurechtrückt. In dieser Weise vom Ende her gelesen und gebetet, öffnet dieser Psalm den Blick für die Art und Weise, wie Gott in unserem Leben gegenwärtig ist.

26. Hoffnung auf Gerechtigkeit

Bibelarbeit im Rahmen einer Arbeitsgruppe des Kirchentags Magdeburg, 12.9.1992

Ps 72

1 Von Salomo. Gott, gib dein Gericht dem König und deine Ge-
rechtigkeit dem Königssohn, 2 dass er dein Volk richte mit Ge-
rechtigkeit und deine Elenden rette. 3 Lass die Berge Frieden brin-
gen für das Volk und die Hügel Gerechtigkeit. 4 Er soll den Elen-
den im Volk Recht schaffen und den Armen helfen und die Bedrän-
ger zermalmen. 5 Er soll leben, solange die Sonne scheint und
solange der Mond währt, von Geschlecht zu Geschlecht. 6 Er soll
herabfahren wie der Regen auf die Aue, wie die Tropfen, die das
Land feuchten. 7 Zu seinen Zeiten soll blühen die Gerechtigkeit
und großer Friede sein, bis der Mond nicht mehr ist. 8 Er soll
herrschen von einem Meer bis ans andere, und von dem Strom bis
zu den Enden der Erde. 9 Vor ihm sollen sich neigen die Söhne
der Wüste, und seine Feinde sollen Staub lecken. 10 Die Könige
von Tarsis und auf den Inseln sollen Geschenke bringen, die Kö-
nige aus Saba und Scheba sollen Gaben senden. 11 Alle Könige
sollen vor ihm niederfallen und alle Völker ihm dienen. 12 Denn
er wird den Armen erretten, der um Hilfe schreit, und den Elenden,
der keinen Helfer hat. 13 Er wird gnädig sein den Geringen und
Armen, und den Armen wird er helfen. 14 Er wird sie aus Bedrü-
ckung und Frevel erlösen, und ihr Blut ist wertgeachtet vor ihm.
15 Er soll leben und man soll ihm geben vom Gold aus Saba. Man

soll immerdar für ihn beten und ihn täglich segnen. 16 Voll stehe das Getreide im Land bis oben auf den Bergen; wie am Libanon rausche seine Frucht. In den Städten sollen sie grünen wie das Gras auf Erden. 17 Sein Name bleibe ewiglich; solange die Sonne währt, blühe sein Name. Und durch ihn sollen gesegnet sein alle Völker, und sie werden ihn preisen. 18 Gelobt sei Gott der HERR, der Gott Israels, der allein Wunder tut! 19 Gelobt sei sein herrlicher Name ewiglich, und alle Lande sollen seiner Ehre voll werden! Amen! Amen! 20 „zu Ende sind die Gebete Davids, des Sohnes Isais."

„Eine Hoffnung lernt gehen!" – mit dem so überschriebenen Aufruf begann 1987 der konziliare Weg der Kirchen in der ehemaligen DDR, der dann in den Versammlungen von Magdeburg und Dresden mündete. Die Hoffnung auf Gerechtigkeit war wie ein roter Faden in diesem konziliaren Prozess. Sie wurde laut in den Zeugnissen der Betroffenheit und in den vielen tausend Eingaben von Einzelnen, Gruppen und Gemeinden. Um diese Hoffnung wurde gerungen in den Arbeitsgruppen der Versammlung hier in Magdeburg, und sie fand schließlich ihren klaren und öffentlichen Ausdruck in den Abschlusstexten von Dresden.

Erinnern Sie sich noch an den Text: „Gerechtigkeit in der DDR" mit seinen sehr konkreten Erwartungen an Veränderungen im politischen und gesellschaftlichen Leben des Landes – und an die Auseinandersetzungen um diesen Text? Oder an die beiden Texte zum „Leben in Solidarität", d.h. in gerechten Beziehungen weltweit und mit Ausländern und Ausländerinnen im eigenen Land?

Das Hoffnungswort der Versammlung hieß „Umkehr", Umkehr in den Schalom Gottes, in das Heilwerden der Menschen und der ganzen Schöpfung. Dieser Schalom wurde verstanden als eine Frucht der Gerechtigkeit, und so bekannte sich die Versammlung als erstem Umkehrschritt zu einer vorrangigen Verpflichtung, „Gerechtigkeit für alle Benachteiligten und Unterdrückten zu schaffen". Diese Verpflichtung wurde dann später aufgenommen von den ökumenischen Versammlungen in Basel und Seoul. Die Botschaft der Dresdener Versammlung an die Gemeinden schloss mit dem Satz: „Eine Hoffnung geht weiter. Gott wird uns auf diesem Weg mit seinem Geist und Segen begleiten."

Eine Hoffnung geht weiter! – wirklich? Was ist aus der Hoffnung auf Gerechtigkeit geworden? Lebt sie noch, oder hat sie das Gehen schon wieder verlernt? Kann, darf man an die Texte der Ökumenischen Versammlung noch erinnern nach allem, was seither geschehen ist? Viele sagen: Die unerwartete Wende und was daraus geworden ist – das war nicht die Umkehr, die wir erhofft, für die wir gearbeitet und etwas riskiert haben. Das Hoffnungswort der Wende war „Freiheit" – nicht Gerechtigkeit. Im Rausch der neuen Freiheit erschien der Ruf zur Umkehr als Miesmacherei und nicht als Hoffnungswort.

Inzwischen wissen wir, dass Freiheit ohne Solidarität neue Ungerechtigkeit schafft und dass auch ein freiheitlicher Rechtsstaat nicht automatisch gerechtere Verhältnisse schafft. Viele Hoffnungen sind enttäuscht; manche beginnen zu resignieren; ja, wir erleben, dass betrogene Hoffnung umschlagen kann in Hass und Aggression gegenüber denen, die noch weiter unten sind. Gleichzeitig wächst die Selbstgerechtigkeit derer, die es geschafft haben.

War und ist Hoffnung auf Gerechtigkeit eine Illusion? Haben die sogenannten Realisten Recht, die sagen, dass die Forderung nach Gerechtigkeit an der Wirklichkeit des menschlichen Lebens vorbeigehe? Niemand könne genau sagen, was denn Maßstab der Gerechtigkeit sei, wie man z.B. einen gerechten Lohn festlegen könne. Ungleichheit und Egoismus gehörten einfach zur menschlichen Natur. Und schließlich habe doch das gescheiterte Experiment des Sozialismus gezeigt, dass der Versuch, soziale Gerechtigkeit zum obersten Maßstab der Politik zu machen, unvermeidlich in krasse Ungerechtigkeit umschlägt.

Es mag sich vieles in uns auflehnen gegen eine solche Haltung, aber wir können sie nicht einfach abtun. Sie kann uns daran erinnern, dass absolute Gerechtigkeit in der menschlichen Geschichte nicht erreichbar ist und dass Gerechtigkeit ohne Freiheit ebenso zerstörerisch werden kann wie Freiheit ohne Gerechtigkeit. Aber die Hoffnung auf Gerechtigkeit richtete sich weder vor drei Jahren noch heute auf einen Idealzustand. Sie entspringt immer wieder neu aus tatsächlich und handgreiflich erfahrenen und wahrgenommenen Ungerechtigkeiten und erhofft aktiv deren Überwindung. Und ist nicht das der wirkliche Realismus: den Ungerechtigkeiten ins Auge zu sehen und an ihrer Überwindung zu arbeiten? Dazu bedarf es der Hoffnung, dass eine Veränderung hin auf gerechtere Verhältnisse möglich ist, auch

wenn es immer wieder nur kleine Schritte sind, die wir tun können. Umkehr ist möglich! – das war die Hoffnungsbotschaft der Dresdener Versammlung. Diese Umkehr, und d.h. eine Veränderung nicht nur der äußeren Verhältnisse, sondern auch unserer Einstellungen und Wertmaßstäbe, ist heute so nötig wie damals. Aber woran orientieren wir uns als Einzelne, als Kirchen, als Gesellschaft?
Als Christen und Christinnen sind wir eine Minderheit in unserem Land. Das liegt heute offen zu Tage. Wir können nicht beanspruchen, die Grundausrichtung der Gesellschaft bestimmen zu wollen. Aber in einer Zeit zunehmender Hoffnungslosigkeit um uns herum werden wir neu gefragt nach dem Grund der Hoffnung, die in uns ist. Wir sind Erben und Zeugen einer Hoffnung – nicht allein auf das ewige Heil für unsere Seele, sondern auf ein Leben in Gerechtigkeit und Frieden im Einklang mit Gottes Schöpfung hier und jetzt.
Ich möchte Sie einladen, sich in den nächsten fünf Minuten mit Ihren Nachbarn auszutauschen darüber, worauf Sie Ihre Hoffnung gründen. Besonders lade ich Sie ein, sich wechselseitig die Ausschnitte aus der biblischen Überlieferung in Erinnerung zu rufen, an denen Sie Ihre Hoffnung festmachen. Hoffnung auf Gerechtigkeit: Welche biblischen Bilder, Geschichten, Sätze fallen Ihnen dazu ein? Sie werden entdecken, wie reich die Hoffnungssprache der Bibel ist.
Ich denke, wir können uns die Zeit nehmen, dass wenigstens einige von Ihnen uns die biblischen Haftpunkte ihrer Hoffnung nennen. Wir werden dann sehen, wie zentral das Motiv der Hoffnung auf Gerechtigkeit im biblischen Zeugnis ist.

*

Beim Nachdenken über einen geeigneten Ausgangspunkt für unsere biblische Besinnung heute morgen stieß ich auf den Psalm 72. Ich hoffe, wir haben genug Bibeln hier, sodass wir diesen Psalm im Wechsel miteinander lesen können. Die kräftige, anschauliche Sprache der Psalmen erschließt sich zusammen mit dem Rhythmus der Zeilen erst, wenn sie laut gelesen werden.
Welch ein wunderbares Lied der Hoffnung auf einen gerechten König! Hier ist vom Tun der Gerechtigkeit die Rede in ganz einfachen Bildern.

Aber dieses Hoffnungsbild ist zu schön, um wahr zu sein. So trägt denn auch dieser Psalm in der Lutherbibel die Überschrift: Der Friedefürst und sein Reich. Dadurch wird die Vermutung verstärkt, hier sei eigentlich gar nicht von einem wirklichen König in Israel und von seiner Herrschaft die Rede. Aber Vorsicht! Die Hoffnung auf einen gerechten König, auf eine gerechte Regierung richtete sich ursprünglich durchaus auf die konkreten Verhältnisse in Israel und nicht – wie wir es als Christen allzu schnell hineinlesen – auf den Messias, den endzeitlichen Friedefürsten, den Christus und sein Reich.
Die Psalmen sind Lieder und Gebete aus dem Gottesdienst im Tempel in Jerusalem. Wie die Lieder in unserem Gesangbuch sind sie in einer besonderen Situation entstanden, die wir heute nicht immer eindeutig bestimmen können. Aber sie werden überliefert, weiter gesungen und gebetet, gerade weil sie eine Quelle der Hoffnung, des Glaubens und des Trostes auch in veränderter Situation gewesen sind – sie werden zu einem Teil der Liturgie. Unser Psalm wird Salomo als dem Vorbild eines weisen und gerechten Königs in Israel in den Mund gelegt. Aber er stammt wohl aus einer späteren Zeit, als man in Israel aufgrund von vielen enttäuschenden Erfahrungen gelernt hatte, Maßstäbe für eine gerechte Regierung zu formulieren. Es wird vermutet, dass es sich bei diesem Psalm um einen Teil der Liturgie für das Fest der Thronbesteigung eines neuen Königs handelt.
Wir pflegen die Maßstäbe guter und menschengerechter Regierung heute in unseren Verfassungen, besonders in den Grundartikeln niederzulegen. Sie haben im Verlauf der Arbeiten an der neuen Verfassung des Bundeslandes Sachsen-Anhalt ein lebendiges Gespür für die Bedeutung solcher Maßstäbe gewonnen und auch gesehen, dass die Einsichten des konziliaren Prozesses durchaus Eingang auch in das politische Bewusstsein gefunden haben. Im alten Staat Israel, dem Königreich Juda, gab es keine Verfassung. Wo man, wie auch in vielen anderen altorientalischen Staaten, den König als Sohn Gottes verehrt – in Juda tendenziell adoptianisch –, ist die Liturgie im Tempel, das öffentliche Gebet für den König die Form, in der König und Volk sich vor Gott die Maßstäbe einer gerechten Regierung in Erinnerung rufen. Und je weniger die Wirklichkeit diesen Maßstäben entspricht, umso wichtiger werden die Sätze dieses alten Gebets als Träger der lebendigen Hoffnung auf Gerechtigkeit.
Dass sich diese Hoffnung äußert im Gebet zu Gott, entspricht dem Grund-

akt des biblischen Glaubens. Daneben gibt es die Sprache der prophetischen Kritik, etwa bei Amos, bei Jesaja oder Jeremia. Aber der Maßstab der Kritik der Propheten ist kein anderer als der, der uns hier in der Sprache der betenden Hoffnung begegnet. Für die Psalmbeter wie für die Propheten ist Gott selbst der entscheidende Garant der Gerechtigkeit. Daher bittet der Psalm: „Gott, gibt dein Gericht (d.h. deine Weisung für das, was recht ist) dem König und deine Gerechtigkeit dem Königssohn, dass er dein Volk richte mit Gerechtigkeit und deine Elenden rette. Lass die Berge Frieden bringen für das Volk und die Hügel Gerechtigkeit" (V. 1–3).

Wenn wir diese biblische Sprache verstehen wollen, dann müssen wir uns frei machen von unseren landläufigen Vorstellungen von Gerechtigkeit als Gleichheit, als eine neutrale Norm, nach der geurteilt wird. Gerechtigkeit in der Bibel bezieht sich nicht so sehr auf einen Zustand, sondern auf ein Verhalten, auf die Qualität von Beziehungen in der Gemeinschaft. Um dies zu verdeutlichen, möchte ich Ihnen einen Abschnitt aus dem grundlegenden Teil des Schlussdokuments der Dresdener ökumenischen Versammlung in Erinnerung rufen. Ich tue das auch, um Ihnen zu zeigen, dass die Impulse des konziliaren Prozesses weiterwirken. Wir haben diesen Abschnitt aufgenommen in die Hauptvorlage für die diesjährige Herbstsynode der Evangelischen Kirche von Westfalen zum Thema „Ökumene, Mission, Weltverantwortung". Der dritte Teil dieser Hauptvorlage steht unter dem Thema „Gerechtigkeit für alle – nur ein Traum?" und wir fanden keine bessere Zusammenfassung dessen, was Gerechtigkeit im biblischen Zusammenhang bedeutet, als diesen Abschnitt.

„(23) Das biblische Verständnis von Gerechtigkeit ist an Gottes rettendem Handeln orientiert: ‚Ich habe das Elend meines Volkes in Ägypten gesehen und ihre Klage über ihre Antreiber habe ich gehört. Ich kenne ihr Leid. Ich bin herabgestiegen, um sie der Hand der Ägypter zu entreißen' (Ex 3,7). Gottes Richten und Gerechtigkeit sind nicht ein neutrales Urteilen, sondern ein Handeln, das in einem Konflikt zwischen Ungleichen rettend und befreiend für die Schwachen und Unterdrückten eintritt. Dem Volk befreiter Sklaven gibt Gott ein Recht, das es darauf verpflichtet, den Schwachen und Rechtlosen, den Armen und Fremden, den Witwen und Waisen Recht zu schaffen (Ex 21–23,9). Aus der Gesellschaft befreiter Sklaven darf nicht wieder eine Sklavenhaltergesellschaft werden. Auch in Israel aber sammelt sich Macht und Reichtum in der Hand weniger auf Kosten der Verarmen-

den und Unterdrückten. Dagegen wendet sich die prophetische Kritik. ‚Den Schwachen und Armen verhalf er zu Recht. Heißt das nicht, mich wirklich zu erkennen? – Spruch Gottes‘ (Jer 22,16)“.
Dieser rettenden und befreienden Gerechtigkeit Gottes soll auch das Verhalten eines gerechten Königs entsprechen. Nicht, dass er es allen recht macht und jedem das seine gibt, ist Maßstab einer gerechten Regierung. Von einem gerechten König wird geradezu erwartet, dass er parteiisch ist zugunsten der Armen und Elenden im Volk. Diese vorrangige Option für die Armen widerspricht so sehr unserem Empfinden für Gerechtigkeit, das durch griechische und römische Einflüsse geformt ist, dass sie immer wieder zu Missverständnissen und zu leidenschaftlichem Widerspruch reizt. Als die amerikanischen katholischen Bischöfe einen Hirtenbrief zu Fragen der wirtschaftlichen Gerechtigkeit vorbereiteten, wählten sie zunächst den Titel: „Die Armen müssen der Maßstab sein“, d.h. der Maßstab für Gerechtigkeit. Später sahen sie sich genötigt, diesen provozierenden Titel abzuschwächen und stattdessen zu sagen: „Gerechtigkeit für alle“ – natürlich auch für die Armen und Schwachen. Aber Gottes Gerechtigkeit ist eben gerade nicht einfach Gerechtigkeit für alle, d.h. ein Maßstab, der ohne Ansehen der Person angelegt wird. Gottes Gerechtigkeit zielt auf erfülltes Leben in menschlicher Gemeinschaft für alle, und sie wendet sich gerade deshalb denen zu, die ausgeschlossen und deren Lebensmöglichkeiten beschnitten sind.

*

Der zitierte Abschnitt aus den Dresdener Dokumenten erinnert daher zu Recht an dasjenige Handeln Gottes, in dem Israel immer wieder neu Gottes Gerechtigkeit erkannt hat, nämlich die Errettung des Volkes aus der Sklaverei in Ägypten. Aber dieses rettende und befreiende Handeln Gottes wird dann auch zum Maßstab für die Ordnung des Zusammenlebens im Volk Israel. Gott hat einen Bund mit diesem Volk geschlossen und ihm in der Thora seine Weisung für das Zusammenleben in einer gerechten, d.h. lebensförderlichen Ordnung gegeben. Die Kapitel 21–23 des 2. Buches Mose enthalten gleichsam das Grundgesetz Israels, das in seinen Einzelbestimmungen durchgängig ein Schutzrecht für die Armen und Schwachen im Volk ist. Rechte und Ansprüche der Reichen, der Besitzenden, der Mächtigen werden eingeschränkt und begrenzt durch das Recht der Armen. Die

Armen sind nicht allein Empfänger von Almosen und Objekte der Fürsorge; sie haben vielmehr einen Rechtsanspruch vor Gott auf das, was sie für ein Leben als Menschen brauchen. „Das Recht deines Armen sollst du nicht beugen“ (Ex 23,6), und eigentlich, d.h. wenn die Weisung Gottes wirklich befolgt wird, sollte es überhaupt keine Armen in Israel geben (Dtn 15,4).

Auf diesem Hintergrund wird nun auch klar, woher die Erwartungen stammen, welche der Psalm 72 auf den gerechten König und seine Regierung richtet. „Er wird den Armen erretten, der um Hilfe schreit, und den Elenden, der keinen Helfer hat. Er wird gnädig sein den Geringen und Armen, und den Armen wird er helfen. Er wird sie aus Bedrückung und Frevel erlösen und ihr Blut (d.h. ihr Leben) ist wert geachtet vor ihm“ (V. 12–14). Kein Idealbild eines zukünftigen Friedefürsten und seines Reiches wird hier gemalt. Vielmehr nimmt der Psalm die Sprache auf, die sich im „Grundgesetz Israels“, in der alten Bundesordnung vom Berge Sinai findet. Mit dieser Weisung und göttlichen Einsicht in die Bedingungen gerechten und lebensförderlichen Zusammenlebens soll Gott den König ausrüsten, sodass er zum Anwalt des Lebens für alle werden kann und d.h. konkret zum Fürsprecher derer, die angesichts von ungleicher Verteilung von Macht und Besitz den Kürzeren ziehen. Das sind diejenigen, die sich verschuldet haben und aus eigener Kraft sich nicht mehr aus der Schuldenspirale befreien können, sodass sie zuletzt sich selbst in die Schuldsklaverei verkaufen müssen.

Das sind die alleinerziehenden Frauen und die Kinder, die ohne Eltern aufwachsen und daher niemand haben, der für sie eintritt. Das sind diejenigen, die aufgrund von Krankheit oder wegen einer Behinderung von der vollen Teilnahme am Leben der Gemeinschaft ausgeschlossen sind. Dazu gehören schließlich auch die Fremden und Flüchtlinge, die einen besonderen Schutz genießen.

Liest man diese Bestimmungen in den alten Rechtsvorschriften Israels und setzt man sich über die altertümliche Sprache hinweg, so bekommen sie gerade in unserer jetzigen Situation eine ungeheure Aktualität. Vor allem die prinzipielle Vorordnung des Lebensrechtes der Armen und Schwachen vor alle Rechtsansprüche aufgrund von Leistung, Besitz, Abstammung usw. ist eine Provokation für unser an formalen Normen orientiertes Gerechtigkeitsdenken.

Aber ist es nicht wahr, was die Schweizerische Verfassung in den Grundsatz kleidet: „Das Wohl des Volkes misst sich am Wohlergehen der Schwachen“? Können wir nicht in der eigenen täglichen Erfahrung beobachten, dass soziale Verwerfungen in dem Ausmaß, wie wir sie jetzt erleben, zur Quelle von Konflikten und Aggressionen werden? Dass der Friede eine Frucht der Gerechtigkeit ist, das ist nicht allein ein ehrwürdiges Prophetenwort aus der Bibel, sondern eine Einsicht, die menschliche Vernunft nachvollziehen kann. So können Gerechtigkeit und Friede in unserem Psalm mehrfach im gleichen Vers nahezu parallel nebeneinander stehen: „Lass die Berge Frieden bringen für das Volk und die Hügel Gerechtigkeit. … Zu seinen Zeiten soll blühen die Gerechtigkeit und großer Friede sein, bis der Mond nicht mehr ist“ (V. 3 und 7). Ja, wenn unter den Menschen Gerechtigkeit und Friede herrschen, dann lebt auch die Schöpfung auf unter dem Segen Gottes: „Voll stehe das Getreide im Land bis oben auf den Bergen; wie am Libanon rausche seine Frucht. In den Städten sollen sie grünen wie das Gras auf Erden“ (V. 16).

Die Hoffnung dieses Psalms auf einen gerechten König und eine gerechte Regierung wird nicht einfach dadurch schon widerlegt, dass auch Israel an diesen Maßstäben immer wieder gescheitert ist. Wenn die Vermutung richtig ist, dass dieser Psalm aus einer jüngeren Zeit als der Regierung Salomos stammt, dann schlägt sich darin ja bereits die kritische Auseinandersetzung mit der ständigen Verletzung des Grundgesetzes Israels nieder. Gerade weil seine Befolgung nicht selbstverständlich war, musste daran erinnert werden – jedes Mal, wenn ein neuer König den Thron bestieg bzw. das Fest seiner Thronbesteigung feierte. Und so wird dieser Psalm zum Hinweis auf eine Aufgabe, der sich Christen und Kirchen auch heute nicht entziehen können, d.h. die Regierenden in kritischer Solidarität daran zu erinnern, dass sie an einem höheren Maßstab der Gerechtigkeit gemessen werden als den Sätzen des positiven, geltenden Rechts. Die Barmer Theologische Erklärung spricht diese Aufgabe in ihrer 5. These an. Sie sagt dort, dass der Staat nach göttlicher Anordnung die Aufgabe habe, „für Recht und Frieden und sorgen“, und fährt dann fort: „Die Kirche erkennt in Dank und Ehrfurcht gegen Gott die Wohltat dieser seiner Anordnung an. Sie erinnert an Gottes Reich, an Gottes Gebot und Gottes Gerechtigkeit und damit an die Verantwortung der Regierenden und Regierten.“

Was aber ist die Legitimationsgrundlage solcher kritischen Erinnerungen in einer Gesellschaft, in der sich nur noch wenige unter den Regierenden und Regierten ansprechen lassen auf Gottes Gebot und Gottes Gerechtigkeit? Unsere neuzeitlichen Verfassungen bringen diese Bindung an einen höheren Maßstab der Gerechtigkeit als den der formalen Einhaltung bestehender Gesetze dadurch zum Ausdruck, dass sie eine Erklärung der menschlichen Grundrechte voranstellen, die durch keine Gesetzgebung und keine Maßnahme verletzt werden dürfen. Die Menschenrechte sind in einer säkularisierten Gesellschaft der Versuch, die Grundbedingungen von Gerechtigkeit festzuhalten. Darum ist die Arbeit von Organisationen wie Amnesty International, die im Sinn ständiger kritischer Erinnerung über die Einhaltung der Menschenrechte wachen, so wichtig. Darum ist aber auch die weitere Ausgestaltung der Menschenrechte eine entscheidende Aufgabe, z.B. die Anerkennung der Rechte von Minderheiten oder der gleichen Rechte von Frauen.

All dies wird in unseren Gruppengesprächen nach dem Mittagessen eine Rolle spielen. Ich will dem jetzt nicht vorgreifen. Aber bei all diesen Gesprächen sollten wir nicht vergessen, dass das biblische Verständnis von Gerechtigkeit uns zumutet, immer von denen her zu denken und zu urteilen, die noch benachteiligter und schwächer sind, als wir uns empfinden. Das Tragen der Lasten der anderen wird daher zu einem bildhaften Ausdruck dessen, was die biblische Tradition mit Gerechtigkeit meint. In seinem großen Lehrschreiben über weltweite wirtschaftliche und soziale Gerechtigkeit hat Papst Johannes Paul II. Gerechtigkeit weitgehend mit Solidarität übersetzt. Das Wort ist gerade in ehemals sozialistisch regierten Ländern belastet, aber es ist in Polen zu einem zentralen Hoffnungswort geworden. Solidarität mit Arbeitslosen, Solidarität mit den Opfern von Rassismus und Ausländerfeindlichkeit, Solidarität mit dem Kampf von Frauen um ihren vollen Platz in der Gesellschaft (und in der Kirche), Solidarität mit den um ihre Lebenschancen betrogenen Entwicklungsländern – das sind Felder, wo wir immer neu versuchen müssen, auf der Spur des biblischen Weges der Gerechtigkeit zu bleiben. Wo wir uns auf diesen Weg begeben, wächst uns selber neue Hoffnung zu, und so werden wir für andere zu Trägern von Hoffnung. Den Weg finden wir nur, indem wir ihn gehen – im Vertrauen auf Gottes Weisung. Das ist Hoffnung in Aktion!

27. Nehmt einander an

Predigt / Bibelarbeit über Ex 23,1–3 im Rahmen eines Abendmahlsgottesdienstes in der Lukaskirche München am Donnerstag, 10. Juni 1993

Ex 23,1–13
1 Du sollst kein falsches Gerücht verbreiten; du sollst nicht einem Schuldigen Beistand leisten und kein falscher Zeuge sein. 2 Du sollst der Menge nicht auf dem Weg zum Bösen folgen und nicht so antworten vor Gericht, dass du der Menge nachgibst und vom Rechten abweichst. 3 Du sollst den Geringen nicht begünstigen in seiner Sache. 4 Wenn du dem Rind oder Esel deines Feindes begegnest, die sich verirrt haben, so sollst du sie ihm wieder zuführen. 5 Wenn du den Esel deines Widersachers unter seiner Last liegen siehst, so lass ihn ja nicht im Stich, sondern hilf mit ihm zusammen dem Tiere auf. 6 Du sollst das Recht deines Armen nicht beugen in seiner Sache. 7 Halte dich ferne von einer Sache, bei der Lüge im Spiel ist. Den Unschuldigen und den, der im Recht ist, sollst du nicht töten; denn ich lasse den Schuldigen nicht Recht haben. 8 Du sollst dich nicht durch Geschenke bestechen lassen; denn Geschenke machen die Sehenden blind und verdrehen die Sache derer, die im Recht sind. 9 Die Fremdlinge sollt ihr nicht unterdrücken; denn ihr wisst um der Fremdlinge Herz, weil ihr auch Fremdlinge in Ägyptenland gewesen seid. 10 Sechs Jahre sollst du dein Land besäen und seine Früchte einsammeln. 11 Aber im siebenten Jahr sollst du es ruhen und liegen lassen, dass die Armen unter deinem Volk davon essen; und was übrigbleibt, mag das Wild auf dem Felde fressen. Ebenso sollst du es halten mit deinem Weinberg und deinen Ölbäumen. 12 Sechs Tage sollst du deine Arbeit tun; aber am siebenten Tage sollst du feiern, auf dass dein Rind und Esel ruhen und deiner Sklavin Sohn und der Fremdling sich erquicken. 13 Alles, was ich euch gesagt habe, das haltet. Aber die Namen anderer Götter sollt ihr nicht anrufen, und aus eurem Munde sollen sie nicht gehört werden.

Liebe Gemeinde,

Wir feiern diesen Abendmahlsgottesdienst am ersten Tag des Münchner Kirchentages, um uns vorzubereiten auf den Kirchentagsweg, der uns zusammenführen soll mit unseren katholischen Schwestern und Brüdern. Auch bei früheren Kirchentagen hat es eine symbolische Beteiligung von Verantwortlichen des Kirchentages an der Fronleichnamsprozession gegeben. Heute kommt es zum ersten Mal zu einer in ihrer letzten Wegstrecke gemeinsamen Prozession. Was könnte im Verhältnis der beiden großen Kirchen in unserem Land die Kirchentagslosung: „Nehmet einander an!" schöner zum Ausdruck bringen als dieser gemeinsame Prozessionsweg? Aus unseren getrennten Abendmahlsgottesdiensten bewegen wir uns aufeinander zu, um einander anzunehmen, wie Christus uns angenommen hat zu Gottes Lob.

Einander annehmen, wie wir es heute vollziehen: das heißt, dem wechselseitigen Verständnis und der Offenheit füreinander den Vorrang geben vor dem, was uns noch trennt. Wir lassen auf beiden Seiten gleichsam Gnade vor Recht ergehen, werten das, was uns in Christus verbindet, höher als alle Trennungen und Vorurteile, von denen gerade die Fronleichnamstradition bei Protestanten besetzt ist, zumal in Diasporasituationen wie in Bayern. Nehmet einander an – diese Kirchentagslosung appelliert an die persönliche Bereitschaft zum wechselseitigen Vertrauen, zur Solidarität miteinander, unabhängig von allen institutionellen, dogmatischen und kirchenrechtlichen Hindernissen. Und diese Einladung kommt ökumenisch zur rechten Zeit, denn die Beziehungen zwischen den Kirchen drohen sich in einem Gestrüpp von Rechthaberei, Unsicherheit und institutioneller Bedenklichkeit zu verheddern, bei allem guten Willen. Wir brauchen in der Tat so etwas wie einen ökumenischen Exodus, einen Weg, der uns ins Freie führt.

Von diesem gerade ökumenisch so einleuchtenden Appell an die Bereitschaft, sich vertrauensvoll einander zuzuwenden, ökumenische Solidarität statt konfessioneller Identität in den Vordergrund zu stellen, d.h. Gnade vor Recht ergehen zu lassen, lässt sich auf den ersten Blick nicht leicht eine Brücke zu dem Text für die Bibelarbeit an diesem Tag schlagen. Die Verse aus dem 2. Buch Mose enthalten Grundregeln für das Verhalten in Rechtsstreitigkeiten. Sie gehören hinein in die älteste von drei großen Sammlungen von Rechtssätzen, die im Alten Testament enthalten sind, d.h. in das sogenannte Bundesbuch, das die Kapitel 21 bis 23 des 2. Buches Mose umfasst.

Wir kommen gesellschaftlich und kirchlich aus einer Tradition, die streng zwischen den Bereichen des Öffentlichen und des Privaten, des Rechts einerseits und der außerrechtlichen persönlichen Beziehungen andererseits unterscheidet. Im Bereich der Öffentlichkeit gelten die Normen des Rechts und der Legalität, nach denen über legitime Ansprüche, über Schuld und Strafe entschieden wird. Im privaten Bereich gelten die Tugenden des Vertrauens, der Solidarität, der Großzügigkeit und des Verzeihens. Darüber hinaus sind wir geprägt von einer kirchlichen Tradition, die unterscheidet zwischen den gültigen Normen der Gesellschaft und dem christlichen Gebot der Nächstenliebe, zwischen Gottes Gerechtigkeit, die den Sünder verurteilt, und seiner Gnade, die ihm in Jesus Christus Vergebung aller Sünden gewährt. Gerade aus der Perspektive unserer lutherischen Tradition, in deren Zentrum die Rechtfertigung allein aus Gnade im Glauben an Jesus Christus steht, erscheint das alttestamentliche Interesse an Rechtssätzen als Ausdruck jüdischer Gesetzlichkeit, die durch das Evangelium überwunden ist.

Wir beginnen als Folge des intensiven christlich-jüdischen Dialogs langsam zu begreifen, dass wir mit diesen Unterscheidungen dem ursprünglichen und bis heute lebendigen Verständnis der Thora Israels nicht gerecht werden. Recht und Gnade, Gesetz und Evangelium sind nur zusammen Ausdruck des rettenden Handelns Gottes, das allen Geschöpfen Leben in der ganzen Fülle schenken will. Thora ist nicht Gesetz in unserem Sinn, d.h. ein System von Normen zur Zuweisung von Schuld und Strafe, sondern Wegweisung zum rechten Leben. Solidarität, wechselseitige Annahme, ist im Kontext der Thora nicht von Gerechtigkeit zu trennen. Vielmehr ist die Weisung: Nehmet einander an, gleichsam der Inbegriff der Gerechtigkeit, die von den lebensdienlichen und lebensförderlichen Beziehungen in der Gemeinschaft handelt.

*

Am unmittelbarsten wird dies greifbar in den beiden Sätzen in der Mitte des ersten Teils unseres Abschnittes, die mit „wenn“ eingeleitet werden.

„Wenn du dem Rind oder Esel deines Feindes begegnest, die sich verirrt haben, so sollst du sie ihm wieder zuführen. Wenn du den Esel deines Widersachers unter seiner Last liegen siehst, so lass ihn ja nicht im Stich, sondern hilf mit ihm zusammen dem Tier auf“ (V. 4–5). Auch der Widersacher und der Feind sollen leben können. Das Rind als Zug- oder der Esel als Lasttier gehören in einer agrarischen Zeit zu den elementaren Voraussetzungen, um als freier Bauer überleben zu können. Was auch immer sich an Konfliktstoff zwischen zwei bäuerlichen Nachbarn angesammelt haben mag, und ungeachtet der Frage, wer schuld ist – das Leben des Widersachers oder Feindes hat Vorrang. Das ist im Verständnis des Alten Testaments Praxis der Gerechtigkeit. Die beiden Sätze formulieren eine beispielhafte Erfahrungsregel, die sich leicht auf andere Fälle übertragen lässt. Es gibt eine Verpflichtung zur Solidarität, die jeden Konflikt relativiert und in der Wechselseitigkeit des Lebens begründet ist.
Diese mit „wenn …“ eingeleiteten Erfahrungssätze sind in unserem Abschnitt freilich eingerahmt von einer Reihe von Grundregeln, die sprachlich an der Formel „du sollst nicht …“ erkennbar und uns aus den zehn Geboten bekannt sind. In der Tat: Diese Grundregeln lassen sich als Entfaltungen der zehn Gebote verstehen, und wie diese stehen auch sie unter dem einen umfassenden Gebot der Alleinverehrung des lebendigen Gottes und der Absage an alle anderen Götter. In unserem Abschnitt steht dieses übergeordnete Gebot erst im letzten Vers: „Alles, was ich euch gesagt habe, das haltet. Aber die Namen anderer Götter sollt ihr nicht anrufen, und aus eurem Munde sollen sie nicht gehört werden“ (V. 13); aber in der Grundstruktur dieser Sammlung von Rechtssätzen wird damit nur noch einmal wiederholt, was sich wie ein roter Faden durch das gesamte Bundesbuch zieht.
Es ist wichtig, dieses Gebot der Alleinverehrung Gottes zu unterscheiden von der allgemeinen Position des Monotheismus. Das Alte Testament rechnet vielmehr realistisch mit der Wirklichkeit anderer Götter, deren Macht das Leben zerstören kann. Die Grundregeln des „du sollst nicht …“ sind also gleichsam die Markierungen der Grenze, wo Menschen in Gefahr geraten, der Macht anderer Götter zu verfallen.
Diese Gefahrenzone wird betreten, wo Menschen falsche Gerüchte verbreiten oder der Lüge Raum geben, wo jemand wissentlich als Zeuge eine Falschaussage zugunsten eines Schuldigen macht und so zur irrtümli-

chen Verurteilung des Unschuldigen, die diesem eventuell das Leben kosten kann, beiträgt. Und in der Tat: Gerüchte, Lügen, Falschaussagen können eine Macht und eine Eigendynamik gewinnen, die in ihrer Konsequenz zerstörerisch ist. Vaclav Havel hat in seinem bekannten Essay „Versuch, in der Wahrheit zu leben" das realsozialistische System als ein solches Gewebe von Lebenslügen beschrieben und ihm die Kraft der Wahrheit entgegengestellt. Aber auch unser gesellschaftliches, von Medien gesteuertes Leben liefert ständig Beispiele für die zerstörerische Kraft von Gerüchten und gezielten Falschinformationen. Sie nähren Vorurteile, bauen Feindbilder auf und machen so bestimmte Menschen oder Gruppen von Menschen, wie z.B. die Asylsuchenden und Flüchtlinge, zu Sündenböcken, die der gesellschaftlichen Gewalt ausgesetzt sind.

Eine andere Markierung der Gefahrenzone ist die Neigung, dem Druck der Mehrheitsmeinung nachzugeben, sich durch gesellschaftliche Anerkennung, durch Privilegien oder gar durch Geld und Geschenke bestechen zu lassen. Wie groß die Versuchung für die Inhaber öffentlicher Ämter ist, sich durch kleine oder größere Vorteile in ihren Entscheidungen beeinflussen zu lassen, haben die Korruptionsskandale der letzten Monate in vielen Ländern gezeigt. Letztlich wird dadurch die Grundlage des Vertrauens untergraben, ohne die eine Gesellschaft nicht lebensfähig ist. Beide Grenzmarkierungen, die Lüge bzw. das falsche Zeugnis, wie die Begehrlichkeit und Bestechlichkeit, sind deutlich Entfaltungen der letzten beiden der zehn Gebote.

Wie eine Art Probe aufs Exempel finden sich dann in unserem Abschnitt Sätze über das Verhalten gegenüber den Armen und Schwachen einerseits und den Fremden andererseits. Dass es wirklich um Gerechtigkeit und nicht einfach um nachbarschaftliche Wohlanständigkeit geht, zeigt sich an der Behandlung derer, die als Schwache oder Arme wenig Möglichkeit haben, ihr Recht durchzusetzen. Sie sollen als voll gültige Glieder der Gemeinschaft angesehen werden, d.h. weder begünstigt noch benachteiligt werden. Auch den Armen steht ein Recht auf menschliches Leben zu, das nicht übergeordneten Interessen der Konkurrenzfähigkeit oder der Erhaltung gesellschaftlicher Stabilität geopfert werden darf. Wieder geht es um eine Form der Machtausübung, welche die lebensförderlichen Beziehungen in der Gemeinschaft bedroht oder zerstört. Und in diese Beziehungen gehören auch die Fremden hinein. „Die Fremdlinge sollt ihr nicht unterdrücken;

denn ihr wisst um der Fremdlinge Herz, weil ihr auch Fremdlinge in Ägyptenland gewesen seid" (V. 9). Gemeint sind hier die Ausländer, die als Flüchtlinge vorübergehend oder für längere Zeit im Lande leben. Ihnen, die nicht an die Solidarität innerhalb der Gruppe der Einheimischen appellieren können, gilt der gleiche Schutz der Gerechtigkeitsregeln. Ebenso wenig wie die Armen und Schwachen dürfen sie ausgegrenzt werden.
Die abschließenden Verse wenden sich dann scheinbar einem ganz anderen Thema zu, nämlich der Einhaltung des Sabbattages und des Sabbatjahres. Auch hier ist freilich die Beziehung zu den zehn Geboten deutlich. Wichtig ist für unseren Zusammenhang, dass der Sabbatrhythmus – alle sieben Tage und alle sieben Jahre – auf eine regelmäßige Unterbrechung der Machtausübung zielt, mit der Menschen sich das Land, die Tiere und andere Menschen dienstbar machen. Periodisch soll nach der Sabbatregel Ruhe einkehren, damit das Land, die Tiere, die Landarbeiter und die mitarbeitenden Fremden sich erholen können, wörtlich damit sie „aufleben". Auch die Arbeit, die Produktivität und Leistungsfähigkeit kann zu einem Götzen werden, dessen Macht Menschen verfallen und dem sie das Leben anderer Geschöpfe opfern. So wird die Praxis lebensförderlicher Gerechtigkeit an ihrer Wurzel verletzt.

*

„Nehmet einander an" – das ist nach diesem Blick auf alttestamentliche Gerechtigkeitsregeln keine Aufforderung zu allgemeinem Wohlwollen und Freundlichkeit, welche die wirklichen Probleme ausklammert. Vielmehr gilt, dass sich die Probleme von Recht und Unrecht, von Wahrheit und Irrtum nur auf der Grundlage einer wechselseitigen Verpflichtung zur Solidarität in der Gemeinschaft lösen lassen. Diese Gemeinschaftsverpflichtung aller, die den einen Gott anrufen, geht allen Konflikten und Unterschieden voraus. Wenn wir dies auch in unseren ökumenischen Beziehungen und in Versuchen der Wahrheitsfindung in dogmatischen Streitfragen beherzigen würden, dann stünde es anders um die Ökumene.

Lassen Sie uns darum mit voller Überzeugung diesen Kirchentagsweg antreten als Auszug aus unserer Gefangenschaft in konfessionellen Trennungen und als ein kräftiges Zeichen dafür, dass die Gemeinschaft derer, die an Jesus Christus glauben und die eine Taufe empfangen haben, stärker ist als alle noch bestehenden Trennungen und die sie begleitenden Ängstlichkeiten und Vorurteile. So werden wir gemeinsam dem Lob Gottes Raum geben.

28. Zu einer Hoffnung berufen

Biblische Reflexion, vorgetragen bei der Jahrestagung der US-Konferenz der Mitgliedskirchen des ÖRK am 29. Mai 1996 in Winston Salem

> Eph 4,1–6
> *1 So ermahne ich euch nun, ich, der Gefangene in dem Herrn, dass ihr der Berufung würdig lebt, mit der ihr berufen seid, 2 in aller Demut und Sanftmut, in Geduld. Ertragt einer den andern in Liebe 3 und seid darauf bedacht, zu wahren die Einigkeit im Geist durch das Band des Friedens: 4 „ein" Leib und „ein" Geist, wie ihr auch berufen seid zu „einer" Hoffnung eurer Berufung; 5 „ein" Herr, „ein" Glaube, „eine" Taufe; 6 „ein" Gott und Vater aller, der da ist über allen und durch alle und in allen.*

In weniger als fünf Monaten wird die 11. Konferenz für Weltmission und Evangelisation in Salvador de Bahia, Brasilien, zusammenkommen. Die letzte dieser Serie von Missionskonferenzen, die in Edinburgh 1910 ihren Anfang nahm, fand in San Antonio, Texas, im Mai 1989 statt, nur wenige Monate vor den großen Umbrüchen in Osteuropa. Die Teilnehmer der Konferenz in San Antonio erinnern sich noch immer an die begeisternden Gottesdienste, den eindrucksvollen Kreuzweg und die Diskussionen über einige der Selbstverpflichtungen, mit denen jede der Sektionen abschloss, oder aber an die abendlichen Vorträge von Alan Boesak und Lesslie Newbigin.
Sieben Jahre sind seither vergangen, und sie gehören zu den ereignisreichsten Zeitabschnitten in der zweiten Hälfte des Jahrhunderts. In Osteuropa ist das sowjetische Imperium und mit ihm zusammen der kommu-

nistische Herrschaftsbereich verschwunden. Zahlreiche neue Nationen haben sich gebildet; aber zugleich sind neue Konfliktherde aufgetaucht wie in Bosnien, in Tschetschenien, Berg-Karabach usw. In Südafrika ist das Apartheidregime überwunden worden; eine neue, demokratisch gewählte Regierung ist im Amt, und eine endgültige Verfassung wurde verabschiedet. In Zentralamerika haben lang andauernde Bürgerkriege ihr Ende gefunden, und die noch verbleibenden Konflikte werden politisch ausgetragen. Im Mittleren Osten schließlich sind Israelis und Palästinenser in die dritte und entscheidende Phase des Friedensprozesses im Anschluss an die historischen Vereinbarungen in Oslo 1994 eingetreten.

Ohne Zweifel, die Weltsituation hat sich in dieser kurzen Zeit dramatisch verändert. Auf der anderen Seite sind freilich auch viele der hoch gespannten Hoffnungen enttäuscht worden. In Afrika hat sich eine anfängliche Demokratisierungswelle verwandelt in eine ununterbrochene Serie von Konflikten, unter denen die Tragödie in Ruanda das schrecklichste Beispiel ist. In Osteuropa sind die von vielen Menschen erwarteten schnellen wirtschaftlichen Verbesserungen ausgeblieben; stattdessen steht den Ländern eine Periode des ungewissen Übergangs, des wirtschaftlichen Umbaus verbunden mit Machtkonflikten zwischen alten und neuen Eliten bevor. Seit dem Golfkrieg 1991 sehen sich die Vereinten Nationen kaum erfüllbaren Erwartungen im Bereich der Friedenssicherung gegenüber, und die Hoffnungen auf eine neue internationale Ordnung haben sich verflüchtigt.

Vor allem aber ist diese Periode charakterisiert durch den rasch voranschreitenden Prozess der Globalisierung, der Schaffung von weltweiten wirtschaftlichen und finanziellen Märkten und dem überall spürbaren Druck, Strukturanpassungen vorzunehmen. Soziale Sicherungssysteme werden abgebaut, öffentliche Ausgaben für Gesundheit, Bildung, Wohnungsbau und grundlegende Infrastrukturmaßnahmen werden gekürzt. Infolgedessen werden immer mehr Menschen, sogar in reichen und hoch entwickelten Ländern wie den Vereinigten Staaten, an den Rand, und d.h. in die Arbeitslosigkeit und Armut, gedrängt oder sie werden faktisch aus dem gesellschaftlichen Leben ausgegrenzt und haben keinen Zugang zum wachsenden gesellschaftlichen Wohlstand. Die Verantwortlichen in Wirtschaft und Gesellschaft sind überzeugt, dass es keine Alternative zum gegenwärtigen System gibt, und verurteilen daher die Ausgegrenzten zur Hoffnungslosigkeit. Hoffnungslosigkeit führt zu Fatalismus

und Resignation oder auch zur Gewalt, und für beides gibt es genügend Beispiele.
Dies ist der Kontext der Tagung der Konferenz für Weltmission und Evangelisation in Brasilien, und in vieler Hinsicht spiegeln sich all die Probleme und Spannungen in dieser Schlussphase des Jahrhunderts in diesem Lande wider. Was für eine Botschaft kann und wird von dieser Konferenz ausgehen in einer Situation des radikalen Wandels und der Ungewissheit und dazuhin an einem Ort – Salvador de Bahia –, der geprägt ist von der Suche nach kultureller Identität unter seiner mehrheitlich afro-brasilianischen Bevölkerung und der als ehemalige Hauptstadt des Kolonialreichs alle Spannungen und Widersprüche gesellschaftlicher Pluralität zeigt?
Das Thema der Konferenz „Zu einer Hoffnung berufen. Das Evangelium in verschiedenen Kulturen“ nimmt die Herausforderungen sowohl des Ortes wie der Zeit auf. Im Vorbereitungsprozess ist, insbesondere durch einen ausgedehnten Studienprozess über Evangelium und Kultur, der zweite Teil des Themas betont worden. Ich werde mich daher hier auf den ersten Teil des Themas konzentrieren.

*

Angesichts des gegenwärtigen Zustandes der Welt mag es vermessen klingen, von der Berufung zu *einer* Hoffnung zu sprechen. Sind wir als Christen heute bereit und in der Lage, gemeinsam „Rechenschaft von der Hoffnung, die in uns ist“ abzulegen? Sind wir so sicher, dass wir dieselbe Hoffnung haben und sie gemeinsam den Menschen heute weitergeben können? Sind wir nicht wie alle anderen Menschen hin und her gerissen und verwirrt von den vielen, sehr weltlichen Hoffnungen, die auf dem Markt angeboten werden, den Evangelien des Erfolgs und des Wohlergehens, der Gesundheit und des Wohlstandes? Und selbst wenn wir uns wirklich bemühen würden, an der einen Hoffnung festzuhalten, würde sich dadurch in unserem eigenen Leben und dem der Menschen um uns herum irgendetwas ändern?
Die post-moderne Infragestellung aller Sinnsysteme, die den Anspruch auf Kohärenz und universale Gültigkeit erheben, hat auch im Leben der christlichen Kirchen ihre Spuren hinterlassen. Religiöse Überzeugungen sind zur persönlichen Angelegenheit geworden, und es ist den Einzelnen überlas-

sen, ihr Bedürfnis nach Sinnerfüllung auf dem offenen Markt der Spiritualitäten zu befriedigen. Die biblische Sprache der Hoffnung ist für die Mehrheit der jungen Generation zu einer unbekannten Fremdsprache geworden. Ihre Hoffnungen, aber auch Ängste richten sich stärker auf die unmittelbaren Bedürfnisse des Lebens und des Überlebens. Sie haben das Vertrauen in die großen Zukunftsentwürfe verloren, seien sie politischer, ideologischer oder religiöser Prägung.

Aber dennoch gibt es eine Sehnsucht danach, über den Zustand fragmentarischer und individualisierter Hoffnungen und Lebensperspektiven hinauszukommen. Das Ende des Jahrhunderts und der Anbruch eines neuen Millenniums erzeugen eine Atmosphäre ängstlicher Erwartung. Religiöse Bewegungen, die eine schlüssige Interpretation der gegenwärtigen Situation auf dem Hintergrund eines endzeitlichen Szenarios anbieten können, finden überall willige Anhänger. Sie nähren die Hoffnung, zu der kleinen Schar von Auserwählten zu gehören, die von den unausweichlichen Prüfungen und Schrecken verschont werden. Können wir in dieser Situation von der „einen Hoffnung unserer Berufung" sprechen?

Für unsere weiteren Überlegungen ist es wichtig, sich den biblischen Zusammenhang in Erinnerung zu rufen, aus dem das Thema entnommen ist. Es handelt sich um einen der zentralen, ökumenisch bedeutsamen Abschnitte im Neuen Testament. Im 4. Kapitel des Epheserbriefes ermahnt der Apostel seine Adressaten zu einem Lebensstil, der ihrer Berufung würdig ist. „Ertragt einer den andern in Liebe und seid darauf bedacht, zu wahren die Einigkeit im Geist durch das Band des Friedens". Und dann wird der Grund der Einheit gleich siebenmal bekräftigt: *ein* Leib, *ein* Geist, *eine* Hoffnung, „*ein* Herr, *ein* Glaube, *eine* Taufe; *ein* Gott und Vater aller, der da ist über allen und durch alle und in allen" (Eph 4,1–6). Es gibt wohl nur wenige andere Abschnitte im Neuen Testament, wo das zentrale ökumenische Ziel der Einheit so eindrücklich umschrieben wird.

Was wie ein schöner, wenn auch etwas abgehobener Hymnus über die Einigkeit der christlichen Gemeinde klingt, erhält schärfere Konturen, wenn wir den Abschnitt in den größeren Zusammenhang des Briefes einordnen. Der Epheserbrief ist wahrscheinlich eine Art Rundschreiben an die christlichen Gemeinden in Kleinasien gewesen. Kleinasien hatte im ersten Jahrhundert unserer Zeitrechnung im Römischen Reich eine ähnliche Position wie Lateinamerika heute im weltweiten Zusammenhang. Diese Region

in der heutigen Türkei war schon früh von den Griechen kolonisiert und dann in das Römische Reich eingegliedert worden. Die großen Städte an der Küste – Ephesus, Smyrna, Milet – die uns durch die Missionsreisen des Apostels Paulus bekannt sind, waren blühende Handelszentren mit großer kultureller und religiöser Vielfalt. Im Landesinneren freilich gab es weit verbreitete Armut, und die Herrschaftssymbole der Pax Romana waren überall präsent. Ich überlasse es Ihnen, die Verbindungslinien zur heutigen Situation in Ländern wie Brasilien auszuziehen.
Hier in Kleinasien hatte der Apostel Paulus seine missionarische Arbeit vor allem unter der jüdischen Diaspora begonnen. Durch die Briefe an die Galater und Kolosser sowie durch die Apostelgeschichte haben wir eine gewisse Kenntnis dieser jungen christlichen Gemeinden, ihrer internen Streitigkeiten und ihrer Suche nach einer festen Identität. Als der Epheserbrief geschrieben wurde, waren sie noch immer Minderheitsgemeinden, die weit verstreut in der Diaspora lebten wie Fremde oder Verbannte ohne eigene Bürgerrechte (2, 12 und 19). Die Intention des Briefes ist es, diese Gemeinden in ihrem noch ungesicherten Glauben zu stärken.

*

„Mitgenossen der Verheißung" ist einer der Ehrentitel, mit welchem der Epheserbrief die Gemeinden anspricht. Die Verheißung, an der sie teilhaben, und die Hoffnung, zu der sie berufen sind, verweisen nicht nur auf eine künftige Wirklichkeit; vielmehr ist diese Hoffnung „in Jesus Christus durch das Evangelium" schon jetzt wirksam. Durch das Evangelium wurde das Geheimnis von Gottes Willen denen, die in Christus sind, kund gemacht (1,9; 3,3). An der Verheißung und damit auch an dieser Hoffnung teilzuhaben, ist kein Zustand oder eine Ehrenposition, sondern verweist auf einen dynamischen Prozess in der Geschichte. Zunächst spricht der Brief von der Bewegung vom „einst" zum „jetzt", von „jener Zeit" zum „nun" der Gegenwart. Denkt daran, sagt der Apostel, „dass ihr zu jener Zeit ohne Christus wart, ausgeschlossen vom Bürgerrecht Israels und Fremde außerhalb der Bundes der Verheißung; daher hattet ihr keine Hoffnung und wart ohne Gott in der Welt" (2,12). Aber „nun" hat sich in Christus ein völliger Wandel vollzogen, nicht durch irgendeine Initiative oder Verdienst auf Seiten der Menschen selbst: „Denn aus Gnade seid ihr selig geworden durch Glauben, und das nicht aus euch: Gottes Gabe ist es, nicht aus Werken, damit sich nicht jemand rühme. Denn wir sind sein Werk, geschaffen in Christus zu guten Werken …" (2,8–10). Und dann entwickelt sich diese neue Wirklichkeit weiter wie ein Bauwerk, das auf den Grundmauern in die Höhe wächst; denn in Christus ist „der ganze Bau ineinander gefügt (und) wächst zu einem heiligen Tempel in dem Herrn. Durch ihn werdet auch ihr miterbaut zu einer Wohnung Gottes im Geist" (2,21f).

Die Hoffnung, von der ihr Leben jetzt erfüllt ist, gründet in der Verheißung Gottes, an der sie teilhaben. Die Verheißung war das Zentrum des Bundes Gottes mit dem Volk von Noah an über Abraham und David bis hin zu dem neuen Bund in Christus. Von Anfang an wollte Gott die gesamte Schöpfung mit sich selber zu einer lebendigen Gemeinschaft zusammenzubinden, sodass „wenn die Zeit erfüllt wäre, … alles zusammengefasst würde in Christus, was im Himmel und auf Erden ist" (1,10). Die Schaffung eines Leibes, in dem alle einzelnen Glieder zusammengefügt sind, die Errichtung einer Gemeinschaft freier Bürger – all dies lässt Gottes Verheißung schon jetzt erkennbar werden, und diejenigen, welche an der Verheißung teilhaben, werden selbst zu einer lebendigen Verkörperung der neuen Wirklichkeit. Eine nur private, rein geistliche Teilhabe an der Verheißung ist ausgeschlossen. Vielmehr geht es um eine soziale Beziehungswirklichkeit. Die Bilder des Leibes, der Bürgerschaft, des Haushaltes, des Tempelbaus – sie alle verweisen auf diese Beziehungswirklichkeit, die neue Gemeinschaft, die im Mittelpunkt der Verheißung steht.

In diesem großartigen Entwurf gibt es eine weitere und entscheidende Dimension. Der Epheserbrief richtet sich an Christen in Kleinasien, d.h. an Menschen, die von Haus aus „Heiden" waren. In der hier vor uns entfalteten Vision geht es gerade darum, dass sie Anteil bekommen an dem Verheißungsbund, den Gott mit Israel geschlossen hat. Darum ist die Trennwand zwischen Juden und Heiden abgerissen, zwischen denen, die gemäß der Verheißungen an Abraham, Isaak und Jakob zu Gottes Volk gehören, und denen, die außerhalb des Bundes der Verheißung standen. Denn Christus hat durch seinen Tod die beiden versöhnt mit Gott in einem Leib (2,14–16).

Der hier proklamierte Friede zwischen den beiden Gruppen, den Juden und den Heiden, diese neue Möglichkeit des Menschseins, ist in der Tat eine Verheißung, deren endgültige Erfüllung noch immer verborgen ist bei

Gott. Gewiss, wir verstehen uns selbst als Glieder des Volkes Gottes, und wir nehmen – als Heiden – auch für uns die Verheißungen in Anspruch, die Gott dem ursprünglichen Gottesvolk gegeben hat; aber die Trennwand ist noch immer da. Denn gerade dort, wo die Juden weiterhin der Thora als dem Wegweiser zum wahren Leben folgen, setzen wir als Heidenchristen unser Vertrauen in Christus. Dass Christus Gottes gutes und heiliges Gebot abgetan haben soll, ist für Juden völlig unannehmbar und ist daher nicht eine Quelle von Frieden und Versöhnung. Wie die beiden Gruppen zu dem einen Leib zusammengefügt werden können, ist in der Tat Gottes geheimer Ratschluss, dessen Umrisse für uns noch nicht erkennbar sind, sodass wir nur darauf hoffen können, dass die getrennten und verstreuten Teile des Gottesvolkes letztendlich vereint werden.

In dem ganzen Brief ist die Einheit dieser neuen Menschheit, des einen Leibes und des einen Haushaltes eindeutig das Werk des Geistes Gottes. Für uns aber bleibt es eine Gabe und zugleich eine Berufung, derer wir uns in unserem Leben würdig erweisen sollen (4,1). Wir würden daher die Reichweite dieser Vision zu sehr beschränken, wenn wir sie lediglich für die Beziehungen zwischen und innerhalb der Gemeinschaften derer gelten lassen würden, die Christus folgen und die mit ihm durch die Taufe im Glauben vereinigt sind. Alle, die ausgeschlossen und in der Ferne waren, die als Fremde außerhalb des Bundes der Verheißung standen, sollen schließlich einbezogen werden. Die Einheit der Kirche ist, jedenfalls in der Perspektive Gottes, untrennbar mit der Einheit der Menschheit verbunden. Die Gemeinschaft im Haushalt Gottes soll ein Zeichen sein für den Frieden, die Gerechtigkeit und das Wohlergehen der Schöpfung, die Gott durch Christus für alle Geschöpfe aufrichten will. Wir können uns daher nicht damit begnügen, zusammen mit allen anderen Christen darauf zu vertrauen, dass Gott seine Verheißung erfüllen werde. Wir haben die Berufung übernommen, Träger dieser Hoffnung für alle Menschen zu sein, „Licht der Heiden“ (Jes 49,6), ein „Bund für das Volk“ (Jes 49,8); aber damit treten wir ein in Gottes Berufung an Israel. Und es ist gerade dieses unauflösliche Band zwischen der Kirche und Israel, das unser Verständnis der verheißenen Gemeinschaft öffnet über die Grenzen der christlichen Gemeinde hinaus auf die ganze Menschheit.

Das Thema „Zu einer Hoffnung berufen“ – wenn wir es in den Rahmen der umfassenden Vision hineinstellen, die im Epheserbrief entfaltet wird – ist mehr als eine Erinnerung an die Einzigartigkeit der christlichen Hoffnung. Im Vergleich zu den vielen heute angebotenen Hoffnungen, die in Konkurrenz zueinander stehen, ist unsere Hoffnung die vertrauensvolle Antwort auf Gottes Treue zu seiner Verheißung. Und weil es Gottes Verheißung ist, alle Dinge im Himmel und auf Erden zusammenzufassen und die Ganzheit von Gottes Schöpfung wieder herzustellen, muss die Ausrichtung dieser Verheißung auch im Charakter der Hoffnung zum Ausdruck kommen. Die gemeinsame Berufung begründet eine Gemeinschaft der Hoffnung, die selbst zur Quelle von Hoffnung für die weitere menschliche Gemeinschaft wird.

*

Christliche Hoffnung, so sahen wir, wurzelt in Gottes Verheißung, in der Zusage von Gottes Treue. Der erste Petrusbrief bringt die gleiche Überzeugung zum Ausdruck, wenn er sagt: „Gelobt sei Gott, der Vater unseres Herrn Jesus Christus, der uns nach seiner großen Barmherzigkeit wiedergeboren hat zu einer lebendigen Hoffnung durch die Auferstehung Jesu Christi von den Toten, zu einem unvergänglichen … Erbe, das aufbewahrt wird im Himmel für euch“ (1Petr 1,3–4). Gottes Verheißung eines neuen Menschseins ist durch die Auferstehung Jesu Christi von den Toten sichtbar in Erscheinung getreten. Indem wir uns von der Macht dessen, der Jesus Christus von den Toten auferweckt hat, erfassen lassen, werden wir wiedergeboren zu einer lebendigen Hoffnung. Diese Hoffnung ist der Atem des neuen Lebens, zu dem wir berufen sind. Sie unterscheidet sich von den „nur menschlichen Hoffnungen“, die sich auf Ereignisse richten, die wir dringlich erwarten, oder auf Dinge, die wir erlangen und besitzen wollen. Sie ist Hoffnung gerade darin, dass sie hinausreicht über das, was wir sehen, berühren und besitzen können. Christliche Hoffnung richtet sich auf das, was verheißen, aber noch nicht vor unseren Augen enthüllt ist. Auf der Ebene der nur menschlichen Hoffnungen können die Hoffnungen der einen zur Quelle von Angst oder Verzweiflung der anderen werden, weil wir uns als Menschen voneinander unterscheiden und unter verschiedenen Bedingungen leben. Da alle Beziehungen innerhalb der menschlichen Gemeinschaft unvermeidlich mit Macht zu tun haben, sind unsere Hoffnungen oft ein Grund zur Trennung und nicht zur Vereinigung.

Die Einladung zu der *einen* Hoffnung ruft uns dazu auf, der Verheißung und Treue Gottes zu vertrauen, der die trennende Mauer niedergebrochen hat und alle Dinge zusammenfassen will, sodass Gott über allen und durch alle und in allen ist. In der Perspektive des Epheserbriefes ist Hoffnung die Gewissheit und das Vertrauen, dass diese Ganzheit und innere Kohärenz all dessen, was ist, zu Gottes eigener Zeit voll offenbar werden wird. Zu dieser einen Hoffnung sind wir berufen als solche, die Teil haben an dem Geist Christi, der von den Toten auferweckt wurde. Wir können in dieser Hoffnung leben und sie bewahren, wenn wir „die Einigkeit im Geist durch das Band der Friedens" wahren. Unsere Antwort auf Gottes Berufung muss daher zur Bildung von Gemeinschaften der Hoffnung führen, zur Neubegründung tragfähiger menschlicher Gemeinschaften selbst im Angesicht der Kräfte von Desintegration und Ausgrenzung. In solchen Gemeinschaften gibt es keine „Gäste und Fremdlinge" mehr, sondern alle sind zu „Gottes Hausgenossen" geworden. In solchen Gemeinschaften kann die oft widersprüchliche Vielfalt menschlicher Hoffnungen anerkannt und aufgenommen werden, denn ihr Zusammenhalt gründet nicht in gemeinsamer Überzeugung oder dem Engagement für eine gemeinsame Sache, sondern in der Kraft des Geistes Gottes. In solchen Gemeinschaften haben alle Platz unabhängig von Alter, Geschlecht oder Status. Und gerade weil sie die ganze Vielfalt menschlicher Lebensbedingungen und Hoffnungen einschließen, können sie zu Quellen der Hoffnung für die weitere menschliche Gesellschaft werden.

Wir sind Zeugen des Entstehens solcher Gemeinschaften in vielen Teilen der Welt, und sie sind zum Ausgangspunkt von Erneuerungsimpulsen in Kirche und Gesellschaft geworden; denn sie werden zusammengehalten durch die eine Hoffnung, die alle menschlichen Hoffnungen und Projekte übersteigt. Sie lassen sich ohne Zögern auf enge Zusammenarbeit und Bündnisse mit Gruppen in der Zivilgesellschaft ein, die sich für den Neubau tragfähiger menschlicher Gemeinschaften in Situationen der Fragmentierung und Desintegration einsetzen. In vielen Fällen sind sie zu Kristallisationspunkten geworden für die Entwicklung einer neuen Kultur der Solidarität und des Miteinanderteilens, des Dialogs und der Versöhnung.

Viele der traditionellen Kirchen tun sich schwer damit, das Entstehen solcher neuer Gemeinschaften zu akzeptieren, da sich diese nicht leicht in die geordneten Strukturen und die Disziplin der geistlichen Ämter einfügen

lassen. Kirchenleitungen tendieren oft dazu, den anfangs zitierten Abschnitt über die Einheit aus dem Epheserbrief zu verstehen als Auftrag, die Einheit zu bewahren im Sinne des Gehorsams gegenüber den kirchlichen Autoritäten. Die gleichen Kirchen haben auch große Schwierigkeiten damit, die Pluralität und Vielfalt menschlicher Antworten auf unsere gemeinsame Berufung anzuerkennen. Im Blick auf die eine Hoffnung kommt es freilich nicht so sehr auf die Uniformität der Strukturen und der Formen des Lebens und des Gottesdienstes an, sondern auf die Bemühung darum, die „Einigkeit im Geist durch das Band des Friedens“ zu bewahren.
Das Zeugnis dieser Gemeinschaften der Hoffnung, von denen es in Lateinamerika und besonders in Brasilien viele Beispiele gibt, zeigt, dass Mission und Evangelisation heute immer weniger eine Sache von strategisch geplanten Kampagnen ist mit einem großen Aufwand an Finanzen und Personal, sondern dass unsere Mission vorangetrieben wird durch das Zeugnis solcher Gemeinschaften. Sie zu stärken ist daher das oberste Gebot missionarischer Arbeit heute.

29. Herausgefordert zur Versöhnung

Vortrag beim Ökumenischen Kirchentag in Kampen am 25. April 1998

Zunächst danke ich Ihnen herzlich für die Einladung zu diesem ersten ökumenischen Kirchentag in den Niederlanden. Seit über zwanzig Jahren habe ich mitgewirkt an der Gestaltung des Deutschen Evangelischen Kirchentages, davon zehn Jahre lang als Mitglied seines Präsidiums. Die Teilnahme von ökumenischen Gästen aus den Niederlanden ist inzwischen beim Deutschen Kirchentag zu einer Selbstverständlichkeit geworden und hat viel zur Vertiefung der nachbarschaftlichen Beziehungen zwischen den Kirchen und Gemeinden beigetragen. So freue ich mich besonders, nun an einem Kirchentag in den Niederlanden teilnehmen zu können.

Freilich komme ich heute nicht so sehr als ein Gast aus Deutschland, sondern als Generalsekretär des Ökumenischen Rates der Kirchen. Auch die

Beziehungen zwischen dem ÖRK und den Kirchen in den Niederlanden sind alt und eng. Sie gehen zurück in die Zeit der ersten Vollversammlung des Ökumenischen Rates in Amsterdam 1948, und wir befinden uns daher im Jahr des 50. Jubiläums des ÖRK. Am Wochenende 19./20. September wird dieses Jubiläum in Amsterdam auf Einladung des Rates der Kirchen in den Niederlanden und der Gemeinden in Amsterdam am Ort der Gründung des ÖRK begangen. So bringe ich Ihnen in diesem Jubiläumsjahr besonders herzliche Grüße des Ökumenischen Rates und freue mich, dass ich durch meine Mitwirkung hier in Kampen unsere ökumenische Verbundenheit mit den Kirchen in den Niederlanden sichtbar zum Ausdruck bringen kann.

*

Das Thema, das Sie mir für diesen Beitrag vorgeschlagen haben, ist in mehrfacher Weise aktuell. Die neunziger Jahre dieses ausgehenden Jahrhunderts sind in besonderer Weise von Krisen und Konflikten erschüttert worden. Die Regionen des ehemaligen Jugoslawien und der großen Seen in Zentralafrika stehen dafür als tragische und warnende Symbole. Zwar sind die militärischen Auseinandersetzungen in beiden Regionen beendet, aber die Aufgabe der Befriedung und des Wiederaufbaus droht an der Schwierigkeit zu scheitern, die verfeindeten Volksgruppen miteinander zu versöhnen. Die gewaltige Herausforderung wirklicher Versöhnung ist uns auch durch die Tätigkeit der Kommission für Wahrheit und Versöhnung in Südafrika vor Augen geführt worden. Versöhnung ist jedenfalls zu einer zentralen gesellschaftlichen und politischen Aufgabe geworden.
Das war nicht immer so. Versöhnung hat als Begriff ihren ursprünglichen Ort im kirchlich-geistlichen Raum. Sie ist seit Paulus ein Zentralwort der biblischen Botschaft und des christlichen Glaubens. Sie bezeichnet die Mitte des Heilsgeschehens zwischen Gott und Mensch und steht so gleichberechtigt neben anderen zentralen Begriffen unseres Glaubens wie Rechtfertigung, Befreiung, Wiedergeburt und Neuschöpfung. Durch die biblische Tradition war Versöhnung fest eingebunden in die vertikale Beziehung zwischen Gott und Mensch. Demgegenüber trat die horizontale Dimension der zwischenmenschlichen Versöhnung in den Hintergrund. Es waren die Kriege und Konflikte unseres Jahrhunderts, die die Kirchen ihre

Berufung als Friedenstifter und als Botschafter der Versöhnung neu entdecken ließen. Die Gründung des Internationalen Versöhnungsbundes am Tag des Ausbruchs des Ersten Weltkrieges bereitete den Weg für ein bewussteres Nachdenken in den Kirchen über die Aufgabe der Versöhnung innerhalb unserer Gesellschaften und zwischen den Völkern. In Deutschland ist dieses Nachdenken vor allem geprägt worden durch die Aufgabe der Versöhnung mit den Nachbarvölkern, besonders im Osten, die im Zweiten Weltkrieg schwer gelitten hatten.

Die 2. Europäische Ökumenische Versammlung in Graz im Juni des vergangenen Jahres hat dieses neue Bewusstsein der Versöhnung als Aufgabe und Herausforderung für die Kirchen deutlich zum Ausdruck gebracht. Versöhnung wurde hier als „Gabe Gottes" und als „Quelle neuen Lebens" verstanden und in vielfältigen Richtungen entfaltet. Die göttliche Gabe der Versöhnung eröffnet den Weg – so betont das Schlussdokument der Versammlung – nicht nur zur Versöhnung zwischen den noch immer getrennten Kirchen, sondern auch zur Versöhnung zwischen Frauen und Männern, zwischen den Generationen, zwischen Einheimischen und Fremden, vor allem Flüchtlingen und Migranten, ebenso wie zwischen den Völkern und Kulturen. Statt uns auf einen künftigen „Konflikt der Zivilisationen" vorzubereiten, sollten die Kirchen zu Wegbereitern der Versöhnung werden, nicht zuletzt durch die Förderung von zivilen, gewaltfreien Formen der Konfliktregelung.

Mir ist vor allem die Aufgabe gestellt worden, mit Ihnen über Versöhnung in und zwischen den Kirchen am Vorabend des dritten Jahrtausends nachzudenken. Werden die Kirchen in der Lage sein, ihre Streitpunkte vor dem Eintritt in ein neues Jahrtausend oder wenigstens ein neues Jahrhundert zu klären und zu überwinden? Welches sind die wichtigsten Probleme, die noch geklärt werden müssen, damit die Kirchen in die volle Gemeinschaft untereinander eintreten können? Auch diese Frage ist durchaus aktuell, nicht zuletzt hier in den Niederlanden. Seit mehr als zwei Jahrzehnten beraten die beiden reformierten Kirchen über ihre Wiedervereinigung, und inzwischen hat sich auch die lutherische Kirche dem Prozess „Zusammen auf dem Weg" angeschlossen. Die Verhandlungen und Vorbereitungen stehen kurz vor dem Abschluss. Es gibt zwar keine prinzipiellen Streitfragen mehr, aber nun droht plötzlich der Name der gemeinsamen Kirche zu einem Stolperstein zu werden. In anderen Fällen von Kirchenvereinigung waren es Eigentumsfragen, die den Prozess in letzter Minute scheitern und vor Gericht enden ließen. In Deutschland hat es in den letzten Monaten eine große öffentliche Debatte bis hinein in Tageszeitungen gegeben über den Text einer gemeinsamen Erklärung der römisch-katholischen und der lutherischen Kirchen über die Rechtfertigung. Dieser Text, der als wichtiger Schritt im Prozess der Versöhnung verstanden wird, hatte starke Kritik und Ablehnung in den Reihen der Theologieprofessoren hervorgerufen Die Kirchen, die sich herausgefordert sehen zur Versöhnung, geben jedenfalls selber nicht immer ein überzeugendes Beispiel für den Willen und die Bereitschaft zur Versöhnung.

*

Aber ist „Versöhnung" wirklich der richtige Begriff für die Aufgabe, die uns ökumenisch zwischen den Kirchen gestellt ist? Müssen wir nicht daran festhalten, dass Versöhnung wirklich in erster Linie Gabe Gottes und nicht so sehr menschliche Aktivität ist? Und wenn dann die angestrebte Gemeinschaft zwischen den Kirchen als „versöhnte Verschiedenheit" bezeichnet wird, ist hier der Auftrag der Versöhnung nicht zu sehr vereinfacht?
Die Schwierigkeit ist ähnlich dem Problem, das bei der ökumenischen Verwendung der biblischen Begriffe von Bund und Bundesschluss im Rahmen des konziliaren Prozesses für Gerechtigkeit, Frieden und die Bewahrung der Schöpfung auftauchte. Der Bund wie die Versöhnung sind Angebot Gottes. Es ist Gott selbst, der in Christus eine neue Gemeinschaft stiftet. Versöhnung bezeichnet im ursprünglichen Sinn eine radikale Veränderung einer Beziehung. Die durch die Sünde gestörte und unterbrochene Beziehung von Gott und Mensch wird durch Christus wiederhergestellt. Nicht wir sind aufgefordert, uns mit Gott zu versöhnen; vielmehr sind wir eingeladen, die uns in Christus angebotene Versöhnung anzunehmen und weiterzutragen. Durch Christus wird daher auch zwischen denen, die diese Gabe annehmen, eine neue Beziehung hergestellt: Aus Fremden werden Freunde, aus Heimatlosen werden Hausgenossen. Wenn daher innerhalb der Gemeinde Jesu Christi, in der Familie seiner Brüder und Schwestern neue Spaltungen auftreten, so wird dadurch die von Gott angebotene Versöhnung verleugnet. Heilung der Gemeinschaft geschieht nicht so sehr durch Verhandlungen oder Schlichtungen, sondern durch die gemeinsame

Hinwendung auf Jesus Christus. Die erste ökumenische Kirchenkonferenz in Stockholm 1925 sagte: „Je näher wir dem Kreuz Jesu Christi kommen, um so näher kommen wir einander." Der Ökumenische Rat der Kirchen hat daher in das Zentrum seiner theologischen Basis das Bekenntnis zu Jesus Christus als Gott und Heiland gestellt. Das ist die Quelle unserer Versöhnung.

Nun ist all dies zwischen den Kirchen kaum zweifelhaft. Und so stellen manche die Frage: Brauchen wir denn wirklich noch eine „Versöhnung" zwischen den Kirchen? Ist nicht als Folge der ökumenischen Bewegung die Gemeinschaft zwischen den Gliedern der verschiedenen Kirchen wiederhergestellt? Gibt es in den Gemeinden, vor allem bei der jüngeren Generation, noch das Bewusstsein für die historisch bedingten Trennungen? Was hindert uns denn noch daran, unseren Glauben gemeinsam zu bekennen und im Gottesdienst zu feiern? Hält das Insistieren auf der Aufgabe der Versöhnung uns nicht ab von der Bemühung um das gemeinsame Zeugnis in Wort und Tat heute?

Die beglückenden Erfahrungen neu gewonnener ökumenischer Gemeinschaft zwischen ehemals getrennten Christen und Kirchen sind Ihnen in den Niederlanden vertraut. Aber wir wissen auch aus anderen Beispielen, dass die alten Spaltungen, Vorurteile und Gegensätze zwischen den Kirchen noch immer lebendig sind. Wir sind mit unseren ökumenischen Erfahrungen im Westen Europas nicht allein; bei der Aufgabe der Versöhnung geht es um die ganze Kirche in der ganzen Welt. Darüber hinaus sind wir Erben einer Trennungsgeschichte, die in Erinnerungen, Symbolen, theologischen Lehren und Verwerfungsurteilen fortlebt und jederzeit wieder lebendig werden kann. Gerade konfessionelle Minderheiten halten an diesen Erinnerungen als Grundlage ihrer Identität fest. Und wir haben schließlich in unserer Mitte das Phänomen des Fundamentalismus, der um der Treue zur einmal bekannten Wahrheit willen an der Unveränderbarkeit der Trennungen und Unterschiede festhält.

Daher ist die Warnung vor einer „billigen Versöhnung" berechtigt. So ehrlich die Freude über die neu gewonnene ökumenische Gemeinschaft ist – sie hat keinen Bestand, wenn sie die Tiefenstrukturen der Trennung in der kollektiven Erinnerung verdrängt. Wahrheit und Versöhnung dürfen auch in der ökumenischen Bemühung um neue Gemeinschaft zwischen den Kirchen nicht voneinander getrennt werden. Und „versöhnte Verschiedenheit" ohne eine wirkliche Änderung der Qualität der Beziehungen, d.h. ohne Konsequenzen im Zusammenleben der Kirchen, ist noch keine wirkliche Versöhnung. Die Arbeit der Versöhnung zielt auf sichtbare Veränderung, auf eine Korrektur und das Eingeständnis von Fehlern und Verschuldung. Könnte es sein, dass eine dauerhafte Versöhnung zwischen den Kirchen auch deshalb so schwer zustande kommt, weil die Fehler und Verirrungen der Vergangenheit nicht aufdeckt und bekannt sind? Versöhnung geht jedenfalls über die Bearbeitung von theologischen Lehrkontroversen und die Formulierung von Konvergenz- und Konsenserklärungen hinaus. Sie muss das geistliche und kirchliche Selbstverständnis der Kirchen erfassen, die über Jahrhunderte hinweg ihre Identität in wechselseitiger Abgrenzung befestigt haben.

Die Chancen und die Grenzen ökumenischer Versöhnungsarbeit lassen sich gut an Beispielen aus der jüngsten Zeit verdeutlichen. Da sind auf der einen Seite die Erklärungen von Porvoo und von Meißen über die Herstellung von Gemeinschaft zwischen der Kirche von England und den nordischen lutherischen Kirchen, bzw. den evangelischen Kirchen in Deutschland. Eine ähnliche Erklärung zwischen den lutherischen und reformierten Kirchen in Frankreich und der Kirche von England ist in Vorbereitung. Seit 25 Jahren leben die lutherischen und reformierten Kirchen in Europa unter Einschluss der unierten Kirchen, der Methodisten und der vorreformatorischen Kirchen der Waldenser und der Böhmischen Brüder in voller Kirchengemeinschaft; den gleichen Schritt haben im vergangenen Jahr die reformierte und die lutherische Kirche in den USA getan. In Deutschland ist es zwischen der altkatholischen Kirche und den evangelischen Kirchen ebenfalls zu einer Vereinbarung eucharistischer Gastfreundschaft gekommen.

Die Beispiele von Schritten der Versöhnung ließen sich vermehren. Aber ihnen stehen die anderen Beispiele von tiefem Misstrauen und Spannungen zwischen den orthodoxen und katholischen Kirchen und Christen im ehemaligen Jugoslawien oder in der Ukraine gegenüber. In Äthiopien gibt es offene Konflikte, etwa um die Benutzung von Friedhöfen, zwischen orthodoxen und lutherischen Gemeinden. Die langjährigen Bemühungen um Wege zur Kirchengemeinschaft zwischen den orthodoxen und altorientalischen Kirchen, bzw. zwischen der römisch-katholischen und den anglikanischen Kirchen kommen nicht voran. In Madagaskar sind Verhandlungen um die Vereinigung der reformierten und der lutherischen Kirche gescheitert und haben neue Vorurteile erzeugt. Der Vereinigungsprozess zwischen der Niederländisch-reformierten Kirche und der Vereinigten Reformierten Kirche in Südafrika droht am Problem der Versöhnung zwischen den Rassen zu scheitern.

*

Die Bestandsaufnahme ist jedenfalls alles andere als eindeutig, und es gibt kaum Anlass zur Hoffnung, dass bis zum Beginn des neuen Jahrhunderts der entscheidende Durchbruch gelingen könnte. Es zeigt sich deutlich, dass die konkreten Schritte zur Herstellung kirchlicher Gemeinschaft fast ausschließlich zwischen Kirchen der reformatorischen Tradition unter Einschluss der anglikanischen Kirchen vollzogen worden sind. Im Blick auf diese in sich sehr vielgestaltige Traditionsfamilie lässt sich heute sagen, dass sie, von einigen Ausnahmen abgesehen, in einer Situation faktischer Kirchengemeinschaft lebt. Die verschiedenen zuvor erwähnten Erklärungen und Vereinbarungen stellen im Grunde nur offiziell fest, was im Bewusstsein der Kirchen längst Wirklichkeit geworden ist. Zwar bestehen nach wie vor Problempunkte, etwa im Verständnis und der Praxis der Taufe zwischen den reformatorischen Großkirchen und den Kirchen der baptistischen Tradition, oder in der Einschätzung des bischöflichen Amtes zwischen den anglikanischen Kirchen und den Kirchen der lutherischen und calvinistischen Reformation. Aber beide Probleme stellen keinen entscheidenden Grund zur Aufrechterhaltung der historischen Trennungen mehr dar. Modelle zur Lösung liegen vor, und der ökumenische Prozess hat eine neue Stufe erreicht. Im Vordergrund stehen jetzt die Herausforderungen zum gemeinsamen Zeugnis und Dienst in der Welt.

Sehr anders ist die Situation zwischen den reformatorischen Kirchen einerseits und der römisch-katholischen Kirche bzw. den orthodoxen Kirchen andererseits, aber auch zwischen diesen beiden großen Kirchenfamilien. Bisher ist es in keinem einzigen Fall gelungen, zu einer offiziellen Vereinbarung zu kommen, die die Herstellung von Gemeinschaft in realistische Nähe rückt. Zwar hat es eine Fülle von Lehrgesprächen gegeben, deren Berichte mehrere Bände füllen. Die Gespräche der römisch-katholischen Kirche mit den lutherischen und anglikanischen Kirchen sind am weitesten vorangeschritten, aber die zentralen Fragen des Kirchen- und des Amtsverständnisses sind bislang nicht gelöst, und hier geht es um die historisch gewachsene Identität der jeweiligen Kirchen selbst. Versöhnung ohne Veränderung in diesem Zentrum wird es nicht geben können. Zwischen Rom und den orthodoxen Kirchen gibt es so etwas wie eine Hassliebe. Sie stehen sich in Lehre und Kirchenordnung näher als andere Kirchen; sie haben einander neu als Schwesterkirchen anerkannt, aber das Erbe der geschichtlichen Erinnerung, an Kreuzzüge und gewaltsame Vereinigung, und das darin wurzelnde Misstrauen verhindern bis heute die wirkliche Aussöhnung.

Soll die ökumenische Versöhnungsarbeit vorankommen, dann muss deutlicher als bisher auf den unterschiedlichen Charakter der Trennung zwischen den großen Kirchenfamilien geachtet werden. Das innerprotestantische Modell der Kirchenvereinigung bzw. der Herstellung von Kirchengemeinschaft im begrenzten nationalen bzw. regionalen Rahmen ist nicht auf die Beziehungen zu den anderen Kirchenfamilien zu übertragen. Im Verhältnis zur Orthodoxie stehen wir noch immer ziemlich am Anfang der Überwindung von Fremdheit und Unverständnis oder auf orthodoxer Seite der defensiven Abwehr aller anderen christlichen Kirchen als schismatisch oder häretisch. Wir leben in unterschiedlichen Kulturen und Weltverständnissen. Eine Versöhnung wird es nur durch die Anerkennung dieser bleibenden Unterschiede hindurch geben können. Das gilt letztlich auch im Blick auf die Beziehungen zwischen der römisch-katholischen und der protestantischen Tradition. Sie stehen einander als unterschiedliche Ausprägungen des westlichen Christentums nahe und haben gerade deshalb Mühe, sich ihre faktische Verschiedenheit einzugestehen. Beide tendieren dazu, das eigene Kirchesein zur Norm für die Gemeinschaft zu machen und vom Partner mehr an Übereinstimmung zu fordern, als zur Herstellung von Gemeinschaft notwendig wäre.

Versöhnung zwischen den Kirchen ist also eine komplexe Aufgabe. Sie ist durch bilaterale theologische Lehrgespräche allein nicht zu bewältigen. Aber auch hier sind neue Ansätze erforderlich. Das ökumenische Gespräch der Kirchen hat uns zu der Einsicht geführt, dass wir in der einen Taufe und im Bekenntnis des Glaubens über die Trennungslinien unserer verschiedenen Traditionen hinweg miteinander verbunden sind. Dadurch besteht zwischen den Kirchen schon jetzt eine reale geistliche und kirchliche

Gemeinschaft, auch wenn sie noch nicht uneingeschränkt ist. Die zwischen den Kirchen geführten Dialoge sind nicht nur ein Mittel zur Wiedergewinnung von Gemeinschaft, sondern sie sind bereits Ausdruck der elementaren Gemeinschaft in Christus, d.h. der empfangenen Versöhnung. Die Kirchen können und sollten sich ausdrücklich als Partner und Gefährten auf dem Weg zur vollen Gemeinschaft anerkennen. Daraus ergibt sich als Konsequenz, dass alle Lehrverurteilungen der Vergangenheit, die durch Lehrgespräche aufgearbeitet worden sind, auch wirklich aufgehoben und dem Vergessen anheim gegeben werden sollten. Ein solcher Schritt im Übergang zum 21. Jahrhundert wäre ein wichtiges Signal und würde den Raum schaffen, den Blick auf die gemeinsamen Aufgaben des Zeugnisses in einer veränderten Zeit zu wenden und so zu einer wirklichen Gemeinschaft zusammenzuwachsen.

Vielleicht könnte auch das Jahr 2000 mit der großen Anziehungskraft seiner symbolischen Bedeutung die Kirchen befreien zu einem sichtbaren Akt der Einheit. So ist vorgeschlagen worden, die Kirchen sollten sich im Jahr 2000 feierlich und verbindlich verpflichten, in einen Prozess einzutreten, an dessen Ende ein wirklich universales Konzil aller Kirchen und Christen stehen sollte, und nicht abzulassen, bis dieses Ziel erreicht ist. Dafür wäre es notwendig, die Voraussetzungen zu klären, die erfüllt sein müssen, damit ein solches Konzil einberufen werden kann. Es ist nicht notwendig, alle offenen Fragen und Probleme zu lösen; selbst das Apostelkonzil in Jerusalem hat die eigentliche Streitfrage offengelassen und dennoch die Gemeinschaft neu bekräftigt. Zu den heute vordringlich zu klärenden Problemen gehört im Blick auf die Orthodoxie die Frage der Tradition, für die reformatorischen Kirchen die Frage von Amt und Autorität, und hinsichtlich der römisch-katholischen Tradition die Frage des universalen Amtes der Einheit und des päpstlichen Primates.

Die Bemühungen um eine umfassende Einigung des europäischen Protestantismus sollten unter dieser Perspektive nicht als gegen die Versöhnung der Kirchen gerichtet verdächtigt werden. Die Überwindung des protestantischen Provinzialismus und Konfessionalismus ist vielmehr die Voraussetzung dafür, dass ein wirklich konziliarer Versöhnungsprozess in Gang kommen kann. Da die protestantischen Kirchenspaltungen von Europa ausgegangen sind, müssen sie auch hier überwunden werden. Entscheidende Grundlagen sind bereits gelegt, aber die faktisch bestehende Gemeinschaft der reformatorischen Kirchen bedarf der bewussten Gestaltung, so dass sie ökumenisch in der Lage sind, zu den Problemen, die sie bis heute von der orthodoxen und der römisch-katholischen Kirche trennen, mit einer Stimme zu sprechen. Der gesellschaftliche, politische und kulturelle Prozess der Versöhnung und Einigung in Europa sollte den Kirchen als Ansporn dienen.

30. Ein neuer Himmel und eine neue Erde

Bibelarbeit zu Jes 65,17–25 beim 28. Deutschen Evangelischen Kirchentag in Stuttgart, 17. Juni 1999

> *17 Denn siehe, ich will einen neuen Himmel und eine neue Erde schaffen, dass man der vorigen nicht mehr gedenken und sie nicht mehr zu Herzen nehmen wird. 18 Freuet euch und seid fröhlich immerdar über das, was ich schaffe. Denn siehe, ich will Jerusalem zur Wonne machen und sein Volk zur Freude, 19 und ich will fröhlich sein über Jerusalem und mich freuen über mein Volk. Man soll in ihm nicht mehr hören die Stimme des Weinens noch die Stimme des Klagens. 20 Es sollen keine Kinder mehr da sein, die nur einige Tage leben, oder Alte, die ihre Jahre nicht erfüllen, sondern als Knabe gilt, wer hundert Jahre alt stirbt, und wer die hundert Jahre nicht erreicht, gilt als verflucht. 21 Sie werden Häuser bauen und bewohnen, sie werden Weinberge pflanzen und ihre Früchte essen. 22 Sie sollen nicht bauen, was ein anderer bewohne, und nicht pflanzen, was ein anderer esse. Denn die Tage meines Volks werden sein wie die Tage eines Baumes, und ihrer Hände Werk werden meine Auserwählten genießen. 23 Sie sollen nicht umsonst arbeiten und keine Kinder für einen frühen Tod zeugen; denn sie sind das Geschlecht der Gesegneten des HERRN, und ihre Nachkommen sind bei ihnen. 24 Und es soll geschehen: Ehe sie rufen, will ich antworten; wenn sie noch reden, will ich hören. 25 Wolf und Schaf sollen beieinander weiden; der Löwe*

wird Stroh fressen wie das Rind, aber die Schlange muss Erde fressen. Sie werden weder Bosheit noch Schaden tun auf meinem ganzen heiligen Berge, spricht der HERR.

Die Verheißung eines neuen Himmels und einer neuen Erde ist eine jener Spitzenaussagen der biblischen Tradition, die uns ein wenig hilflos machen. Es ist nicht nur die Schwierigkeit, sich einen neuen Himmel und eine neue Erde überhaupt vorstellen zu können. Wir sind auch Geschädigte einer Fortschritts- und Werbungskultur, die uns ständig das Neue anpreisen und doch unsere Erwartungen immer wieder enttäuschen. Es ist so eine Sache mit dem *Neuen*. Die Werbung setzt auf die Anziehungskraft des Neuen, auf unsere Neugier oder Sehnsucht danach, etwas Neues zu haben. Ein neues Paar Schuhe, eine neue Jacke, oder gar ein neues Auto – sie alle haben den Wert des Frischen, des Unbenutzten, das uns verlockt. Wenn uns die Werbung zum Kauf eines eigentlich bekannten Produkts überreden will, dann wird die Verpackung mit dem Aufdruck *neu* versehen. Meist ist die Veränderung kaum zu bemerken, aber unsere Konsumkultur setzt auf die Anziehungskraft des Neuen.
Unsere Einschätzung des Neuen lebt vom Vergleich mit dem Alten. Das Neue ist nicht nur anders, sondern es ist frisch, eröffnet Möglichkeiten und Chancen und wird uns im Zuge des Fortschritts als *besser* angeboten. Aber hier kommen unsere Zweifel. Viele machen die Erfahrung, dass die neuen Produkte zwar anders, aber keineswegs besser sind. Denken Sie an die immer neuen Computerprogramme, die uns angeboten werden, an die Sonderangebote der Bahn oder der Telefongesellschaften. Oft ist das Neue komplizierter als das Bisherige und besser nur für Menschen mit ganz bestimmten Bedürfnissen. Viele, und nicht nur ältere Menschen, haben Mühe, mit dem angeblichen Fortschritt mitzuhalten. Sie misstrauen den Versprechungen des Neuen und sehnen sich zurück nach dem Bekannten und Vertrauten.
Offenbar kommt unsere Kultur ohne die Versprechung des Neuen nicht aus. Aber in unserer schnelllebigen Zeit mit ihren ständigen Veränderungen nutzt sich der Wert des Neuen schnell ab. Die Unterschiede zum Alten werden immer geringer, und das Neue muss mit immer stärkeren Tönen oder Farben angepriesen werden. Wir allerdings ertappen uns bei der

Frage: „Brauchen wir das Neue eigentlich?" Die Werbungsberater der neuen Regierung haben diese Stimmung ganz gut erfasst, als sie den Wahlspruch ausgegeben haben, die neue Regierung werde es nicht notwendigerweise anders, sondern besser machen. Wenn es den meisten Menschen leidlich gut geht, werden sie zurückhaltend gegenüber Veränderungen. Das Neue verliert seinen Reiz, es sei denn, es kann als wirkliche Verbesserung ausgegeben werden. Das Neue im Sinne von *besser* ist zudem relativ; auch wenn die Veränderungen sehr begrenzt bleiben, so wird es doch immer einige geben, denen es nach einem Wechsel besser geht.

Darin kommt ein deutlicher Stimmungswandel gegenüber der Wendezeit vor zehn Jahren zum Ausdruck. Damals gab es nicht nur in Deutschland, sondern weltweit die Hoffnung auf einen wirklichen Neuanfang. Da war die Rede von der *neuen Weltordnung* oder der *neuen Ära von Frieden und Demokratie in Europa*. Das Pathos solcher Formulierungen klingt heute hohl, und die Ankündigung der *blühenden Landschaft in Ostdeutschland* hat einen bitteren Nachgeschmack hinterlassen. Zwar hat sich die Welt dramatisch verändert seither, aber nicht notwendigerweise zum Besseren. Die Veränderungen scheinen unaufhaltsam weiterzugehen, ohne dass dieser Prozess aufgehalten oder wirklich gesteuert werden könnte. Die Hoffnungen, die mit dem Neuanfang verbunden waren, sind weitgehend unerfüllt geblieben. So versucht man dann, den enttäuschten Erwartungen mit dem Argument zu begegnen, dass es keine Alternative gebe, als auf dem eingeschlagenen Weg weiterzugehen in der Hoffnung, dass es irgendwann *besser* werde.

Bevor wir uns dem Abschnitt aus dem Jesajabuch zuwenden, will ich hier kurz einhalten und Sie einladen, sich für einige Minuten mit Ihren Nachbarn darüber auszutauschen, welche Erwartungen, Empfindungen oder auch Erinnerungen Ihnen bei der Ankündigung von etwas ganz Neuem in den Sinn kommen. Welche Rolle spielen für Sie solche Erfahrungen oder Erinnerungen für die Einschätzung des Neuen?

*

Die Verheißung eines neuen Himmels und einer neuen Erde ist offensichtlich keine zeitlose Aussage. Sie gehört in den Zusammenhang von besonderen geschichtlichen Erfahrungen des jüdischen Volkes, die wir uns kurz vergegenwärtigen müssen. Im Jahre 587 vor unserer Zeitrechnung wurde Jerusalem von den Babyloniern erobert und zerstört. Die Oberschicht wurde nach Babylon deportiert, und es begann das babylonische Exil. Fünfzig Jahre später, im Jahr 538, erließ Kyrus, der persische König, der inzwischen Babylon besiegt hatte, ein Dekret, das die Rückkehr der deportierten Juden ermöglichte und die Erlaubnis zum Wiederaufbau des Tempels in Jerusalem gab. Fünfzig Jahre lang hatten die nach Babylon verbannten und die im Lande verbliebenen Juden auf diesen Moment gehofft. Der zweite Jesaja hatte die Rückkehr aus dem Exil als einen neuen Exodus angekündigt, aber nun war die Wirklichkeit ganz anders als erwartet: Die Verbannten kamen nur zögerlich zurück, der Wiederaufbau Jerusalems und des Tempels ging kaum voran und zudem war das Verhältnis der Rückkehrer und der im Lande Verbliebenen gespannt. Es gab Konflikte um Eigentumsansprüche, um die politische Führung und um die richtige religiöse Ausrichtung. Die Chance eines wirklichen Neuanfangs schien verspielt. Es gab keine ermutigende und die verschiedenen Teile des Volkes zusammenbindende Vision. Die Übermacht der *Verhältnisse* drohte alle Initiativen zu ersticken.

Trotz aller offenkundigen Unterschiede kommt hier ein Lebensgefühl zum Ausdruck, in das wir uns heute durchaus hineindenken können. Viele junge Menschen jedenfalls – und wohl nicht nur sie – leben unter dem Eindruck einer Übermacht der Verhältnisse, die sie nicht ändern können. Sie sehen keine wirklichen Chancen für sich in der Zukunft. Viele von ihnen sind illusionslos geworden. Sie misstrauen den großen Worten, zumal es ja angeblich zum gegenwärtigen System keine Alternative gibt. Der Blick verengt sich dann auf das unmittelbare Lebensumfeld und auf den Versuch, irgendwie durchzukommen.

Ich stelle mir vor, dass der namenlose Prophet, dessen Worte uns hier überliefert sind, mit einer solchen Stimmungslage zu kämpfen hatte. Er weiß, dass jeder Ratschlag, wie die Verhältnisse zu verändern oder zu verbessern wären, letztlich ins Leere läuft, eben weil *die Verhältnisse* eine wirkliche Änderung, einen wirklichen Neuanfang gar nicht zulassen. Die berühmte *Stunde Null* hat es in der wirklichen Geschichte nie gegeben. Die Vergangenheit, die Erinnerung holt uns unweigerlich wieder ein und zieht uns zurück in die alten Bahnen.

Der Prophet hält sich daher nicht bei pragmatischen Ratschlägen auf. Er spricht von Gott; er macht sich zum Sprecher, zum Boten Gottes des Schöpfers. In der direkten Gottesrede bricht er den verengten Blick seiner Zeitgenossen, die im Bann der Verhältnisse sind, auf: „Ja, sieh doch, wie ich einen neuen Himmel und eine neue Erde schaffe." Gegenüber dem Gefühl, an die Verhältnisse, an die sogenannte *Eigengesetzlichkeit* der Umstände ausgeliefert zu sein, spricht er von einer wirklich radikalen Alternative. *Himmel und Erde* ist die Weise, in der die hebräische Sprache von der Welt im Ganzen spricht. Himmel und Erde, das ist nicht nur die uns zugängliche, sichtbare Welt, sondern auch die unsichtbare Welt der ungreifbaren *Mächte und Gewalten*, der Gesetzmäßigkeiten und undurchschaubaren Kräfte, die unsere Welt und die Verhältnisse bestimmen. Wenn die Bibel von Gott als dem Schöpfer des Himmels und der Erde spricht, so ist das keine allgemeine Aussage über den Anfang der Welt, die wir heute angesichts wissenschaftlicher Erkenntnisse als überholt ansehen müssten. Die Rede von Gott als dem Schöpfer sagt etwas über die grundlegende Beziehung zwischen Gott und der Welt im Ganzen und über die letzten Machtverhältnisse. Gott hat die Welt nicht am Anfang einmal geschaffen und dann sich selbst überlassen. Gott und die Welt bleiben aneinander gebunden. Gott hat sich der Welt gegenüber verbürgt als der Schöpfer, der seine Schöpfung erhält und zu ihrem Ziel führt. Die Welt als Schöpfung bleibt unter der Macht Gottes. Sie ist kein geschlossenes System, das unter dem unentrinnbaren Diktat von natürlichen oder geschichtlichen Gesetzmäßigkeiten steht. Die Welt ist offen auf Gott hin, und keine Macht der Welt kann die grundlegende Beziehung zu Gott als dem Schöpfer zerstören. Gott ist nicht den *Verhältnissen* oder den Eigengesetzlichkeiten unterworfen. Gott ist auch den unsichtbaren *Mächten und Gewalten* überlegen.

„Ja, sieh doch, wie ich einen neuen Himmel und eine neue Erde schaffe" – dies ist eine Einladung, die Welt sozusagen mit den Augen Gottes zu sehen, der weiterhin in seiner Schöpfung am Werk ist. Wenn wir die Welt von ihrer Bestimmung, von der Verwirklichung des Schöpferwillens Gottes her sehen könnten, dann würden wir schon jetzt die wirkliche Alternative zu den bestehenden Verhältnissen entdecken. Es würde uns gleichsam wie Schuppen von den Augen fallen. Gottes neue Schöpfung ist nicht einfach das Ergebnis des Fortschritts, aber Gott ersetzt auch nicht die alte Schöpfung durch ein neues Angebot. Der Prophet vertröstet seine Zeitgenossen mit der Verheißung des wirklich Neuen nicht auf eine ferne Zukunft oder auf das Ergebnis eines geschichtlichen Prozesses; *jetzt* sollen sie erkennen, wie Gott das Neue schafft, während gleichzeitig die alten Verhältnisse noch bestehen.

Entscheidend ist daher, dass der Bann der Verhältnisse und die Lähmung durch enttäuschte Hoffnungen überwunden werden. Dietrich Bonhoeffer schrieb zum Jahreswechsel 1944/45: „Noch will das Alte unsere Herzen quälen, noch drückt uns böser Tage schwere Last. Ach Herr, gib unsern aufgescheuchten Seelen das Heil, das du für uns geschaffen hast." Die Gottesrede des Propheten ist wie eine Antwort auf dieses Gebet. „Ja, sieh doch, wie ich einen neuen Himmel und eine neue Erde schaffe. Der früheren wird man sich nicht erinnern, sie steigen nicht ans Herz herauf." Deshalb ist ungetrübte Freude die Empfindung, die sich einstellt, wenn wir Gottes erneuerndes Schöpfungshandeln wahrnehmen. Es ist wie die Erfahrung einer gebärenden Frau: Sie denkt nicht mehr an die Schmerzen, wenn ihr Kind geboren ist. Und so freut sich auch Gott selbst an dem Neuen, das entsteht. Gottes Schöpfungshandeln ist nicht ein mechanisches Geschehen, sondern eine lebendige Beziehung zwischen Gott und der Welt, zwischen Ruf und Antwort.

Die Bibel sagt uns, dass Gott eine gute Welt geschaffen hat. Sie bietet Raum für alle Lebewesen, und die Menschen sind mit dem Auftrag betraut, die von Gott geschaffene Erde zu bebauen und zu bewahren. Auch wenn die Menschen in diesem Auftrag versagen, so bleibt es doch Gottes Schöpferabsicht, diese Erde bewohnbar zu machen. Ja, wir haben die Verheißung, dass Gott selbst unter den Menschen Wohnung nehmen wolle. Der neue Himmel und die neue Erde, die erneuerte Schöpfung Gottes, das ist die Zielbestimmung einer wirklich bewohnbaren Erde, der Oikoumene Gottes. Was wir in dieser prophetischen Gottesrede vor uns haben, ist gleichsam der *Bauplan*, nach dem Gott die Schöpfung erneuert, um sie zu einer bewohnbaren Welt zu machen.

Wieder halte ich für einen Moment inne und lade Sie ein, für sich selbst oder im Gespräch mit Ihren Nachbarn darüber nachzudenken, welche Voraussetzungen erfüllt werden müssten, damit diese Welt für alle Menschen, für alle Lebewesen wirklich bewohnbar wird und bleibt. Was muss sich ändern und neu werden, wenn dieses Ziel erreicht werden soll?

*

Nach diesem jubelnden Auftakt, der den Blick über die verengten gegenwärtigen Verhältnisse ausgeweitet hat auf die ganze Welt als Schöpfung Gottes, kommt die prophetische Gottesrede zurück auf die erfahrbare Wirklichkeit. Gott lässt den Propheten schauen, wie sich die bekannte Welt unter der Macht des schöpferischen Handelns Gottes verwandelt. Auch der neue Himmel und die neue Erde sind noch erkennbar unsere Welt; aber es ist unsere Welt im Licht der göttlichen Möglichkeit, ihrer göttlichen Bestimmung.

Der Prophet redet zu Menschen an einem konkreten Ort und in einer konkreten Zeit. Er spricht zuerst von Jerusalem, das hier zum Symbol der geheilten menschlichen Gemeinschaft wird. Er spricht von der Stadt und von dem Volk und damit von einer dauerhaften Ordnung des Zusammenlebens von Menschen, in der die Menschen einander nicht weh tun, einer Gesellschaft ohne Gewalt und Unterdrückung, ohne Angst und Schrecken. Jubel und Freude werden ausgehen von dort, und die Erinnerung an Leid und Tränen, an Zerstörung und Vertreibung, wird vergessen sein.

Wenn die Last böser Erinnerungen aufgehoben ist, die uns immer wieder zurückzieht und gefangen hält, dann ist der Weg frei zu einem erfüllten Leben. Aber auch hier bleibt die Verheißung im Rahmen unserer erfahrbaren Wirklichkeit. Menschen werden weiterhin geboren und sterben, aber sie sollen ein volles Leben haben. Nie mehr werden Kinder durch Krankheit, Hunger oder Krieg oder einfach auf der Straße umkommen, bevor sie herangewachsen sind, und die Alten sollen erst sterben, wenn sich ihre Tage erfüllt haben. Das lange Leben soll nicht als Last, sondern als glückliches Geschenk erfahren werden, und ein vorzeitiger Tod wird als selbstverschuldetes Unglück gelten. Nicht die unbegrenzte Lebenszeit oder die Unsterblichkeit werden hier verheißen. Tod und Vergänglichkeit, d.h. die Begrenztheit des menschlichen Lebens, bleiben bestehen. Auch die erneuerte Schöpfung bleibt innerhalb von Raum und Zeit.

Zur bewohnbaren Welt, zur neuen Oikoumene Gottes, gehört auch, dass die Menschen Häuser bauen und darin wohnen, dass sie Gärten und Weinberge anlegen und sich von ihren Früchten ernähren. Erfülltes menschliches Leben braucht seinen sicheren Ort und hat seine Zeit. Wohnung, Nahrung und Gesundheit sind Grundbedürfnisse aller Menschen, die für ein menschenwürdiges Leben erfüllt sein müssen. Wir sehen darin heute wesentliche Elemente des Rechtes auf Leben.

Mag die Verheißung langen Lebens noch ein wenig die Züge orientalischer Übertreibung tragen („als Kind gilt ja dann, wer mit hundert Jahren stirbt"), so ist die hier entfaltete Sicht der erneuerten menschlichen Lebensumstände recht bescheiden. Hier wird kein paradiesischer Zustand gezeichnet. Auch in der erneuerten Schöpfung werden die Menschen arbeiten, sie werden bauen und pflanzen, sie werden nicht in das Schlaraffenland versetzt; aber damit die Erde für alle bewohnbar wird und bleibt, sollen die Menschen in Frieden und Sicherheit leben können. Sie müssen keine Angst mehr haben, dass ihre Häuser im Krieg zerstört werden, dass sie vertrieben werden oder ihr Haus verkaufen müssen, um sich selbst über Wasser zu halten. Niemand wird ihnen ihre Weinberge, ihre Gärten oder Felder wegnehmen, und sie sollen selber in den Genuss ihrer Ernte kommen. Die Arbeit soll kein Fluch mehr sein, es wird erfüllte, schöpferische Arbeit sein, nicht in Abhängigkeit oder Entfremdung, sondern Arbeit zum eigenen Nutzen. So sehr uns dies an manche Sozialutopien aus vergangenen Generationen erinnern mag, es geht doch im Grunde nur um ein normales, gesichertes Auskommen, und das für alle, um einen festen, sicheren Ort, den niemand bedroht oder streitig macht.

Die erfüllte Lebenszeit und der sichere, feste Ort werden dann aufgenommen in dem Bild des Baumes. „Ja, wie die Tage des Baumes sind die Tage meines Volkes, und was ihre Hände erarbeiten, sollen meine Erwählten verbrauchen. Sie mühen sich nicht ab ins Leere und gebären nicht für jähen Tod. Ja, Nachwuchs der Gesegneten Adonais sind sie und ihre Nachkommen mit ihnen." Ein Baum steht fest verwurzelt, er lebt und wächst in seiner Zeit, jahrein und jahraus, er kann nicht enteignet oder vertrieben werden, er wird nicht versklavt oder unterdrückt, er gibt Schatten für Menschen und Tiere, und die Früchte der Bäume werden zur Nahrung für die Menschen. So wird das Leben und die Arbeit der Menschen im Einklang mit der Schöpfung gesehen. Sie können leben von dem, was sie mit den eigenen Händen gepflanzt und geerntet, gebaut und hergestellt haben. Dies ist kein Programm einer idealisierten Subsistenzwirtschaft, aber ebenso wenig eine Verherrlichung des Wachstums um des Wachstums willen. Der entscheidende Punkt ist, dass die Menschen sich nicht ins Leere abmühen, nicht umsonst, entfremdet oder nur für andere arbeiten, ohne selbst in den Genuss des Ertrages zu kommen.

Die erfüllte Lebenszeit und der sichere Ort für alle Menschen, die schöpferische Arbeit und der Einklang mit der Natur – sie sind entscheidende Merkmale der erneuerten und bewohnbaren Welt Gottes. Aber dann fügt die prophetische Schau noch eine Dimension hinzu, die uns verweist auf Gott selbst als den Urheber des Neuen, der Erneuerung der Schöpfung. Gott hat sich der Schöpfung gegenüber verbürgt. Gott hat einen Bund geschlossen, nicht allein mit den Menschen, sondern mit allem, was lebt. Gott hat sich nicht von der Schöpfung zurückgezogen und sie ihrem Schicksal überlassen. Gott bleibt der Schöpfung zugewandt und sorgt für ihr Wohlergehen. „So wird es sein: noch bevor sie rufen, antworte ich, sie reden noch, schon höre ich sie." Zur bewohnbaren Welt Gottes gehört die Erfahrung der lebendigen Beziehung zwischen den Menschen und Gott. Die zweifelnde Frage: Wo ist denn nun Gott? oder die Klage: Wie kann Gott das zulassen? – sie sollen aufhören; denn Gott wird ganz nahe sein, Gott wird sprechen und antworten, bevor wir ihn anrufen; denn Gott sieht und weiß, was wir brauchen – wie eine umsorgende Mutter. Zum Frieden zwischen den Menschen und dem Einklang mit der Natur kommt das Bild der ungestörten Gemeinschaft mit Gott hinzu, einer Gemeinschaft, die von Gottes Zuwendung und Hinhören ständig erneuert wird.

Schon im ersten Teil des Jesajabuches findet sich die Verheißung des kommenden Friedensreiches, in dem sich auch die Natur selbst verwandeln wird. „Da werden die Wölfe bei den Lämmern wohnen und die Panther bei den Böcken lagern. Ein kleiner Knabe wird Kälber und junge Löwen und Mastvieh miteinander treiben. Kühe und Bären werden zusammen weiden, dass ihre Jungen beieinander liegen, und Löwen werden Stroh fressen wie die Rinder" (Jes 11,6–7). Zweihundert Jahre später erklingt am Ende des Jesajabuches aus dem Mund des unbekannten Propheten eine Gottesrede, die wie ein Echo jener alten Verheißung ist. „Wolf und Lamm werden einträchtig, ein Löwe frisst Stroh wie das Rind; und die Schlange – Staub ist ihr Brot. Nicht wirken sie Böses noch Verderben auf meinem ganzen heiligen Berg – Adonai hat's gesprochen." Die Erneuerung der Schöpfung gilt auch für die Tiere. Die Raubtiere sollen nicht länger das Leben anderer Tiere und der Menschen bedrohen. Sie werden zu zahmen Pflanzenfressern, sodass Wölfe und Lämmer miteinander weiden können. Der Löwe, der, weil das stärkste unter den Raubtieren, seit alters als der König der Tiere gilt, wird Stroh fressen wie das Rind: eine Aufhebung aller Hierarchie unter Tieren und Menschen. Wenn die Tiere einander nicht mehr bedrohen, dann können sich auch die menschlichen Aggressoren nicht mehr damit herausreden, dass „der Mensch für den Menschen ein Wolf" (Thomas Hobbes) sei .

*

Es sind starke und aussagekräftige Bilder, die diese prophetische Schau in uns wachruft. Sie zeigen uns eine Alternative zu den *Verhältnissen*, die uns lähmen. Sie wollen uns den Blick öffnen für das von Gott ausgehende Geschehen, mit dem die Schöpfung erneuert wird. Aber wie kommen wir selbst in dieses Geschehen hinein? Wo sind die Spuren, an denen wir erkennen können, dass die Welt im Sinne dieser Schau wirklich bewohnbarer wird? Das Geschehen in Jugoslawien und im Kosovo in den letzten Wochen spricht eine zu deutliche Sprache, die Gegenbilder steigen im wahrsten Sinne *ans Herz hinauf*. Visionen einer neuen Ordnung des Friedens und der Gerechtigkeit wären zwar dringend notwendig, aber wir erleben beklommen, dass auch der entschlossene Einsatz für Gerechtigkeit und Menschenrechte neues Leid und Zerstörung verursachen kann.
Ich habe diese prophetische Gottesrede ausgelegt als den Bauplan, an dem Gottes Intention für eine bewohnbare Welt erkennbar wird. Es bleibt der Bauplan Gottes, aber Gott erneuert seine Schöpfung nicht alleine und im Verborgenen. Gott hat die Menschen zu Mitarbeitern in seinem Schöpfungswerk berufen und ihnen den Auftrag gegeben, die Erde zu bebauen und zu bewahren. Gott braucht unsere Hände, unsere Augen, unser Herz und unsere wachen Sinne, um die Erneuerung der Schöpfung voranzutreiben, und so wird dann der Bauplan Gottes auch zu einem Auftrag für uns, im wahrsten Sinne zu einem *ökumenischen* Auftrag. Wir sind als Menschen mitverantwortlich für die Bewohnbarkeit der Welt Gottes. Das ist das Zentrum der Berufung, der die ökumenische Bewegung der Kirchen zu entsprechen sucht.
Eine Zeitlang ist in der ökumenischen Bewegung von der *Weltverantwortung* der Christen und Kirchen die Rede gewesen. Diese Formulierung kann zu einer gefährlichen Selbstüberschätzung führen, der dann unver-

meidlich die Lähmung folgt. Die Erfahrungen mit dem Prozess der Globalisierung und seinen Auswirkungen zeigen, wie zwiespältig es ist, wenn Menschen versuchen, die ganze Welt wie ein geschlossenes System zu steuern. Hier mahnt uns die biblische Sicht zu Nüchternheit: Himmel und Erde erscheinen als eine Ganzheit nur in der Perspektive Gottes des Schöpfers. Für uns als Menschen bleiben die Begrenzungen von Raum und Zeit unverrückbar; aber innerhalb dieser Grenzen können und sollen wir an der Bewohnbarkeit der Welt für alle Menschen und alle Lebewesen arbeiten. Unser Textabschnitt stellt uns eindrücklich vor Augen, wie wenig in Wahrheit notwendig ist, damit alle Menschen ein erfülltes Leben an einem festen Ort in ungestörter Gemeinschaft untereinander und im Einklang mit der Natur haben können.

Eine Welt, die sich gewöhnt an Vertreibungen und Bombenkriege, an Obdachlosigkeit und Kinderarbeit, an Verschuldung und die Vernichtung der Wälder und der Artenvielfalt, wird immer weniger bewohnbar sein. Für diese Alternative brauchen wir nicht auf die Wissenschaftler oder die internationalen Expertenkonferenzen zu warten. Wir können selber am Neubau menschlicher Gemeinschaften arbeiten und uns dabei leiten und inspirieren lassen von dem Blick des Propheten auf die erneuerte Schöpfung Gottes. Und Gott lässt uns nicht allein mit dieser Aufgabe. Gottes Geist begleitet und ermutigt uns. Gott führt uns zusammen mit Partnern und Bundesgenossen, auch wo wir es nicht vermutet haben. Wir finden Antworten auf hilflose und stammelnde Fragen und erfahren etwas von der Freude der neuen Schöpfung. Wir werden unabhängig gegenüber den Verführungen des Fortschritts, aber auch gegenüber dem Einspruch der Realpolitiker. Die Erneuerung der Schöpfung vollzieht sich im Alltag und nicht von der großen Tribüne herab. So lassen Sie uns gemeinsam bauen und arbeiten, dass unsere Welt zur bewohnbaren Welt Gottes wird.

Enzyklopädisches Stichwort: Ökumene

1. Einleitung

Mein Arbeitsschwerpunkt ist seit über 30 Jahren das Umfeld der christlichen Ökumene. Die längste Zeit habe ich in leitender Verantwortung innerhalb des Ökumenischen Rates der Kirchen gearbeitet, der nach wie vor dic wichtigste institutionelle Ausprägung der sogenannten ökumenischen Bewegung ist. Darüber hinaus habe ich zehn Jahre lang Gelegenheit gehabt, mein Verständnis der Ökumene der christlichen Kirchen in theologischer Reflexion und Lehre zu klären und zu vertiefen. In dieser Zeit, d.h. von 1983 bis 1993, ist eine Reihe von Veröffentlichungen in Buchform oder Aufsätzen entstanden, mit denen ich versucht habe, zur weitergehenden ökumenischen Diskussion beizutragen. Sie bilden den Hintergrund dieser zusammenfassenden Darstellung, und ich werde gelegentlich Formulierungen daraus übernehmen, ohne sie ausdrücklich als Zitate zu kennzeichnen.[1]

Die im Hauptteil dieses Bandes zusammengestellten Predigten und Bibelarbeiten bzw. biblischen Reflexionen stammen zum großen Teil aus den letzten neun Jahren meiner Arbeit als Generalsekretär des Ökumenischen Rates der Kirchen. Sie erheben nicht den Anspruch einer umfassenden oder programmatischen Entfaltung des Verständnisses und der Bedeutung von Ökumene. Sie wollen vielmehr verstanden werden als konkrete Interpretation des ökumenischen Impulses im Gespräch zwischen der jeweiligen Situation und einem biblischen Textabschnitt. Die Auswahl ist bestimmt durch den Gesamttitel: Hoffen auf Gerechtigkeit und Versöhnung, der auf eine zentrale Dimension der ökumenischen Bemühungen verweist. Die Untertitel der vier Teile des Bandes entfalten diese Dimension, die zugleich ein wichtiger Schwerpunkt meiner eigenen ökumenischen Arbeit ist.

---

1 K. Raiser 1989, ders. 1994.

Diese abschließende Reflexion zum Stichwort „Ökumene" erlaubt, den in diesem Band entfalteten Ausschnitt in einen weiteren geschichtlichen und theologisch-inhaltlichen Rahmen hineinzustellen.

2. Zum Begriff[2]

Trotz einer inzwischen beachtlichen und weit ausgreifenden theologischen Diskussion und entsprechender kirchlicher Aktivitäten ist das Stichwort „Ökumene" nach wie vor ein Fremdwort geblieben, mit dem vor allem die säkulare Öffentlichkeit nur wenig verbindet. Dabei ist der Begriff selbst säkularen Ursprungs und erst allmählich in den kirchlichen Sprachgebrauch eingegangen.

In seiner anfänglichen Bedeutung steht das griechische Wort *oikoumene* für „die ganze bewohnte Erde". Dieses neutrale, räumlich-geographische Verständnis findet sich häufiger in der Septuaginta, wo *oikoumene* einfach „Welt" oder „Erde" bedeutet. Freilich trat dann schon in der frühen hellenistischen Zeit die qualitative Bedeutung im Sinne der „zivilisierten Welt" hinzu im Unterschied zur Welt der Barbaren. *Oikoumene* trat so an die Stelle der *polis* als Bezeichnung des Raumes, in dem man menschlich leben kann. Von hier aus war es nicht weit zur politischen Interpretation der *oikoumene* als Herrschaftsbereich des Römischen Reiches.

Im Neuen Testament findet sich der Begriff vor allem im lukanischen Schrifttum (Lukasevangelium und Apostelgeschichte), aber auch im Matthäusevangelium sowie im Hebräerbrief und der Offenbarung. Diese gemessen am zeitgenössischen Sprachgebrauch eher seltene und distanzierte Verwendung hat ihren Grund möglicherweise in der bereits zu starken politischen Prägung des Begriffs (vgl. hierzu Lk 2,1; 4,5ff; auch Apg 3,10; 12,9; 16,4). Das Matthäusevangelium (24,14) spricht von *oikoumene* im neutralen geographischen Sinn, und der Hebräerbrief erwartet die „künftige *oikoumene* (Welt)" (Her 2,5). Die frühe Kirche blieb zunächst beim Verständnis der *oikoumene* als der bewohnten, d.h. zivilisierten Welt, die sich nach damaliger Überzeugung weitgehend deckte mit der Ausdehnung des Römischen Reiches. Sie erlebte sich als die „über die ganze *oikoumene* bis

2 W.A. Visser 't Hooft 1967, 11–12, K. Raiser, „Ökumene", in: EKL 3, 825f.

an die Enden der Erde verstreute Kirche" (Irenäus). In dem Maße freilich, als die christliche Kirche zur bestimmenden religiösen Kraft im Römischen Reich wurde, entstand die Vorstellung der „christlichen Welt". Aus der „Kirche der Ökumene" wird die „Ökumene der Kirche". Der Begriff wird nun bezogen auf die Kirche als Ganze oder die Gesamtkirche im Unterschied zu den Ortskirchen. Im Zuge der Lehrstreitigkeiten zur Zeit der „ökumenischen", und d.h. gesamtkirchlichen, Synoden und Konzile gewinnt der Begriff „ökumenisch" noch die weitere Bedeutung von „universal gültig" im Sinne dessen, was „zu allen Zeiten, überall und von allen geglaubt wurde" (Vinzenz von Lerinum, Commonitorium 2,5). Damit war der Sprachgebrauch für eine lange Periode festgelegt. Aus einem zunächst weltlich-geographischen und dann politischen war nun ein spezifisch kirchlicher Begriff für Rechtgläubigkeit und umfassende kirchliche Autorität geworden.

Erst unter dem Einfluss Zinzendorfs und der pietistischen Erweckungsbewegung im 18. und 19. Jahrhundert kam es zur Wiederbelebung des Bewusstseins von der weltweiten Zusammengehörigkeit aller Christen und Kirchen und damit zur Neuaneignung des ursprünglichen, nicht kirchlich eingeengten Verständnisses von Ökumene. Insbesondere im Rahmen der 1846 gegründeten Evangelischen Allianz wurde der Begriff verwendet, um die geistliche Bruderschaft und Einheit aller wahrhaft Gläubigen über die Grenzen der Konfessionen und Nationen hinaus zu bekräftigen. Ökumenisch wird so zum Ausdruck einer geistlichen Gesinnung, die der weltweiten Ausrichtung des christlichen Glaubens entspricht.

In der sich herausbildenden ökumenischen Bewegung bevorzugte man zunächst den Ausdruck „all-christlich" zur Bezeichnung der weltweiten Dimension. Es war der schwedische Erzbischof Nathan Söderblom, der das neue Verständnis von Ökumene im Sinn der „grundlegenden Einheit der Kirche und ihrer gemeinsamen Aufgabe in der Welt" (Visser 't Hooft) prägte und fest im Sprachgebrauch der frühen ökumenischen Bewegung verankerte.

In diesem neuzeitlichen Verständnis von Ökumene, das allmählich auch im römisch-katholischen Sprachgebrauch übernommen wurde, verbinden sich zwei Aspekte, d.h. der Bezug auf die umfassende Einheit der Kirche und die Betonung der weltweiten Sendung bzw. des Dienstes der Kirche in der Welt. So heißt es im Bericht der Weltkirchenkonferenz von Oxford 1937:

„Der Ausdruck ‚ökumenisch' bezieht sich auf die Art und Weise, wie die Tatsache der Einheit der Kirche in der Geschichte zum Ausdruck kommt. Denken und Handeln der Kirche sind insoweit ökumenisch, als sie versuchen, die *Una Sancta* als die Gemeinschaft der Christen zu verwirklichen, die sich zu dem einen Herrn bekennen. Darüber hinaus steht das Fehlen der Einheit mit den letzten und höchsten Zielen der Kirche in ernstem Widerspruch. Diese Ziele sind und müssen bleiben: das Evangelium von der Liebe Gottes in Jesus Christus allen Menschen zu verkündigen …"[3]

Freilich, diese Verbindung der beiden Dimensionen der Einheit und der weltweiten Sendung der Kirche blieb spannungsvoll. So sah sich der Zentralausschuss des neu gegründeten Ökumenischen Rates der Kirchen schon drei Jahre nach der ersten Vollversammlung in Amsterdam bei seiner Sitzung in Rolle 1951 genötigt, eine Klärung der Begrifflichkeit vorzunehmen:

„Wir möchten die Aufmerksamkeit insbesondere auf neuerliche Unklarheiten bei der Verwendung des Wortes ‚ökumenisch' richten. Es ist wichtig, mit Nachdruck darauf hinzuweisen, dass dieser Ausdruck, der von dem griechischen Wort für die ganze bewohnte Erde abgeleitet wird, dann sachgemäß gebraucht wird, wenn er sich auf die gesamte Aufgabe der gesamten Kirche in der Verkündigung des Evangeliums für die gesamte Welt bezieht. Er bezeichnet deshalb in gleicher Weise die missionarische Bewegung und die Bewegung zur Einheit und darf nicht dazu verwandt werden, um die letztere im Gegensatz zu der ersteren zu kennzeichnen."[4]

Die neuere Diskussion war vor allem in den 70er und 80er Jahren bemüht, im Verständnis von Ökumene die Einheit der Kirche und die Erneuerung weltweiter menschlicher Gemeinschaft zusammenzuhalten. Aber auch hier blieb die Spannung ungelöst und wurde eher noch verstärkt durch den wachsenden römisch-katholischen Einfluss auf den Sprachgebrauch. Das Ökumenismusdekret des Zweiten Vatikanischen Konzils erklärt 1964:

„Unter der ‚ökumenischen Bewegung' versteht man Tätigkeiten und Unternehmungen, die je nach den verschiedenen Bedürfnissen der Kirche und nach Möglichkeit der Zeitverhältnisse zur Förderung der Einheit der Christen ins Leben gerufen und auf dieses Ziel ausgerichtet sind."[5]

---

3 J.H. Oldham 1938, 241f.
4 L. Vischer (Hg.) 1965, 262.
5 K. Rahner / H. Vorgrimmler (Hg.) ^{2}1966, 234 (UR4).

Diese Eingrenzung des Verständnisses von Ökumene auf innerchristliche und zwischenkirchliche Bemühungen um die Einheit der Kirche setzt sich inzwischen immer mehr durch und drängt die Dimensionen der weltweiten missionarischen Sendung der Kirche und der christlichen Verantwortung für die menschliche Gemeinschaft in Gerechtigkeit und Frieden in den Hintergrund.

Eine Grundsatzerklärung des Zentralausschusses des Ökumenischen Rates der Kirchen von 1997 stellt fest:

„Innerhalb der ökumenischen Bewegung hat sich der ÖRK bemüht, die Vision in Joh 17,21 („dass sie alle eins seien ..., damit die Welt glaube“) mit jener in Eph 1,9–10 („Gottes Ratschluss ... wenn die Zeit erfüllt wäre, dass alles zusammengefasst würde in Christus, was im Himmel und auf Erden ist“) zu verbinden. Das Bemühen, die beiden biblischen Visionen miteinander zu verbinden, sieht sich jedoch in Frage gestellt durch ein kontinuierliches Spannungsverhältnis und bisweilen sogar Unvereinbarkeit zwischen denen, die sich für die soziale Dimension der Ökumene stark machen, und denen, die die geistliche und kirchliche Dimension der Ökumene in den Vordergrund stellen.

In jüngerer Zeit wurde eine wachsende Zahl von Stimmen, vor allem in den Kirchen in Asien, aber auch in Lateinamerika laut, die von der Notwendigkeit einer ‚erweiterten Ökumene‘ oder ‚Makro-Ökumene‘ sprechen – ein Verständnis, bei dem sich die ökumenische Bewegung anderen religiösen und kulturellen Traditionen über die christliche Gemeinschaft hinaus öffnen würde.“[6]

Es sollte nach diesem Überblick deutlich geworden sein, dass der Begriff Ökumene aufgrund seiner verschlungenen Bedeutungsgeschichte vielschichtige und zum Teil spannungsvolle Elemente in sich vereinigt und sich damit einer eindeutigen, normativen Definition entzieht. In den unterschiedlichen Akzentsetzungen im Sinne der Einheit der Kirche, der weltweiten missionarischen Sendung wie der Weltverantwortung der Kirche und Christen spiegeln sich bis heute die spezifischen historischen Ursprünge der ökumenischen Bewegung im Übergang vom 19. zum 20. Jahrhundert wider. Ökumene hat es mit Kirche und Welt in ihrer spannungsvollen Zuordnung zu tun, aber sie lebt aus der Gewissheit, dass die Welt nicht einfach „Nicht-Kirche“ ist, sondern Gottes gute Schöpfung. Die

---

6 Auf dem Weg zu einem gemeinsamen Verständnis und einer gemeinsamen Vision des Ökumenischen Rates der Kirchen, Genf 1997, 12 (Nr. 2.5 u. 2.6).

Ökumene Gottes ist die ganze Schöpfung als die für Menschen und alles Leben „bewohnbare" Erde, die unter Gottes Verheißung steht, die ganze Schöpfung zu erneuern. So ist in neuerer Zeit verstärkt daran erinnert worden, dass Ökumene, Ökonomie und Ökologie den gleichen Wortstamm haben, d.h. *oikos* im Sinne von Haus, Haushalt oder bewohnbarem, lebensförderlichem Raum. Im christlichen Sinn ist die Ökumene der Haushalt Gottes oder der Haushalt des Lebens, d.h. der Raum, der das Leben in seiner Fülle und in der Gemeinschaft alles Lebendigen ermöglicht.[7]

Es mag den Anschein haben, als würde damit der Begriff in seiner Bedeutung auf eine Weise ausgeweitet, dass er sich jeder eindeutigen Bestimmung entzieht. Aber die Vision des neuen Himmels und einer neuen Erde gehört unverzichtbar in den Horizont der Ökumene. Auch die Einheit der Kirche ebenso wie die missionarische Sendung und der Dienst der Kirche in der Welt sind kein Selbstzweck, sondern weisen über sich hinaus. Sie sind Zeichen, Antizipation der neuen Wirklichkeit des Reiches Gottes und gewinnen von daher ihre Dynamik. In dieser eschatologischen Perspektive löst sich die Spannung der unterschiedlichen Akzentsetzungen und Elemente auf, und so kann man in der Tat von der „einen ökumenischen Bewegung" sprechen, an der die unterschiedlichen Ausprägungen teilhaben. Dieses Verständnis von Ökumene steht im Hintergrund der Predigten in diesem Band.

3. Geschichtliche Entwicklung der ökumenischen Bewegung[8]

Das 20. Jahrhundert ist als das Jahrhundert der Ökumene bezeichnet worden, so wie das 19. Jahrhundert unter dem Vorzeichen der Mission stand. In der Tat markiert die Entstehung der ökumenischen Bewegung im Übergang vom 19. zum 20. Jahrhundert eine neue Phase in der Geschichte der christlichen Kirchen. Mit dem Zerfall des „Heiligen Römischen Reiches Deutscher Nation", dem Aufkommen von Nationalstaaten, der Errichtung islamischer Herrschaft über die jahrhundertelang christlich geprägten Länder in der östlichen Hälfte des alten Imperiums und schließlich vor allem

---

7 L. Rasmussen 1996, 90ff.

8 R. Frieling 1992; dort weitere Literatur.

der Bewegung der Reformation in Europa ging das Bewusstsein der alten christlichen Ökumene verloren. Zusammen mit der politischen Konzeption der Nation entstand kirchlich die Vielfalt der Konfessionen, die sich in zunehmendem Maße voneinander abgrenzten. Der Westfälische Friede 1648 besiegelte für die folgenden Jahrhunderte das System von konfessionell geprägten Nationalstaaten.

Die Ursprünge der ökumenischen Bewegung liegen einerseits in der Erweckungsbewegung des Pietismus (Nikolaus Ludwig Zinzendorf) und der von ihr angeregten Missionsbewegung (William Carey). Auf den Einfluss der Evangelischen Allianz wurde bereits verwiesen. Wichtig wurde darüber hinaus die Gründung des CVJM (1855) und dann, vermittelt durch das Student Volunteer Movement for Mission (SVM), die Bildung des Christlichen Studentenweltbundes (1895). Die Umsetzung des pietistischen missionarischen Impulses in eine weltweite ökumenische Bewegung ist vor allem John R. Mott (1865–1955) zu verdanken. Er nahm die Losung des SVM von der „Evangelisierung der Welt in dieser Generation" auf, und die von ihm konzipierte und zusammen mit J.H. Oldham (1874–1969) vorbereitete Weltmissionskonferenz in Edinburgh 1910 wird gemeinhin als der Beginn der neueren ökumenischen Bewegung angesehen.[9]

Die Konferenz in Edinburgh führte nicht nur zur Bildung des Internationalen Missionsrates (1921) und damit einer der ursprünglichen Ausprägungen der ökumenischen Bewegung mit dem Ziel der Zusammenarbeit in der weltweiten missionarischen Sendung der Kirche. Sie gab auch, vermittelt durch die Person des amerikanischen Missionsbischofs Charles Brent (1862–1929), den Impuls zu einer weiteren, für die Folgezeit entscheidenden ökumenischen Initiative. Im Jahr 1912 inspirierte Brent seine Kirche, die Protestantische Bischöfliche Kirche in Amerika, zu der Entscheidung, die Kirchen Christi in aller Welt zu einer Konferenz für „Glauben und Kirchenverfassung" einzuladen, um die zwischen den Kirchen stehenden Fragen der Lehre und der kirchlichen Ordnung zu bearbeiten, die in Edinburgh bewusst ausgeklammert worden waren. In den folgenden Jahren wurden Delegationen nach Rom, Konstantinopel sowie zu den protestantischen Kirchen in Europa entsandt, und nach dem Ende des Ersten Weltkrieges konnte 1920 eine erste Vorbereitungskonferenz in Genf zusammentreten.

9 W. Günther 1970.

Die lange geplante Weltkonferenz für Glauben und Kirchenverfassung fand schließlich 1927 in Lausanne statt. Damit war die Bewegung für Glauben und Kirchenverfassung konstituiert, und sie wurde zum Anwalt der Suche nach der sichtbaren Einheit der Kirche als zentralem Ziel der ökumenischen Bewegung.[10]

Freilich, diese Binnenperspektive lässt wichtige geschichtliche Faktoren außer Acht, die zum Entstehen der ökumenischen Bewegung beigetragen haben. Der Kolonialismus und die damit verbundene Konkurrenz der europäischen Mächte, die Industrialisierung und wachsende Bedeutung des weltweiten Handels, hatten die Entwicklung einer neuen Ordnung internationaler Zusammenarbeit dringlich gemacht. Die Haager Friedenskonferenzen von 1899 und 1907 entwickelten Bausteine für eine solche Ordnung. Die zeitgleich mit der christlichen ökumenischen Bewegung entstandene sozialistische Arbeiterbewegung verstand sich als Avantgarde des neuen Internationalismus. Der aus Kooperation der Kirchen in Deutschland und England hervorgegangene und am Tag des Ausbruchs des Ersten Weltkrieges gegründete „Weltbund für internationale Freundschaftsarbeit durch die Kirchen“ war eine christlich-kirchliche Bekräftigung der neuen Ideale des Internationalismus angesichts der Gefahr, die von einem übersteigerten Nationalismus ausging. Der Erste Weltkrieg brachte eine tiefe Erschütterung des klassischen Konzerts der Mächte in Europa und eröffnete den Weg zur Gründung des Völkerbundes (1920).[11]

Als Antwort auf diese durch die russische Revolution 1917 verschärfte Krise im Zusammenleben der Völker entstand eine weitere Ausprägung der ökumenischen Bewegung. Sie ist eng verbunden mit der Person des schwedischen Erzbischofs Nathan Söderblom, der bereits während des Ersten Weltkrieges verschiedene Friedensinitiativen ergriffen hatte. Er war fest davon überzeugt, dass zwischen den Kirchen und Christen eine tiefe geistliche Gemeinschaft bestand, die nicht nur die konfessionellen Unterschiede, sondern auch die nationalen Gegensätze transzendierte. Das Christentum konnte und musste daher einen entscheidenden Beitrag zur Entwicklung einer neuen internationalen Ordnung leisten. So sehr er die Gründung des Völkerbundes begrüßte, sah er zugleich die Aufgabe, dieser

---

10 R. Frieling 1970.

11 G. Rüppell 1992.

Struktur eine „Seele“ zu geben. Er fand sich in dieser Überzeugung bestätigt durch die Initiative des Ökumenischen Patriarchats von Konstantinopel, das 1920 in einem Rundschreiben „an alle Kirchen Christi, wo immer sie sich befinden“ zur Bildung eines Bundes der Kirchen nach dem Modell des Völkerbundes aufrief. Nach einer Planungskonferenz ebenfalls 1920 in Genf kam es 1925 in Stockholm zur ersten Weltkonferenz für „Praktisches Christentum“, aus der der „Allgemeine Rat für Praktisches Christentum“ hervorging (1929 umbenannt in Ökumenischer Rat für Praktisches Christentum).[12]

So hatte sich bis zum Ende der 20er Jahre in diesen drei Strömen das Profil der ökumenischen Bewegung herausgebildet. Die unterschiedlichen Ausprägungen des ökumenischen Impulses wurden zusammengehalten durch die engen persönlichen Verbindungen innerhalb der relativ kleinen Gruppe von ökumenischen Pionieren, die an allen drei Initiativen beteiligt waren (John R. Mott, Nathan Söderblom, William Temple, Erzbischof Germanos, Joseph Houldsworth Oldham, Willem A. Visser 't Hooft). Sie bestimmten auch die weitere Entwicklung, in der die frühe ökumenische Bewegung genötigt war, auf die erneut heraufziehenden Krisen zu antworten. Die Weltwirtschaftskrise sowie das Aufkommen des Faschismus und des Nationalsozialismus bezeichnen den Kontext, in dem das Nebeneinander der drei Bewegungen überführt wurde in eine institutionelle Verschränkung mit dem Ziel, die Kirchen selbst zu Trägern der ökumenischen Bewegung zu machen. Aufgrund von Vorarbeiten in den Jahren 1935 und 1936 beschlossen die beiden Weltkonferenzen für Glauben und Kirchenverfassung (Edinburgh 1937) und für Praktisches Christentum (Oxford 1937) die Vereinigung der beiden Bewegungen und damit die Gründung des Ökumenischen Rates der Kirchen. Der Internationale Missionsrat jedoch blieb zunächst selbständig.[13]

An der Gründung des ÖRK bei der ersten Vollversammlung in Amsterdam 1948 waren Delegierte von 147 Kirchen, vorwiegend aus Europa und Nordamerika, beteiligt. Ferngeblieben waren die Mehrzahl der orthodoxen Kirchen, vor allem diejenigen aus dem kommunistisch beherrschten Osteuropa, die römisch-katholische Kirche, die selbst interessierten katholi-

12 W. Weiße 1991.
13 W.A. Visser 't Hooft 1983.

schen Beobachtern die Teilnahme untersagte, und die Kirchen der südlichen Hemisphäre, die ihre Eigenständigkeit noch nicht erlangt hatten. Der Ökumenische Rat der Kirchen erhielt damit in seiner Struktur, Arbeitsweise und kirchlich-theologischen Ausrichtung ein Gepräge, das stark von den historischen protestantischen und anglikanischen Kirchen bestimmt war. Diese Form der Institutionalisierung der ökumenischen Bewegung wurde zum Modell für eine Vielzahl von ökumenischen Einrichtungen auf lokaler, nationaler und regionaler Ebene.

In den ersten zwei Jahrzehnten seines Bestehens war der Ökumenische Rat der Kirchen noch stark von den kirchlich-theologischen und gesellschaftlich-politischen Gegebenheiten in Europa und Nordamerika bestimmt. Insbesondere der Ost-West-Konflikt prägte die ökumenische Arbeit. Als im Zuge des Prozesses der Entkolonialisierung zusammen mit den neuen Nationen in Asien und Afrika auch die Kirchen dort ihre Unabhängigkeit erlangten, setzte ein Wandlungsprozess ein. Die Vereinigung des Internationalen Missionsrates mit dem Ökumenischen Rat der Kirchen bei der dritten Vollversammlung in Neu-Delhi 1961 eröffnete den Weg zur Ausweitung der Mitgliedschaft in die südliche Hemisphäre. Mit der gleichzeitig ausgerufenen ersten Entwicklungsdekade begann sich ein Perspektivenwechsel abzuzeichnen, in dessen Folge der Nord-Süd-Konflikt und die Probleme von Entwicklung, sozialer Gerechtigkeit und Rassismus in den Vordergrund traten. Die Genfer Konferenz für Kirche und Gesellschaft 1966 und die nachfolgende vierte Vollversammlung in Uppsala 1968 sind zu Symbolen dieses Umbruchs geworden.[14]

Parallel dazu vollzog sich eine weitere Veränderung im Profil der ökumenischen Bewegung. Im Zuge der beginnenden Entspannung im Ost-West-Verhältnis wurde es 1961 der russischen orthodoxen Kirche möglich, sich dem ÖRK anzuschließen. In ihrem Gefolge traten in den nächsten Jahren alle östlich-orthodoxen Kirchen und auch die protestantischen Minderheitskirchen in Osteuropa dem Ökumenischen Rat bei. Darüber hinaus wandelte die römisch-katholische Kirche beim Zweiten Vatikanischen Konzil (1962–1965) ihre Einschätzung der ökumenischen Bewegung und entschloss sich zur aktiven Mitarbeit. Ihr Selbstverständnis als Weltkirche hinderte sie zwar daran, sich institutionell dem Ökumenischen Rat anzu-

---

14 K.-H. Dejung 1973.

schließen, aber sie begann, die Ausrichtung ökumenischer Arbeit in vielen Bereichen, insbesondere der theologischen Diskussion, entscheidend mitzubestimmen. Vor allem ergriff die römisch-katholische Kirche die Initiative zu einer Vielzahl von bilateralen Lehrgesprächen mit den großen konfessionellen Kirchenfamilien der Anglikaner, Lutheraner, Reformierten, Methodisten und der östlichen orthodoxen Kirchen. Diese Dialoge haben in den letzten drei Jahrzehnten das Profil der ökumenischen Bewegung und ihre öffentliche Wahrnehmung, vor allem im Umfeld der historischen Kirchen des Nordens, stark bestimmt.

Noch eine letzte Entwicklungslinie muss im Rahmen dieses geschichtlichen Überblicks genannt werden. Die Vereinigung des Internationalen Missionsrates mit dem Ökumenischen Rat 1961 und die damit bewusst angestrebte Verankerung der Mission im Leben der verfassten Kirchen stieß auf den Widerstand der in evangelikaler Tradition stehenden freien Missionsgesellschaften und Vereinigungen. Für sie war dieser Schritt ein Verrat am Primat des Missionsauftrages im Leben der christlichen Gemeinschaft. So entwickelte sich im Rahmen der Evangelischen Allianz auf Weltebene und nach der Konferenz für Weltevangelisation in Lausanne 1974 durch Vermittlung des Lausanner Fortsetzungsausschusses ein weltweites Netz evangelikaler Kooperation in bewusster Abgrenzung von der organisierten Ökumene.

Im Rückblick auf das „Jahrhundert der Ökumene“ zeigt sich ein uneinheitliches Bild. Es ist kein Zweifel, dass die ökumenische Bewegung das Verhältnis der Kirchen zueinander und das Verständnis ihres Auftrages in der heutigen Welt grundlegend verändert hat. Eine Rückkehr zum Konfessionalismus des 19. Jahrhunderts ist nicht mehr denkbar. Der aus den drei Ursprungsbewegungen hervorgegangene Ökumenische Rat der Kirchen umfasst heute 342 Kirchen in allen Teilen der Welt, von denen die Mehrzahl aus den südlichen Regionen kommen. Er ist nach wie vor die repräsentativste und umfassendste institutionelle Ausprägung der ökumenischen Bewegung. Aber er sieht sich heute eingebunden in ein komplexes Geflecht von ökumenischen Partnerorganisationen, und die in ihm zusammengeschlossenen Kirchen umfassen nur etwa ein Viertel der christlichen Weltbevölkerung. Neben der großen römisch-katholischen Weltkirche, die unter Papst Johannes Paul II. immer stärker ökumenische Führungsansprüche angemeldet hat, sind es vor allem die rasch wachsenden nicht-traditionellen Kirchen pfingstlich-charismatischer oder evangelikaler Ausrichtung, die außerhalb der institutionalisierten Ökumene stehen. Darüber hinaus haben die östlichen orthodoxen Kirchen begonnen, das Übergewicht der historisch-protestantischen Kirchen innerhalb der organisierten Ökumene in Frage zu stellen und eine grundlegende Überprüfung des vor 50 Jahren begründeten Modells zu fordern. Alles deutet darauf hin, dass eine weitere Neubestimmung der Ziele und Arbeitsformen der ökumenischen Bewegung notwendig ist, wenn diese in der Lage sein soll, den Herausforderungen des 21. Jahrhunderts zu begegnen.

4. Thematische Schwerpunkte und Ziele

Die inhaltlichen Schwerpunkte ökumenischer Arbeit waren und sind nach wie vor bestimmt durch die drei unterschiedlichen, aber zugleich zusammengehörigen Impulse der Suche nach der sichtbaren Einheit der Kirche, der Erfüllung des missionarischen Auftrags und der Berufung zum Dienst in der Welt. Jeder dieser drei Schwerpunktbereiche hat im Verlauf der ökumenischen Diskussion eine starke Ausdifferenzierung erfahren. Hier kann nur ein Überblick über die Hauptlinien der Arbeit gegeben werden.

Einheit

Die Suche nach der sichtbaren Einheit der Kirche und die Überwindung der konfessionellen Spaltungen ist ohne Zweifel ein zentrales Antriebsmotiv der ökumenischen Bewegung. Die 1998 revidierte Verfassung des Ökumenischen Rates der Kirchen spricht von der „sichtbaren Einheit in dem einen Glauben und der einen eucharistischen Gemeinschaft“ als dem Hauptziel der Gemeinschaft der Kirchen im ÖRK.

Von Anfang an standen sich freilich unterschiedliche Vorstellungen vom Ziel der Einheit gegenüber. In der anglikanischen und im weiteren Sinn „katholischen“ Tradition war das Ziel die Herstellung von Einheit im Glauben und in der Ordnung des Lebens der Kirche. Ein Maßstab hierfür war in der Frühzeit das so genannte „Lambeth Quadrilateral“ (1888), das als Grundlage der Einheit die gemeinsame Anerkennung der Autorität der Heiligen Schrift, des Nizänischen Glaubensbekenntnisses, der Hauptsakramente, d.h. Taufe und Eucharistie, und des historischen Bischofsamtes forderte. Die Kirchen der lutherischen Tradition beriefen sich demgegenüber auf Art. VII der Confessio Augustana, wonach zur wahren Einheit der Kirche die rechte Predigt des Evangeliums und die evangeliumsgemäße Verwaltung der Sakramente notwendig sind. Die Kirchen der reformierten und freikirchlichen Tradition gingen aus von dem faktischen Nebeneinander von Territorialkirchen oder Denominationen und waren eher an einem föderativen Bundesschluss interessiert als an Einheit in Lehr- und Bekenntnisfragen. Durch die verstärkte Beteiligung der orthodoxen Kirchen wurde die anfängliche Gesprächskonstellation noch komplexer. Für sie zielt die Suche nach der Einheit letztlich auf die Überwindung des Schismas, d.h. der Abspaltung von der weiterhin bestehenden einen Kirche. Sie sind überzeugt, die ursprüngliche Einheit der Kirche bewahrt zu haben.

Trotz dieser unterschiedlichen und gegensätzlichen Leitvorstellungen hat sich in bald 75 Jahren ökumenischer Arbeit eine wachsende Übereinstimmung herausgeschält. Dazu haben die Öffnung der römisch-katholischen Position durch das Zweite Vatikanische Konzil, die intensiven bilateralen Lehrgespräche zwischen den großen Kirchenfamilien sowie die Arbeiten der Kommission für Glauben und Kirchenverfassung des Ökumenischen Rates der Kirchen beigetragen. Schon die dritte Vollversammlung des ÖRK in Neu-Delhi 1961 unternahm einen ersten Versuch, das Ziel der Einheit zu bestimmen. Diese Einheitserklärung von Neu-Delhi fand ein starkes Echo und hat die nachfolgende Diskussion entscheidend befruchtet. Die siebte Vollversammlung des ÖRK in Canberra (1991) hat die inzwischen erkennbare Konvergenz im Verständnis der Einheit der Kirche neu zum Ausdruck gebracht, indem sie den biblischen Begriff der Koinonia in den Mittelpunkt stellte.[15] Bereits die Einheitserklärung von Neu-Delhi hatte von der Einheit „aller an jedem Ort" als einer „völlig verpflichteten Gemeinschaft" gesprochen und ausdrücklich auf die neutestamentliche Koinoniavorstellung verwiesen. Das Ökumenismusdekret (Unitatis Redintegratio) des Zweiten Vatikanischen Konzils sprach davon, dass alle, die an Christus glauben und in der rechten Weise die Taufe empfangen haben, Brüder und Schwestern in dem einen Herrn sind und in einer „gewissen,

---

15 Die Einheit der Kirche als Koinonia: Gabe und Berufung, in: W. Müller-Römheld (Hg.) 1991, 173ff.

wenn auch nicht vollkommenen Gemeinschaft" stehen (UR3). In vielen der Dialoge ist dieses Verständnis der Kirche als Koinonia / Communio inzwischen weiter entfaltet worden.

Nach der Erklärung von Canberra kommt die so präzisierte Einheit der Kirche zum Ausdruck im gemeinsamen Bekennen des Glaubens, im gemeinsamen sakramentalen Leben in Taufe und Eucharistie, in der wechselseitigen Anerkennung von Ämtern und Diensten und in der gemeinsamen Wahrnehmung der Sendung der Kirche. Diese Merkmale voller Gemeinschaft sind inzwischen Kernbestand ökumenischer Übereinstimmung. Zugleich bezeichnen sie den Themenraster, auf den sich die ökumenische Diskussion in den letzten 20 Jahren konzentriert hat.

Schon 1982 veröffentlichte die Kommission für Glauben und Kirchenverfassung des ÖRK ihre bekannten Konvergenztexte zu Taufe, Eucharistie und Amt als Ausdruck der bis dahin erzielten Übereinstimmungen in diesen zentralen Fragen. Auch wenn die Texte nicht beanspruchen, einen vollen Lehrkonsens wiederzugeben, so zeigen doch die offiziellen Stellungnahmen von 180 Kirchen, dass viele der traditionellen Lehrdifferenzen heute als überwunden gelten können.

Nach früheren ökumenischen Arbeiten zum Problem von Schrift und Tradition, zur Autorität der Bibel sowie zur Frage verbindlichen Lehrens hatte sich die Diskussion im Rahmen des Ökumenischen Rates seit Anfang der 80er Jahre auf das gemeinsame Bekennen des Glaubens konzentriert. Dies fand seinen Niederschlag in der ökumenischen Neurezeption und Auslegung des zentralen altkirchlichen Glaubensbekenntnisses von Nizäa-Konstantinopel (381).[16]

Die gemeinsame Wahrnehmung der Sendung der Kirche setzt voraus, dass die Kirchen über Instrumente der Entscheidung verfügen, die sie zum gemeinsamen Handeln befähigen. Das Verständnis und die Ordnung der geistlichen Ämter und Dienste in der Kirche und die Bedeutung synodaler oder konziliarer Formen der Entscheidungsfindung im Unterschied zu einem personalen Amt der universalen Einheit bezeichnen den wichtigsten, noch nicht zureichend geklärten Themenkomplex. Hinter diesen verbleibenden Differenzen stehen Unterschiede im Verständnis von Gestalt und

Bibelbezug ist normative Grenze für Gemeinschaft?

16 Gemeinsam den einen Glauben bekennen 1991.

Auftrag der Kirche. Hierauf konzentriert sich zur Zeit das ökumenisch-theologische Gespräch.[17]
Bedeutsam ist schließlich, dass die Einheitserklärung von Canberra bekräftigt, dass das Ziel der Suche nach voller Gemeinschaft erreicht sei, „wenn alle Kirchen in den anderen die eine, heilige, katholische und apostolische Kirche in ihrer Fülle erkennen können" (2.1). Einheit als Koinonia von Kirchen heißt also nicht, dass sich alle Kirchen zu einer universalen Einheitskirche zusammenschließen müssen. Die Erklärung stellt ausdrücklich fest: „Verschiedenheiten, die in theologischen Traditionen und unterschiedlichen kulturellen, ethnischen oder historischen Kontexten wurzeln, gehören (daher) zum Wesen von Gemeinschaft (*communio*)" (2.2). Das gemeinsame Bekenntnis zu Jesus Christus ist die innere Grenze der Verschiedenheiten, aber zugleich gilt, dass die Verschiedenheiten nicht ein Mangel an Einheit, sondern vielmehr die Grundlage des lebendigen Austausches in wirklicher Gemeinschaft sind.

Mission und interreligiöser Dialog

Am Anfang stand die aus den großen missionarischen Aufbrüchen des 19. Jahrhunderts übernommene Losung der „Evangelisierung der Welt in dieser Generation". Das in der Synthese von Christentum und westlicher Kultur wurzelnde Sendungsbewusstsein wurde jedoch in den Krisen der 30er Jahre stark erschüttert. Es setzte eine Neubesinnung auf das Zentrum der christlichen Botschaft im Gegenüber zu den nicht-christlichen Religionen und den säkularen Ideologien ein. Der eigentliche Schock jedoch kam nach dem Zweiten Weltkrieg mit dem Sieg der kommunistischen Revolution in China. Sie beendete das vielleicht ehrgeizigste Unternehmen der neueren Missionsgeschichte. Zusammen mit den erfolgreichen Befreiungsbewegungen in Indonesien und Indien markierten diese Umwälzungen in Asien das beginnende Ende der Periode westlicher (christlicher) Vorherrschaft in der Welt, auf die sich auch die Missionsbewegung gestützt hatte.
So vollzog sich in den Jahren von 1947 bis 1952 innerhalb des Internationalen Missionsrates eine grundlegende theologische Neuorientierung. Sie

---

[17] The Nature and Purpose of the Church 1998.

war bereits vorbereitet worden durch eine von der dialektischen Theologie inspirierte Neuaneignung des eschatologisch ausgerichteten Missionsverständnisses der biblischen Tradition (Walter Freytag, Karl Hartenstein, Max Warren).[18]

Die Neuorientierung kam zum Ausdruck bei der Tagung des Internationalen Missionsrates in Willingen (1952). In der Schlusserklärung dieser Konferenz „Über die missionarische Berufung der Kirche“ wird klar die Überzeugung ausgesprochen, dass Mission nicht ein Handeln ist, das von der Kirche ausgeht, sondern in erster Linie Sendungshandeln Gottes selbst ist.

> „Die Missionsbewegung, von der wir ein Teil sind, hat ihren Ursprung in dem dreieinigen Gott. … Sein Werk auszuführen sendet Gott die Kirche bis zu den Enden der Erde, zu allen Nationen, und bis zum Ende der Zeit.“[19]

Die Kirche versteht sich als das wandernde Gottesvolk aufgerufen dazu, auszuziehen „in dem Auftrag, alle Dinge unter seine Herrschaft zu bringen und die ganze Erde vorzubereiten auf den Tag seiner Wiederkunft“.[20]

Dieses neue Missionsverständnis, das seither unter dem Stichwort der *missio dei* bekannt geworden ist, sieht Kirche und Welt im Horizont des Reiches Gottes. Die Mission ist Teil von Gottes Heilshandeln in der Geschichte. Damit war zugleich theologisch der Boden bereitet für die nach langen Verhandlungen vollzogene Zusammenführung von Missionsrat und Ökumenischem Rat. Denn nun war Mission nicht länger Ausdruck einer besonderen Berufung, sondern vielmehr eine zentrale Dimension des Kircheseins. Vor allem richtete sich Mission nicht länger einseitig auf die nicht-christlichen Regionen des Südens; vielmehr ging es um „Mission in allen sechs Kontinenten“ (Mexiko City 1963).

Damit wurde das neue Missionsverständnis auch zu einer Herausforderung für die traditionellen Kirchen des Nordens. Eine in den Jahren nach der Vollversammlung in Neu-Delhi durchgeführte Studie über „Die missionarische Struktur der Gemeinde“ mit vorrangigem Interesse an den Kirchen in Europa und Nordamerika nimmt die Orientierung an Gottes Heilshandeln in der Geschichte (*missio dei*) auf. Gott ist in den geschichtlichen

---

18 G. Schwarz 1980.

19 H.J. Margull (Hg.) 1963, 96f.

20 A.a.O. 100.

Veränderungen am Werk und verwandelt die Welt auf das endgültige Ziel hin, die Aufrichtung seines *Schalom*. Gottes Handeln ist daher nicht primär auf die Kirche ausgerichtet, sondern auf die Welt. Die Kirche in ihrem missionarischen Wirken ist um der Welt willen da als Zeuge für das durch Gott bestimmte Ziel der Geschichte, das Reich Gottes.

Der Konflikt mit dem traditionellen Missionsverständnis in der erwecklich evangelikalen Tradition im Sinne der Bekehrung von Nicht-Glaubenden und der Sammlung neuer Gemeinden war unvermeidlich und kam offen zum Ausbruch, als die Vollversammlung in Uppsala unter dem Thema „Erneuerung in der Mission" den Hauptakzent auf das neue Menschsein legte und die Missionskonferenz in Bangkok (1972) das Heil der Welt und die Kämpfe um Gerechtigkeit und Befreiung unmittelbar aufeinander bezog. Entscheidende Anstöße hierzu kamen aus den Erfahrungen der *Urban Industrial Mission*, vor allem in Asien, aber auch in Afrika und Lateinamerika. Unter dem Thema „Dein Reich komme" nahm die Weltmissionskonferenz in Melbourne 1980 diese kontroversen Diskussionen auf und brachte sie zu einem klärenden vorläufigen Abschluss.

Die nun folgende Periode war vor allem bestimmt von den Bemühungen der aus früherer Mission hervorgegangenen und inzwischen eigenständigen Kirchen in den südlichen Regionen, sich aus strukturellen und theologischen Abhängigkeiten zu lösen. Sie fanden ihren Ausdruck u.a. in der Debatte um ein Moratorium, missionarische Zusammenarbeit, aber auch im Nachdenken über „Mission im Kontext" bzw. über kulturelle Selbstbestimmung und die Kontextualisierung von Theologie und Kirche. Entscheidende Anstöße hierzu kamen vor allem aus dem noch vom Internationalen Missionsrat gegründeten Theologischen Ausbildungsfonds.[21]

Nach zwei Jahrzehnten der Auseinandersetzung um Verständnis und Praxis der Mission war der Ökumenische Rat in der Lage, 1982 eine ökumenische Erklärung zu „Mission und Evangelisation" vorzulegen, die wichtige Impulse aus der römisch-katholischen Kirche (*Evangelii Nuntiandi* 1975) und aus dem evangelikalen Umfeld (Lausanner Verpflichtung 1974) aufnahm und zu einer beginnenden Verständigung beitrug.[22] Mittlerweile hatte sich jedoch eine weitere Kontroverse hinsichtlich des Verhältnisses von Mis-

21 D. Werner 1993, J. Mutiso-Mbinda 1993.
22 Mission und Evangelisation 1982.

sion und interreligiösem Dialog entwickelt. Seit dem Dekret des Zweiten Vatikanischen Konzils *Nostra Aetate* (1964) und der Einrichtung des Programms des Ökumenischen Rates der Kirchen über den Dialog mit anderen Glaubensweisen und Ideologien (1970) war die Frage nach dem Ort der nicht-christlichen Religionen im Horizont des Heilshandelns Gottes drängend geworden. Lange Zeit stand das Problem des *Synkretismus* im Mittelpunkt der Debatte, d.h. die Sorge, durch den Dialog mit den nicht-christlichen Religionen könnte der universale Wahrheitsanspruch des Evangeliums relativiert werden. Die 1977 vom ÖRK vorgelegten „Leitlinien zum Dialog mit Menschen verschiedener Religionen und Ideologien" nahmen diese Problematik ausdrücklich auf und interpretierten den Dialog als konkreten Ausdruck des Gebotes der Nächstenliebe als Bemühung darum, die Wahrheit des Glaubens in Liebe zu bezeugen.[23] Aber die Frage nach dem Verhältnis von Mission und interreligiösem Dialog blieb lebendig. Die Weltmissionskonferenz in San Antonio 1989 stellte sich der Herausforderung, und ihre Erklärung ist bis heute gültig geblieben. Sie nimmt zunächst einen Satz aus der ökumenischen Erklärung zu Mission und Evangelisation auf: „Der Geist Gottes ist immer am Werk auf Weisen, die menschliches Verständnis übersteigen", und fügt dann hinzu: „Da Gottes Geheimnis in Christus unser Verstehen übersteigt und da wir Gottes Heilswirken nur unvollkommen zu erfassen vermögen, sind wir dazu aufgerufen, Zeugen für andere Menschen zu sein und nicht ihre Richter. ... Wir kennen keinen anderen Weg zum Heil als Jesus Christus; zugleich aber können wir dem Heilswirken Gottes keine Grenzen setzen."[24]

Aber die Frage, wie sich die christlichen Kirchen zu der offenkundigen Tatsache religiöser Pluralität verhalten sollen und wie sie ihren Ort als eine religiöse Gemeinschaft unter anderen in der Welt bestimmen sollen, wartet noch immer auf eine überzeugende Antwort. Ein Text aus dem Jahr 1990 zum Thema „Religiöse Pluralität. Theologische Perspektiven und Grundüberzeugungen" ist leider bis heute nicht wirklich aufgenommen worden. Auch die neuere Diskussion über das Evangelium und die Kulturen (und damit auch Religionen) der Welt, wie sie bei der Weltmissionskonferenz in Salvador de Bahia 1996 stattgefunden hat, hat keine entscheidenden neuen

---

23 Leitlinien 1979.
24 J. Wietzke (Hg.) 1989, 142.

Einsichten erbracht. Da die religiöse Pluralität im Horizont der Globalisierungsprozesse in den Mittelpunkt der Aufmerksamkeit gerückt ist, muss das Thema weiter auf der ökumenischen Tagesordnung bleiben.

Gerechtigkeit und Dienst

Wie der geschichtliche Überblick zeigt, war die Frage nach dem christlichen Dienst in der Welt und der gemeinsamen Verantwortung für Gerechtigkeit und Frieden von Anfang an eines der Kernthemen der ökumenischen Diskussion. Die großen Studienkonferenzen von Stockholm (1925) und Oxford (1937) leisteten wichtige theologische Vorarbeit für die Begründung des praktischen Dienstes und der gemeinsamen Wahrnehmung gesellschaftlicher und öffentlicher Verantwortung. Noch vor der ersten Vollversammlung des Ökumenischen Rates der Kirchen in Amsterdam wurde 1946 die Kommission der Kirchen für Internationale Angelegenheiten gegründet mit einem speziellen Mandat für Menschenrechtsfragen und für den Friedensauftrag der Kirchen.

Die Vollversammlung in Amsterdam sah sich mit der Aufgabe konfrontiert, einen christlichen Beitrag zur Neubegründung gesellschaftlicher Ordnung nach den Zerstörungen des Zweiten Weltkrieges zu leisten. Sie entwickelte das Leitbild der „verantwortlichen Gesellschaft“, das über die ideologische Konfrontation zwischen liberal-kapitalistischen und sozialistisch-kommunistischen Gesellschaftsmodellen hinausführen sollte. Es zielte auf eine sozialstaatliche demokratische Ordnung auf dem Hintergrund der europäischen Verfassungstradition. Gleichzeitig entwickelte sich im Rahmen des ÖRK eine Konzeption und Praxis ökumenischer Diakonie im Bereich des Flüchtlingsdienstes und der zwischenkirchlichen Hilfe.

Der mit der Unabhängigkeit Indiens und Indonesiens beginnende Prozess der Entkolonisierung stellte neue Herausforderungen an das ökumenische Sozialdenken. War das Leitbild der „verantwortlichen Gesellschaft“ orientiert am verantwortlichen Gebrauch der Freiheit im Rahmen demokratischer Ordnung, so rückte in der Diskussion in Asien und wenig später in Lateinamerika die Durchsetzung sozialer Gerechtigkeit in den Mittelpunkt. Radikaler Wandel im Zuge der Befreiung von kolonialer oder post-kolonialer Abhängigkeit wurde nicht so sehr als Bedrohung einer gegebenen Ordnung verstanden, sondern vielmehr interpretiert als Manifestation von

Gottes Handeln in der Geschichte, das auf die Verwirklichung von Gerechtigkeit für alle in der Gesellschaft zielt. Eine groß angelegte Studie über die christliche Verantwortung in Situationen beschleunigten gesellschaftlichen Wandels mündete in die Genfer Konferenz für Kirche und Gesellschaft 1966 mit dem Versuch, eine christliche Antwort auf die sich vollziehenden gesellschaftlichen und technologischen Revolutionen der Zeit zu finden.[25]

Immer drängender wurden in den folgenden Jahren die Erwartungen, dass die Kirchen in der ökumenischen Gemeinschaft selbst aktive Anwälte oder gar Auslöser der als notwendig erachteten radikalen Veränderungen werden sollten. So entstanden eine Vielzahl von Studien und Aktionsprogrammen zu den Problemen der wirtschaftlichen und sozialen Entwicklung, der Transnationalisierung des Wirtschaftssystems, von Wissenschaft und Technologie, Militarismus und Wettrüsten, Gewalt und Gewaltfreiheit, Menschenrechten usw.

Das bekannteste und zugleich umstrittenste dieser Programme, in denen sich der sozialethische Perspektivenwechsel niederschlug, ist das „Programm zur Bekämpfung des Rassismus“. Die Empfehlung des Zentralausschusses des ÖRK in Canterbury 1969 zur Einrichtung des Programms macht die neue Aktionsorientierung unmissverständlich deutlich:

> „Wir rufen die Kirchen auf, über Wohltätigkeit, Zuwendungen und die üblichen Programme hinaus zu sachgerechtem und opferbereitem Handeln zu finden, um damit menschenwürdige und gerechte Beziehungen der Menschen untereinander zu schaffen und einen radikalen Neuaufbau der Gesellschaft voranzutreiben. Ohne dass wirtschaftliche Mittel bereitgestellt werden, um damit die Neuverteilung der politischen Macht auf ein festes Fundament zu stellen und kulturelle Eigenständigkeit sinnvoll zu machen, wird es in unserer Welt keine Gerechtigkeit geben.“[26]

Nach der Vollversammlung in Nairobi 1975 wurde der Versuch unternommen, auf dem Hintergrund der Erfahrungen in diesen verschiedenen Feldern ökumenischen Engagements in Gesellschaft und Politik eine gemeinsame Rahmenkonzeption zu entwickeln. Die Diskussionen zu dem Leitbild einer „gerechten, partizipatorischen und lebensfähigen Gesell-

---

25 K.-H. Dejung 1973.
26 L. Coenen (Hg.) 1980, 11.

schaft" blieben freilich kontrovers und unabgeschlossen. Neue Herausforderungen drängten in den Vordergrund, in denen sich die veränderte globale Situation andeutete: die Schuldenkrise und die Neuordnung des internationalen Finanzsystems, die gefährliche Zuspitzung des atomaren Wettrüstens und die Bedingungen einer gerechten Friedensordnung und schließlich die Zerstörung der natürlichen Lebensgrundlagen durch forcierte industrielle Entwicklung. Die Einsicht in den inneren Zusammenhang dieser Herausforderungen an Zeugnis und Handeln der Kirche führte nach der Vollversammlung in Vancouver 1983 zur Eröffnung des „konziliaren Prozesses für Gerechtigkeit, Frieden und die Bewahrung der Schöpfung".

Die historische „Wende" 1989/90, die zur Auflösung des kommunistischen Systems in Osteuropa und zur Beendigung des „Kalten Krieges" führte, veränderte ein weiteres Mal die Rahmenbedingungen für ökumenisches Sozialdenken. Mit dem Wegfall der Blockkonfrontation und der Systemkonkurrenz konnten sich die Tendenzen wirtschaftlicher und finanzieller Globalisierung vollends durchsetzen, unterstützt und beflügelt von den Wachstumserwartungen der auf Elektronik gestützten „neuen Ökonomie". Aus der Perspektive der armen und am wenigsten entwickelten Länder, vor allem in Afrika, hatte diese Entwicklung die Marginalisierung großer Teile der Bevölkerung und die Verschärfung von Armut und Hunger zur Folge. Statt der nach dem Ende des Kalten Krieges und der atomaren Konfrontation erhofften „Friedensdividende" kam es zu einer nicht abreißenden Kette von gewaltsam ausgetragenen Konflikten, vor allem um die Durchsetzung ethnischer oder nationaler Selbstbestimmung, oft vermischt mit religiösen Gegensätzen.

Nach wie vor gilt der innere Zusammenhang von Gerechtigkeit, Frieden und Bewahrung der Schöpfung als sozialethischer Orientierungsrahmen. Im Zentrum geht es um eine lebenszentrierte Ethik, die hilft, Überleben zu sichern und Leben in gerechten Gemeinschaftsbeziehungen zu fördern. An die Stelle der großen System- und Strukturdebatten ist die Ausrichtung auf die Rekonstruktion lebens- und zukunftsfähiger Gemeinschaften, auf die Entwicklung einer Kultur der Solidarität, der Gewaltfreiheit und des Dialogs getreten. Damit verbindet sich zugleich die Hoffnung, der rücksichtslosen Logik der Globalisierung und der deregulierten Märkte begegnen zu können durch die alternative Dynamik zivilgesellschaftlicher Vernetzung von unten.

Ein prägnantes Beispiel für diesen neuen Ansatz ist die im Februar 2001 eröffnete „Ökumenische Dekade zur Überwindung von Gewalt". Ihr Ziel ist es, Christen und Kirchen Mut zu machen, der Ausbreitung einer Kultur der Gewalt zu widerstehen, Methoden der friedlichen Konfliktlösung einzuüben, das Nachdenken über Gerechtigkeit, Wahrheit und Versöhnung anzuregen und der Praxis und Spiritualität aktiver Gewaltfreiheit Raum zu geben. Die Dekade soll bis zum Jahr 2010 fortgeführt werden. Sie baut auf den Erfahrungen des konziliaren Prozesses sowie der vorangegangenen Ökumenischen Dekade – Kirchen in Solidarität mit den Frauen – auf.[27]

5. Neue Herausforderungen und Ausblick

Zu Anfang des historischen Überblicks wurde das 20. Jahrhundert als das Jahrhundert der Ökumene bezeichnet. An seinem Ende ist die ökumenische Bewegung in eine kritische Bewährungsprobe ihrer Lebendigkeit und ihres Selbstverständnisses eingetreten. Wird sie auch das Leben der Kirchen im 21. Jahrhundert ebenso prägen können, wie dies für das nun abgeschlossene 20. Jahrhundert der Fall gewesen ist? Selbstkritische Einsicht nötigt eher zu der Feststellung, dass weder die Kirchen noch die ökumenische Bewegung in ihrer gegenwärtigen Struktur wirklich darauf vorbereitet sind, den Herausforderungen des 21. Jahrhunderts zu begegnen. Diese Herausforderungen lassen sich mit den Stichworten der zunehmenden Globalisierung aller Lebensbereiche, der Pluralität von Kulturen und Religionen, des Zerfalls überkommener Wertvorstellungen, der sozialen Desintegration und der zunehmenden Bedrohung von Um- bzw. Mitwelt bezeichnen. Ohne den Anspruch auf eine wirkliche Analyse zu erheben, soll der Versuch unternommen werden, diese Herausforderungen stichwortartig zu charakterisieren.

1. Das in den 70er Jahren diskutierte universalistische ökumenische Leitbild von der Einheit der Menschheit wird heute überboten und zugleich herausgefordert durch die Prozesse zunehmender Globalisierung. Ausgehend von der Vernetzung der Finanzströme und der Kommunikationsmedien ergreift der Prozess der Globalisierung immer weitere Le-

27 M. Käßmann 2000.

bensbereiche und beginnt das überkommene System internationaler Ordnung, das auf der Souveränität von Nationalstaaten aufbaute, zu unterhöhlen. Im wirtschaftlichen und finanziellen Bereich bildet sich eine Gestalt der einen Welt heraus, jedoch auf Kosten der Marginalisierung und Ausgrenzung von immer größeren Teilen der Weltbevölkerung. Im Gegenzug zum Prozess der Globalisierung sind zunehmend militante Bewegungen des nationalen, kulturellen oder ethnischen Integralismus und Fundamentalismus entstanden, und das Stichwort vom bevorstehenden „Zusammenprall der Zivilisationen“ macht die Runde. Die Suche nach einer tragfähigen Weltordnung, die den Frieden sichert und Gerechtigkeit und Menschenwürde für alle achtet, ist heute dringlicher als je.

2. Die ökumenische Bewegung begann in dem Bewusstsein der Überlegenheit des Christentums über alle anderen Weltreligionen und war durchdrungen von der Überzeugung, dass das christliche Ethos, gerade weil es nicht an eine Kultur gebunden war, die Grundlage für eine neue Weltordnung liefern könne. Inzwischen sind wir Zeugen der Wiederbelebung der großen Weltreligionen, insbesondere des Islam, aber auch des Buddhismus und des Hinduismus, und die neuen religiösen Bewegungen haben das Umfeld selbst in den traditionell christlichen Ländern nachhaltig verändert. Das 21. Jahrhundert wird gekennzeichnet sein von multireligiöser Pluralität, und das Christentum wird genötigt sein, seinen Ort als eine Gemeinschaft unter anderen religiösen Gemeinschaften neu zu bestimmen. Die Versuche der Bewahrung oder Wiederherstellung religiöser Homogenität und Vorherrschaft unter dem Vorzeichen der Neu-Evangelisation werden nur sehr begrenzten Erfolg haben, und die Herausforderung wird eher darin bestehen, im Zuge des interreligiösen Dialogs zu neuen Formen der Nachbarschaft und des Zusammenlebens zwischen Menschen unterschiedlicher religiöser Prägung und Überzeugung zu finden.

3. Weitsichtige Beobachter sprechen davon, dass das 21. Jahrhundert das Jahrhundert der Umwelt sein werde, so wie im 20. Jahrhundert die Wirtschaft das öffentliche Bewusstsein bestimmt habe. Wie auch immer man diese Prognose beurteilt, es besteht kein Zweifel, dass die Bedrohungen der natürlichen Mitwelt und damit der Überlebensbedingungen der

Menschheit das 21. Jahrhundert noch stärker bestimmen werden, als dies bereits für die ausgehenden Jahrzehnte des 20. Jahrhunderts der Fall gewesen ist. Die Veränderungen des Weltklimas, die knapper werdenden Wasservorräte und vor allem die Abnahme des landwirtschaftlich nutzbaren Bodens bezeichnen Herausforderungen, deren Konfliktpotenzial noch nicht annähernd erfasst ist. Dahinter verbirgt sich eine radikale Infragestellung der Lebensformen, die sich im Zuge der Industrialisierung herausgebildet haben und die inzwischen zu einer akuten Bedrohung für das Überleben der Menschheit geworden sind.

4. Eine der großen Errungenschaften des 20. Jahrhunderts war die Verabschiedung der Allgemeinen Erklärung der Menschenrechte durch die Vollversammlung der Vereinten Nationen 1948. Diese Erklärung stellt so etwas wie einen Konsens über öffentliche Grundwerte dar, der inzwischen in viele Einzelbereiche hinein ausgebaut worden ist. Die brutalen Konflikte im ehemaligen Jugoslawien, ebenso wie in verschiedenen Regionen Afrikas und Asiens, zeigen jedoch, wie wenig dieser Grundkonsens bislang im Bewusstsein der Völker verankert ist, und gleichzeitig erhebt sich entschiedener Widerstand gegenüber dem universalistischen Anspruch der Menschenrechtserklärung aufgrund von unterschiedlichen religiösen und kulturellen Traditionen, vor allem im Umfeld islamischer Staaten. Hans Küng hat zweifellos Recht, wenn er fordert, dass für den Aufbau einer Ordnung des Weltfriedens die Ausbildung eines Weltethos notwendig sei. Die Herausforderung des 21. Jahrhunderts wird darin bestehen, die fortschreitende Aushöhlung überkommener Wertvorstellungen aufzuhalten und die unterschiedlichen, kulturell und religiös verwurzelten ethischen Grundorientierungen zu einem verbindlichen Orientierungsrahmen zusammenzuführen. Trotz aller Kritik am Universalismus der Menschenrechtserklärung wissen diejenigen, deren elementare Menschenrechte fortlaufend und zynisch verletzt werden, am besten, was die Grundelemente einer Ordnung menschlichen Zusammenlebens sein müssten. Die christlichen Kirchen können freilich nicht mehr, wie in der Anfangszeit der ökumenischen Bewegung, auf der Überlegenheit des christlichen Ethos bestehen, sondern müssen die Fähigkeit entwickeln, in einen offenen Diskurs über Wertorientierungen für die Weltgemeinschaft einzutreten.

Diese Stichworte kennzeichnen die entscheidenden Herausforderungen des 21. Jahrhunderts nur sehr unzureichend, aber sie sollten deutlich machen, inwiefern sich die Bedingungen für die Weiterführung der ökumenischen Bewegung verändern werden gegenüber den Erfahrungen des 20. Jahrhunderts. Allen skizzierten Herausforderungen ist gemeinsam, dass sie die Grenzen von Kultur, Nation wie auch kirchlicher Tradition überschreiten und daher nach einer globalen Antwort verlangen. Keine der christlichen Kirchen kann für sich alleine den Herausforderungen gerecht werden. Die Dynamik einer kleiner gewordenen und enger verschränkten Welt ist zu stark für eine in sich aufgespaltene und in Konkurrenzkämpfen zerstrittene christliche Gemeinschaft. Ich bin daher überzeugt davon, dass die gegenwärtige kritische Bewährungsprobe nicht das Ende der ökumenischen Bewegung sein wird, sondern der Anstoß zu ihrer Transformation, um den veränderten Bedingungen überzeugender begegnen zu können.

Die ökumenische Bewegung ist in der ersten Hälfte des 20. Jahrhunderts und noch weit darüber hinaus stark durch die historischen europäischen Kirchen geprägt worden. Grundlagen und institutionelle Gestalt des Ökumenischen Rates der Kirchen tragen den Stempel protestantischer Kirchlichkeit. Diese Tatsache, unter anderen, hat die römisch-katholische Kirche daran gehindert, sich dem Ökumenischen Rat als Mitgliedskirche anzuschließen. Inzwischen fordern auch orthodoxe Kirchen eine „radikale" Strukturveränderung des Ökumenischen Rates, da sie sich im bisherigen Rahmen als Außenseiter erfahren. Diese Hinweise machen deutlich, dass es unter den drei großen Familien der historischen Kirchen nach wie vor unterschiedliche Vorstellungen von Ziel und angemessener Gestalt der ökumenischen Bewegung gibt. Der ÖRK hat bei seiner achten Vollversammlung in Harare 1998 eine Grundsatzerklärung „Auf dem Weg zu einem gemeinsamen Verständnis und einer gemeinsamen Vision des Ökumenischen Rates der Kirchen" entgegengenommen.[28] An der Diskussion über die Vorbereitung dieser Erklärung haben sich im Verlauf von acht Jahren mehr als 150 Kirchen, darunter auch mehrere orthodoxe Kirchen und die römisch-katholische Kirche, intensiv beteiligt. Die Erklärung entwickelt nicht ein völlig neues Verständnis des Ökumenischen Rates; sie versucht, die in der Basisformel beschriebene Identität des Ökumenischen Rates als

---

[28] Vgl. Fußnote 6.

einer „Gemeinschaft von Kirchen“ in einer veränderten Zeit neu auszulegen und anzueignen. Die Grundintention der Erklärung ist es, den Ökumenischen Rat der Kirchen nicht so sehr als eine ökumenische Organisation auf internationaler Ebene zu sehen, die den jeweiligen Interessen der nationalen Kirchen zu dienen hat, sondern als eine lebendige Gemeinschaft von Kirchen, die einander als Weggenossen auf der ökumenischen Pilgerreise annehmen und einander in wechselseitiger Rechenschaftspflichtigkeit verbunden sind. Das Ziel ist deutlich ein höheres Maß an Verbindlichkeit und von aktiven Beziehungen zwischen den Kirchen. Der Ökumenische Rat kann immer nur das darstellen, befördern und vertiefen, was durch die Beziehungen der Kirchen untereinander gedeckt ist. Das gilt insbesondere für die Beziehungen auf der lokalen und nationalen Ebene, d.h. zwischen den Kirchen an „jedem Ort“.

Damit beschreibt die Erklärung jedoch nicht einfach den Ist-Stand ökumenischer Bewegung zwischen den Mitgliedskirchen. Die kritischen Töne von Seiten mancher orthodoxer Kirchen, die freilich in dieser Form erst nach der Verabschiedung der Erklärung durch den Zentralausschuss 1997 laut geworden sind, machen deutlich, in welchem Maß die Erklärung eine Herausforderung darstellt. Die hier zum Vorschein kommende Fremdheit zwischen orthodoxem und mehrheitlich protestantischem Kirchen- und Ökumeneverständnis ist noch zu wenig überbrückt. als dass die orthodoxen Kirchen bereit wären, sich in der ökumenischen Gemeinschaft mit den protestantischen Kirchen in dieser Weise in Pflicht nehmen zu lassen. Gleiches gilt jedoch auch – in leicht veränderter Weise – für die römisch-katholische Kirche.

Zusammen mit der Grundsatzerklärung hat die Vollversammlung auch einen Text über „Unsere ökumenische Vision“ entgegengenommen. Sie wurde eingearbeitet in die Liturgie des Gottesdienstes während der Vollversammlung, in dem die Delegierten eingeladen waren, ihre ökumenische Verpflichtung zu erneuern. Die Erklärung versucht in liturgisch geprägter Sprache, die Herausforderungen aufzunehmen, die mit dem Übergang ins 21. Jahrhundert auf die Kirchen zukommen.[29]

Ein solcher Akt der ausdrücklichen ökumenischen Neuverpflichtung räumt nicht mit einem Schlag all die Hindernisse aus dem Weg, die zur Zeit den

---

29 Unsere ökumenische Vision, in: K. Wilkens (Hg.) 1999, 192ff.

weiteren ökumenischen Weg zu versperren scheinen. Die Absicht war und ist, in einer radikal veränderten Situation von neuem die visionäre Kraft zu mobilisieren, welche die Gründergeneration des Ökumenischen Rates inspirierte und die ökumenische Bewegung bis heute lebendig erhalten hat. Es gibt nur wenige geschichtliche Beispiele für neue Aufbrüche, die als Bewegungen begonnen haben und die auch nach vier Generationen, trotz der in der Zwischenzeit eingetretenen unvermeidlichen und notwendigen Institutionalisierungen, ihren Impuls bewahrt haben. Die Entstehung der ökumenischen Bewegung am Anfang des 20. Jahrhunderts ist immer wieder als eine Frucht des Wirkens des Heiligen Geistes verstanden worden. Die Kirchen haben diese Bewegung als ein kostbares Erbe von den vorangegangenen Generationen erhalten. Sie ist nicht ihr Werk, sondern ein Geschenk, das es zu bewahren gilt. Mit dem Empfang des Geschenkes verbindet sich zugleich die immer neue Verpflichtung, auf das Gebet Jesu Christi zu antworten, „damit sie alle eins seien … damit die Welt glaube" (Joh 17,20f).

Im Verlauf von mehr als 50 Jahren Geschichte des Ökumenischen Rates der Kirchen und 90 Jahren Geschichte der ökumenischen Bewegung haben wir den weiten Horizont der Ökumene Gottes besser verstehen gelernt. Die ökumenische Bewegung ist eine ständige Einladung zur Grenzüberschreitung. Angesichts der vor uns liegenden Herausforderungen ist das traditionelle kirchenzentrierte Verständnis von Ökumene zu eng geworden. Der Epheserbrief sieht die Ökumene Gottes als einen umfassenden Prozess auf das Ziel hin, „dass alles zusammengefasst würde in Christus, was im Himmel und auf Erden ist" (Eph 1,10). Diese ursprüngliche Vision gilt es wieder zu gewinnen. Sie kann die Richtung weisen auf dem Weg in das dritte Jahrtausend.

Verzeichnis der den Predigten zugrunde liegenden Bibelstellen

Literaturverzeichnis

1. Texte des Ökumenischen Rates der Kirchen (in chronologischer Ordnung)

Leitlinien zum Dialog mit Menschen verschiedener Religionen und Ideologien, EZW Arbeitstexte Nr. 19, 1979

Mission und Evangelisation. Eine Ökumenische Erklärung, EMW Hamburg 1982

Gemeinsam den einen Glauben bekennen. Studiendokument der Kommission für Glauben und Kirchenverfassung, Genf 1991

Auf dem Weg zu einem gemeinsamen Verständnis und einer gemeinsamen Vision des Ökumenischen Rates der Kirchen, Genf 1997

The Nature and Purpose of the Church. A stage on the way to a common statement. Faith and Order Papers 181, Genf 1998

2. Berichte und Dokumentensammlungen
(in alphabetischer Ordnung nach Herausgeber-Namen)

Coenen, L. (Hg.),Kirchen im Kampf gegen den Rassismus. Eine Materialsammlung zu einem ökumenischen Programm, Frankfurt a.M. 1980

Lehmann-Habeck, M. (Hg.), Dein Reich komme. Weltmissionskonferenz in Melbourne 1980, Frankfurt/M 1980

Margull, H.J. (Hg.), Zur Sendung der Kirche. Material der ökumenischen Bewegung, München 1963

Müller-Römheld, W. (Hg.), Im Zeichen des Heiligen Geistes. Bericht aus Canberra 1991, Frankfurt/M 1991

Rahner, K., H. Vorgrimmler (Hg.), Kleines Konzilskompendium, München 1966 (2. Aufl.)

Schäfer, K. (Hg.), Zu einer Hoffnung berufen. Das Evangelium in verschiedenen Kulturen. 11. Konferenz für Weltmission und Evangelisation in Salvador de Bahia 1996, Frankfurt/M 1999

Schmidthenner, U. (Hg.), Arbeitsbuch für Gerechtigkeit, Frieden und die Bewahrung der Schöpfung Seoul 1990, Wethen 1990

Stierle, W., D. Werner, M. Heider (Hg.), Ethik für das Leben. 100 Jahre ökumenische Wirtschafts- und Sozialethik, Rothenburg 1996

Vischer, L. (Hg.), Einheit der Kirche. Material der ökumenischen Bewegung, München 1965

Wietzke, J. (Hg.), Dein Wille geschehe. Mission in der Nachfolge Jesu Christi. Weltmissionskonferenz in San Antonio 1989, Frankfurt 1989

Wilkens, K. (Hg.), Gemeinsam auf dem Weg. Offizieller Bericht der Achten Vollversammlung des Ökumenischen Rates der Kirchen Harare 1998, Frankfurt 1999

3. Einzeluntersuchungen (in alphabetischer Reihenfolge der Verfasser)

Dejung, K.-H., Die ökumenische Bewegung im Entwicklungskonflikt 1910–1968, Stuttgart 1973

Frieling, R., Der Weg des ökumenischen Gedankens, Göttingen 1992

Frieling, R., Die Bewegung für Glauben und Kirchenverfassung 1910–1937, Göttingen 1970

Günther, W., Von Edinburgh nach Mexiko City, 1970

Käßmann, M., Eucharistische Vision. Armut und Reichtum als Anfrage an die Einheit der Kirchen in der Diskussion des Ökumenischen Rates der Kirchen, München/Mainz 1992

Käßmann, M., Gewalt überwinden. Eine Dekade des Ökumenischen Rates der Kirchen, Hannover 2000

Oldham, J.H., Kirche und Welt in ökumenischer Sicht. Bericht der Weltkirchenkonferenz von Oxford über Kirche, Volk und Staat, Genf 1938

Raiser, K., Ökumene im Übergang. Paradigmenwechsel in der ökumenischen Bewegung? München 1989

Raiser, K., Wir stehen noch am Anfang. Ökumene in einer veränderten Welt. Gütersloh 1994

Rasmussen, L., Earth Community, Earth Ethics, Genf 1996

Robra, M., Ökumenische Sozialethik, Gütersloh 1994

Rüppell, G., Einheit ist unteilbar. Die Menschheit und ihre Einheit als Thema in der ökumenischen Diskussion zwischen 1910 und 1983, Rothenburg 1992

Schwarz, G., Mission, Gemeinde und Ökumene in der Theologie Karl Hartensteins, Stuttgart 1980

Visser 't Hooft, W. A., Ökumenischer Aufbruch. Hauptschriften Bd.II, Stuttgart 1967

Visser 't Hooft, W. A., Ursprung und Entstehung des Ökumenischen Rates der Kirchen. Beiheft zur Ökumenischen Rundschau 44, 1983

Weiße, W., Praktisches Christentum und Reich Gottes. Die ökumenische Bewegung Life and Work 1919 – 1937, Göttingen 1991

Werner, D., Mission für das Leben – Mission im Kontext, Rothenburg 1993